KB152217

About Us

우리에 관하여

이 책은 한국장애인재단 기획총서 제10권으로
동 재단의 제작 지원을 받아 출간되었습니다.

우리에 관하여

장애를 가지고 산다는 것

피터 카타파노, 로즈마리 갈런드-톰슨
앤드루 솔로몬 서문
공마리아·김준수·이미란 옮김

해리북스

발간사

함께하는 사람의 일상에 귀를 기울일 때 서로의 관계가 깊어지듯, 우리에 관하여 알아가는 독자 여러분들의 일상이 서로의 다름으로 어우러지길 기대합니다.

한국장애인재단은 장애에 대한 인식과 사회적 제도에 변화를 이끌고자 2011년부터 번역출간사업의 기획총서라는 이름으로 장애와 관련된 해외 우수 도서를 번역, 출간하고 있습니다.

지난 10년간 우리 재단에서는 『WHO세계장애보고서』(2012년), 『장애 문화 정체성』(2012년), 『장애인 중심 사회서비스 정책과 실천: 서비스 현금 지급과 개인 예산』(2013년), 『장애인과 전문가의 파트너십: 정책과 실천 현장에 적용된 사회모델』(2014년), 『장애와 사회 그리고 개인』(2015년), 『미학적 불안감: 장애와 재현의 위기』(2016년), 『장애 인문학: 장애에 대한 사회적 태도의 변화』(2018년), 『장애 이론: 장애 정체성의 이론화』(2019년), 『장애와 소셜 미디어: 글로벌 관점』(2021년) 등 모두 아홉 권의 책 발간하였습니다.

열 번째 기획총서인 『우리에 관하여: 장애를 가지고 산다는 것』은 『뉴욕 타임스』 논평 시리즈 "장애"에서 소개되었던 약 60편의 에세이를 엮은 책입니다. 각각의 저자들은 장애인 당사자로서 그리고 학생,

예술가, 학자, 시인, 의사라는 저마다의 사회적 역할로서 자신의 삶을 진솔하게 이야기하고 있습니다. 어쩌면 독자 여러분들께서는 이들의 이야기를 통해 그동안 몰랐던 '장애'에 대한 여러 사실을 알게 되거나, 동시대를 살아가는 우리의 일상에서 공감을 느끼기도 하며, 각자의 삶이 존재하는 이유를 떠올리며 생각이 깊어질 수도 있습니다. 이 책의 이야기가 각자에게 어떤 의미로 남을지는 독자 여러분들의 몫이 되겠지만, 이 책을 펼쳐 든 순간부터 장애 인식 개선에 한 걸음 더 나아갔다는 것을 알려드리고 싶습니다.

끝으로 열 번째 기획총서가 나오기까지 번역과 출간에 수고를 아끼지 않으신 모든 분들께 감사 인사를 드립니다.

앞으로도 한국장애인재단은 기획총서 시리즈 발간을 통해 장애에 대한 다양한 이야기를 나누며, 장애 인식·정책·제도가 더 나은 방향으로 변화될 수 있도록 앞장서겠습니다. 독자 여러분들의 많은 관심과 격려 부탁드립니다.

한국장애인재단 이사장 이성규

차례

1부 정의

2부 소속

3부 일

4부 항해

5부 대처

6부 사랑

7부 가족

8부 기쁨

서문

영국의 빅토리아 여왕 통치 말년, 결함 있는 인자를 제거하면 순수하고 우월한 인종을 양성할 수 있다고 주장한 프랜시스 골턴Francis Galton의 "우생학 운동"은 그 절정에 달했다. 이 운동의 영향으로 미국에서는 장애인들에게 불임 시술을 하려는 움직임이 나타났고, 1927년 올리버 웬델 홈스Oliver Wendell Homes는 다음과 같은 대법원 판결문으로 이러한 흐름에 지지를 보냈다. "타락한 자손들이 범죄를 저질러 사형을 당하거나 지능이 모자라 굶어 죽게 될 때까지 내버려 두기보다는 사회가 더불어 살아가기에 명백히 부적합한 이들이 계속 대를 잇지 못하도록 막을 수 있다면, 그편이 훨씬 나을 것이다. 백치는 삼 대로 충분하다." 이러한 사고의 경향에 힘입어 히틀러는 장애인들을 더 많은 인구를 오염시키는 아무짝에도 쓸데없는 집단으로 간주하며, 장애인들을 가스실로 보내 대량 학살하기 시작했다. 유전자 결정론에 따르면, 약하고 부족한 자들은 후세에 자신들의 약점과 결점을 물려주기에, 최고로 우월하고 강한 자들을 제외한 나머지 모두를 체계적으로 제거하는 일은 결국 인류 모두를 개선하는 일이 될 터였다.

여기에는 두 가지 논쟁이 뒤얽혀 있다. 하나는 누가 장애아를 낳는

가이고, 다른 하나는 그렇게 태어난 장애아의 삶에는 어떤 가치가 있는가이다. 어떤 부모들이 장애가 있는 자녀를 낳게 될까? 모든 부모다. 장애가 없는 부모들은 아주 놀라울 만큼 규칙적인 비율로 장애아를 낳는다. 또한 장애가 있는 부모들도 몇 번이고 반복해서 장애가 없는 아이를 낳는다. 그러므로 적어도 골턴과 홈스, 히틀러가 생각했던 방식을 그대로 되풀이한다면, 논쟁은 부분적으로 허울만 그럴듯한 헛소리에 불과하다. 장애가 다음 세대로 이어지는지 아닌지에 대한 현대의 논의는 이 책의 내용과 꽤 관련이 깊다. 세대 전승은 그 나름의 고유한 가치가 있다. 우리 사회에서 이러한 세대 전승이 사라진다면 인간의 다양성도 사라질 것이다. 이 문제는 더욱 근본적이고 철학적인 도전을 요구한다. 장애를 가진 삶 또한 삶이며, 그 삶은 고유의 존엄성을 가지고 있다. 차라리 태어나지 않았더라면 더 좋았을 거라고 여기는 장애인들은 거의 없다. 장애인들 대다수는 자신들이 사는 세상에 기여하고 있으며, 비장애인들이 짐작하고 있는 것보다 더 많은 것을 삶을 통해 주고받는다. 어떤 장애인들은 장애가 있음에도 불구하고 풍요로운 삶을 살고 있고, 또 어떤 장애인들은 부분적으로 바로 그 장애 때문에 풍요로운 삶을 살고 있다고 말하기도 한다. 이러한 논의들과 장애인으로 산다는 것이 바로 이 책의 주제다.

1968년에 윤리학자 조지프 플레처Joseph Fletcher는 권위 있는 진보주의 성향의 잡지 『애틀랜틱 먼슬리』에 기고한 글에서 이렇게 썼다. "다운증후군 아기를 치우는 것에 죄책감을 느낄 이유는 전혀 없다. '치운다'는 말이 요양원에 보내 사람들 눈에 보이지 않게 하는 것을 의미하건, 아니면 보다 치명적인 결과에 이르게 하는 것을 의미하건 간에 말이다. 물론 슬프고 끔찍한 일이다. 하지만 죄책감을 느낄 필요는 없다.

진정한 죄책감은 사람에게 범법 행위를 저질렀을 때 생겨나는데, 다운증후군을 가진 존재는 사람이 아니다." 그동안 약자의 권리 보호를 주장하는 수많은 글이 쏟아져 나온 바 있고, 우리 사회는 이 주장들을 점진적으로 수용해왔다. 처음에는 여성의 권리에 대해, 그다음에는 인종적 권리에 대해, 그리고 가장 최근에는 동성애자의 권리에 대해 많은 주장이 쏟아졌다. 장애인을 대하는 태도의 변화도 완벽하지는 않지만 꽤 강력하게 이루어져 왔다. 하지만 그러한 변화는 상대적으로 훨씬 조용한 가운데 진행되었다. 오늘날, 조지프 플레처가 한 것처럼 주류 미디어에 장애인 집단의 인간성을 부인하는 글을 싣고자 하는 이는 아무도 없을 것이다. 한때는 당연하게 여겨졌던 것이 이제는 생각조차 할 수 없는 것이 되었다.

피터 싱어Peter Singer와 같은 공리주의 철학자들은 장애를 가지고 태어난 신생아의 생사여탈권이 부모에게 주어져야 한다고 주장하기도 했다. 하지만 이러한 견해는 일부러 논쟁을 촉발하기 위해 제기된 것으로, 대부분의 사람들은 이러한 견해에 대대적으로 항의하며 혐오감을 드러냈다. 우리는 사람들 대다수가 가치 있는 존재라는 점을 배웠고, 그러한 사회적 발전에 발맞춰 그들의 삶의 질도 개선되어왔다. 수용은 보호를 의미한다. 현재 다운증후군을 가진 사람들의 수명은 1968년에 비해 거의 두 배로 늘어났으며 이들 가운데 많은 사람이 직업을 가지고 있다. 작가나 배우 또는 모델로 활동하는 이들도 있고, 주변의 돌봄에서 벗어나 반독립적인 생활을 영위하는 이들도 있다. 장애아의 탄생을 더는 극복할 수 없는, 그리고 부모에게 평생 잊히지 않는 크나큰 슬픔을 지우는 비극으로 더는 여기지 않을 만큼 사회는 개방적으로 진보했다. 미국에서는 장애아의 탄생을 수용하고 축복하는 관점이 갈수록 우세해지고 있다. 하지만 이곳이나 세계적으로나 여전히 갈 길은 멀다. 한 사회나 가족 안에서 정체성으로 여겨지는 것이 다른 사회와 가족 안에서는 여전히 장애로 인식될 수 있기 때문이다. 사회학자 애시턴 애플화이트Ashton Applewhite는 한 투우사의 말을 인용해 이렇게 말했다. "투우장 안에 서 있으면 황소가 달리 보인다." 장애인이 보는 장애는 비장애인이 보는 장애와는 매우 다르다. 선택할 생각이 없었다는 것이 지금 우리가 그것을 바꾸고 싶어 한다는 것을 뜻하지는 않는다.

한때 여성은 남성보다 열등하고, 흑인은 백인보다 열등하고, 동성애는 범죄이자 죄악이며 치료가 필요한 질병이라는 생각이 얼마나 우리 사회에 팽배했었는지를 기억하기란 쉽지 않다. 얼마나 많은 사람이 아프리카계 미국인이 대통령인 나라에서 살아가는 것에 염증을 느꼈는가. 얼마나 많은 사람이 여성 대통령이 나올 수 있다는 생각에 혐오감을 드러냈는가. 얼마나 많은 사람이 동성애자와 트랜스젠더에게 기본적인 서비스를 제공하는 것을 거부하고 있는가. 얼마나 많은 사람이 정중한 척하면서도 장애인을 업신여기고 있는가. 우리 사회는 유리 천장으로 가득 차 있고, 특히 장애인의 천장에는 작은 금 하나 나 있지 않다. 미국에서 가장 크고 오래된 지적 발달장애인 지원단체인 디 아크The Arc의 2018년 연차대회에 참석했을 때, 나는 큰 충격을 받았다. 내가 그곳에서 목격한 장애인과 비장애인의 평등한 만남을 평범한 일상생활에서는 거의 보지 못한다는 것을 깨달았기 때문이다.

임신 전 유전자 진단이나 양수천자를 통해 아이를 낳을지 말지 결정하는 경우가 점점 더 많아지고 있다. 장애에 대한 어떤 이미지가 신생아의 탄생에 개입되어 있는 것이다. 그러나 개인의 삶에 대한 예측은 늘 가설에 지나지 않으며 종종 틀린다. 장애아를 자식으로 둔 수백 명의 부모들과 인터뷰하면서, 나는 자기 아이가 의사들이 예측했던 것보다 훨씬 많이 또는 훨씬 적게 성취해내는 것을 보고 부모들이 분노를 터뜨리는 모습을 반복해서 보아왔다. 장애가 있든 없든 아기는 일종의 암호와 같다. 오직 시간만이 아기가 무엇을 어떻게 할 수 있게 될지 말해줄 수 있을 것이다. 의사들이 말하는 예후는 대개 평균에 관한 것들이다. 평균적으로, 특정 조건들은 어느 정도의 장애를 야기한다. 하지만 우리의 뇌와 신체는 적응력이 매우 뛰어나다. 따라서 어느 개별적인 아이가 보여주는 기량은 우리 모두를 놀라게 할 수도 있다. 의사들이 이러한 세세한 부분까지 판단할 수는 없다. 의사들이 부모에게 헛된 희망을 불어넣어 재앙을 초래할 수도 있다. 매 발달 단계에서 아이가 전혀 기대치에 미치지 못할 때마다 가족은 매번 새롭게 절망을 경험할 것이기 때문이다. 하지만 최악을 가정하는 것은 흔히 최악의 결과로 이어진다. 낮은 기대는 자기충족적 예언이 될 수 있기 때문이다. 최상의 결과는 종종 모호함과 불확실성에 대해 담담한 태도를 드러내는 현실주의를 통해 얻어지지만, 부모들은 확신을 갈망하고 종종 의사들도 그러한 부모들의 마음에 편승하는 경향이 있다.

장애의 정도가 심한 한 변형성 소인증 남성의 어머니는 나에게 이렇게 말했다. 아들의 첫돌 때까지 그녀가 만난 모든 의사가 앞으로 아들에게 어떤 문제가 나타나게 될 것인지에 대해서 의학 전문서 등을 보여주며 그녀에게 이 모든 것을 감당할 준비가 되어 있는지 물어보았다고 말이다. 그녀의 아들이 첫돌을 맞이했을 때, 골격 이형성증을 전문으로 하는 한 의사는 그 아기를 불빛을 잘 받을 수 있도록 높이 안아 올리며 이렇게 말했다고 한다. "제 소견을 말씀드리지요. 앞으로

이 아이는 잘생긴 청년으로 성장할 거예요." 그 말을 들은 날부터 그녀는 아들과 함께 보람 있는 삶을 살게 되었다. 수년 후 아들의 행복한 결혼식에서 우리와 함께 수다를 떨면서 그녀는 자신이 아들을 양육하면서 보낸 시간들을 우리에게 말해주었다. 아이를 키우면서 갖는 기대는 그 아이가 무엇을 할 수 있는지에 강한 영향을 미칠 수 있다. 부모들은 물론 자녀에 대해서 최상의 것을 바라지만, 제한된 기능을 갖게 되는 아이와 함께라도 삶이 의미를 가질 것이라고 믿어야 한다. 의미를 갖게 되는 과정은 부모와 아이 모두에게 놀라운 일이다. 최근 진행된 한 연구는 여러 가지 합병증을 안고 태어난 아이들을 살펴본 결과, "의미를 찾기 위해 더욱 노력했던 부모의 자녀들이 더 나은 발달 결과를 얻었다"는 사실이 나타났다고 보고하였다. 장애의 틀을 어떻게 짜느냐는 우리가 살아가는 방식을 결정짓게 된다. 처음부터 장애를 재앙으로 규정한다면 의미를 찾는 일은 필요 이상으로 힘들게 된다. 선택할 수만 있었다면 선택하지 않았을 거라는 사실이 그 안에서 즐거운 의미를 찾을 수 없다는 것을 뜻하지는 않는다.

모든 조건은 내재적 도전, 접근성 도전, 그리고 사회적 도전이 그 안에 혼합되어 나타난다. 소인증의 가장 흔한 형태인 연골무형성증을 가진 많은 사람들이 척추 압박을 받게 되며, 이를 완화하기 위한 수술을 필요로 한다. 소인증을 가진 사람들에 대한 사회적 태도를 우리가 원하는 방향으로 변화시킬 수 있더라도, 이들은 척추 감압 시술들을 받아야 한다. 그것은 그 장애 자체가 안고 있는 도전, 즉 내재적 도전이다. 접근성 도전은 미국장애인법Americans with Disabilities Act에 따라 장애인을 위한 편의시설을 갖춰야 하기 때문에 현재는 사정이 훨씬 좋아졌지만 문제는 여전히 남아 있다. 소인증이 있는 사람은 동네 슈퍼마켓에서 높은 곳에 배치된 시리얼을 집을 수 없다. 이러한 도전 과제에 대한 해결책은 키 작은 사람을 더 크게 만드는 것이 아니라, 식료품점에 낮은 선반을 설치하는 것이다. 또는 적어도 고객들에게 그들이 카트에 넣고 싶은 것을 집을 수 있도록 도와주는 발판을 마련해주거나 혹은 직접적인 도움을 주는 것이다. 소인증은 비교적 드물게 발생하는 장애이기 때문에 식료품 진열대의 높이를 다룬 기준이 없다. 이러한 문제는 접근성에 대한 도전이 될 수 있다.

사회적 도전은 가장 중요하게 생각해야 할 측면이다. 소인증을 앓는 사람들이 지역사회에서 일상적인 생활을 영위할 때, 그들을 빤히 쳐다보며 그들의 모습을 핸드폰 동영상으로 담으려고 하는 사람들의 행동은 그들에게 매우 힘든 일이 될 것이다. 또한 사람들은 그들을 농담거리로 삼으며 모욕적인 말들을 쉽게 내뱉는다. 그들은 소인들을 특별한 오락거리로 삼는 파티를 계획한다. 이들을 신기한 듯 바라보는 거슬리는 시선을 피할 방법은 없다. 무례함이라는 이 다루기 힘든 사회적 문제는 아주 고질적이다. 지적장애를 가진 사람은 도서관에서 어려운 책의 문장을 이해하지 못할 수 있다. 신체장애를 가진 사람은 같은 도서관의 정문 계단을 오르지 못할 수 있다. 언어장애를 가진 누군가는 그곳에서 어린아이 취급을 받을 수도 있다. 우리는 내재적 도전, 접근성 도전, 사회적 도전이라는 세 가지 모두가 항상 작동하고 있다는 것을 인정하지 않는 한 좋은 정책을 만들어낼 수 없을 것이다.

장애에 대한 부정적인 견해는 전통에 깊이 뿌리박고 있다. 셰익스피어의 희곡에서 리처드 3세의 악행은 그가 곱추라는 사실과 불가분의 관계에 있었다. 장애인은 도덕적으로 의심받았다. 『헨리 6세 3부』에서 나중에 리처드 3세가 되는 글로스터는 괴로워하며 이렇게 말한다.

"하늘이 내 몸을 그렇게 형상화했으니 / 지옥이 내 마음을 비뚤게 만들어 대답하게 하라." 그는 신체적 장애가 자신의 행동을 타락시켰다고 생각했다. 그는 이어서 말한다. "그리고 현인들이 신성하다고 말한 '사랑'이라는 단어는 연인들의 마음속에만 있구나 / 그리고 내 안에는 존재하지 않는구나. 나는 혼자이구나!" 우리는 자신을 타인의 인식에 맞춰 그들이 생각하는 대로 성장한다. 신체적 기형으로 인해 고립된 장애인은 다른 기회를 얻지 못해 적의를 품게 된다. 우리는 비록 셰익스피어가 말한 신체적 기형과 사악함과의 연관성을 부인하고 있지만, 신체적 기형과 사악함을 지속적으로 연관지어 생각하는 그 자체가 오히려 장애인의 고립과 분노를 불러일으킬 수 있다. 이러한 문제에 대한 가장 좋은 해결책은 공동체라고 할 수 있으며, 이 책은 공동체가 세워지는 장소이자 증거라고 할 수 있다. 『뉴욕 타임스』가 이러한 이야기들을 게재했다는 사실은 공동체들이 새로운 방식으로 건설되고 인정받고 있음을 시사한다. 그리고 이 이야기들을 읽은 사람들은 저자들의 말에서 자신의 삶을 구원해줄 공동체를 찾을 수 있을지도 모른다. 이는 리처드 3세가 서로 의견을 교환할 수 있는 다른 곱추들과 한 집단에 속해 있었다면 그가 쾌활한 사람이 되었을 것이라는 말이 아니다. 다만 어떤 공동체에도 속하지 않은 채 완전히 국외자로 머무는 것은 언제나 위태로운 일이었고, 앞으로도 그럴 것임을 지적하는 것이다.

이 책에 실린 에세이들은 서로 주장이 엇갈리는 듯한 묘한 전략을 구사한다. 즉 장애를 정상화하면서 동시에 장애를 예외화한다. 장애인의 삶도 비장애인들의 삶만큼 가치가 있지만 이 둘의 삶이 똑같다고는 할 수 없다. 비장애인과 모든 면에서 다르지 않다는 거짓된 주장에 빠지지 않고 평등을 주장하려는 이러한 모색은 이 시리즈와 장애 정치에서 찾을 수 있으며, 나머지 인구에 똑같은 모습으로 단조롭게 녹아내리지 않으면서 자신들의 정당성을 주장하고자 했던 여성 운동과 시민권 운동, 동성애자 권리 운동 등이 앞서 걸어간 길을 따르고 있다. 장애disability가 하나의 정체성이라는 생각은 많은 일반 대중만이 아니라 대다수 장애인들에게 여전히 신기하고 낯선 것이지만, 그 생각은 10여 년 전이라면 상상조차 할 수 없었던 성과를 이루어냈다. 장애를 주제로 한 『뉴욕 타임스』의 기명 논평 시리즈는 장애인들의 참여 없이는 존재조차 할 수 없었고, 장애인뿐만 아니라 폭넓은 독자들을 대상으로 존재했다. 장애가 정체성이라는 생각의 상당 부분은 장애인의 경험과 비장애인의 경험 사이에 다리를 놓는 역할을 한다. 능력이란 선택적인 동시에 일시적인 상태다. 어떤 개인도 다른 사람들이 할 수 있는 일의 오직 일부만 할 수 있으며, 일생에 걸쳐 능력 수준은 낮게 시작되어 전성기에 이르렀다가 이내 쇠퇴하게 된다. 장애인은 미국에서 가장 큰 소수 집단을 이루고 있음에도 불구하고, 장애인들은 한목소리를 내지 못하고 있다. 휠체어를 탄 노인들은 너무나 자주 자폐증을 가진 아이들이나 다운증후군을 가진 중년의 사람들과 자신들이 공통점을 가졌다는 사실을 부정한다.

고립주의란 다른 나라에 대한 의존 상태에서 국가를 벗어나게 하려는 일종의 국가 정책을 말하는데, 나는 최근까지 고립주의가 지나치게 중시되어왔다고 생각한다. 고립주의라는 개념은 개인의 독립성을 우러러보는 인간적인 측면의 등가물을 가진다. 부모로부터 아이들의 독립, 확대 가족으로부터 부모의 독립, 그리고 사회로부터 확대 가족의 독립. 우리는 사회적 지원에 의존하지 않고 자신의 두 발로 자립하고 기능할 수 있는 사람들의 능력에 감탄한다. 전문가들은 공적 자금에 의존하는 사람들을 폄하한다. 이러한 현대적이고 서구적인 가치들은 어디에서 비롯되었을까?

독립이란 흔히 우리가 주장하듯이 그렇게 용감한 가치가 아니며, 거의 불가능한 것이기도 하다. 우리는 집단적인 구조 안에서 살아가며, 우리의 모든 삶은 다른 사람들의 삶과 얽혀 있다. 인간은 사회적 동물이다. 장애인들은 다른 사람들에게 의존해야 하는 경우가 많고, 자급자족하는 삶을 명예롭게 여기는 사회에서 그러한 의존성은 약점으로 보인다. 하지만 일상생활에서 다른 사람에게 더 의존하거나, 혹은 자신이 할 수 있는 일들 중 더 많은 것들을 하기 위해 다른 사람에게 의존하는 것은 자신의 가치를 떨어뜨리는 일이 아니다. 의존성에는 그 자체로 특별한 우아함이 있다. 의존성은 친밀함의 기본적인 측면이고, 사랑의 결정적인 특성이다.

교육 전략으로서 포용inclusion과 주류화mainstreaming라는 개념을 처음 접했을 때, 나는 이 개념들이 앞서 나간 장애인들에게 틀림없이 매력적으로 다가왔을 것이라고 생각했다. 분리 교육은 결코 평등하지 않다. 그리고 이제 장애를 가진 사람들은 양질의 교육을 받게 될 터이다. 남은 인생을 함께 살아갈 사람들 속에서 말이다. 하지만 나는 이러한 상황이 비장애인들에게는 달갑지 않게 받아들여질 수도 있겠다고 생각했다. 장애인 급우들이 요구한 시설 때문에 불가피하게 비장애인의 학업 진행이 지체될 터이기 때문이다. 하지만 그런 시설이 많은 교실에 갖춰진 지금, 장애가 없는 아이들에게도 상당한 혜택이 돌아가고 있다. 장애가 없는 아이들은 과거와 달리 이제 차이를 그다지 두려워하지 않으며 성장하고, 동료 학생들의 강한 인간성에 좀 더 수용적인 입장을 가지게 될 것이다. 이렇게 자란 아이들은 독립은 성공이고 의존은 실패라고 생각하지 않는다. 이러한 새로운 생각은 그들이 자기 자신의 의존성을 좀 더 기꺼이 받아들이고, 자기 자신의 취약성을 기꺼이 관용하도록 만들 것이다.

다운증후군을 가진 제이슨 킹슬리가 1970년대에 〈세서미 스트리트Sesame Street〉에 출연하기 전까지 장애아들이 빅토리아 시대 이후 공개적으로 활동한 경우는 거의 없었다. 빅토리아 시대의 장애인들은 자주 감상적인 동정의 대상이 되어 집 밖으로 나가지 못했다. 20세기에 들어와서도 장애아를 둔 부모들은 자식을 숨기려는 경향이 있었다. 그들은 장애가 있는 자식을 낯선 사람들과 접촉하는 시장 광장이나 쇼핑몰, 식당이나 극장 등에 좀처럼 데려가지 않았다. 장애가 있는 자식을 심신을 지치게 하는 골칫거리로만 여겨 집에서 쫓아내거나 기관으로 보냈다. 이제 장애인들을 그 어느 때보다 흔히 만나 볼 수 있다. 우리는 사회적인 진보와 동시에 의료적 진보를 달성한 시대에 살고 있다. 동시에 많은 유형의 장애 자체가 정체성으로 인식되고 있다. 우리는 장애인들을 더 흔히 만나볼 수 있게 된 진일보된 사회 속에서 살고 있다. 또한 우리는 보다 큰 의학적 발전이 이뤄진 시대에 살고 있으며, 장애인들은 다양한 형태의 장애를 그들 자신의 정체성으로 인식하는 동시에 치료해야 할 질병으로 생각하고 있다. 나는 사회적 발전과 의학적인 진보를 믿지만, 사회적 측면과 의료적 측면이 더욱 조화를 이룬다면 더 멋진 일이 될 것이다. 장애인은 능력 면에서 매우 부족할 수 있다. 실제로, 그 매우 부족한 능력은 장애인의 한 부분이며 이는 장애인의 의식의 심층을 살펴봐야 하는 사람들이 고려해야 할 부분이 될 수 있다. 이를테면 나는 장애를 가지고 있지 않은 스티븐 호킹은 상상할 수 없다.

나는 장애를 유발할 수 있는 정신질환인 우울증에 맞서 싸우고자 이 운동에 참여했다. 이는 나의 권리다. 우울증이 나에게 미치는 영향은 상당하다. 나는 우울증에서 많은 것을 배웠지만 만일 내 인생을 다시 시작할 수 있다면, 나는 우울증에서 벗어나고 싶다. 나는 우울증이 내 아이들을 괴롭히지 않기를 기도하고 있다. 또한 우리가 모두 그러하듯이, 나는 수많은 소수자 집단에 속해 있다. 난독증이 없는, 주의력결핍장애가 없는, 우울증이 없는, 게이 정체성이 없는, 근시가 없는, 기립성 저혈압이 없는, 유대인다움이 없는, 그리고 백인으로서의 특권이 없는, 안면 인식 장애가 없는 나를 상상해본다면, 나라고 할 만한 것은 거의 아무것도 남아 있지 않게 될 것이다. 우리 대부분은 강점과 약점, 병리적인 조건 혹은 병리적이지 않은 조건과 정체성의 축적으로 이루어져 있다. 나의 할머니는 "누구에게나 장점은 있어"라고 말씀하시곤 했다. 그래서 이 책은 비록 장애에 관한 것이지만, 실제로 우리가 되고자 원했던 사람이 아닌 우리가 누구인가에 대한 의미를 찾는 여러 가지 방법을 다루고 있다. 현재 미국에서 백인은 단지 백인이라는 이유로 유색인종보다 더 쉽게 생활할 수 있지만, 대다수의 유색인종은 창백한 흰 피부와 금발 머리를 가지고 싶어 하지 않는다. 여성들은 남성들이 더 많은 특권을 가지고 있다고 생각하고 있지만, 그것을 이유로 성전환을 하는 여성은 거의 찾아볼 수 없다. 정의를 실현하기 위해 애쓰는 우리가 바로 진정한 우리 자신이다. 나머지는 부차적이다.

이 책은 장애를 가진 사람들이 쓴 것이다. 따라서 언어를 이용하지 못하는 장애인들의 입장까지 대변하지는 못한다. 구어 또는 문어를 사용하지 않는 많은 사람은 행동이나 표정을 통해 의사소통을 한다. 그러나 흔히 말하길 "장애가 가장 심한" 사람들은 자신의 목소리를 거의 내지 못하기에, 우리는 그들의 내면적 삶이 어떠한지 추측조차 하지 못한다. 언어를 사용할 수 있는 장애인들은 그들의 삶이 어떠한지 추정하려 하지만, 여전히 많은 부분이 미지의 영역으로 남아 있다. 심지어 상상조차 할 수 없는 부분들이 있다. 이 책에 쓰인 말들은 그들을 대변할 수 없다. 하지만 이 책은 놀랍도록 다양한 도전과 승리에 대한 많은 목소리를 담고 있다.

이 책에서는 장애인들이 정당한 대우와 존중을 반복적으로 거부당한 것에 많은 분노를 표출하고 있다. 사람들이 자신들을 소외시키고 자신들이 편견의 대상이 된다는 것을 알게 되면서, 종종 분노와 동시에 느끼는 슬픔 또한 많이 표출되어 있다. 그러나 그 힘든 감정을 압도하는 것은 장애인의 삶은 승리할 수 있다는 자기 확신이며, 그러한 승리는 종종 그것을 성취하는 어려움에 의해 더욱더 달게 느껴진다.

앤드루 솔로몬

머리말

이 책 『우리에 관하여*About Us*』는 『뉴욕 타임스』 오피니언 시리즈 "장애Disability"에서 처음 소개된 대략 60편의 에세이를 모은 것이다. 2016년 8월에 첫선을 보인 이 시리즈는 장애인들이 직접 장애를 가지고 살아가는 삶에 관해 자신들의 이야기를 펼칠 수 있도록 주요 언론사가 발언의 장을 제공한 최초의 사례다. 이 책은 2년이 넘는 기간 동안 매주 발표된 에세이들을 포괄하고 있는데, 이 장애 시리즈의 저자들은 자신들의 이야기를 통해 수천의, 때로는 수십만 명에 이르는 『뉴욕 타임스』 독자들의 관심을 끌면서, 때때로 이들이 미디어에서 거의 다루지 않는 주제와 관점에 대해 진솔하고도 열정적인 대화에 참여하도록 자극했다. 이들 작가들은 개방적이고 솔직한 참여를 통해 독자들이 그들의 고정관념과 잘못된 인식을 바꾸는 데 도움을 주었고, 예상치 못한 인간관계를 만들어내었으며, 장애인들이 타인들에 의해 지각되는 방식이 아니라 그들이 실제 존재하는 방식 그대로 모습을 드러내고 말할 수 있는 공간을 확보했다.

『우리에 관하여』의 저자들은 다양한 목소리와 경험을 대표한다. 저자들 가운데는 신체장애, 운동장애, 감각장애, 인지장애를 가진 사람들이 포함되어 있다. 그들은 학생, 예술가, 학자, 시인, 소설가, 언론인, 의사, 활동가이며, 수필가인 에드워드 호글랜드와 신경학자이자 작가인 올리버 색스처럼 문학계의 유명 인사도 포함하고 있다. (나는 색스 박사가 사후 세계에서 흡족한 표정으로 이 프로젝트를 바라보는 모습을 즐거운 마음으로 상상하곤 한다.)

여러분은 아마도 이 책의 제목이 어딘가 낯이 익다고 생각할 것이다. 맞다. 이 책의 제목은 장애인 인권 운동에서 널리 채택되고 있는 포용성과 자기표현의 모토인 "우리 없이 우리에 관하여 말하지 말라 Nothing about us without us"에서 따온 것이다. 이 모토는 또한 우리의 편집 원칙이기도 하다. 장애인들이 그들 자신의 이야기를 펼칠 수 있도록 함으로써, 우리는 비장애인들에 의해 그리고 비장애인들을 위해 창조된 미국 대중문화가 빚어낸 장애인에 대한 편견과 단편적인 이해, 비하를 피하고 이에 대항하고자 한다.

『우리에 관하여』에는 장애에 관한 수많은 문헌과 구별되는 지점이 있다. 여기에 수록된 글들은 학술 논문도 아니고, 정치적 입장을 대변하는 글도 아니다. 수록된 각각의 글들은 일반 독자만이 아니라 장애인의 삶과 환경에 대해 더 깊은 이해를 얻고자 하는 사람들을 대상으로 명료하고 이해하기 쉽게 쓰여 있다. 이 글들은 사회정의와 인간 윤리의 측면만이 아니라, 첫사랑, 어린 시절에 느꼈던 수치심과 고립감, 차별, 직업적 야망, 정체성, 아이의 출산, 육아, 노화 등 인간적인 모든 경험에서 우러나온 깨달음의 순간들을 탐색하고 있다.

『우리에 관하여』의 "우리"는 결코 주변적인 사람들이 아님을 주목할 필요가 있다. 많은 자료가 추산하고 있는 바에 따르면, 대략 미국인 다섯 명 가운데 한 명이 장애인으로, 미국에는 약 6천만 명의 장애인들이 있다. 장애인이란 나이, 부상, 정신적 신체적 질환 또는 기타 생명 환경의 영향을 받는 사람을 포함한 보다 폭넓은 유전적 선천적 장애 및 후천적 장애를 가진 사람을 법률적으로 정의한 집단이다. 이러한 정의는 어떤 사람이든 장애인의 대열에 언제든지 들어갈 수 있다는 것을 의미하며, 우리 대부분이 분명히 그렇게 될 수 있음을 뜻한다. 이런 의미에서 『우리에 관하여』는 단지 다섯 명 중 한 명에 관한 이야기가 아니다. 이 이야기는 진정으로 우리 **모두**에 관한 이야기다.

『뉴욕 타임스』 시리즈를 기획한 책임 편집자로서(그리고 이 책의 공동 편집인으로서) 나는 종종 어떻게 이 시리즈를 기획하게 되었는지에 관한 질문을 받곤 한다. 왜 하필 **장애**인가? 어떤 주제든 비판의 대상으로 삼을 수 있는 미디어 환경 안에서 우리는 왜 이러한 주제를 선택했는가? 많은 사람이 의아해하며 내가 이 시리를 기획한 이유가 혹시 나에게 장애가 있어서 그런 것은 아닐까 생각했다(나는 장애가 없다). 그도 아니면 내 친구나 가족 중에 장애가 생긴 사람이 있는 것이 아닌가 생각했다(그건 맞다). 그렇지만 이러한 것들은 단지 주변적인 요인에 불과했다.

그 대신 **왜**라는 본질적인 물음에 대해서 몇 가지 간단한 답을 할 수 있다. 첫 번째 동기는 저널리즘적 측면이었다. 지난 10년 동안 주요 언론사의 편집자로서 나는 역사적으로 소외되어 온 집단 안에서 저널리즘적으로 그리고 문학적으로 자신들의 권리를 대변하는 목소리가 중요하고 풍요로운 성과를 낳는 것을 봐왔다. 동성애자의 권리와 동성결혼의 합법화를 위한 운동, 블랙 라이브스 매터Black Lives Matter 운동, 성소수자들LGBTQ과 여성 인권을 위한 운동은 그 집단 안에 자신들의 권리와 이익을 대변하는 목소리가 있었다. 하지만 장애인 인권 운동의 경우에는 이에 비견될 만한 목소리가 전혀 없었다. 아주 기초적인 편집적 의미에서, 장애인 인권 운동은 취재와 보도가 필요한 영역이었다.

두 번째 동기는 아마도 문학적인 것으로 가장 잘 묘사될 수 있다. 간결하고 날카로운 주장을 담은 기명 논평 페이지가 뉴스 논평 면의 핵심임을 나는 잘 알고 있다. 하지만 그러면서도 나는 시시각각 바뀌는 뉴스와는 무관하게 장기적인 가치를 가질 수 있는 프로젝트를 만들고 싶었다. 내 마음속 깊은 곳 어딘가에, 수없이 인용되어온 에즈라 파운드Ezra Pound의 문학에 대한 정의 — 뉴스로 남아 있는 뉴스 — 가 숨어 있었기 때문인지도 모른다. 시간이 지나면서, 나는 이 장애 시리즈가 더 깊고 더 개인적인 표현을 추구할 때 최선의 효과를 볼 수 있을 거라고 믿게 되었다. 그러한 표현은 독자와 작가 사이에 친숙함, 나아가 친밀감을 형성할 수 있다. 보통 공적 생활에서 그런 관계를 막는 습관과 장벽, 편견 따위의 사회적 간섭 없이 말이다. 나는 그런 유의 방해받지 않는 소통과 교감이 일어날 수 있는 공간(우리 시리즈의 경우 디지털 공간)을 상상하기 시작했다.

처음부터 그것은 주로 문학의 전통적인 요소에 기초해 작가와 에세이를 선택하는 것을 의미했다. 즉 개성 있는 목소리와 서사의 힘, 그리고 이야기를 전달하는 기술이 선택의 기준이었다. 나는 훌륭한 작가들 가운데 자신을 장애인으로 인식하는 사람들이 적지 않다는 것을 알고 있었다. 사실, 이 시리즈의 놀라운 결과들 중 하나는 장애를 가진 소설가, 수필가, 시인, 예술가, 학자들의 공동체에 활기를 불어넣어 주었다는 것이다.

이 시리즈에 실린 다양한 작가들의 통찰과 사상을 접하면서 장애에 대한 나 자신의 생각은 더욱 깊어지며 변화해나갔다. 나는 장애를 하나의 범주가 아니라, 우리가 그 위에서 모두 한 자리씩 차지하고 있는 하나의 스펙트럼으로 보기 시작했다. 나는 장애 자체를 "쌍무적 상황"으로 이해하기 시작했다. 그러니까, 장애란 어떤 사람이 어떤 신체적, 생물학적 상태에 놓여 있느냐에 따라서만 정의되는 것이 아니라 접근성과 수용의 부족과 같은 사회적, 구조적 장벽이 그 사람의 사회참여를 어느 정도 방해하고 있느냐에 따라서도 정의될 수 있는 것으로 말이다. 독자들 사이에서 이 같은 반응이 일상적으로 일어났다. 이 시리즈가 자신들에게 얼마나 깊은 지적, 감정적, 정신적 영향을 미쳤는지에 대해 많은 독자가 자신이 느낀 심경을 내게 털어놓았다.

대부분의 사람들이 장애로부터 눈길을 돌리도록, 즉 외모, 언어, 버릇, 몸의 형태나 크기나 행동에서 너무 "다르게" 보이는 사람을 회피하도록 사회적으로 학습되어 있다는 것은 부인할 수 없는 사실이다. 다음과 같은 변명은 우리에게 친숙하다. 우리와 같다는 생각에 부합하지 않는 사람들과 직접적으로 접촉하면 왠지 "불편"하고, 뭔가 "짓눌리는" 듯한 느낌이 든다고. 사회적 상황에서 "어찌할 바를 모르겠다고", 그래서 그들을 피한다고. 눈길을 돌리면서 — "쳐다보지 않으면서"— "예의"를 차리는 중이라고.

『우리에 관하여』의 작가들이 이 시리즈를 통해 그리고 이 책에서 성취한 것은 이러한 습관적 회피의 전복이다. 저자들은 신체적 장벽, 사회적 습관, 편견과 관습에서 벗어나 자신들의 이야기를 하면서, 독자들과 그리고 더 많은 대중과 직접적이고 때로는 친밀한 대화를 하기 시작했다.

나는 『우리에 관하여』를 사회적 상상력이라는 일종의 집단 행위로 본다. 아마 여러분의 생각도 다르지 않을 것이다. 이 책은 모든 인간의 존엄성을 강력하게 옹호하지만, 가르치려 들지 않는다. 이 책은 더 큰 이해와 공동체라는 대의에 작지만 강력한 기여를 하고 있다. 이 책은 유대계 신비주의자이자 철학자인 마르틴 부버와 같은 사상가들이 사회에 의미 있는 참여를 위해 필요하다고 기술한 타자와의 완전한 관계 맺기에 문을 열어준다.

여기서 이루어진 작업은 책의 저자들이 직면해왔던 사회적, 제도적, 법적 장벽에 대한 증언일 뿐만 아니라, 그러한 장벽들을 넘어 앞으로 나아가려는, 그리고 우리 모두를 위해 그러한 장벽들을 궁극적으로 제거하려는 그들의 사고와 행동에 관련된 지략과 끈기, 지혜에 대한 증언이다.

피터 카타파노

들어가며

우리를 위해 만들어져 있지 않은 세상에서 잘 살아간다는 것

『뉴욕 타임스』 장애 시리즈에 실렸던 에세이들에 기초한 『우리에 관하여』는 오늘날을 살아가는 우리에게 장애에 대한 새로운 이야기들을 들려주고 있다. 이 책에서 가장 신선하고 새로운 점은 장애인들이 자기 자신의 이야기들을 하고 있다는 것이다. 이 시리즈의 저자들은 현장 보도를 통해 장애를 가지고 살아간다는 것이 의미하는 바에 대해 수백만 명의 『뉴욕 타임스』 독자들에게 증언하고, 항의하고, 폭로했다. 그렇게 함으로써, 그들은 우리가 장애라고 생각하는 공유된 인간 조건에 대해 전 국민적인 관심을 환기하며 이에 대해 서로 대화하도록 도왔다.

우리에 관한, 그리고 **우리에 의한** 이 책은 민권 운동이 한목소리로 외치는 요청에 귀를 기울인다. 그것은 바로 "우리 없이 우리에 관하여 말하지 말라"는 것이다. 우리의 이야기들은 이 구호가 요구하는 자기

표현과 인정을 향한 주장들이다. 『우리에 관하여』는 이야기를 통해 독자들에게 친밀하게 다가간다. 우리의 이야기들은 장애가 있는 사람들로서 우리가 가진 고유한 관점이 어떻게 세계관과 행동, 그리고 서로에 대한 관계의 윤곽을 설정하는지 알려준다.

정체성을 주장하는 것은 대화 상대자를 향한 일종의 자기 이해의 행위이자 관용의 행위가 될 수 있다. 그것은 우리가 우리 자신을 이해하는 방식과 우리가 스스로 자신의 진정한 모습이라고 생각하는 것을 대화 상대자에게 알려주는 것을 의미한다. 그동안 너무나 많은 장애인들이 장애에 대한 낡은 대본에 따라 살아올 수밖에 없었다. 달리 다른 대본이 없었기 때문이다. 하지만 이제 우리는 우리 자신의 이야기를 들려줌으로써 이 낡은 대본을 고쳐 쓰고자 한다. 이 이야기들은 대개 놀랍고 심지어 계시적이기까지 하다. 우리는 장애를 갖고 살아가는 것이 어떻게 삶을 형성하는지, 오래된 고정관념들이 얼마나 단순한지, 그리고 장애가 있는 삶의 고락이 다른 사람들이 누리는 삶의 고락과 얼마나 같고 다른지를 보여준다. 우리가 이야기하는 방식은 치료와 임상, 영적 분야의 전문가들이 전통적으로 장애를 옹호하고 조언하기 위해 너무나 자주 해왔던 이야기의 방식과 결이 다르다. 우리의 이야기는 동정을 구하거나, 포용을 애원하거나, 관용을 칭송하지 않는다. 우리는 우리 삶의 전문 사용자이자 우리 이야기의 제작자이고, 우리의 모든 특수성과 복잡성 속에서 자신을 정의하는 자기 옹호자다.

우리 대부분은 장애를 오로지 나쁜 소식, 모두가 피하고 싶어 하는 저주로 치부하는 통상적인 이야기와 반대되는 삶을 살고 있다. 우리는 우리가 이 세상에 존재하는 방식을 약점과 고통, 폄하의 대상으로만 여기지는 않는다. 우리가 하는 경험들은 대다수의 사람들이 상상할 수 없는 소수자의 경험이기 때문에 자신을 비장애인으로 여기는 사람들에게는 우리가 세상을 보는 이러한 시각이 이해하기 어려울 수 있다. 이 책에 수록된 우리의 이야기들은 비장애인 독자들에게 손을 내밀기도 하지만, 우리가 서로를 바라보는 계기를 제공하기도 한다. 우리에 관한, 우리에 의한 이 이야기들은 우리가 우리를 위해 만들어지지 않은 세상에서 살아가는 것이 시사하는 바를 모두가 더 잘 이해할 수 있도록 해준다.

『우리에 관하여』가 한 가장 중대한 기여는 가장 인간적인 경험들을 인간적으로 만들고 있다는 것이다. 심각한 것이든 평범한 것이든, 일시적인 것이든 지속적인 것이든, 우리의 장애는 누구나 그렇듯이 엉망인 부분도 있고 건실한 부분도 있는 전체 삶의 일부다. 우리의 장애에 의미를 부여하는 것은 바로 그 지점이다. 우리는 우리의 삶이 어떤지, 그 삶이 우리에게 어찌해서 말이 되는지, 우리가 여러 가지 일을 어떤 식으로 하는지, 우리가 무슨 일을 감수하는지에 대해 독자들에게 말해준다. 우리의 이야기는 보고, 듣고, 걷고, 움직일 수 있는 데서 시작했다가 급작스럽게 혹은 점차 세상을 다른 방법으로 살아가야 하는 상태로 변화하는 인간의 발달 과정에 관한 이야기다. 사람들이 살아온 기존 세계의 오랜 전통은 우리가 언젠가는 진입하게 될 장애라는 일반적이고 불가피한 인간 발달 과정을 없앴다. 『뉴욕 타임스』 장애 시리즈의 한 독자는 이렇게 논평했다. "이 세상에는 두 부류의 사람들이 있다. 하나는 장애인들이고 또 하나는 아직 장애가 없는 사람들이다."

장애는 누구나 어떤 방식으로든 마주하게 되는 삶의 과업이다. 하루

하루를 살아가는 중에, 그리고 삶이 우리에게 기대하는 바를 수행하는 중에 맞닥뜨리게 되는 장벽들에 우리가 완전히 적응해야 할 거라고 가정하는 사람은 거의 없다. 아직 장애가 없는 사람들은 장애의 세계로 들어간 사랑하는 사람들과 가족 구성원의 곁에 머물러주고 동행해줘야 한다. 언젠가 그들도 이미 그곳에 있는 우리 같은 사람들의 무리에 합류하게 될 터이기 때문이다. 장애가 우리 곁에 있다는 것을 인지하게 된다면 우리는 모두 이 책에서 다뤄지는 이야기들을 알아야 할 것이다. 장애를 찬찬히 음미하며 산 우리의 이야기는 우리 모두를 인간이라면 언젠가 마주하게 될 과업으로 안내해준다.

『뉴욕 타임스』 시리즈에서 전하는 장애에 관한 이야기들은 몸과 마음에 장애를 가지고 살아가는 방법뿐만 아니라 "장애인"이라는 사회적 낙인을 달고 살아가는 방법에 대해 말한다. 장애는 종종 무작위로 급작스럽게 찾아오기 때문에 사람들은 그들에게 강요된 "장애인"이라는 상태 변화를 받아들일 준비가 되어 있지 못하다. 장애는 어제의 나와 오늘의 나 사이에 갑작스러운 불협화음을 일으킬 수 있다. 차선을 넘어 달려오는 차 한 대가 오늘까지 내가 알고 있던 나라는 사람을 하루아침에 다른 사람으로 변모시킬 수 있다. 다른 그 어떤 사회적 정체성의 범주도 이처럼 침투성이 높고 불안정하지는 않다. 사실, 우리 대부분은 살면서 장애와 비장애 사이의 그 불안정한 경계 양쪽을 모두 경험하게 될 것이다. 정상적이고 건강한 권위 있는 집단에서부터 비정상적이고 병들어 있다고 생각했던 사회적 위치로 재배치되는 것은 언제나 당황스럽고, 더 심하게는 인격적 존엄성의 문제가 되기도 한다.

불명예스럽고 오명을 쓴 이 집단의 일원임을 스스로 인정하거나 그렇게 불리는 것을 쉽게 받아들이는 사람은 아무도 없다. 장애는 자신의 몸과 마음 외에도 예전에 자신이 사용하던 이 세상을 사용하는 방법을, 그리고 다수의 비장애인들이 설계한 것과는 다른 방식으로 바꾸도록 강요한다. 수록된 이야기들 중 다수는 가까운 과거의 너무나도 익숙하고 편안했던 물질적, 사회적 세계에서 멀어지는 이 어색한 이동을 증언한다. 장애가 일으키는 이와 같은 이행의 과정에서, 우리 중 다수를 변화를 위한 행위자로, 즉 장애인 인권 운동의 정치적 사회적 약속의 지지자로 변신시켜온 지략이 자주 탄생한다.

이 책에 실린 이야기들의 상당수가 그러하듯이, "장애인"이라는 범주 안에서 잘 살아가고자 하는 투쟁은 사실상 우리가 가진 몸과 마음으로 잘 살아가고자 하는 투쟁이다. 장애는 물리적으로만이 아니라 의미론적으로도 자주 곤란한 상황에 직면한다. 이 시리즈에 글을 기고한 많은 저자는 "장애disability"라는 단어 자체와 씨름한다. "장애인disabled"이라는 단어가 의미하고 아우르는 범주에 자신이 속해 있는 것인지 자신하지 못하기 때문이다. 우리 장애인들 중 일부는 사실 스스로 장애가 있다고 생각하지 않는다. 우리는 과연 말더듬, 우울증, 불안증, 만성 통증이나 외형적 손상이 정말로 진짜 장애라고 할 수 있는지 확실하게 알 수 없어서 때로는 이 범주를 주장하기도 하고, 때로는 부정하기도 한다. 어떤 이들은 새로운 장애법의 혜택이나 보호를 받아야 할 만큼 자신의 장애가 심각한 것은 아니라고 여긴다. 또 어떤 이들은 법적 보호 속에 내포된 낮은 기대치에 이의를 제기한다. 우리 모두에게 우리가 결함이 있는 존재라는 가정은 모욕이다. 눈에 띄지 않는 평범한 사람이라는 익명성이 안전한 피난처일지라도, 우리 중 일부는 이러한 정상의 특권을 거부한다. 이 책의 저자 중 한 명인 벤 매틀린Ben Mattlin은 그러는 대신에 "내가 누구인지를 말해주는 나의 장애를 좋아"하기 위해 분투한다. 또 다른 저자인 조너선 무니Jonathan Mooney는 "나는 흔히 말하는 것처럼 장애를 가진 것이 아니라 나의 다름을 포용하고 수용하지 못하는 환경에서 장애를 **경험한** 것이라고 여기게 되었다"고 독자에게 말함으로써 "장애"를 절묘하게 재정의한다.

"장애인"이라는 꼬리표를 달고 사는 사람들은 무거운 역사를 등에 지고 살아가고 있다. 우리가 다른 비장애인 시민들과 비교해볼 때 도덕적으로나 법적으로 이들과 같은 가치를 지닌 존재이며 인권이 보장되고 법에 따라 보호된다는 선례가 있음에도 불구하고, 먼 옛날이나 심지어 최근의 장애인 역사를 잠깐이라도 살펴보면 우리 장애인들의 암울한 취약성을 떠올릴 수밖에 없다. 우리 장애인들을 퇴행, 결함, 부적합, 부담의 대상으로 공표하며 정신병동, 병원, 특수학교, 그리고 눈에 띄지 않는 숨겨진 뒷방에 가두던 때가 고작 몇십 년 전의 일이다. 1927년 대법관 올리버 웬델 홈스는 "백치는 삼 대로 충분하다"고 선언하며 "정신박약"이라고 판단되는 사람들에 대한 강제적 불임 시술을 허가하였다. 1960년대에 유전자 진단과 선택적 제거의 첫 번째 표적이었던 다운증후군을 가진 사람들은 그 당시에 "몽골인종의 특색을 지닌 백치Mongoloid idiots"라고 불렸다. 이것은 이들을 영구적으로 시설에 수용하는 것을 정당화하기 위해 인종차별과 장애차별을 결합한 진단 범주였다. 휠체어를 이용하는 장애인 인권운동가이자 자립 생활 운동의 창시자인 에드 로버츠Ed Roberts가 1963년 캘리포니아 주립대 버클리 캠퍼스에 입학했을 때, 교내 신문인 『버클리 가제트*Berkeley Gazette*』는 "속수무책인 불구자, 본교에서 수강을 하다"라는 헤드라인을 뽑았다.

19세기 후반과 20세기 초반의 세계적인 우생학 운동은 고급이라고 간주되는 인구를 증가시키고, 그런 소위 고급 인구들이 저급이라고 판단하는 인구의 수를 감소시킴으로써 인류의 자질을 향상하는 사업으로 의학을 발전시켰다. 20세기 중반에는 시설에 수용하는 대신 말살시키는 것이 나치 선동대가 "쓸모없는 식객"이라고 일컬었던 사람들에 대한 가장 효율적인 대안으로 부상했다. 케니 프리스Kenny Fries가 이 책에 수록된 그의 글에서 우리에게 상기시키듯이, 장애인들은 체계화된 불임 시술과 안락사를 위한 정부 사업의 첫 번째 대상이었다. 우리를 "더 좋게" 만들겠다는 이런 의학적 및 과학적 목표는 "선행을 하라"는 의학의 본질과 "해치지 말라"는 경고 사이에서 일어나는 갈등을 어설프게 봉합하고자 했다.

의학, 전쟁, 산업화 같은 문화적 제도들은 줄곧 비장애인들을 장애인으로 만들기도 하는 반면, 또한 이러한 제도들은 우리의 몸과 마음이 정상인들을 위해 만들어진 이 세상과 분리되어 있는 상태를 약화하는 기술과 치료제, 정책을 개발해내기도 한다. 현재 우리가 살아가고 있는 시대의 우생학적 포부는 인류 발전을 위해서 가스실을 이용하는 것과 같은 단순한 형태를 띠고 있지는 않지만, 의학적 정상화와 실험, 산전 태아 검사와 선택적 임신 중절, 유전자 변형, 의사 조력 죽음, 치료 거부와 편향된 자원 분배 등을 통해 장애를 — 그리고 종종 장애인들을 — 근절하려는 시도가 계속되고 있다. 피터 싱어 같은 실천 윤리학자들은 노골적으로 특정 장애를 지닌 신생아들의 안락사를 허용하는 자유주의적 우생학을 지지하고 있다. 이 시리즈에 참여한 저자들의 다수는 과거에는 문자 그대로 말살의 대상이었고 오늘날에는 제거의 대상이 되는 바로 그 장애들을 가지고 불편한 마음으로 살아가고 있다.

우리 대부분은 장애인 인권 운동이 일으킨 문화적, 정치적 대전환 속에서 살아왔다. 장애인 인권 운동은 우리가 우리의 몸과 마음을 의학적 치료의 대상에서 정치적 소속 집단으로 바꾸어 이해하도록 만들었다. 의학의 대상에서 정치의 대상으로의 이러한 전환을 통해 우리는 "장애를 가진 사람들people with disabilities"로 인식되었다. "장애를 가진 사람들"이란 인권 선언부터 평등 교육 정책, 건축 장애물 제거법, 1990년과 2009년에 제정된 미국장애인법, UN 장애인권리협약에 이르기까지, 장애 정의를 실현하기 위해 일련의 정책, 법률, 조례를 통해 만들어진 일종의 정치적 명칭이었다. 우리의 많은 이야기는 우리를 학교, 직장, 대중교통, 시민 생활 전반에 참여하지 못하도록 배제했던 오래된 잔재를 보여주는 동시에 우리에게 주어진 새로운 기회와 길을 인식하고 축하한다. 여기서 길이란 비유가 아니다. 우리는 이제 그것을 말 그대로 우리에게 주어진 접근권the right to access로 이해한다. 우리는 아직도 장애인들의 접근을 가로막고 있는 장애물들을 한탄하고, 우리에게 주어진 가능성을 환호성으로 맞이한다.

명백히 현대적인 정체성의 하나로서, "장애"는 우리가 주장할 수 있고, 우리를 주장할 수 있는 정치적 권리를 부여받은 소속 집단이다. 우리 중 다수가 장애가 있는 사람으로서 이러한 정체성을 표현하고자 노력했고, 장애인으로 사는 것의 장점과 즐거움까지도 상세하게 묘사했다. 우리는 다른 사람이 되기를 바라는 것이 아니라 현재 있는 그대로의 모습을 꽃피울 수 있도록 힘을 쏟는다. 일부 장애인들은 그런 삶의 도전을 즐기지만, 일부는 의기소침해한다. 어떤 이들은 장애를 중립적인 차이 정도로, 어떤 이들은 문화적 구성원 정도로, 또 다른 이들은 그냥 질병으로 여긴다. 또 어떤 이들은 그러한 구분에 저항하며 장애인을 영감과 자극을 주는 존재나 동정이 필요한 존재로 보는 정형화된 시각을 못 견뎌 한다.

우리는 모두 어떻게든 꽃을 피워냈고, 우리의 이야기는 우리의 장애에도 "불구하고"가 아니라, 우리의 장애 "덕분에" 해낸 방식에 대해 말한다. 자주 세상과 불화하게 만드는 우리의 몸과 마음, 감성을 우리가 완전히 극복했다고 말할 수는 없다. 모두가 본인의 삶에 만족하는 것은 아니다. 실제로 우리의 이야기는 인생을 헤쳐나가며 겪은 분노와 격분, 슬픔과 적막함, 좌절과 혼란에 이르는 온갖 감정을 표출하고 있다.

물론 이 책의 저자들이 다양한 범주에 걸쳐 있는 미국의 장애인 전체를 대표하는 것은 아니다. 우리를 이어주는 연결고리는 교육의 기회를 누릴 수 있었다는 사실이다. 과거에 장애인들에게는 교육의 기회는 좀처럼 주어지지 않았고, 지금까지도 모두가 이러한 기회를 누리는 것은 아니다. 1970년대부터 장애를 가진 사람들이 누릴 수 있게 된 평등하고 적절한 교육에 대한 권리는 우리에게 문화적 경제적 자본을 축적할 가능성을 확장해주었다. 그리고 이로부터 우리는 좋은 삶을 살고, 인간으로서 처한 조건에서 오는 불가피한 한계와 어려움을 헤쳐나갈 자원을 얻었다. 교육과 그것이 누구에게나 가져다주는 재능은 장애인이든 비장애인이든 가리지 않고 인간이라면 누구나 널리 공유할 수 있는 설득의 힘을 우리에게 부여했다. 그러한 설득의 힘을 통해 우리는 장애를 가지고 살아가는 우리의 고유한 방식을 표현한다. 우리는 모두 작가다.

많은 독자가 뜻밖에도 우리에게서 연대감을 느꼈다. 우리의 이야기는 그들의 인생에서 장애로 넘어가는 이행의 시기를 인식하도록 해주었고, 어떤 식으로 자신들이 장애에 영향을 받고 흔들리게 되었는지 확인해주었다. "나만 홀로 혼자 있는 것이 아님을 깨달았다"고 한 독자는 말했다. 많은 독자가 그들에게 완전히 새로운 주제와 관점을 수면 위로 드러낸 것에 대해 우리에게 감사의 인사를 전했다. 어떤 사람은 확연히 다른 장애를 바라보는 시각을 갖게 해준 것에 감사하다며 편지를 썼다. 우리의 경험이 가진 특이성은 많은 독자에게 다가섰다. 어떤 독자는 나의 이야기가 자신이 전에 생각해보지 못한 방식으로 자신의 경험을 담아냈다고 말했다. 또 어떤 독자는 자신이 가진 것과 똑같은 장애가 있는 다른 사람을 만나본 적이 없었기에 나의 "통찰력이 동질감과 동정의 눈물을 흘리게 했다"고 말했다. "힘내세요!"부터 "아름다운 글. 더 써주길"까지 응원과 연대를 표하는 많은 댓글도 달렸다. 몇몇 독자들은 "생명은 한번 생기고 나면 포기하는 법이 없다", "정상은 우리 몸의 생김새가 아니라 살아 있음을 가리키는 말이다"와 같은 오래 갈고닦은 지혜를 선보였다. 한 남성 독자는 내게 "저도 사람들에게 자기 자신이 실제로 장애인이 되어보지 않는 한 장애를 가진다는 것을 절대 이해할 수 없다고 이야기해요"라고 자신의 이야기를 털어놓았다.

그러나 다른 독자들은 우리의 주장에 대해 반대 의견을 제시하기도 했다. "아뇨, 당신은 장애인이 아니에요." 어떤 댓글 작성자가 장애 범주의 경계에 대해 의문을 표하며 작가에게 의견을 표명했다. 더 강렬한 반대의 소리도 있었다. "장애가 있다는 것에는 좋은 점이 하나도 없어요. 단. 한. 가. 지. 도." 또 다른 목소리는 "당신은. 모든. 이야기를. 다. 알지. 못해요."라고 공언했다. 한 독자는 장애를 "정체성 정치질의 터무니없는 유형"이라고 여겼다. 종합해 볼 때, 『뉴욕 타임스』 웹사이트에 달린 이 시리즈에 대한 의견들은 장애인이 된다는 것, 장애를 가지고 산다는 것, 그리고 우리가 장애인으로 생각하는 존재 방식을 이해하는 일에 대해 공동의 대화를 이끌어냈다.

『우리에 관하여』는 60편이 넘는 글을 모든 사람에게 의미와 목적을 부여하는 인생의 영원한 주제와 과제에 초점을 맞춘 여덟 개의 범주로 나누어 수록하고 있다. 그 범주는 "정의"에서 시작해 "기쁨"으로 끝난다.

1부 "정의"에는 얼마나 많은 사람이 장애인이 되는 것을 의학적 조건이라기보다는 사회적 상황, 심지어 정치적 상황으로 이해하게 되었는지를 반영하는 이야기들을 실었다. 1부에 수록된 1인칭 시점의 이야기들은 장애 차별과 해방의 역사를 총체적으로 추적하고 있다. 그 이야기들은 홀로코스트의 우생학적 말살에서부터 20세기 말과 그다음 세기로 이어지는 정치적 평등을 위한 투쟁과 그 실현을 향한 길까지 아우르고 있다. 접근성, 보호, 자율성 및 복지후생 혜택의 성공과 실패에 관한 이야기가 여기에 서로 얽혀 있다. 여기서 우리는 대중문화가 정신질환을 조롱하는 방식에 대한 항의와 휠체어 사용자가 직면하는 도전, 적절한 의료 제공의 필요성, 그리고 미국장애인법의 보호가 어떻게 최소 의식 상태의 환자들에게 생명을 구하는 조치가 될 수 있는지를 본다. 이처럼 새롭게 등장한 장애 정의의 개념은 『우리에 관하여』를 쓴 모든 저자들의 삶을 형성해왔다.

2부 "소속"에서는 우리가 누구인지, 그리고 "장애"가 어떻게 우리를 기꺼이 혹은 주저하며 공동체로 끌어들이는지를 고려한다. 이 이야기들은 청각장애나 시각장애를 가지고 있거나, 목발을 사용하거나, 틱이

나 경련을 일으키거나, 유전적인 질병이나 평범하지 않은 외모를 갖고 살아가는 사람들의 경험들을 포괄하고 있다. 종합적으로 보자면, 우리의 포용이나 저항은 장애 범주를 구성하는 인간의 존재 방식의 다양성만이 아니라, "장애인"으로 간주될 때 우리가 얼마나 다양한 방식으로 반응하는지를 보다 심층적으로 말해준다. 우리가 어떻게 자기 자신을 장애가 있는 사람으로 이해하고, 그리고 장애가 있다는 것을 어떻게 같은 정치적 지향을 가진 집단으로 받아들이는지 말이다.

3부 "일"에서는 우리가 무언가를 창출하는 방식과 일하는 방식을 보여준다. 장애 권리 운동 이전까지 사회의 태도와 접근성 없는 건축 환경은 보통 의미 있는 일의 혜택과 책임에서 우리를 배제했다. 이제는 우리 중 다수가 교육을 받고 직업을 가질 수 있게 되면서, 우리는 지역적으로나 세계적으로 작업 현장과 노동 인구, 시장의 형태에 변화를 가져왔다. 장애를 가지고 살면서 우리가 경험하게 되는 것은 의사에서 변호사에 이르기까지 우리가 일하는 방식과 예술가, 작가, 선생님으로서 우리가 일에서 창출해내는 것에 영향을 미친다. 우리는 우리의 존재와 독특한 전문지식으로 직업의 세계를 변화시키면서 우리에게 꼭 들어맞지 않는 상황도 결국 맞도록 만드는 전문 사용자이자 노하우 전문가다.

4부 "항해"는 우리가 일상의 어려움을 극복해나가기 위해 도구와 전략, 혁신을 사용하는 방식에 대해 상세히 설명한다. 우리의 기술은 의료 장비에서 접근 기술로 옮겨갔다. 예전에 우리 중 너무나도 많은 사람을 가두고 구속하던 휠체어는 이제 우리가 공공 공간과 공공 생활로 들어가는 입구의 상징이자 현실이 되었다. 우리의 이야기들은 흰 지팡이, 보행 보조기, 경사로, 최첨단 의족과 이식물과 함께 세계 밖으로 나설 때 우리에게 주어진 기회와 제약에서 비롯한 독창성에 대해 이야기한다.

5부 "대처"는 우리의 투쟁과 우리가 위기를 극복하는 방법을 보여준다. 우리를 위해 만들어지지 않은 세상에서 사는 것은 기지를 발휘해야 할 순간들과 좌절의 원인을 제공한다. 이 이야기들은 장애를 가지고 사는 것이 아주 힘든 일이 될 수 있다는 것을 보여준다. 건강을 유지하기 위해 해야 할 일은 아주 복잡하고, 무거운 낙인의 부담도 견뎌야 한다. 심리 정서적 변화를 관리하는 일도 사람을 몹시 지치게 할 수 있다. 우리와 비장애인들 사이의 격차를 극복하는 것은 우리의 에너지와 자원을 고갈하게 만들 수 있다. 우리는 이러한 과제에 직면해서 우리가 어떻게 이를 견디고 우리의 존엄성을 유지하는지 보여준다.

6부 "사랑"은 다정하고, 희망차고, 불쾌하고, 평범한 사랑 이야기를 들려주며 우리가 사랑하는 방식에서 특별한 점은 무엇인지에 대해 알려준다. 오늘날 만연한 개인주의로 인해 우리는 스스로 고립해 살아가려는 경향이 있다. 따라서 현대인들이 사랑이라는 인간적 연결고리를 찾고 유지하는 것은 매우 어려운 일이다. 온라인 소개팅과 같은 현대의 짝짓기 의식과 표준화된 외모와 높은 기준만을 좇는 것은 장애인에게 영원한 사랑을 만나는 데 장벽이 될 수 있다. 이 이야기들은 장애가 있는 사람들이 가꾸는 현대적 사랑의 일부 형태를 우리에게 보여준다.

7부 "가족"은 장애가 가족의 구성과 선택, 세대 간 역학에 어떤 영향을 미치는지 살펴본다. 장애는 가족을 독특한 방식으로 연결한다. 이 이야기들은 유전적 조건이 부모와 아이를 결합하는 방식이 얼마나 복잡한지, 우리가 가족 내에서 일어나는 비난과 죄책감 같은 부정적 연결고리를 어떻게 헤쳐나가는지, 우리가 유전적 또는 선천적 장애에 의해 형성되는 유사점과 차이에서 어떤 편안함을 발견하는지, 그리고 우리가 우리의 몸과 정신과 함께 따라오는 보살핌과 의지를 교환하는 과정에서 서로 무엇을 주고받는지 등에 대해 다룬다.

8부 "기쁨"은 우리가 장애를 갖고도 삶을 얼마나 즐기며 살아가는지 조명한다. 아마도 장애에 대한 가장 부당한 고정관념은 우리의 삶이 헤아릴 수 없을 정도로 끝없는 고통으로 가득 차 있다는 것이다. 이 책에 실린 모든 이야기는 그러한 가정을 반박하며 장애를 가지고도 얼마든지 잘 살 수 있고 또한 거기서 오는 특별한 기쁨이 있다고 말한다. 우리는 여기서 청각장애는 소리의 부재가 아니라 창조적인 의미를 만들 기회이거나 새로운 시선에서 음악을 접하는 방법임을 배운다. 시각장애는 시력의 편의성 때문에 잃어가고 있었던 상상력을 펼칠 기회가 될 수 있다. 만성질환은 우리의 장애가 아니었더라면 아마도 택하지 않았을 만족스러운 새로운 길을 제시한다. 종종 신경 다양성이나 다른 심리사회적 장애에서 비롯한 끔찍한 경험은 우리가 일반적으로 공통점이 거의 없다고 생각하는 역사적 인물들과 우리를 연결한다. 슬픔과 괴로움, 투쟁이 없는 인생은 없다. 그리고 다른 모두가 그러하듯이, 우리는 모두 우리 몫의 인생을 가지고 있다. 우리가 이 책을 마무리하며 드리는 마지막 이야기들에는 뜻밖에도 곤경이 기쁨과, 고통이 즐거움과, 저항이 수용과 뒤얽혀 있는 모습을 볼 수 있다. 이 이야기들은 이 책의 저자들이 장소와 조건이 허락한다면 어떻게든 기쁨을 일구어 나가는 모습을 보여준다.

이 책은 우리 모두에게 선물과도 같다. 우리의 이야기는 우리의 끈기를 증언한다. 우리는 장애인과 비장애인을 가리지 않고 우리의 동료 인간 모두를 향해 품위와 관대함을 가지고 우리의 삶을 헤쳐나간다. 로리 클레멘츠 램버스Laurie Clements Lambeth가 그의 글에서 분명히 말하고 있듯이, "존속하는 모든 생명체는 온전하다". 우리의 몸과 마음을 통해서가 아니라, 우리에게 아무런 기대도 하지 않는, 우리를 위해 만들어지지도 않은 세상 속에서 있는 그대로의 우리로 충실히 인생을 살고자 하는 우리의 지속적인 욕구를 통해서 우리는 온전해진다. 여기 우리가 모아놓은 이야기들은 한탄이나 비난이 아니라 우리가 공유하고 함께 살아가고 있는 이 세상을 함께 재건해보자고 독자들에게 보내는 초대장이다. 장애인 인권 운동의 약속과 그것이 우리 공동체와 더 큰 세상 속에서 만들어내는 의미를 함께 실현하기 위해서는 앞으로 해야 할 일이 많다. 『우리에 관하여』는 지금 이 순간에 여기서 우리가 만들어낸 삶의 풍부한 특수성을 증명하고, 우리의 지속적인 끈기에서 무엇이 나올 수 있는가를 시사한다.

로즈마리 갈런드-톰슨

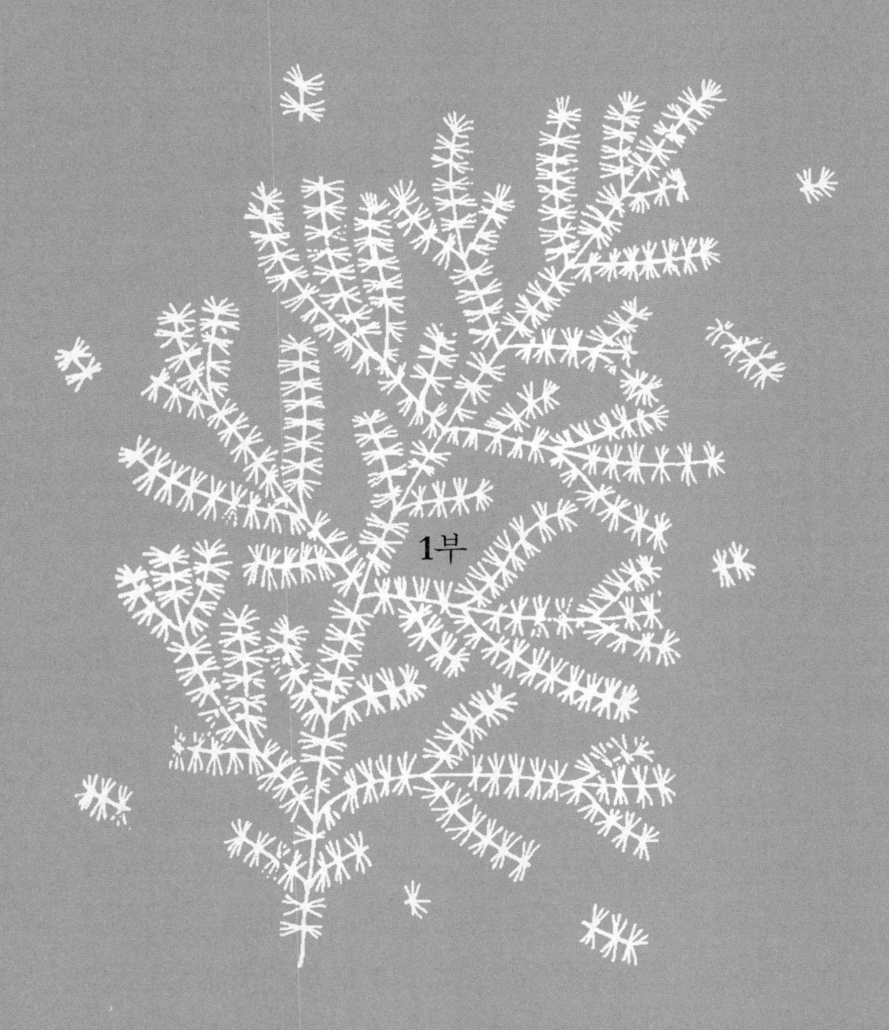

1부

정의

장애인이 된다는 것

로즈마리 갈런드-톰슨

얼마 전, 친한 친구가 내게 흥미로운 말을 했다. 그녀는 이렇게 고백했다. "나는 너를 장애인으로 생각하지 않아."

나는 그녀가 무슨 말을 하려는지 정확히 알았다. 나 또한 몇십 년 전에는 나 자신을 장애인으로 생각하지 않았다. 내 두 팔이 상당히 심각할 정도로 비대칭적이고 평생에 걸쳐 내가 만난 거의 모든 사람들과 달라 보였는데도 말이다.

친구는 칭찬의 뜻으로 한 말이겠지만, 그 말은 친숙한 논리에 따른 것이었다. 백인 친구들이 선의를 가지고 "나는 너를 흑인이라고 생각하지 않아"라고 말하면서 인종 정체성의 복잡함을 지우려 할 때 아프리카계 미국인들이 주목하는 그런 논리 말이다. 혹은 남자가 여자에게 "너는 그냥 남자 친구 같아"라고 칭찬할 때 드러나는 논리 말이다.

이런 식으로 장애가 있는 사람들을 불명예스러운 정체성으로부터 구해내고자 하는 욕구는 일반적으로 선의에서 비롯한 것이지만, 최근 몇십 년 동안 우리가 접해온 여러 장애 자부심 운동의 정신과는 분명히 상충된다. "검은색은 아름답다Black Is Beautiful"나 "우리는 여기에 있다, 우리는 성소수자다, 이 사실에 익숙해져라!We're Here, We're Queer,

Get Used to It!"와 같은 구호들은 수세대간 인종차별, 성차별, 동성애자 차별과 같은 자기혐오 속에서 교육받은 사람들에게 변화를 향한 자극이 되었다. 장애 자부심 운동들은 여성, 동성애자, 소수 인종 및 기타 집단에 소속된 이들에게 시민으로서의 완전한 권리를 보장했던 차별금지법과 인종차별금지법의 심리 정서적 등가물이었다. 더 최근에는 블랙 라이브스 매터 운동과 성소수자 권리 운동이 자리를 잡기도 했다.

하지만 크립 파워Crip Power나 매드 프라이드Mad Pride 같은 장애인들의 자부심 운동은 사람들에게 다른 인권 운동만큼 주의를 끌지 못했다. 왜 그런 걸까? 한 가지 답은 장애인이 무엇을 의미하는지보다 여성이나 흑인, 동성애자 또는 트랜스젠더가 무엇을 의미하는지가 훨씬 더 명확한 집단 개념을 드러낸다는 데 있다.

장애가 없는 사람은 휠체어나 안내견, 의족을 사용하는 사람 혹은 다운증후군이 있는 사람을 알아볼 수는 있지만, 이들이 같은 사회적 정체성과 정치적 지위를 공유하고 있다는 생각은 대개 떠올리지 못한다. "그들"은 단지 어떤 불행한 일이 생기는 바람에 뭔가 심각한 문제를 겪고 있는 사람들로 보일 뿐이다. 사람들 대다수가 장애에 대해 확실히 아는 한 가지는 자신이 그렇게 되고 싶지는 않다는 것이다.

그러나 관심을 가지고 보기 시작하면 장애는 어디에나 있다. 단순히 공공장소를 둘러보기만 해도 한 가지 단순한 사실이 금세 드러난다. 마치 휠체어 사용자나 보행기, 보청기, 지팡이, 안내견, 의족, 호흡 장치를 사용하는 사람들이 난데없이 나타난 것처럼 보일지도 모르지만, 사실 그들은 늘 그 자리에 있었다.

소인증이 있는 두 살 소년의 어머니는 "전미 리틀피플 모임Little People of America" 행사에 처음 참여하고 나서 놀라움을 금치 못했다.

그녀는 이때 느낀 바를 나에게 이렇게 한마디로 말했다. "진짜 많네요!" 사랑하는 이 아이가 뜻밖에 그녀의 가족이 되기 전까지 그녀는 연골형성부전증이 단신의 가장 흔한 형태라는 사실이나 이 증상을 가진 사람들 대부분이 평균 키를 가진 부모 사이에서 태어난다는 사실을 전혀 알지 못했다. 무엇보다도 그녀는 지원을 요청하거나 서비스를 이용하거나 공동체에 들어가거나 아들이 인생을 헤쳐나가는 데 필요한 법안을 활용하는 방법도 아마 알지 못했을 것이다. 하지만 그 아이는 그녀의 아들이고, 그녀는 아들을 사랑했기 때문에 앞으로 장애에 대해 많은 것을 배울 것이다.

사실, 우리 대부분은 살아가면서 질병에 걸리거나 부상을 입어서건 아니면 단지 노화의 과정을 통해서건 장애의 범주에 들락날락하게 될 것이다.

세계보건기구는 장애를 "개인의 몸이 가진 특징과 그 사람이 살고 있는 사회의 특징" 간의 복잡한 상호작용을 반영하는 기능 손상, 활동 제약, 참여 제약을 아우르는 포괄적 용어로 정의하고 있다. 미국장애인법은 장애를 "하나 이상의 주요 생활 활동을 실질적으로 제한하는 신체적 정신적 장애"라고 말하고 있다.

당연히 이 범주는 광범위하고 끊임없이 변화하기 때문에 정확한 통계치를 얻기는 쉽지 않다. 하지만 가장 신뢰도 있는 출처의 데이터는 놀라운 사실을 보여준다. 미국 질병통제예방센터는 미국 성인 다섯 명 중 한 명이 장애를 가지고 사는 것으로 추정한다. 미국 장애인협회에 따르면 장애인이 5600만 명에 달한다(다른 기관들의 추정치는 이보다 더 높다). 실제로 장애인은 미국에서 가장 큰 소수집단이며, 신경 다양성 운동에 근거한 여러 장애와 정신과적 장애, 노화와 학습 장애 등 새로운 장애의 범주가 등장하고 성장함에 따라 그 비율이 증가하고 있다.

말하자면 커지고 있는 장애의 영역에는 우울증, 불안장애, 거식증, 암, 외상성 뇌손상, 주의력결핍장애, 자가면역질환, 척수 손상, 자폐 스펙트럼 장애 및 치매와 같은 진단 범주가 포함된다. 한편, 20세기에 들어 공중보건 조치가 개선되고 질병 예방 및 공공 안전이 증대됨에 따라 특정 장애나 장애인 집단의 범주가 통째로 사라지거나 현저히 줄어들기도 했다.

우리 중 거의 모두는 살면서 언젠가는 장애를 경험하게 될 터이기 때문에 인생 초반에 장애를 겪는 건 큰 이점이 될 수도 있다. 나는 모두 여섯 개의 손가락과 상당히 짧은 팔 하나를 갖고 태어났기 때문에 처음부터 내가 가진 몸으로 세상을 헤쳐나가는 법을 배웠다. 이러한 신체와 세상 사이의 불일치는 지혜를 발휘할 계기가 되기도 한다. 비록 이 세상이 나 같은 몸이 아니라 내가 "손가락이 완전한 사람"이라고 부르는 이들에게 맞추어져 있다는 것을 확실히 알고 있음에도 나는 한 번도 스스로 능력이 없다고 느낀 적이 없었고, 오히려 유연하게 적응하며 실용적인 해결책들을 찾아 나의 신체가 충족시키지 못하는 일들을 해내고 내가 원하는 방식으로 세상과 소통했다. (예를 들어 이 글도 내 음성을 인식해서 문자로 변환해주는 기술을 사용해 작성했다.)

어쨌든 대다수 미국인들은 장애인이 되는 법을 모른다. 우리 중 장애를 가지고 살거나 장애인들이 흔히 필요로 하는 기술을 사용하는 것을 상상할 수 있는 사람은 거의 없다. 우리 대부분은 장애를 가지고 태어나는 게 아니라 삶의 여정을 거치는 과정에서 장애를 겪게 되기 때문에 우리가 인종이나 성별과 같은 개념에 익숙해지는 것만큼 장애라는 것에는 자연스럽게 동화되지 않는다. 그러나 장애는 여느 도전이나 한계와 마찬가지로 인간으로서 필연적인 삶의 일부다. 분명히 "우리"와 "그들" 사이의 경계선은 깨지기 쉽다. 우리는 장애로부터 도망치는 것보다 장애에 대비하는 것이 더 나을지 모른다.

그렇지만 장애에 대해 말하는 것조차 난처한 경험이 될 수 있다. 장애에 대한 언어는 예민한 성질을 띠고 있으며, 아무리 좋은 의도로 하더라도, 장애에 대한 대화는 예의와 올바름, 그리고 의도치 않게 상대의 기분을 상하게 할 가능성이 뒤섞여 있는 미로 속으로 발을 들이는 듯한 느낌을 줄 수 있다. 내가 장애에 대해 강의할 때, 항상 누군가는 이 장애라는 정치화된 새로운 정체성을 지칭하는 "올바른" 방법을 알고 싶어 한다. 그 이유가 방어하고 싶어서든, 진지하게 혹은 그냥 알고 싶어서든 간에 말이다.

우리 자신을 뭐라고 부르는 게 좋을지에 대해서도 논란이 있다. 우리 자신을 명명하는 것이 가지는 정치적 함의를 둘러싸고 의견이 다른 사람들 사이에 활기찬 논쟁이 벌어지고 있다. "사람이 우선"임을 지지하는 편에서는, 우리 자신을 "장애를 가진 사람people with disabilites"이라고 부른다면 우리의 인간성을 먼저 중시하면서 장애는 그저 이를 한정하는 말이 될 거라고 주장한다. 반면 다른 편에서는 우리의 정체성을 전면에 내세워 우리 자신을 "장애인disabled people"이라고 부름으로써 장애 자부심을 드러내야 한다고 주장한다. 또 다른 일각에서는 "장애"라는 용어 자체를 거부한다. 다수의 수어 사용자들이 이러한 입장을 고수하고 있다.

장애를 저주와 비극, 불행 또는 개인의 실패라고 말하는 낡은 방식은 더는 유효하지 않지만, 어떤 언어를 사용하는 것이 더 진보적이고, 더 올바른지는 아직 확실하지 않다. "불구", "핸디캡", "정신박약"과 같은 표현은 구시대적이고 경멸적인 표현이다. 홀로코스트 이전에 우생학에서 국가 차원의 불임화와 몰살 정책의 범주 지표로 쓰였던 "백치", "천치", "바보", "정신지체"와 같은 범주들은 "발달 지연" 또는 "지적 장애"와 같은 용어로 대체되었다. 2010년 오바마 대통령은 연방 법령상의 "정신지체"에 대한 언급을 "지적 장애"로 대체하는 로자법Rosa's Law에 서명했다.

작가이자 학자인 시미 린턴Simi Linton은 척수 부상 후 자신이 병원에서 장애를 갖고 사는 법을 어떻게 배웠는지에 대해 말한다. 그녀에 따르면, 그러한 배움은 재활을 통해 사회로 복귀하면서 이루어지는 것이 아니라 새로 장애를 갖게 된 젊은 사람들과 유대 관계를 맺는 과정을 통해 습득하는 것이었다. 그녀는 이러한 과정을 "장애를 주장하는" 공동체에 소속되는 것이라고 부른다. 또한 작가이자 교수인 조지나 클리지Georgina Kleege는 실명blindness과 보임sight을 문화적 은유들로 우아하게 표현한 자신의 저서 『보이지 않는 광경*Sight Unseen*』에서 "이 책을 쓰면서 나는 눈이 멀었다"고, 즉 보임을 잃은 게 아니라 실명을 얻는 과정이었다고 말함으로써, 의학적인 저시력low vision과 문화적 정체성으로서의 실명 사이의 차이를 냉소적으로 제시한다.

그들처럼 나 또한 1980년대까지만 해도 장애를 가진다는 것이 무엇을 뜻하는지 몰랐고, 장애에도 역사와 문화, 정치가 있다는 사실을 전혀 알지 못했다. 장애 의식이 없는 나는 벽장 속에 갇혀 있었다.

그때부터 내가 살아가고 있는 세상에 다른 장애인들이 들어왔고, 나는 공동체를 발견하고 견고한 장애 정체성을 길렀다. 나는 나 자신과 다른 사람들을 보고 대하는 방식을 바꾸었다. 나는 장애학과 생명윤리학을 가르치는 것을 내 일의 일환으로 삼았다. 나는 장애인이 되는 것을 배웠다.

변모한 것은 나의 몸이 아니라 나의 의식이다.

우리의 몸에 맞춰 만들어지지 않은 환경에서 살아가면서, 우리는 때때로 물리적 장벽보다도 사회적 장벽을 더 곤란하게 느낄 수 있다. 인종과 성별에 대해 혼란스러워하는 반응은 "당신은 정체가 뭡니까?What are you?"라는 질문을 유발할 수 있다. 하지만 장애인에 대한 의문은 다음과 같이 변형되어 나타난다. "당신은 문제가 뭡니까?What's wrong with you?" 여성 운동을 통해 알게 된 장애인 인권과 장애 자부심에 대해 배우기 전, 나는 이 같은 질문에 항상 수치심을 느끼며 "태어날 때부터 이랬어요"라고 대답했다. 지금의 나는 누군가가 내게 이런 불편한 질문을 한다면, "장애를 갖고 있어요"라는 말로 시작해 "나에게는 이런 도움들이 필요해요"라는 말로 끝맺을 것이다. 이것은 포용과 자원에 접근할 권리를 요구하는 행위다.

이러한 커밍아웃 덕분에 장애를 가진 한 젊은 대학원생은 내 강의를 들은 후 나를 찾아와 이제야 비로소 자신이 세상에 존재할 권리가 있다는 것을 이해하게 되었다고 말했다.

이러한 진보의 많은 부분은 1990년 미국장애인법과 그에 이르기까지 만들어진 법안들 덕분이다. 1960년대를 시작으로 광범위한 장애인 인권 운동은 장애인들이 완전한 시민의 특권과 의무를 행사하지 못하게 배제했던 기관과 공간들의 차별을 없애는 방향의 법안과 정책을 장려했다. 교육, 교통, 공공장소, 업무 공간 등이 꾸준히 변모하여 장애인들이 병원, 정신병원, 가정, 특수학교에서 벗어나 점차 더 새롭게 구축되고 재구성된 세상으로 나아갈 수 있게 되었다.

이러한 변화는 정치적인 측면에서도 나타났다. 도널드 트럼프가 장애인 기자의 몸동작을 조롱했을 때, 국민 대다수는 그의 노골적인 차별에 충격과 분노를 드러냈다. 반면 민주당 전당대회 무렵에는 장애인의 권리와 존엄성을 찾는 문제가 최우선 안건으로 다루어졌고, 힐러리 클린턴은 정치 입문 때부터 일찍이 모든 장애아동을 위한 교육권을 확보하기 위해 노력한 부분에 대해 칭송을 받았다. 전 아이오와주 상원의원이자 미국장애인법의 발의자인 톰 하킨Tom Harkin은 법 제정 26주년을 맞아 이 법의 개정을 촉구했다. 아나스타샤 소모사Anastasia Somoza를 비롯한 장애인들이 연사로 출연해 강렬한 연설로 박수갈채를 받았다. 오바마 대통령은 연설에서 "흑인, 백인, 라틴계, 아시아계, 아메리카 원주민, 그리고 청년과 노인, 동성애자와 이성애자, 남성과 여성, 장애를 가진 사람들이 똑같은 자랑스러운 성조기 아래 충성을 맹세한다"고 언급했다.

장애인이 된다는 것은 장애 없이 살기 위해 노력하는 장애인으로 살아가는 것 외에도 장애를 가진 사람으로서 효과적으로 사는 법을 배울 것을 요구한다. 또한 그것은 이러한 도전을 경험해보지 못한 다른 사람들의 관심과 협력을 요구한다. 장애인이 된다는 것은 고립에서 공동체로, 우리가 누구인지에 대한 무지에서 우리가 누구인지에 대한 자각으로, 배척에서 포용으로, 그리고 수치심에서 자부심으로 나아가는 것을 의미한다.

나치의 첫 희생자는 장애인들이었다

케니 프리스

나는 독일 함부르크의 한 극장에서 작은 테이블을 사이에 두고 한 젊은 독일인 신경의학자와 마주하고 앉아 있다. 여기서 나는 나치의 장애인 "안락사" 정책인 T4 작전에 관련된 「열등한 유전자: '부적격자'로 여겨지는 이들에게 무슨 일이 일어났는가」라고 불리는 내 연구에 대해 일대일로 이야기를 나누고 있다.

"제게 무슨 말씀을 하실지 두렵군요"라고 그 신경의학자가 말한다.

놀랍지 않다. 나는 전에도 비슷한 말을 들어본 적이 있다. 그러나 이번에는 다르다. 내 맞은편에 앉아 있는 젊은이는 의사다. T4 작전은 독일 의사들의 자발적인 참여 없이는 일어날 수 없는 일이었다.

나에게는 이 역사가 반드시 기억되도록 하는 데 개인적인 이해관계가 있다. 1960년, 나는 두 다리의 뼈가 완전하지 않은 상태에서 태어났다. 그 당시에 어떤 사람들은 나를 살려둘 이유가 없다고 생각했다. 하지만 감사하게도 나의 부모는 그들과 생각이 달랐다.

내가 장애인들이 나치에 의해 불임수술을 받고 살해당했다는 사실을 알게 된 것은 십 대 때, 그러니까 1978년 TV에서 미니시리즈 〈홀로코스트Holocaust〉를 보고 나서였다. 하지만 이후로도 여러 해가 지나도록 나는 장애인에 대한 학살이 유대인의 학살과 다른 "바람직하지 않은 사람들"에 대한 학살과 연관되어 있다는 사실을 알아차리지 못했다. 사실상 이들은 모두 어떤 식으로든 "부적격자"였다.

내 앞에 앉아 있는 이 신경의학자는 내가 그에게 말하고 있는 것에 대해 자세히 알지 못한다. 그는 제2차 세계대전 당시 나치에 의해 약 30만 명의 장애인들이 T4 작전과 그 여파로 살해되었다는 사실을 알고 있지만, T4 작전이 홀로코스트와 직접적으로 연관되어 있다는 사실에 대해서는 모른다. 그는 대량 살상 방법이 실험된 최초의 T4 작전 현장이 브란덴부르크였다는 것, 나치 대량 학살의 첫 번째 희생자가 장애인이었다는 것, 그 관계자들이 더 나아가 트레블링카, 벨제크, 소비보르에 절멸수용소를 세우고 운영했다는 것은 알지 못한다.

3년 전 독일에 처음 도착했을 때, 나는 계속해서 제3제국 치하에서 장애인들이 당한 처우를 살펴보았다. 그러나 나는 곧 그보다 더 과거로 거슬러 올라가야 한다는 것을 깨달았다. 1920년대에 이미 장애인들은 일부 독일 정신병원에 감금되어 학대받았고, 불임수술을 받았으며, 또한 실험의 대상이 되고 죽임을 당했다. 1920년 정신의학자 알프레트 호헤Alfred Hoche와 법학자 카를 빈딩Karl Binding은 「살 가치가 없는 생명의 말살에 대한 허용Die Freigabe der Vernichtung Lebensunwerten Lebens」이라는 논문을 발표하였고, 이는 제3제국에서 자행된 장애인 말살의 청사진이 되었다.

1923년 정신과 의사 에발트 멜처Ewald Meltzer가 장애아를 기르는 부모를 대상으로 한 조사에서, 장애아의 부모들은 다음과 같은 질문을 받았다. "전문가들이 당신의 자녀를 불치의 정신박약으로 판단한다면, 당신은 아이의 생명을 고통 없이 중단시키는 데 동의하겠습니까?"

멜처 박사는 조사 결과에 깜짝 놀랐다. 1925년에 발표된 조사 결과에 따르면, 73퍼센트의 부모가 아이들에게 그 사실을 굳이 알리지 않는다면 자신의 자식을 죽여도 좋다고 응답했다.

나 또한 유대인이다. 〈이중 낙인: 유대인 정신질환자의 운명〉이라는 전시회가 열린 베를린 교외의 비테나우 소재 카를 본회퍼 정신병원에서, 나는 전시회 제목처럼 유대인 환자들이 다른 환자들로부터 격리됨으로써 이중으로 낙인이 찍혔다는 사실을 알게 되었다. 그들은 목회 상담이 거부되었으며 제국이 아닌 유대인 단체들로부터 지원을 받았다. 유대인 환자들은 조기 말살을 위해 분리 수용되었다. 1942년 12월, 비테나우에서 유대인 환자들은 완전히 말살되었다.

함부르크의 그 젊은 신경의학자는 이러한 역사를 알지 못했다.

신경의학자와 나누던 대화가 끝나갈 무렵에야 나는 그가 보청기를 착용하고 있다는 사실을 알아차렸다. 청각장애가 있는 독일인들이 그들도 사회에 동화되어 일하는 생산적인 시민이 될 수 있다는 것을 보여주기 위해 제작한 영화인 〈100퍼센트〉에 대해 그가 알고 있는지 나는 묻고 싶다. 그는 선천적 청각장애인들이 독일 당국뿐 아니라 목숨을 부지하려 했던 후천적 청각장애인들에 의해서도 지목당했다는 사실을 알고 있었을까? 우리와 같이 장애를 가진 사람들조차도 자신의 역사를 모르는 경우가 너무 흔하다.

미국 장애인의 역사에 대해 아는 사람은 많지 않다. 1927년 미국에서 올리버 웬델 홈스 판사가 벅 대 벨Buck v. Bell 사건에 대한 자신의 의견을 밝히면서 "백치는 삼 대로 충분하다"고 썼다는 사실을 사람들은 잘 모른다. 이 결정은 명시적으로 번복된 적이 없다.

많은 미국인은 1860년대 후반부터 여러 주에서 "보기 흉하거나 부적격한" 사람들이 대중 앞에 모습을 드러내는 것을 불법으로 간주한, 소위 "어글리 법ugly laws"에 대해 여전히 알지 못한다. 이 법의 마지막 잔재는 1974년까지도 폐지되지 않았다.

어째서 이러한 역사를 아는 것이 중요할까? 우리는 종종 나치 독일에서 일어난 것과 같은 일은 여기 미국에서는 일어날 수 없다고 말한다. 그러나 독일에서 일어났던 일의 상당수, 즉 장애인들에 대한 학대나 불임시술과 같은 일들이 이곳에서도 실제로 일어났다.

호헤와 빈딩이 쓴 「살 가치가 없는 생명의 말살에 대한 허용」을 읽어보면, 그들이 말한 것과 피터 싱어와 같은 실천 윤리학의 지지자들이 오늘날 장애인에 대해 말하는 것 사이에는 깊은 유사성이 드러난다. 싱어는 최근 2015년까지도 라디오 진행자 애런 클라인의 방송에 출연하여 "삶의 질이 뭔지도 모르는 갓난아이들의 값비싼 치료비 때문에 내 건강 보험료가 오르는 것은 원치 않는다"라고 이야기한 바 있다.

이 철학자들은 장애를 가지고 사는 사람으로 인한 "자원" 유출에 대해 이야기하는데, 이것은 묘하게도 호헤와 빈딩이 "살 가치가 없는 생명"이라 칭한 사람들에 의해 야기되는 가족, 병원, 정부의 재정적 도덕적 부담에 대해 쓴 내용을 연상시킨다.

전문가들은 최근 공화당의 의료 정책 안건이 노인들과 가난한 사람들, 그리고 장애인들이 더 건강하고 품위 있는 삶을 살도록 돕는 메디케이드 제도를 없앨 것이라고 지적한다. 최근 『뉴욕 타임스』의 한 기사는 은퇴한 성공회 사제인 수전 플랜더스 신부가 한 다음과 같은 말을 인용했다. "선택권이 주어진다면 많은 사람이 우리가 지금 지불하고 있는 비용을 더는 지불하기를 원치 않을 겁니다. 그렇게만 할 수 있다면, 손주들의 교육이나 건강을 회복할 수 있는 사람들을 돌보는 데 매일 수백 달러의 돈을 투자할 수 있을 테니까요."

심지어 플랜더스 신부의 아버지는 알츠하이머병을 앓고 있는데, 그 기사에서 그는 "정신이 온전하지 않을 때 산다는 것은 무엇을 의미하는가를 둘러싼 대화에 전혀 거리낌 없이 돈 문제를 뒤섞는" 인물로 묘사되고 있다. 실천 윤리학자들도 마찬가지로 이런 맥락의 주제에 돈 이야기를 꺼내는 것을 두려워하지 않는다. 나치가 그랬듯이 말이다. 심지어 제3제국 학교 교과서에는 장애인을 평생 돌보는 데 드는 비용을 계산하는 산수 문제들도 포함되어 있었다.

나는 3년 전 베를린의 라이니켄도르프 지역의 역사를 다루기 위해 설립된 한 박물관을 방문한 적이 있었다. 그때 방문객은 나 혼자뿐이었다. 이 박물관 건물은 1941년 당시 시립 어린이병원의 "전문 치료를 위한 병동"을 수용했던 비젠그룬트에 있었다.

형광등이 켜진 복도 끝에 있는 하얀 벽의 방에는 30개의 유아용 나무 침대들이 있었다. 침대마다 각 아이의 역사가 담겨 있었고, 그중에는 몇 개월밖에 안 된 어린아이들도 있었다. 이 방은 영유아들과 아이들이 실험 대상이 되고 죽임을 당한 비젠그룬트에 있는 30인실 병동 3호, "전문 치료를 위한 병동"이었다.

나는 가슴이 뛰었고, 호흡이 가빠왔다. 나는 그 방에 오래 머물 수가 없었다. 그 방은 인큐베이터에서 보낸 첫 4주간의 내 삶을 상기시켰다. 내가 죽을지 살지는 아무도 몰랐다.

우리는 어떤 사회에서 살기를 바라는가? 우리와 같이 장애를 가지고 사는 사람들은 "무엇이 가치 있는 삶을 구성하는가"라는 더욱 확장된 논의의 최전선에 놓여 있다. 너무나 자주, 장애를 가지고 사는 사람들의 삶은 가치가 없는 것으로, 두려움의 대상으로 간주된다. 이러한 두려움의 근원에는 오해와 왜곡, 그리고 장애인의 역사, 즉 장애인의 삶에 대한 지식의 부족이 자리 잡고 있다.

정신질환은 호러 쇼가 아니다

앤드루 솔로몬

2016년 9월, 유령의 집 성수기를 앞두고 캘리포니아 부에나파크의 너츠베리팜 놀이공원은 새로운 가상현실 놀이 시설 계획을 발표했다. "공포 VR 5150"이라는 이 놀이 시설의 이름은 의미심장한 바가 있었다. 5150이라는 숫자는 본인이나 다른 사람에게 해가 될 수 있다고 판단되는 정신질환자를 강제 구금할 수 있게 하는 캘리포니아의 법률 번호이기 때문이다.

모조 "정신병원 검사실"에 도착하자마자 VR 5150 방문객들은 휠체어에 묶이고 헤드폰을 착용하게 된다. 『오렌지 카운티 레지스터*The Orange County Register*』의 한 기사는 "VR 헤드셋은 당신을 병원 한가운데로 데려간다"고 설명했다. "한 환자는 동요하는 것 같더니 침대에서 일어나려 시도한다. 보안요원들은 그를 제압하려 한다. 간호사가 당신에게 주사를 놓아(진짜 주사를 맞는 느낌이 들 것이다) 기절시킨다. 다음 장면에서 깨어나 보면 주변은 지옥이 따로 없다. 왼쪽, 오른쪽, 아래, 어디를 봐도 여기저기에 피 묻은 시체들이 바닥에 나뒹굴고 있다. 고통에 흐느끼는 사람들의 소리가 귓가에 들린다." 너츠베리팜 놀이공원은 오하이오주에 본사를 둔 시더페어 엔터테인먼트 컴퍼니에서 운영하고 있으며 "공포 VR 5150"은 시더페어의 다른 놀이공원 두 군데에서도 선보일 예정이었다.

거의 비슷한 시기에 이와 유사한 놀이 시설 두 개가 식스플래그스 놀이공원에 선보였다. 그중 하나에 대한 보도자료는 다음과 같았다. "우리가 선보이는 새로운 유령의 집에서는 세계 최악의 정신질환 환자들을 직접 만나게 됩니다. 다크 오크스 정신병동의 귀신 들린 복도를 가로지르고, 모퉁이를 돌 때마다 그르렁거리는 소리를 내는 수감자들과 최대한 마주치지 않도록 해보세요. 미치광이 수감자들이 피투성이가 된 방에서 소리를 지르고, 정신 나간 경비원들이 탈출한 사람들을 찾아 복도를 헤매고 있답니다."

전미 정신질환연대의 오렌지 카운티 지부가 행동에 나섰고, 뉴욕의 정신건강 전문가인 도리스 슈워츠Doris Schwartz는 나를 포함한 130명의 풀뿌리 운동가 그룹에 즉시 이메일을 보냈다. 이메일을 받은 사람들 중 많은 이가 시더페어와 식스플래그스에 전화와 청원, 이메일을 쏟아부었다. 격렬한 대화가 오간 후 결국 "공포 VR 5150"은 보류되었고, 식스플래그스는 공포 미로의 정신질환자들을 좀비로 바꾸었다.

정신과 환자 겸 임상심리학 교수로서, 나는 고통스러운 경험들이 섬뜩한 오락으로 탈바꿈하는 것을 보고 안타까움을 느꼈다. 또한 다른 사람들에게 내가 좀비와 호환 가능한 캐릭터인 악귀처럼 비춘다고 생각하니 불편하게 느껴졌다.

나는 1994년에 처음으로 임상적으로 심각한 우울증에 걸렸다. 나는 말을 할 수 없었고, 침대에서 일어날 수도 없었으며, 이 세상에서 제 역할을 할 수도 없었고, 끊임없이 자살을 생각했다. 나는 항상 두려웠지만 내가 무엇을 두려워하는지 알지 못했다. 나는 감정이 무감각해졌고, 활력을 빼앗긴 상태였다.

나는 지난 20년 동안 정신분석가와 정신약리학자의 엄격한 집중 치료를 통해 훨씬 나아졌다. 나는 이제 다섯 가지 약을 혼합해 복용하고 매주 상담을 받으러 간다. 나의 정신질환은 대체로 통제되고 있지만, 최근에 내가 몇 가지 위험 증후에 대해 무신경한 태도를 보이자 상담사는 이렇게 지적했다. "이 방에서 우리는 당신이 언제든 정신건강의 최저층으로 가는 급행 엘리베이터를 탈 수 있다는 사실을 단 한 순간도 잊은 적이 없어요."

나는 나의 책 『한낮의 우울*The Noonday Demon*』에서 우울증에 대한 나의 경험을 기술하고, TED 강연에서 그에 대해 이야기했다. 지금은 정신질환을 겪고 있는 사람들로부터 우편물이 쇄도한다. 그들 대부분은 고립되고, 겁에 질리고, 혼란스러워하고 있으며, 많은 사람들이 내가 이렇게 변화하는 데 중요한 역할을 했던 적절한 치료를 받을 수 없는 상황에 놓여 있다.

정신질환을 몸소 겪은 우리 같은 사람들에게 — 특히 정신병원에서 트라우마를 경험한 사람들에게 — 그러한 오락 사업들은 뼈를 깎아내는 듯한 아픔을 준다. 우리 어머니는 암으로 돌아가시기 전에 몇몇 비참한 병동에 입원했었다. 그래도 나는 당신이 끊임없는 고통으로 인해 거의 치매에 가까운 상태에 빠진 환자들에게 둘러싸인 채로 화학요법 치료를 받고 끊임없이 구토해대는 체하는 할로윈 행사를 즐기는 모습을 도저히 머릿속에 떠올릴 수 없다.

나는 나 자신에 대한 유머 감각이 꽤 뛰어나다. 우리는 모두 정신질환의 언어를 무신경하게 사용한다. 우리는 부모님이나 아이들이 우리를 미치게 한다고 말한다. 교통체증이 해소되지 않으면 곧 돌아버리겠다고 불평하고, 도널드 트럼프가 성격장애를 가지고 있다고 비난한다(실제로 그렇든 그렇지 않든 간에, 이는 여전히 폄하의 의미로 의도된 것이다). 하지만 나는 또한 한 친구가 나와 차를 타고 정신병원 앞을 지나가면서 병원 안에 있는 미치광이들에 대해 얘기할 때 웃으려고, 사람들이 자살에 대한 농담으로 그들의 정서적인 사치를 표현할 때 미소를 지으려고 한평생 애써왔다.

온전한 정신과 정신질환은 한 스펙트럼에 놓여 있으며, 대부분의 사람들은 때때로 한편에서 다른 편으로 넘어간다. 정신질환이 그토록 무서운 이유는 그것이 가진 모호함이라기보다는 그것이 늘 우리 가까이에 있다는 사실에 있다. 우리가 정말 무서워해야 하는 것은 "결함 있는 보건 시스템을 고치는" 방식이나 "뇌의 생물학적 작용을 알아내는" 방식이어야 하지, "웃음을 위한 비명" 같은 방식이어서는 안 된다.

시더페어 사는 미사여구를 늘어놓으며 운동가들을 진정시키려고 했지만, 그들이 하는 말은 문제의 심각성을 더욱 드러낼 뿐이었다. 그들은 자신들의 입장을 다음과 같이 설명했다. "우리의 놀이 시설은 오싹한 기분을 느끼도록 기획되었으며, 성인 관람객만을 대상으로 한 것입니다." 하지만 "오싹한 기분"은 어떻게 해도 "권리를 박탈당한 사람들에게 오명을 씌우는 일"에 대한 적절한 변명이 될 수 없다. 또한 해당 놀이 시설이 성인만을 대상으로 한 것이었다는 변명 또한 궁색하기 그지없다. 그들은 마치 국수주의와 증오를 만들어낸 것은 성인들이 아니라고 말하고 있는 듯하다.

시더페어와 식스플래그의 놀이 시설은 정신질환이 정말 어떤 모습인지를 보여주기 위해 만들어진 것이 아니다. 다시 말해 그들은 우연히 정신질환을 비하하게 되었을 뿐, 일부러 그런 것이 아니다. 하지만 그런 실수들은 얼마나 쉽게 증오 발언으로 나아가는가? 그리고 그런 실수들이 잠재적으로 자신을 방어할 수단을 거의 갖고 있지 못한 사람들에 대한 오해와 공포를 불러일으키고 이들에게 해를 끼칠 가능성은 얼마나 큰가?

정신질환자가 본질적으로 위험하다는 잘못된 인식은 우리에 대해 돌고 있는 가장 기만적인 생각 중 하나다. 이는 총기 난사범이 도주할 때마다 널리 수면 위로 부상하며, 전혀 위협적이지 않은 사람들을 통제하는 결과를 낳는다.

표현의 자유를 내세우며 개인과 엔터테인먼트 사업에 정신질환이 있는 사람들을 비하할 권리가 충분히 있다고 주장하는 사람들이 있음을 나는 모르지 않는다. 하지만 이러한 표현에는 정신질환자들에 대한 낙인, 그리고 여기에 자연스럽게 뒤따르는 편견과 부당한 대우, 그리고 권리의 침해와 같은 매우 현실적인 결과들이 있다.

다른 사람들이 우리에게 보이는 두려움은 끔찍한 결과를 초래할 수 있다. 2016년 10월 조현병을 앓고 있던 여성 데보라 대너Deborah Danner가 뉴욕시 경찰관에 의해 살해당한 사건은 무장 상태와 무관하게 정신질환자의 이상한 행동에 공격적이고 폭력적으로 대응하는 경찰의 여러 사건 중 최근의 한 가지 사례에 불과하다. 미국의 교도소에는 보건 의료 체계 전체보다 더 많은 정신질환자가 수감되어 있다.

함부로 사람을 희화화하여 상처를 입혀서는 안 된다고 주장하면서도 우리는 여전히 익살스러운 희극을 즐긴다. 가상의 벤 다이어그램 안에서, 재미로 하는 장난과 학대 사이에는 눈에 띄게 큰 교집합이 있다. 슬랩스틱과 익살극, 풍자 속에서 바나나 껍질에 미끄러져 넘어지고, 이가 부러져 빠지고, 슬쩍 치워 놓은 의자에 앉으려다가 엉덩방아를 찧는 등장인물을 보며 우리는 웃음을 터뜨린다. 크거나 납작한 코, 저속함과 익살스러움, 우리가 가진 것과 다른 정치적 견해에 대해서도 마찬가지다. 제멋대로 구는 오싹한 광대들이 출몰하기 전에 이미 광대들이 이 소름 끼치는 일을 했다.

나는 이런 놀이 시설들이 정신질환이 없는 사람들에게 영향을 미쳐, 정신질환을 가진 우리와 같은 사람들을 깔보고, 피하고, 나아가 해코지를 하게 자극할 수 있다고 생각한다. 하지만 내가 걱정하는 것은 그것이 전부가 아니다. 나는 이러한 놀이 시설이 하루하루를 이러한 문제들과 싸우고 있는 많은 미국인에게 끼칠 영향을 우려한다. 그들은 이로 인해 정신과 진단을 받았다는 사실을 밝히기를 더 망설이게 될까? 혹은 이로 인해 필요한 치료를 받기 위해 병원에 입원할 가능성이 더 낮아질까? 상처는 외부로부터 받는 무시만이 아니라 내면으로부터 오는 끔찍한 의심에 의해서도 생긴다.

지금 우리나라에서는 편견이 빠르게 퍼져나가고 있다. 자신의 주장을 관철하는 힘이 도덕적으로 올바른 것보다 더 중요하다고 대중은 생각하게 되었다. 그러한 사고 속에서 타인의 처지에 대한 공감은 성공의 장애물로 여겨질 뿐이다. 이와 같은 공감의 거부는 독이나 다름없다. 일부 사람들에게 자신이 인간 이하라는 위험한 생각을 하도록 하고 자살의 확산을 부추기기 때문이다. 자신을 위협으로 보는 세상 속에서 자신을 좋게 생각하기는 어렵다.

장애와 선택할 권리

제니퍼 바틀렛

젊은 시절 나는 특별히 엄마가 되고 싶다는 생각을 한 적이 없었다. 나는 아이를 낳고 기르는 것에 찬성도 반대도 하지 않았고, 그 당시에는 그럴 기회도 없었다. 그런데 내가 스물아홉 살이 되던 해 훗날 내 남편이 될 상대인 짐을 만나고 나서부터 이러한 상황은 바뀌었다. 결혼한 지 얼마 지나지 않은 2002년에 나는 아들을 낳았다.

이십 대 시절 내가 부모가 되는 것에 중립적인 입장을 취했던 이유 중 하나는 뇌성마비를 앓는 여성으로서 나는 대다수 여성이 아이를 갖는 문제와 관련해 받는 오지랖 넓은 질문과 기대로부터 자유로웠기 때문이다. 사람들은 나에게 아이를 가져야 한다는 부담을 준 적이 없다. 단지 내가 아이를 가질 수 없다고 생각할 뿐이었다. 사실 나 같은 여자는 오히려 아이를 낳지 말아야 한다는 것이 사람들의 일반적인 생각임이 이내 분명해졌다. 사십 대가 된 지금, 나는 이러한 태도가 무지와 편견에서 비롯된 것이라고 생각하지만, 그 당시 젊었던 나는 여자들이 흔히 불평하는 문제들로부터 나 자신이 벗어나 있다는 사실에 조금은 자유롭다고 느꼈다.

나의 장애는 유전적인 것이 아니다. 따라서 임신하는 데 하등의 문제가 없다. 임신이라는 것은 내게 육체적으로나 감정적으로나 영적으로나 어려운 일이 아니었다. 하지만 사회적으로는 복잡했다. 장애가 있는 임산부의 몸으로 뉴욕의 거리를 활보할 때, 나는 끊임없이 따가운 눈총을 받았다. 나는 내 몸이 관심의 대상이 되는 것에 익숙하다. 하지만 진짜 어려움은 다른 곳에서 비롯되었다. 그것은 내가 준비되지 않은 임신 기간 동안 뇌성마비 임산부로서 의료 기관을 상대하는 일이었다.

임산부가 의료 시스템을 헤쳐나가는 것은 쉬운 일이 아니다. 더욱이 임산부에게 장애까지 있다면, 그 일은 거의 불가능에 가까워진다. 내가 만난 첫 번째 산부인과 전문의는 깔보는 듯한 태도로 나에게 이렇게 말했다. “이런 문제가 있는 사람치고는 그래도 상황 파악을 잘하네요.” 물론 그녀가 말하는 “문제”란 뇌성마비였다.

그녀는 자기 병원에는 필요한 장비가 없다며 초음파 장비를 갖추고 있다는 동료 의사에게 나를 소개해주었다. 나에게 좀 더 존중하는 태도를 보였기에 나는 그 두 번째 의사가 나를 진료해주기를 바랐다. 하지만 그는 나를 진료해줄 수 없다고 말했다. 동료의 “일을 빼앗는 것”은 윤리적으로 옳지 않다는 핑계를 대면서 말이다.

나는 세 번째 의사를 찾아갔다. 이 의사는 의사란 존재를 상상하면 떠올릴 수 있는 그런 전통적인 느낌을 주는 의사였다. 그녀는 나를 어린애처럼 다루지는 않았지만 좀 갈등이 있었다. 나는 자연분만을 원했지만, 그녀의 사전에 자연분만 따위는 없었기 때문이다. 실제로 그녀는 내 출산 계획을 현실성 없는 희망으로 취급했다. 임신 중반에 접어들면서 약물의 도움 없이 최대한 자연스러운 분만을 추구하는 브래들리 분만법 수업을 듣고 산후도우미를 고용한 후에, 자연분만을 하겠다는 나의 의지는 점점 더 확고해졌다. 한번은 조산사를 구하고자 지금은 없어진 맨해튼의 엘리자베스 세턴 자연분만센터에 전화를 걸었다. 하지만 그 센터에서는 진찰도 해보지 않고 "위험이 크다"는 이유를 대며 나를 받아줄 수 없다고 했다. 내가 항의하자 조산사는 만약 센터에서 임산부가 진통 중에 문제가 생기면 인근 병원으로 직접 걸어가야 한다고 했다. 그럴 리는 없겠지만, 어쨌든 그녀는 나를 포기하게 하는 데 성공했다. 나는 세 번째 의사와 함께할 수밖에 없었다.

임신 5개월 차에 의사는 태아의 상태를 "확인"하기 위해 나에게 초음파 검사를 받게 했다. 의사는 무엇을 알아보려고 그 검사를 하는지 이유를 말해주지 않았다. 나중에 가서야 나는 그 이유를 알게 되었다. 이러한 유형의 초음파 검사가 태아의 생존 가능성을 판단하는 것 말고도 태아에게 다운증후군이나 다른 선천적 "결함"이 있는지 감별하는 데 이용된다는 것을 말이다. 나는 현대 의학이 어떤 식으로 장애가 있는 사람을 평가절하하고 뿌리 뽑는 데 이용되고 있는지 이해하기 시작했다.임신을 하고 나서, 남편과 나는 만약에 우리 아이에게 장애가 있다면 어떻게 할지에 대해 의논했다. 나는 아이의 장애 여부를 전혀 걱정하지 않았다. 어떤 면에서, 나는 아이에게 장애가 있을 가능성을 일종의 기회로 보았다. 내 아들이 결국 뇌성마비를 안고 태어난다면, 그 아이는 나와 닮았을 것이다. 그 아이가 다른 장애를 가지고 태어난다면, 우리는 세상을 다른 시각으로 볼 기회를 얻게 될 것이다. 장애가 있든 없든 우리는 우리의 아들을 원했다. 결과적으로 우리 아들은 장애가 없이 태어났다.

아들이 세 살이었던 2004년, 나는 『뉴욕 타임스』에서 한 기사를 읽고 나서 너무나 화가 난 나머지 머릿속에서 기사 내용을 지울 수가 없었다. 그 기사에서 에이미 하먼Amy Harmon*은 태아 유전자 검사와 그 당시에도 출생 전에 예측할 수 있었던 수백 가지 결함에 대해 썼다(이 기술은 알다시피 그 이후 급속하게 발전했다). 만약 이상이 발견되면 부모는 임신을 계속 유지할지, 중절할지 선택해야 한다. 선천적으로 손가락이 하나 더 있어 제거 수술을 받았던 한 여자는 검사에서 태아가 그녀와 같은 문제를 안고 있는 것을 발견하고 두 번이나 임신을 중단했다. 극단적인 사례이기는 하지만, 이것이 결코 예외적인 사례는 아니다.

나는 낙태의 합법화를 지지한다. 따라서 태아에게 장애가 있다는 이유로 임신중절이라는 어려운 결정을 내린 여성들을 비난하고 싶은 마음은 없다. 아이의 삶이 너무 고통스럽고 짧아서 오히려 낙태가 가장 자비로운 선택일 수 있는 경우들도 있다.

그러나 나는 장애가 있는 태아를 낙태하는 것이 당연한 일이 되어서는 안 된다고 믿는다. 앤드루 솔로몬은 그의 저서 『부모와 다른 아이들*Far From the Tree*』에서 만약 태아의 성별을 미리 판별할 수 있다면 가족들이 그 태아를 낙태할 가능성이 있음을 이론적으로 제시했다. 그가 언급하고 있는 것은 의사결정에는 때때로 유해한 사회적 요소가 있다는 점이다. (우리는 이미 이런 위험한 일이 현실에서 벌어지고 있음을 알고 있다. 성별에 따른 선택적 낙태가 매년 인도와 중국에서 여전히 수십만 건씩 일어나고 있고, 그만큼은 아니지만 전 세계적으로 수십 개 국가에서 똑같은 일이 일어나고 있다.) 유전자 검사는 아이 생명의 질을 예견하는 도구가 아니라 준비와 의사결정을 목적으로 해야 한다.

합법적이고 안전한 낙태를 할 권리는 미국 페미니즘과 여성 권리

* 퓰리처상을 받은 『뉴욕 타임스』 기자.

쟁취를 위한 투쟁의 핵심 요소다. 이것은 나를 난처한 입장에 빠뜨린다. 이 문제에 대해 생각할 때 나는 내 존재 자체를 부정당하는 기분이 든다. 장애 여성인 나는 대놓고 "너처럼 사느니 차라리 죽는 게 나"라는 이야기를 들은 적도 있다. 심지어 달라이 라마조차도 장애를 가진 태아를 낙태하는 것은 이해할 만한 일이라고 말한 적이 있다. 마음속에 나는 어떻게 이러한 모순을 품고 살 수 있을까? 내가 존재할 가치가 있는 아름다운 인간이라는 사실 — 나보다 더 심한 장애가 있기도 하지만, 누구 하나 빼놓지 않고 내 친구 모두가 존재할 가치가 있는 아름다운 인간이듯이 — 과 내가 여성의 선택할 권리를 지지한다는 사실이 어떻게 한 마음속에 공존할 수 있을까? 여성의 선택할 권리는 논리적으로 보자면 태아에게 손가락이 하나 더 있을 가능성이 있기 때문에 임신중절을 하는 여성에게까지 확장될 것이 분명한데 말이다. 나는 이러한 물음에 대한 답을 알지 못한다. 하지만 내가 아이를 가지기로 선택한 장애 여성으로서 받은 대우 — 무례한 태도와 검사, 그리고 아이를 낳을 능력과 어머니가 될 수 있는 능력에 대한 끊임 없이 붙던 의문 부호 — 와 내가 여기에 대응한 방식은 이 방정식에 어느 정도 들어맞는다고 나는 믿는다.

어떤 날에는 이제 열네 살이 된 아들을 보며 머리를 쥐어뜯고 싶은 심정이 된다. 아니, 솔직히 말하자면 거의 매일같이 머리를 쥐어뜯고 싶다. 여기서 나는 내 아들이 내 삶을 힘들고 어렵게 만드는 이유의 목록을 끝없이 나열하고 싶은 충동을 느낀다. 그러나 그런 목록은 필요하지 않다. 내 아들이 완벽한 사람이어서가 아니라, 내게 완벽한 사람이기 때문이다. 내가 사랑하는 사람은 내가 그렇게 되었으면 하고 바라는 아들이 아니라, 나고 자라 지금 내 앞에 있는 아들이기 때문이다.

당신이 휠체어를 타는 한, 차별은 존재한다

루티샤 두셋

2016년, 뉴멕시코주 산타페의 전 경찰서장 도널드 그레이디 2세는 나에게 매우 깊은 인상을 남긴 말을 했다. 그는 『애틀랜틱』지와의 인터뷰에서 이렇게 말했다. "우리가 이동의 자유라고 부르는 것이 있습니다. 이 나라는 이 자유를 대단히 소중하게 여기죠. 누구나 자유롭게 이동할 권리를 누려야 합니다. 경찰이 이러한 자유를 침해하는 일이 일어나서는 안 됩니다. 이유 불문하고 말입니다." 그는 인종차별이 기본권을 침해하는 방식을 둘러싼 흑인과 경찰의 문제에 대해 말하고 있었다. 하지만 나는 그의 말을 한 차원 더 나아간 수준의 문제로 받아들였다.

나는 불완전 사지마비에 만성 통증에 시달리고 있는 흑인 여성으로, 항상 휠체어에 앉아 생활하고 있다. 따라서 나는 자유로운 이동에 제한을 받는다. 공공장소의 접근성 미비와 비장애인들의 뿌리 깊은 비장애중심주의는 나의 길을 너무나 자주 가로막는다.

시내에 저녁을 먹으러 나가는 경우를 생각해보자. 장애물 때문에 입장하는 것부터가 힘들지만, 레스토랑 안에 들어갈 수 있다고 하더라도 장애인 전용석이 눈에 보이는 곳에 있는 경우는 거의 없다. 일단 안으로 들어가면 나는 종종 구석 자리 혹은 통로나 뒷방으로 밀려난다. 높은 테이블과 높은 의자가 있는 스탠드바에서 맥주를 든 와중에 다른 사람들의 사타구니와 눈을 맞추며 대화를 나누다 보면 나 자신이 어른이라기보다는 거친 어른들의 세계에 내던져진 올리버 트위스트가 된 것처럼 느껴지곤 한다. 시내에 새로 생긴 인기 있는 식당을 찾아가 아동용 식탁에 앉고 싶어 하는 사람은 아무도 없다.

나 혼자서 어딘가를 방문하게 되면, 돌봐 주는 사람도 없이 혼자서 그곳을 찾아왔다는 사실에 사람들은 자주 충격을 받은 듯한 반응을 보인다. 반면 비장애인 친구나 데이트 상대 등 누군가 동행이라도 있으면, 그 사람은 간병인 취급을 받는다. 때때로 사람들이 접근성이란 출입 가능한 문이 어디에 있는지 대신 가서 물어봐 줄 보호자가 있는 것으로 받아들이고 있는 것이 아닌가 하는 생각마저 든다.

이러한 것들은 나와 같은 신체적 조건을 가진 사람들이 매일같이 직면하는 비장애중심주의의 몇 가지 사례에 지나지 않는다. 비장애중심주의가 작용할 때, 장애는 디자인 과정의 고려 사항이 되지 않는다. 장애를 고려한 공간은 모든 신체가 물 흐르듯이 이동할 수 있도록 설계될 테지만, 현실은 전혀 다르다. 시설들은 이동 경로가 아무런 계획 없이 아무렇게나 설계되어 있어서, 결국 장애인들에게 적의를 드러내는 공간이 된다. 1990년 미국장애인법이 제정된 덕분에(이 법은 공공장소에 건물을 지을 때 지켜야 할 규정을 마련해 놓았다) 진보가 이루어졌지만, 포용적인 사고와 디자인은 여전히 이례적인 경우일 뿐, 아직 규범으로 작용하고 있지는 않다.

오늘날 공공장소에서 장애인에 대한 차별과 이동의 제한은 아주 흔하게 일어나며, 사실상 묵인되고 있다. 심지어 수도인 워싱턴에서도 사정은 다르지 않다. 나는 워싱턴 국립 미술관에 입장할 때 후문을 이용해야 한다. 흑인 여성인 나는 식당이나 술집 그리고 기타 시설로 들어갈 때 뒷문과 어두컴컴한 복도, 혹은 옆문과 부엌을 통해 안내되는 일의 아이러니를 잘 알고 있다. 내가 가장 좋아하는 바는 대로변에 있는데 장애인이 출입할 수 있는 입구는 골목길에 있다. 골목길에서 가파른 경사로를 오르고 나면 그제서야 건물 내부로 들어갈 수 있는 문이 나온다. 거기에는 표지판도 없고, 보안 카메라도 없다. 한번은 피 묻은 수건이 화재경보기에 걸쳐져 있는 것을 본 적도 있다. 동네의 또 다른 식당에서는 옆문에서 부엌을 거쳐 안으로 들어가야 한다. 내 친구들은 만약 전방에 장애인 진입로 표시가 없다면 길을 찾아 들어가기 위해서 지도가 필요할 거라고 농담하곤 한다.

그러나 이런 상황의 어떤 측면들은 그저 농담으로 웃어넘기기에는 너무나 고통스럽다. 나와 같이 장애를 가진 사람들이 겪는 어려움의 많은 부분은 인종차별의 아픈 역사를 악몽처럼 떠올리게 한다. 나는 정부 건물에서 이 도시를 위해 연구원으로 일하고 있다. 그런데도 이런 일터에서조차 걸어서 다니는 사람들을 위한 이중 여닫이문이 있고, 그 옆에 기둥 뒤에 휠체어 사용자들을 위한 미닫이문이 숨겨져 있다. 다른 출입문에는 모두 계단이 연결되어 있다. 내 고용주는 문제를 해결하기 위한 방법을 찾기 위해 나와 함께 실태 조사를 했지만, 이 건물은 장애인들이 사회로부터 완전히 고립되어 있던 시대에 지어졌고, 당시 건축가들은 장애인들이 이 건물을 사용할 가능성에 대해 전혀 고려하지 않았다는 점만 확인되었다. 이로 인해 건물의 보강 공사를 더욱더 어렵게 만들었다. 이 모든 것은 흑인 전용문이 따로 있었던, 직장에서 흑인들을 백인들로부터 분리하던 시절을 묘하게 투영하고 있다. 우리는 우리가 인종적 포용에 대해 그렇듯이, 장애인 포용에 대해서도 방심하지 말고 경계를 게을리하지 않아야 한다.

사회정의 영역에서 비장애중심주의는 거시적 공격macroaggression*으로 분류될 수 있을 것이다. 장애는 그 자체로 고유의 도전과 시련을 동반하지만, 포용적 설계가 극히 드문 현실은 또 다른 어려움을 초래한다. 공동체와 관계를 맺고 자유롭게 이동할 수 있는 능력의 부재, 또는 친구나 친척의 집을 쉽게 방문할 수 없다는 데서 오는 사회적 고립은 장애인의 권리를 심각하게 침해하며 건강에도 매우 해롭다.

장애인의 이동권 보장은 다른 방면에서 방해받고 있다. 우리가 장애인으로서 **어떻게** 움직이는가는 종종 경찰과 부딪히는 계기가 된다. 우리는 종종 주정뱅이로 오인되거나, 활동보조인이 다치게 되거나 심지어 총에 맞기도 한다. 수어로 의사소통을 하려고 하면 이것이 위협으로 인식되어 구타당하거나 더 심한 경우 죽임을 당하기도 한다. 3월 루더만 가족재단Ruderman Family Foundation이 발간한 보고서에 따르면, 경찰 총기 난사 사건의 절반은 장애인과 관련이 있다고 한다. 그들은 또한 유색인종이기도 했다. 그러나 이러한 죽음들은 대부분 그 사람의 장애의 맥락에서 언급되지 않는다.

설상가상으로 인종, 빈곤, 장애의 교차점은 무시되는 경우가 많다. 블랙 라이브스 매터 운동은 그들의 "깨어 있는" 공간에 장애에 대한 포용력이 없다는 이유로 많은 흑인과 라틴계 장애 인권운동가들로부터 비난을 받아왔다. 장애가 있는 형제자매들을 인정하지 않으면 우리는 완전히 깨어 있는 사람이라고 할 수 없다. 내가 사는 도시는 소

* 특정 인종, 문화, 성에 대한 공공연한 공격을 의미하는 사회학적 용어.

수자들과 장애인 빈곤율이 가장 높은 도시 중 하나다. 최근의 한 연구는 로체스터를 "장애인이 가장 살기 좋은 곳과 가장 나쁜 곳" 목록에서 147위로 꼽았다. 하지만 장애를 가진 가난한 사람들은 인구 조사상 가장 빈곤한 지역에 살고 있고, 교육 수준이 매우 낮고 직업에 대한 접근성이 없으며, 저렴하면서 장애인의 진입이 가능한 주택에서 살 수 없고 교통수단이 부족하며, 지역사회 내에서 이동을 도와주는 자원이 없다. 그들은 다른 곳에서 살 기회가 거의 없으며, 사람들을 빈곤에서 벗어나게 하기 위해 고안된 무수한 정부 정책이나 계획도 완전히 관여할 수 없다.

나에게 이동의 자유란 또한 사람들이 나에게 다가와 나를 만지거나 나의 개인적인 공간을 침범하지 않는 환경에서 움직일 수 있는 능력을 포함한다. 일상생활에서 누군가가 허락 없이 머리를 만지면 기분이 나빠지는 것은 흑인 여성이라고 해서 다르지 않을 것이다. 거기에 장애까지 겹치면 모욕감은 더욱 커진다. 내 가슴을 미어지게 만든 한 사건은 MRI 검사 준비 중에 일어났다. 백인 여성이었던 MRI 기사는 "얼마나 부드러운지 궁금하다"며 내 머리카락을 뽑았다. 그녀가 뽑은 것은 단지 머리카락 한 올이 아니었다. 그렇게 함으로써 그녀는 내 흑인 정체성을 뽑아냈고, 내 장애는 나에 대한 침해에 무력감을 드러냈다. 그녀는 내가 저항할 수 없다는 사실을 이용해 나를 착취했다.

그러나 신체의 자율성을 침해하는 이와 같은 행위는 어쩌다 한 번 드물게 일어나는 일이 아니다. 사람들은 내 의사를 묻지도 않은 채로 종종 내 휠체어를 밀면서 종종 엉뚱한 방향으로 몰아가고, 내가 휠체어를 끄는 데 "도움을 주겠다"며 뒤에서 나를 밀친다. 그럼으로써 사실상 그들은 내 이동과 자율성을 끊임없이 침해한다. 그리고 흑인 남성들이 자신들을 보고 사람들이 길 건너편으로 자리를 옮기거나 백인 여성들이 그들을 위협적인 존재로 여기며 지갑을 움켜쥐는 것을 경험하듯이, 나 역시도 사람들이 길 밖으로 비켜서거나 두려움을 드러내며 아이들을 자기 쪽으로 끌어당기는 것을 경험하곤 한다. 마치 휠체어와 부딪히는 일은 절대로 피하고 싶다고 소리치는 듯하다. 족히 몇 미터는 떨어져 있는 상황에서도 말이다. 피해야 할 존재인 동시에 마음대로 만져도 되는 존재로 취급되는 것은 흑인 장애인만이 경험할 수 있는 묘한 아이러니다.

흑인 여성으로서 이 세상을 살아간다는 것은 쉽지 않은 일이지만, 나는 구조적인 인종차별과 구조적인 비장애중심주의를 무너뜨리기 위한 싸움을 포기하지 않을 것이다. 민권 운동과 블랙 라이브스 매터 운동, 그리고 장애인 인권 운동의 핵심에는 자신의 인생에 대한 자율성과 자주권이라는 개념이 놓여 있다. 우리는 비현실적인 외부적 요구 기준에 맞춰 평가받지 않을 권리를 위해 투쟁하고 있다. 헌법이 우리에게 부여한 권리는, 구조적인 편견에 의해 계속해서 가로막혀 있으면 우리에게 완전하게 주어지지 않는다. 이러한 목적에서, 나는 이동의 권리에 대한 그레이디 경찰서장의 정의를 다음과 같이 훨씬 더 포괄적인 문장으로 바꾸고 싶다. "우리는 **그 누구나 그 무엇으로부터도** 침해받지 않고 자유롭게 움직일 수 있는 권리를 가져야 한다. 이유 불문하고 말이다."

나의 메디케이드, 나의 삶

앨리스 웡

나는 메디케이드 복지 여왕이다. 공화당이 메디케이드, 사회보장제도, 푸드 스탬프 같은 사회 안전망 프로그램에 관해 이야기할 때, 그들은 나 같은 사람들이 스마트폰을 붙잡고 수다를 떨면서 스테이크를 썰고 집안에서 편안하게 TV를 보는 장면을 연상하도록 한다. 정치적 수사와 언론의 보도는 우리를 "시스템을 교묘하게 오용"해서 열심히 일하는 사람들에게서 자원을 빼앗아 가는 세금 소비자이자 지원받을 자격도 없는 사람들로 묘사한다.

하지만 메디케이드 지원을 받는 장애인의 현실은 훨씬 더 복잡하고 미묘하다. 많은 사람은 메디케이드와 메디케어 간의 차이도 모르면서 그 둘을 그저 "재정 지원 프로그램"쯤으로 치부한다. 사실상 이름만 다를 뿐인 세금 우대 조치와 기업 보조금은 재정 지원 프로그램이 아닌 양 여기면서 말이다. 메디케이드는 단순한 의료 복지 프로그램 그 이상이다. 그것은 생명을 주는 프로그램이다.

타운 홀 미팅*에서 흔히 "오바마 케어"라고 불리는 국민건강보험법

* 정치인들이 지역구 주민들과 만나 의견을 듣고 입법안 등의 주제에 대해 토론하는 자리.

Affordable Care Act이 어떻게 자신들의 생명을 구했는지를 이야기하는 수천의 사람들처럼 나도 메디케이드의 가치와 "개혁"의 잠재적 결과를 보여주기 위해 나의 이야기를 나누고자 한다.

나는 장애를 가진 아시아계 미국인 여성으로 이민자 2세대다. 내가 열여덟 살이 되었을 때, 아버지는 내게 카운티청에 예약해서 메디케이드를 신청해야 한다고 말 씀하셨다. 인디애나폴리스의 부유한 교외 지역에 살고 있던 나는 그 말을 듣고 화가 났다. 메디케이드는 나와는 무관한 "저들", 즉 "궁핍한 사람들"을 위한 프로그램이라고 여겼기 때문이다. 나는 부모님이 나의 치료를 위해 매달 터무니없이 많은 보험료를 낸다는 걸 알았다. 선천적인 나의 질환(운동신경 질환인 척수성 근위축증) 때문에, 내가 보험 가입이 가능한 보험사는 우리 주에서 단 한 곳밖에 없었다. 하지만 나의 장애 때문에 기본적인 건강보험료를 지불하기 위해 부모님이 재정적 압박을 받고 있다는 사실을 나는 전혀 모르고 있었다.

나는 미국장애인법이 통과된 지 2년 후인 1992년에 고등학교를 졸업했다. 장애의 역사에 대해 배우고, 내가 보호받는 계급의 일원이라는 사실을 깨달으면서, 나는 내가 원하는 삶을 상상하고 창조할 용기를 얻었다. 허영심을 버리고 내가 메디케이드를 받을 권리가 있다는 것을 깨닫는 순간, 변화는 즉각적으로 일어났다.

나는 매주 몇 시간씩 개인적인 돌봄 서비스 지원을 받기 시작했다. 대학에 입학했을 때 나는 활동보조인을 고용할 수 있었고 처음으로 독립적으로 생활할 수 있었다. 그럼으로써 나는 내게 무엇이 가능한지를 엿볼 자유를 만끽했다. 메디케이드를 받기 전에는 목욕과 화장실 사용 등 나를 돌보는 모든 일은 내 형제자매를 포함한 가족이 해야 할 몫이었다. 이제 나에게는 선택권과 자기결정권이라는 기본적인 인권이 생겼다.

하지만 불행하게도 내가 사는 인디애나주는 이듬해에 메디케이드 예산을 축소했고, 그 결과 서비스를 지원받을 수 있는 시간이 줄었다. 우리 가족은 학비와 활동보조인 고용에 들어가는 비용을 한꺼번에 감당할 수 없었기 때문에, 나는 정든 학교를 떠나 집으로 돌아가는 가슴 아픈 결정을 내려야만 했다.

집 근처의 학교로 통학하면서 나는 미국 전역에서, 특히 캘리포니아주에서 접근성과 지원 확대를 주장한 장애인들의 운동에 대해 배우게 되었다. 1990년대 후반에 대학원 진학을 위해 샌프란시스코로 이사하면서, 나는 개인 활동보조인의 고용과 훈련을 포함해 원하는 대로 돌봄 서비스를 활용할 수 있는 프로그램이 있는 주에 사는 특권을 얻었다. 활동보조인 지원 서비스라는 이 프로그램은 지역, 주, 그리고 연방 기금의 자금 조합으로 운영된다. 이 프로그램이 없었다면 나는 학교도, 직장도, 자원봉사도 다닐 수 없었을 것이다.

메디케이드를 받는 것은 결코 재미있는 일도 쉬운 일도 아니다. 메디케이드 혜택을 받기 위해 나는 엄격한 자격요건과 지침을 따라야 한다. 나는 매달 보험료를 내야 자격을 유지할 수 있는 주정부 메디케이드 취업 장애인 프로그램 덕분에 연구원으로 일할 수 있었다. 시간이 지나면서 나의 장애는 더 나빠졌고 만약 돌봄 지원이 없다면 일반 보호시설에 들어가야 할 정도로 상당한 돌봄이 필요해졌다. 하지만 나는 메디케이드 면제*를 통해 추가 간병 시간을 받아 요양원에 가는

* 연방 정부가 메디케이드 프로그램에 일반적으로 적용되는 규칙이 면제될 수 있도록 허용하는 메디케이드 법률의 조항.

대신 사회에 남아 있을 수 있게 되었다. 주정부 측에서도 상당한 비용을 절감하게 된 셈이다.

공적 서비스 및 프로그램에 의존하는 장애인은 매일 자신의 취약함과 마주하게 된다. 이러한 취약함은 내 뼛속 깊이 느껴지고, 주정부와 나의 관계에서도 느껴진다. 경제와 정치의 변동에 따라 내 활동보조인들의 최저임금 수령 여부와 나에 대한 충분한 서비스 지원 여부가 결정된다. 여기서 충분하다는 건 잘 사는 것이 아니라 생존하기에 그렇다는 것이다. 나는 허약한 내 몸을 어떻게든 다스릴 수 있다. 하지만 허약한 사회 안전망은 나를 끊임없이 불안과 걱정에 떨게 한다.

비록 오바마 정권의 국민건강보험법을 미국보건법American Health Care Act**으로 대체하려던 공화당의 시도는 실패로 끝났지만, 가난하고, 장애가 있고, 아프고, 나이 든 사람들에 대한 공격은 다른 형태로 계속되고 있다. 메디케이드 및 메디케어 서비스 센터는 법령 없이도 규제를 약화하고 각 주 정부가 제공하는 서비스를 제한하고 새로운 업무 자격요건을 추가할 수 있다. 주 정부에서는 연방 정부에 직접적으로 포괄보조금과 자격 및 규정 변경을 요청할 수 있다. 포괄보조금과 1인당 한도는 주 정부들로 하여금 부족한 연방 정부 예산을 보충하기 위해 보조 서비스를 줄이거나 없애도록 할 것이며, 이는 수백만 명의 사람들에게 영향을 미칠 것이다.

"프로그램 유연성"은 메디케이드를 심각하게 훼손해서 나와 같은 사람들의 생명을 위험에 처하게 할 규정이다. 이런 유연성과 개혁이라는 명목 아래 지역사회에 기반한 서비스들이 사라진다면 일부 장애

** 일명 "트럼프 케어"라고 불리는 법안.

인들은 요양원에서 살아가야 할지도 모른다. 장애인들은 이미 격리와 시설 수용의 역사를 겪은 바 있다. 우리가 다시 한번 이 사회에서 사라지는 일은 없어야 할 것이다. 공화당은 자유와 선택에 대해 말하면서도, 메디케이드가 장애가 있는 사람들에게 바로 그러한 것들을 주고 있다는 사실을 깨닫지 못하고 있다.

2017년 3월부로 내가 메디케이드를 받은 지 25년이 되었다. 청소년기에 나는 내가 지원을 받는 "저들" 중 한 명이라는 사실에 수치심과 창피함을 느꼈었다. 하지만 오늘날 나는 나의 장애를 아무런 부끄럼 없이 받아들이며 사회에 적극적으로 참여하는 이 사회의 일원이 되었다. 메디케이드가 없었다면 이 모든 일은 불가능했을 것이다.

나는 매일 나를 "타자"나 사회 문제의 희생양으로 여기는 세력에 저항한다. 장애인 공동체와 함께 나는 우리의 이야기를 공유하며, 나의 특권과 소셜 미디어 같은 도구를 활용해 우리의 미래에 위협을 가하는 것들에 맞서 나의 목소리를 높인다. 나는 내 이야기가 앞으로도 수십 년 동안 지속되길 희망한다.

넌 특별한 아이야, 그런데 좀 유별나게 굴지 않을 순 없니?

조너선 무니

내가 학교 책상과 어떤 관계였는지에 관해 이야기해 볼까 한다. 책상과의 악연은 내가 1982년 페니캠프 초등학교에 입학한 첫날부터 시작되었다.

그 이야기는 이렇게 시작된다. 수업이 시작된 지 불과 5초 만에 나는 한 발로 교실 바닥을 툭툭 치기 시작한다. 10초 후에는 양발로 그러고, 15초 후에는 드럼을 치듯이 힘차게 두 발을 쿵쾅댄다! 몇 분 후에야 나는 그러길 그만둔다. 그러고 나서 나는 다리를 들어 목 뒤로 뻗으려 애를 쓴다. 나는 학교 책상과 사이가 좋지 않았다. 다른 아이들에게 책상은 그저 학교 비품일 따름이었지만 나에게는 CIA의 고문을 승인한 딕 체니 전 부통령이 흐뭇한 미소를 지을 만큼 견디기 힘든 고문 도구였다.

나는 가만히 앉아 있지 못하는 것에 수치심을 느꼈다. 나는 집에서 아빠와 식탁에 앉아 저녁 식사를 할 때 "그만! 그만! 그만! 너는 도대체 뭐가 잘못된 거냐?"라는 꾸지람을 들으며 수치심을 느꼈다. 그리고 나는 학교에서도 수치심을 느꼈다. 내 인생에는 감사드리고 싶은 좋은 선생님들이 많이 계셨지만, 내 초등학교 2학년 담임 선생님이었던

C선생님은 그런 분이 아니었다. 내가 발로 책상을 툭툭 차며 발을 구르고 있으면, 그녀는 수업을 중단한 채 손가락으로 나를 가리키며 있는 힘껏 소리 질렀다. "조너선! 도대체 뭐가 문제야?"

가만히 앉아 있기도 힘든데, 글을 읽는다는 것은 나에게 너무나 버거운 일이었다. 그래서 선생님들은 나를 "바보"반으로 반을 옮겼다. 선생님들이 우리를 실제로 "바보"반이라고 부른 건 아니었지만 현실적으로는 그랬다. 생각해보자. 모두들 어느 그룹이 "똑똑이" 그룹이고 어느 그룹이 그렇지 않은지 알고 있었다. 우리 학교에는 독수리반, 지빠귀반, 파랑새반이 있었고, 학교 구석 별관에 따로 참새반이 있었다. 독수리반 아이들이 아마도 톨스토이의 『전쟁과 평화』 읽기를 마칠 즈음, 나는 삽화가 그려진 『스팟*See Spot Run*』을 읽으며 하루를 보냈다.

독서반 이름이 무엇이든 간에, 아이들은 지능의 정규 분포상에서 본인이 어디에 위치하는지를 스스로 잘 알고 있었다. 사실 『스팟』은 좋은 서사 구조와 교훈이 있는 꽤 괜찮은 책이다. 하지만 열 살 때의 나는 『스팟』이 죽었다 깨어나도 싫었다. 나는 독서반을 찾아갈 때 『스팟』을 뒷도리나 책가방 안에 숨겼다. 내가 지나갈 때마다 다른 아이들이 조롱해댔기 때문이다. "조너선, 너희 바보반으로 돌아가!"

수업 시간에 큰 소리로 책을 읽는 것은 지옥이었다. 나는 구절에 집중할 수 없었고, 그사이 내 차례가 지나가기만을 바라면서 화장실에 간다는 핑계를 대고 교실에서 벗어나고자 했다. 하지만 내 마음대로 된 적은 없었다. 친구들 앞에서 머뭇거리고 더듬거리는 그 10분은 내게 굴욕과 수치심만을 잔뜩 안겨주었다.

3학년이 되자 나는 "특수반" 아이가 되었다. 내게 언어학습장애와 주의력결핍장애가 있는 것으로 진단되었다. 그 교육심리학자가 나와 우리 엄마에게 그 소식을 전했을 때 우리집은 초상집 같은 분위기였다. 책상에 놓인 화장지. 숨죽인 목소리. 검은 천으로 가려진 거울*. 그것은 여태까지의 나와 이별하는 것을 애도하는 의식이었다. 내가 가진 문제의 비극은 여덟 살밖에 안 된 나도 느낄 수 있을 정도였다. 사람들은 나에게 뭔가 문제가 있다고 생각했고, 나는 그것을 느낄 수 있었다.

이 같은 꼬리표를 달고, 나는 주로 나의 결함을 치료하는 데 초점을 맞춘 다양한 환경에 놓이게 되었다. 그 중심에는 맞춤법이 놓여 있었다. 매주 금요일은 받아쓰기 시험을 보는 날이었다. 받아쓰기 시험 전날까지의 모든 요일이 치료를 위한 날이었다. 월요일에는 모래에 받아쓰기 단어들을 썼다. 화요일에는 알파벳 블록들을 이어 단어들을 만들었다. 수요일에는 단어 카드를 만들고, 목요일에는 그 단어들을 머릿속에 집어넣기 위해 율동을 했다. 금요일에는? 시험을 망쳤다. 단 한 번의 예외 없이. 나는 부적응자였고, 교정 공업 단지에서 치료 교육을 하는 치료자들의 물주였다. 나는 하루에도 몇 시간씩 치료를 받았다.

나는 어느새 그저 조금 다를 뿐인 자율권을 가진 인격체가 아니라 치료가 필요한 "환자"로 변모했다. 고쳐지는 데에는 큰 타격이 따른다. 나의 자존감은 곤두박질쳤다. 나는 나 자신에 대해 설명해달라고 부탁했던 훌륭한 선생님도 만난 적도 있었는데, 그때 나는 스스로 자신을 "멍청한" 아이라고 말했다. 나는 희망을 포기했다.

6학년 중반에 부모님이 나를 페니캠프 초등학교에서 휴학시킨 후, 나는 몇 가지 다른 선택을 시도해보았고 그 후 학교를 중퇴했다. 불과

* 유대교에는 장례를 치를 때 애도의 의미에서 7일간 집 안의 모든 거울을 검은 천으로 가려두는 풍습이 있다.

열 살의 나이에 나는 심각한 불안과 우울증에 시달렸다.

나는 내 인생의 이 힘든 시기를 엄마 덕분에 겨우 버텼다. 우리 엄마 콜린 무니는 까치발을 해도 운이 좋아야 155센티미터밖에 안 될 정도로 키가 작았다. 엄마는 고등학교를 간신히 졸업했고 대학에는 근처에도 가지 않았다. 엄마는 샌프란시스코에서 복지 지원을 받아 가며 2남 2녀를 키웠다. 거두절미하고 말하자면, 엄마는 목소리가 특이하고 구사하는 어휘 또한 흥미롭다. 미키마우스처럼 말하고, 트럭 운전수처럼 욕을 해댄다. 그러니 내가 학교에서 곤란을 겪을 때 대충 어떤 일이 벌어졌을지 상상이 갈 거다. 나에게 못되게 군 학교 교장과 선생님은 엄마가 교무실에 나타나는 걸 원치 않았다. 하지만 엄마는 교무실에 자주 들렀다. 엄마는 자기 아이가 망가진 게 아니라고, 그러니 고칠 필요도 없다고 진심으로 느꼈다.

엄마가 옳았다. 학창 시절을 되돌아보면 내게 장애를 안겨준 건 주의력결핍장애나 난독증이 아니었다. 나는 내 뇌와 관련된 단점들에 대해 무지하지 않다. 나는 집행 기능 체계화를 어려워한다. 나는 차라리 자동차 열쇠를 이마에 붙이고 다니는 건 어떨까 고민해본 적도 있고 초등학교 3학년 수준의 철자 쓰기 능력을 가지고 있다. 하지만 좋은 점이 있다는 사실을 아는가?

연구에 따르면 학습과 주의력의 차이가 문제 해결 능력의 향상, 창의성 및 기업가 정신과 연관성이 있는 것으로 드러난다. 나를 무력하게 만든 것은 나 자신이 아니라 바로 학생들을 온종일 책상에 앉아 있게 하는 수동적인 학습, 독해와 기타 우뇌 기능을 지능으로 치부하는 지능에 대한 좁은 정의, 그리고 나의 두뇌를 일련의 결함으로 축소해 버리고 이런 다른 양상의 뇌와 밀접한 관련이 있는 장점들은 무시하는 다름에 대한 치료 등 환경에서 오는 한계였다.

나는 흔히 말하는 것처럼 장애를 **가진**have 것이 아니라 나의 다름을 수용하고 포용하지 못하는 환경에서 장애를 **경험한**experienced 것이라고 여기게 되었다. 능력과 장애의 이분법적 경계는 이 세상의 사실이 아니라 사회적 산물이다. 미셸 푸코Michel Foucault는 이를 공공정책과 전문가들의 권위, 그리고 그 사이에 놓여 있는 모든 것에 의해 창조된 "거래적 현실transactional reality"이라고 불렀다. 소위 정상이라 불리는 사람들을 포함해 우리는 모두 매일 능력과 장애의 경계를 드나들게 된다. 바로 우리의 장점과 약점, 기행과 다름이 우리의 인간성을 정의한다.

한 사회로서 미국은 다름에 대한 설득력을 가지고 있다. 유치원에 등교한 첫날, 우리는 우리는 모두 특별한 사람이라는 이야기를 듣는다. 하지만 수업이 시작되면 달라진다. "이제 자리에 앉아 조용히 하고 다른 아이들과 똑같이 하렴." 그들은 우리에게 무엇을 배워야 하는지, 언제 배워야 하는지, 어떻게 배워야 하는지 말한다. **우리는 너라는 아이를 개인으로 사랑한단다. 그런데 좀 유별나게 굴지 않을 순 없니?**

나는 결국 "고쳐지지" 못했다. 나의 남은 학창 시절은 늘 위아래로 출렁였다. 나는 틀이 정해져 있는 수업에서는 힘든 시간을 보냈고, 선생님이 나의 학습 방식의 다름을 수용할 때는 날개를 폈다. 우리 엄마는 내가 고등학교만 견뎌낸다면 대학 생활과 인생은 훨씬 나아질 거라고 하셨다. 엄마 말씀이 맞았다.

나는 학습 장애에 대한 모든 지원이 이루어졌던 로욜라 메리마운트 대학교에서 2년을 수학하고 1997년 가을 브라운 대학교로 편입한 뒤에 영문학 학사로 우등 졸업을 했다. 나는 여전히 맞춤법이 완벽하지 못하고 가만히 앉아 있지도 못하지만, 지금은 사람들의 지지와 과학 기술을 사용해 나의 취약점을 보완하고 나의 강점을 바탕으로 삶을 꾸려 나가고 있다. 나는 더는 스스로를 멍청하다고 느끼지 않으며, 나뿐만 아니라 나 같은 다른 사람들도 이러한 어려움에도 불구하고 좋은 삶을 살 수 있다는 것을 알고 있다.

모든 민권 운동의 핵심에는, 문제는 당신에게 있다는 생각을 거부하고 문화와 제도의 변화를 요구하는 싸움이 놓여 있다. 나 같은 사람을 장애를 갖고 있다고 생각하건 단순히 다르다고 생각하건 간에 우리는 모두 같은 것을 요구한다. 그것은 바로 인간의 정신과 신체의 다양성을 포용하는 학교와 직장, 공동체다. 우리는 모든 사람의 다를 수 있는 권리를 위해 싸워야 한다.

뇌 손상과 우리가 생각하지 못한 시민권

조지프 J. 핀스

내가 마거릿 워든을 마지막으로 본 것은 2012년 11월 어느 날 아침이었다. 그녀는 뉴욕에서 진행되는 심각한 뇌 손상 환자를 대상으로 하는 연구에 참여하고 있었다. 그녀의 방에 들어서자마자 나는 뭔가가 달라졌음을 느꼈다. 그녀는 여전히 움직이지 못했지만, 나의 존재를 알아보기도 하고 예전보다 더 적극적으로 집중하는 듯했다. 이외에도 달라진 점이 한 가지 더 있었다. 그녀는 때때로 왼쪽 눈을 사용해서 "예", "아니오"로 답할 수 있는 간단한 질문에 반응할 수 있었다. 그날 아침에 그녀는 새로 구사하게 된 의사소통 수단을 즐기는 듯 보였다. 그녀는 마치 시선을 빠르게 아래로 내리찍는 것이 느낌표를 나타내는 듯 열정적으로 반응했다.

한쪽 눈으로 의사소통을 하는 것이 별것 아닌 듯 보일 수 있지만, 그것은 매우 놀라운 일이었다. 매기는 알려진 바와 같이 6년 전 스미스대학교 4학년이었던 때, 심각한 뇌졸중을 앓았다. 그녀는 "식물인간 상태vegetative state"에 놓여 있는 것으로 여겨졌다. 식물인간 상태란 흔히 의식이 없는 뇌 상태를 정의하는 데 쓰이는 용어로, 죽을 권리 운동과 카렌 앤 퀸란Karen Ann Quinlan, 낸시 크루잔Nancy Cruzan, 테리 시아보Terri Schiavo가 남긴 유산과 관련지어 언급되는 경우가 많다.

이후에 매기는 2002년 의학적으로 공식화된 용어인 "최소 의식 상태minimally conscious state"에 있는 것으로 밝혀졌다. 식물인간 상태의 환자와는 달리 최소 의식 상태에 있는 환자들은 의식이 **있다**. 그들은 의도, 관심, 기억의 흔적을 보여준다. 그들은 컵에 손을 뻗고, 본인의 이름을 말하고, 당신이 방으로 걸어 들어올 때 당신을 알아차릴 수 있다. 그러나 문제는 이런 행동을 보이는 일이 매우 드물고 간헐적일 수 있어 이를 목격한 가족들이 의료진들에게 이러한 행동에 대해 말하더라도 의료진들이 이를 그저 가족들의 희망에 찬 기대에서 비롯된 착각으로 치부하는 경우가 많다는 점이다.

환자의 그런 미묘한 의식의 흔적이 착각인 경우도 있지만, 상당히 많은 경우에 그것은 최소 의식 상태의 생명 작용에서 중요한 부분이다. 한 연구팀은 식물인간 상태라고 여겨졌던 외상성 뇌손상 환자들 중 41퍼센트가 사실은 최소 의식 상태였다는 사실을 확인했다.

만약 보스턴 소재 병원에서 일하는 한 신경학자의 치밀한 관찰이 없었다면, 매기 역시 영원히 오진 상태에 머물렀을 것이다. 하지만 매기는 눈을 한 번씩 깜빡이면서 자신의 의사를 표현하고 있었다. 영구적으로 의식이 없는 상태에 놓였다고 판단되었던 젊은 여성에게 있어서, 이것은 실로 영웅적인 성취였다.

나의 저서인 『마음에 떠오르는 권리: 뇌 손상, 윤리, 그리고 의식을 위한 투쟁*Rights Come to Mind: Brain Injury, Ethics and the Struggle for Consciousness*』에 그녀 가족의 이야기를 담을 수 있도록 허락해준 매기의 어머니 낸시는 딸의 인생이 이렇게 될 줄은 꿈에도 생각하지 못했다. 그녀는 스페인어를 공부하며 원반던지기를 즐기고 수의사를 꿈꾸는 아름다운 딸을 보며 또 다른 그림을 그렸을 것이다.

그럼에도 낸시와 매기는 뇌졸중 이후에도 함께 삶을 살아갔다. 그리고 그것은 그런대로 썩 나쁘지 않았다. 낸시는 매기가 한쪽 눈을 움직이는 것 이상의 일을 할 수 있기를 바랬지만, 한편으로는 그저 매기가 의사소통할 수 있는 방법을 찾았다는 사실에 감사했다. 또한 그녀는 "소소한 삶이라도 충분한 것 같다"고 내게 말했다. 그녀는 매기가 사랑하는 친구와 가족을 비롯한 사람들과 맺는 관계는 다른 사람들이 경험하지 못한 특별한 것이라고 말했다.

낸시는 결국 자기에게 주어진 상황을 수용하는 단계에 이르렀다. "사실 나도 모르겠어요. 그렇지만 난 소소한 삶을 사는 것도 그런대로 괜찮은 것 같아요."

매기도 그러한 삶을 괜찮다고 생각했는지는 우리로서는 알 수 없는 일이다. 하지만 그녀의 왼쪽 눈 깜빡임을 통한 초보적인 의사소통 경로는 그녀가 무슨 생각을 하고 있는지 알아낼 수 있는 출발점이었다. 아직 확실히 알 수 없다는 것이 그녀가 바라는 것이 없음을 의미하지는 않는다. 이 일을 하는 사람들의 목표도 사실 이런 환자들을 찾아내어 그들의 주체 의식을 다시금 표현할 기회를 제공하는 것이었다.

"작은 인생small life"이라 불렸던 매기의 사례는, 2016년 12월에 코넬 의과 대학교에 있는 내 동료들이 학술지 『사이언스 중개 의학*Science Translational Medicine*』에 부상 이후 그녀의 뇌 안에서 무슨 일이 일어났는지를 밝히는 논문을 실었을 때 매우 많은 관심을 받았다. 의사소통 능력이 회복되는 동안 매기의 뇌는 몇 년에 걸쳐 사실상 재배열되었다.

대학원생 대니얼 J. 텐건Daniel J. Thengone과 니컬러스 D. 시프Nicholas D. Schiff 교수가 이끄는 인지신경조절 실험실의 연구원들은 자기공명

영상을 이용해 말을 하는 기능을 담당하는 전두엽의 브로카 영역에서 일어나는 구조적 기능적 재연결이 좌우 반구에 걸쳐 강화되는 것을 증명하였다. 이것은 중상을 입은 뇌도 자연 치유될 수 있다는 것을 보여주는 놀라운 발견이었으며, 일반적인 두뇌 발달과 강한 유사성이 있는 과정으로 보인다.

이러한 발견에서 그 발견만큼이나 놀라운 것은 이것이 고도의 기술이나 고비용을 들여 이루어낸 것이 아니라는 점이다. 이것은 어머니의 사랑과 언어치료, 그리고 30달러 정도의 간단한 눈 추적 장치의 부산물이었다. 그것은 현대판 프로이트의 "대화 치료talking cure"였으며, 회복탄력성에 대한 이해와 대인 관계의 중요성에 중대한 시사점을 제시하였다.

그러나 이러한 환자들이 진료를 받을 기회는 제한되어 있다. 건강보험 심사평가원과 보험 회사들은 퇴원 환자들에게 아직 재활할 준비가 되어 있지 않다며 재활 기회를 거부한다. 그러나 이러한 태도는 최소 의식 상태임에도 식물인간으로 오진되는 절반가량의 사람들이 받을 수 있었던 서비스를 받지 못하게 막으며, 따라서 이러한 취약계층을 더욱 소외시키는 결과를 초래한다. 미국 재활의학회와 같은 기관들은 오진을 예방하고 도움을 받으면 효과를 볼 수 있는 사람들이 필요한 재활을 받을 수 있도록 퇴원 후 환자에 대한 종합적인 평가를 요구해왔다.

전문 의료진이 아닌 간병인이 돌보는 "관찰 간호custodial care"라고 불리는 낮은 수준의 서비스 대신 정식 재활서비스를 받을 수 있게 된 운 좋은 일부 사람들조차도 그들에게 할당된 시간이 너무 적다. 대부분의 재활 프로그램은 6주 이하다. 하지만 만약 뇌가 처음 발달할 때와 유사한 과정을 통해 천천히 회복되는 것이라면, 그들은 왜 환자들에게, 그것도 재활치료를 받을 수 있을 만큼 운이 좋은 사람들에게만 겨우 몇 시간씩 6주간이라는 시간만을 제공하는 걸까? 이건 마치 초등학교 3학년 아이를 한두 달간 반나절만 학교에 보내 놓고는 이후로는 혼자서 알아서 공부하라고 하는 것이나 다름없다. 영유아기의 뇌가 배우고 성숙하는 데 몇 년이 걸린다는 것을 안 이상, 이제는 회복 중인 부상당한 뇌에도 그만큼의 보살핌이 필요할 것으로 보인다.

재활을 일종의 교육으로 다시 생각해본다면, 6주간의 과정으로 졸업하는 사람은 아무도 없을 것이다. 오히려 우리는 회복된 삶을 이루기 위해 평생 학습을 장려할 것이다. 만약 발달 중인 뇌를 가진 영유아기의 아이들을 교육해야 할 법적 의무가 있다면, 복원과 회복 과정에 있는 뇌를 가진 사람들도 마찬가지로 책임지는 것이 마땅하지 않을까?

이러한 주장들은 재정 부족과 오바마 케어와 의료 개혁의 운명을 둘러싸고 심각한 논쟁이 벌어지고 있는 지금과 같은 시기에 급진적으로 들릴 수 있는 제안들이다. 이러한 견지에서 보면 누군가는 이 사안을 둘러싼 정치적 상황을 지지할 수 없다고 판단하고, 합리적으로 시선을 돌려 자원을 다른 곳에 사용하고자 할 수도 있다. 하지만 우리의 책임을 그렇게 좁은 범위에서 보는 것은 실수일 것이다. 여기 걸려 있는 것은 단순한 보험 문제나 진료에 대한 접근권 그 이상이다. 이것은 의식이 있는 사람을 고립시키고 버릴 것인가 하는 인권에 대한 보다 근본적인 문제다.

비극적이게도, 최소 의식 상태에 있는 환자들에게 가장 기본적인 권리는 지켜지지 않아 왔다.

통증 조절을 예로 들어보자. 최소 의식 상태의 환자가 식물인간으로 잘못 진단되어 감각을 느끼지 못한다고 판단되면 진통제나 마취제를 투여받지 못한 채로 의료 시술이 진행될 수도 있다. 만약 이런 일이 일어난다면 그들은 의사소통도 할 수 없으며, 고통 속에서 소리를 지를 수도 없는 취약한 상태에 놓이게 된다. 이러한 오류는 어떤 문명사회에서도 용인될 수 없는 인권에 대한 경시로 보인다.

물론, 우리는 영구적인 무의식 상태와 최소 의식 상태의 환자를 구별하기 위해 환자의 뇌 상태에 대한 더 나은 진단 평가를 함으로써 이를 해결할 수 있다. 하지만 우리는 더 많은 일들을 할 수 있다. 우리는 환자들이 고통을 느끼고 있다는 것을, 그리고 그들이 방 안에 있다는 것을 우리에게 상기시켜줄 목소리를 되찾을 수 있도록 노력할 수 있다. 비록 사회가 그들을 만성질환 관리라는 이름 아래 분리해두었지만, 그들은 여전히 우리 인간 사회의 구성원이다.

여기서 나는 일부러 "분리했다segregated"는 동사를 사용했다. "분리되어 있지만 평등한separate but equal" 것이 법으로 규정되어 있던 시대*를 환기하기 위해서 말이다. 장애인들을 시민사회로 통합할 것을 요구하는 미국장애인법이나 유엔 장애인권리협약과 같은 법률의 진보가 이루어진 것에 비추어 본다면, 과연 이 특정 집단에 대한 만연한 분리가 어떻게 정당화될 수 있을까?

문제는 이러한 법안들이 작성되었을 때 재통합reintegration의 개념이 물리적 이동성, 즉 인도의 경사로와 직장의 접근성 등에 초점이 맞춰

* 흑인 인권 운동 이전, 미국의 모든 공공시설에서 인종 간의 분리를 용인하고 시행했던 분리 평등 정책을 말한다. 당시 미국 연방 대법원은 분리되어 있어도 평등할 수 있다고 주장하며 백인과 흑인이 사용할 수 있는 공간을 분리하는 것이 합헌이라는 판결을 내렸다. 이 정책은 오랜 시간 동안 심각한 인종차별 문제를 초래했으며, 1954년에 이르러서야 폐지되었다.

져 있었다는 것이다. 그것은 사회에 통합되기 위해서는 경사로 이상의 것들을 필요로 하는 사람들을 염두에 둔 것이 아니었다. 최소 의식 상태 환자에게는 의사소통 기능을 회복하는 것이 바로 경사로의 역할이나 마찬가지일 것이며, 그것은 그들을 공동체 사회라는 가족으로 재통합하는 것을 가능하게 할 것이다. 우리가 이 환자들의 목소리를 되찾아줄 때, 우리는 그들과 다시 대화를 나누게 될 것이다.

이를 성취하기 위해서 우리는 이들 개인과 국가 간의 기본적인 관계와 시민으로서 그들이 가진 인권을 고려해야 한다. 뇌 손상을 입은 사람들은 오랫동안 법적 보호를 받지 못했다. 정확히 손상을 이유로 권리를 박탈당했기 때문이다. 그들은 법적 보호의 범위를 벗어나 학대와 방치의 대상이 되었다.

이것은 우리 대부분이 단 한 번도 생각해 본 적이 없는 인권 문제다. 그러나 정의의 궤적은 때때로 과학적 발견과 의학적 발전으로 인해 굴절되기도 한다.

나는 종종 성소수자 인권의 시대에 자란 대학생들과 이야기를 나누곤 한다. 그들은 누구든 자신이 사랑하기로 선택한 사람을 사랑할 권리가 있다는 것을 내 세대가 인정하지 못한다는 사실을 불가사의하게 여긴다. 그들은 거의 자명한 이 권리가 어떻게 해서 이전 세대들에게는 당연한 일로 받아들여지지 않았는지 이해할 수 없다고 말한다. 나는 그들에게 자만하면 안 된다고 경고한다. 너희의 자녀들도 어떻게 당신 세대는 사회가 의식이 있는 개인을 무시하고 **그들의** 권리를 박탈하도록 내버려 두었냐고 물을 수 있다는 것을 시사하면서 말이다.

우리는 이제 의사소통할 수 있는 잠재력이 있지만, 만성질환 관리 안에서 격리되고 그야말로 분리되어 사회에 의해 고립되고 버려지는 매기와 같은 사람들이 많다는 것을 짐작할 수 있을 것이다. 하지만 적절한 검사가 이루어진다면 그들 중 일부는 구출되어 재활 및 새롭게 개발되는 치료들을 통해 점차 사회로 돌아올 수 있을 것이다. 이제 우리는 이 사실을 알았으니, 외면할 수 없다.

안타깝게도, 2015년 8월 2일 사망한 매기를 돕기에는 너무 늦었다. 하지만 당신과 대화를 나눌 기회를, 그리고 새로이 발견된 자신들의 권리를 행사할 기회를 기다리며 자신의 머릿속에 외로이 갇혀 있는 다른 사람들에게는 아직 늦지 않았다. 그런 날이 온다면, 그것은 틀림없이 아주 흥미로운 대화일 것이다.

About Us

2부

소속

나는 "영감을 주는" 사람이 되고 싶지 않다

존 올트먼

고등학교 시절 나에게 가장 기억에 남는 순간 중 하나는 1학년 때 일어났다. 학교에서 초빙한 동기부여 연사가 강당에서 강연하던 중이었다. 나는 강당의 맨 앞줄에 가장 친한 친구와 함께 앉아 있었고, 우리는 모두 즐거운 시간을 보내고 있었다. 연사는 카리스마가 넘쳤고 따뜻하고 유쾌한 성격과 멋진 유머 감각을 뽐냈다. 친구들과 나는 강연 내내 웃음을 터뜨렸다. 그러나 강연이 끝나갈 무렵 그 연사는 나와 내 친구를 지목하며 장애인들이 자주 듣는 다음과 같은 말을 했다. 목발을 짚고 다니는 나나 스쿠터를 타고 다니는 내 친구 같은 장애인들이 사람들에게 "영감을 준다inspiring"고 말이다.

그 순간, 나라는 사람의 개인적 특성, 내가 사랑하는 사람들, 내가 추구하는 관심사, 내가 가진 신념은 모두 고려 대상에서 사라지고, 뇌성마비가 있으며 걷기 위해 목발을 사용한다는 사실만이 존 올트먼이라는 사람의 존재와 능력 전부를 규정하게 되었다.

사람들에게 내가 화가 났다는 것을 표현하려고 했을 때, 나는 그들과 단절된 느낌을 받았다. 사람들은 연사가 단지 좋은 뜻에서 한 말이라고 장담했다. 어떤 사람들은 그가 진실을 말했을 뿐이라고 주장했다. 내가 매일 하는 일이 영감을 **주었다는** 사실을 말했을 뿐이라고 말이다. 내가 알기로는 나는 다른 사람들과 똑같이 살고 있을 뿐이기 때문에 내가 다른 사람들에게 영감의 원천이 될 이유는 없다는 것을 사람들에게 설명하려 애썼지만, 그 일은 나를 지치게 할 뿐이다.

강연 때 나와 같이 앉았던 친구는 내 말뜻을 바로 이해했다. 장애가 없는 친구들에게는 외국어처럼 낯설게 들리겠지만, 우리의 좌절감은 우리가 공유하는 더 깊은 욕망에서 비롯되었다. 우리는 우리가 가진 장애 이상의 존재가 되고 싶었고, 장애를 극복하고 장애와 별개의 정체성을 형성하고 싶었다. 하지만 비장애인 중심으로 돌아가는 이 세상은 이런 식의 충족감을 찾기 어렵게 만든다. 그리고 최선의 의도에서조차 그런 일은 빈번히 일어난다.

일례로 다음과 같은 일이 있었다. 지난 1월, 무패 행진을 이어가던 한 레슬링 선수가 다운증후군을 가진 선수를 상대로 경기에서 일부러 져주었다는 이야기가 한동안 화제가 됐다. 대다수의 사람들은 그것이 이타적이고 품격 있는 행동이었다며 해당 선수를 칭찬했다. 한 CNN 기자는 "고교 레슬링 스타인 그가 올해 무패 행진을 포기했을지는 몰라도 이것이야말로 완벽한 시즌이라고 말하는 사람들도 있다"고 썼다. 나는 그렇게 보지 않았다.

레슬링은 특정한 종류의 운동신경에 입각한 스포츠로, 그것만의 엄격한 규칙 체계가 있다. 무패였던 그 레슬링 선수가 다운증후군을 가진 상대가 이기도록 봐줬을 때 이 스포츠의 근간이 되는 본질적 정신을 저버렸다고 봐야 한다. 선수들이 자신의 신체적 기량을 선보이는 자리이자 결국 둘 중에 누가 더 우수한 선수인지를 가려내기 위한 장이 되어야 할 레슬링 매트 위가 오히려 또 다른 차별의 현장이 되고

만 것이다.

나는 그 레슬링 선수가 악의적인 의도를 가지고 그런 일을 벌였다고 말하려는 것이 아니다. 그가 좋은 일을 하고자 했다는 것은 분명하지만, 그의 행동과 그에 따른 사회의 반응은 장애인의 신체는 사람들의 동정과 자선을 필요로 한다는 낙인을 다시 한번 굳히는 계기가 되었다. 동정으로 승리를 쉬이 넘겨준 그 순간 다운증후군을 가진 레슬링 선수의 정체성은 무시되고 그의 장애가 관심의 중심이 되었다. 아무리 의도가 좋았을지언정 그 비장애인 레슬러는 경기에 최선을 다하기보다는 상대를 위해 바닥에 드러눕는 행위를 함으로써 차별을 선택했다. 그의 동정은 독이 되었다.

이것은 단지 훨씬 더 큰 문제의 단편적 증상일 뿐이다. 제도적 차원에서도 사회는 지속적으로 더 깊은 형태의 차별를 선택한다. 예를 들어, 영국의 복지 개혁은 1만 4천 명의 장애 시민들에게서 그들이 기능하고 살아가기 위해 필수적인 장애인용 이동 차량을 빼앗은 결과를 가져왔다. 이곳 미국에서 장애인에게 가장 흔하고 만연한 문제 중 하나는 실업이다. 2010년 현재, 장애인의 약 40퍼센트만이 취업을 한 상태이며, 이는 비장애인 취업률의 절반밖에 안 되는 수치다. 이러한 문제들은 장애인 학생들이 대학이나 시민사회의 다른 영역에서 주로 접하게 되는 접근성의 결여와도 연관되어 있다.

아프리카계 미국인을 위한 민권법Civil Rights Act처럼 미국장애인법도 통과 당시에는 혁명적인 법안이었다. 하지만 이 법안은 한 번 휘두른다고 단번에 장애인에 대한 모든 침해를 해체하거나 그런 침해 요소들을 지원하고 있는 시스템적 요소를 개혁하는 마법의 지팡이는 아니었다.

세상에 참여하려는 과정에서 배제되고, 참여를 가능하게 하는 신체의 연장선마저 박탈당하는 상황에서, 장애인들이 자신의 장애를 뛰어넘어 정체성을 형성하기를 기대하기는, 혹은 그들의 장애가 개인적으로, 심리적으로 혹은 감정적으로 그들 자신에게 미치는 영향을 줄이기를 기대하기는 힘들다. 대학과 기업, 또는 여타 시민사회의 영역들이 장애를 가진 사람의 수용을 위한 지출을 거부할 때, 그리고 정부가 적극적으로 나서서 장애인들에게서 그들의 생존에 필요한 수단들을 박탈할 때, 그들은 사실상 이렇게 말하고 있는 것이나 다름없다. 장애의 틀에서 벗어나면 우리가 어떤 존재인지, 장애에도 불구하고 우리가 어떤 존재가 되기를 바라는지에 대해 아무 관심도 없다고.

나는 기술과 의술이 매우 발달하여 어디든 접근이 가능한 세상을, 모든 장애인이 장애에서 벗어날 기회가 있는 그런 세상을 원한다. 나는 내가 장애가 없는 사람들과 맺는 사회적 관계가 나의 장애에 근거하지 않는 그런 세상을 원한다.

장애 문제를 숙고한 철학자 조엘 마이클 레이놀즈Joel Michael Reynolds가 말했듯이, 세상은 본질적으로 장애를 갖고 있다. 어떤 사람에게서 엘리베이터나 계단을 빼앗는다면 그는 1층에서 2층으로 갈 수 있을까? 그것은 불가능한 일이다. 따라서 이러한 불능이 그 사람의 모든 것을 설명하는 양 강조하는 것은 불합리한 처사일 것이다. 그러므로 나라는 사람을 이 세상에서 걸어 나가기 위해 목발이 필요한 사람 정도로 정의하는 것 또한 터무니없는 일이다. 나는 존 올트먼이고, 나는 나의 뇌성마비로 정의되지 않는다. 이것이 세상 모두의 상식이 되면, 내가 항상 목발을 쓸지라도 나는 사실상 나의 장애로부터 자유롭게 될 것이다.

공공장소의 청각장애인

✤

레이철 콜브

“삿대질은 무례한 짓이야.” 초등학교 급식실 책상 앞에 앉은 친구가 내게 말했다. 나는 친구의 입 모양을 읽으면서 단어들을 조합했다. 그 아이는 같은 반 친구를 가리키며 공중에 치켜든 내 검지를 빤히 쳐다보며 덧붙였다. “우리 엄마가 그러셨어.”

겨우 예닐곱 살 때의 일이지만, 깜짝 놀라 그 자리에서 덜컥 얼어버렸던 기억이 난다. 그때 내 안의 무언가도 얼어붙은 듯 갑자기 차가워졌다. “나는 수어를 한 거야.” 나는 큰 소리로 말했다. “이건 무례한 게 아니야.”

내가 다니던 초등학교에서 청각장애가 있는 학생은 나뿐이었다. 나는 이미 두 개의 언어와 두 가지 의사소통 방식을 구사해야 하는 어려움을 겪고 있었다. 우리 가족의 청력은 모두 정상이었지만 그들은 집에서 영어와 수어를 모두 함께 사용함으로써 나에게 용기를 북돋워주었다.

학교에서는 온종일 수어 통역사가 동행했고 선생님들은 내가 배울 수 있는 따뜻한 환경을 만들어주었다. 하지만 내게는 또래들과 어울릴 수 있는 곳을 찾는 것이 때때로 그보다 더 어렵게 느껴지곤 했다.

나는 아이들에게 말을 하려 노력했고, 친구들도 종종 기본적인 수어를 배우며 그 노력에 보답했다. 하지만 대개 나는 혼자라고 느꼈다.

그날 집에 가서 친구가 한 말에 대해 물어봤을 때, 엄마는 걱정하지 말라며 이렇게 말씀하셨다. "그 친구는 수어에 적용되는 사회적 규칙은 따로 있다는 걸 모르는 거야. 네가 무례하게 행동한 게 아니야." 언제나 그랬듯이 어머니는 그걸로 대화를 끝맺었다. 하지만 그날 나는 내 안에 떨쳐내기 힘든, 완전히 새로운 자의식이 남아 있다는 것을 알 수 있었다.

나는 그저 내 방식으로 소통하는 것일 뿐이지만, 사람들은 나를 너무 많은 공간을 차지하며 튄다고 생각할 수도 있다는 것을 처음으로 깨달은 것이 아마도 이때부터였을 것이다.

그 당시에는 굉장히 비난 어린 눈초리로 느껴졌지만, 20년이 지난 지금 이 기억을 돌이켜보면 내 어릴 적 친구는 사실 나를 다소 신기한 시선으로 바라봤다는 것을 알 수 있다. 내가 하는 수어는 친구가 어른들로부터 습득한 사회적 관습에 도전하는 것이었고, 친구에게 나는 무식해 보였거나, 엄청나게 반항적으로 보였거나, 혹은 둘 다였을지도 모른다. 하지만 손가락으로 가리키는 것은 나에게 정말 필수적인 행동이었다. 그것은 이제는 어른이 되어 학자가 된 내가 **관계성**, 즉 자신이 어떻게 타인과의 관계를 통해 세상에 존재하는지를 표현하는 수단이었다. 적절하게 취한 자세의 손가락은 내가 수어를 통해 **당신**과 **나**, **그**와 **그녀** 그리고 **그들**이라는 단어를 말할 수 있게 해주었다. 만약 내가 손가락으로 사람을 가리키지 않는다면 나는 과연 어떻게 인간관계를 맺을 수 있을까?

오랜 시간이 흐른 뒤 대학원에 다닐 때 친구와 나눴던 대화 또한 나에게 강한 인상을 남겼다. 우리는 카페에서 점심을 먹고 있었다. 그녀는 오롯이 나와 의사소통하기 위해 수어를 배우기 시작한 드문 친구 중 한 명이었다. 평소에 우리는 구어로 대화하지만, 그날 우리는 점심을 먹으며 영어 대신 손과 표정으로 대화하는 연습을 하고 있었다. 그녀가 본인에게 익숙한 몸에 배어 있는 청각을 제쳐두고 나를 위해 나의 시각적 세계로 들어와 준다는 생각에 나는 매우 들떠 있었다.

하지만 불과 몇 분 후, 평소에는 대담하고 다른 사람들의 시선 따위는 의식하지 않던 내 친구가 갑자기 수어 대화를 멈췄다. 그녀는 민망하다는 듯 웃으며 어깨를 으쓱해 보이며 이렇게 말했다. "여기 있는 사람들 모두가 **우리를 쳐다보고** 있는 것 같아."

나는 작은 카페 안에 앉아 있는 정상 청력을 가진 사람들을 둘러보았다. 실제로 몇몇 사람들은 우리가 뭘 하고 있는지 보기 위해 목을 쭉 빼고 있었지만 이런 건 내가 진작부터 모른 체하게 된 반응이었다. "응. 자주 있는 일이야"라고 나는 수어로 퉁명스럽게 대답했다.

내 친구가 내게 웃어 보였다. 잠시 후, 우리는 다시 이야기를 나누기 시작했고, 그녀는 그때 수어를 하는 사람이 된다는 게 이런 거구나 하고 이해를 하게 된 것 같다.

일반적으로 수어가 통하지 않는 공공장소에서 수어를 받아들이고 사용하기 위해서는 때때로 내가 엄청나게 경솔한 행동을 저지르고 있는 것은 아닌가 하는 생각에 저항해야 한다. 고백하자면, 이런 생각들은 초등학교 친구가 내게 삿대질하지 말라고 한 사건 이후로 수년간 나와 내 몸의 관계를 괴롭혔다. 내가 무엇을 가리키고 있는지, 얼마나 다양하게 표정을 짓는지, 몸을 어떻게 통제하고 있는지 모두 여과 없이 그대로 드러나니 관습적 의미에서 본다면 수어가 매우 노골적이고 경솔하게 느껴지는 게 당연할 것이다. 나는 어릴 적 스스로를 별로 드러내고 싶어 하지 않는 수줍음 많은 아이였다. 그래서 처음에는 수어를 하는 게 어색하게 느껴지기도 했지만, 이내 별로 개의치 않게 되었다. 나에게 수어가 필요했기 때문이기도 하지만, 나는 나 자신을 스스로 수용했고, 무엇보다 몸으로 의사를 표현하는 데서 즐거움을 느꼈기 때문이다. 반면 다른 사람들에게 수어는 선택 사항일 뿐이다. 그때 이후로도 정상 청력을 가진 친구들이 내게 몇 번 말했듯이, 그들은 공공장소에서 나와 수어를 할 때 아무래도 사람들 눈에 튀는 것같이 느낀다고 한다. 그들은 나에게 묻는다. "이렇게 하는 거 맞아?" "너무 지나쳐 보이지는 않아?"

너무 지나치다. 나에게 이 단어들은 몸으로 의사를 표현하는 것에 대해 여전히 남아 있는 터부를 간결하게 말해준다. 청력 중심의 사회는 좋은 발성과 절제된 자제력을 갖고 말하는 것을 이상적이라고 정의한다. 솔직히 나는 이러한 이상을 시각적으로 빈곤하고, 접근성이 없으며, 흥미롭지 않다고 생각한다. 그것은 생동감 없이 말하는 머리들과 육체에서 분리된 소리들, 그리고 시각적 부주의로 가득 찬 공간을 만들어낸다. 시각적으로 말하는 것에서 등가물을 찾자면, 이런 특징들은 단조로운 어조로 말하는 것과 마찬가지다. 나는 소리 내어 말하는 것도 무척 즐기지만, 내 몸이 느낀 것을 스스로 말하게 하는 것이 더 진짜처럼 느껴진다. 때때로 그런 몸짓이 구경거리로 보일지라도 말이다.

그동안 사람들의 시선을 받을 일이 없었던 정상 청력을 가진 나의 친구들에게는 이렇게 구경거리가 된다는 느낌이 매우 곤혹스러울 수도 있다. 나에게서 수어를 배우고 싶어 하는 친구들은 — 수어를 정말 배우고 싶어 하는 사람은 아주 적지만 — 과도한 동작과 손가락으로 가리키는 행위, 제스처에 대한 사회적 터부를 극복해야 한다. 수년간 사람들은 수어를 배우는 시작 단계에서 느끼는 정신적 고충을 토로하곤 했는데, 나는 이 말들을 기록해 두었다.

"내 손을 대체 어떻게 해야 할지 모르겠어. 마치 나한테 손이 있다는 걸 이제 막 인식한 것 같은 느낌이야."

"손가락으로 가리켜도 되는 거 확실해? 저 사람한테?"

"지금 이게 최대한 표현력 있게 하려고 노력하고 있는 거야. 그냥 내 안면 근육이 못 따라주는 거야."

"이거 느낌 정말 이상하다."

"네 눈은 어떻게 그렇게 많은 정보를 그렇게 빨리 받아들여?"

그리고 마지막은 이렇다. "나 자꾸 의식하게 돼. 네가 나를 계속 쳐다보고 있는 것 같아."

맞아. 나는 이 마지막 말로 날 웃게 하는 사람들에게 이렇게 대답해주고 싶다. 맞아, 당연히 널 쳐다보고 있지. 그렇지 않으면 무슨 소용이겠어?

내가 그러했듯이, 시간이 지나면서 내 정상 청력 친구들도 그런 직접적인 시선들을 점차 긍정적으로 느끼길 바란다. 수화를 하고 내 몸을 사용해 의사소통하는 것이 또 다른 나의 정신세계를 끌어내고 실제로 주변의 시선을 불러일으키고 이끄는 것은 사실이다. 하지만 이것을 불편하고 기분 나쁘게 여길 필요는 없다. 오히려 반대로 생각해보면, 나와 내 몸, 그리고 그것이 말하고 있는 모든 것을 보고 있다는 사실은 당신이 내게 집중해주고 있다는 뜻이기 때문이다. 우리는 이런 육체적 언어적 자기표현 안에서 서로를 만나며, 우리의 연결고리는 육체와 분리된 목소리를 넘어 우리 존재의 전체가 포함되도록 확장된다. 뒤돌아 당신을 보고 있는 지금 여기, 나는 또 하나의 연결고리를 만든 것 같다.

"고아 질병"이 맺어준 나의 새로운 가족

로즈마리 갈런드-톰슨

우리 가족은 서로 닮은 점이 많지만, 나처럼 보이는 사람은 한 명도 없다.

우리 가족 대부분은 건장한 체격과 푸른 눈, 북유럽인의 얇은 머리칼과 햇볕에 노출되면 큰일 나는 피부를 가지고 있다. 아주 특이한 한 가지 특징만 뺀다면 나도 딱 이렇게 생겼다. 나는 대칭성과 전형성이 외모적 우수성과 제대로 된 기능성을 뜻하는 이 세상에 비대칭적이고 비정형적인 손과 팔뚝을 가지고 태어났다. 실제로 나는 너무 특이한 나머지 평생 나처럼 생긴 사람을 본 적이 딱 한 번밖에 없다. 다시 말하자면, 나는 희귀하다.

최근에 나는 내가 이렇게 다른 사람과 차이가 있는 이유가 복잡형 합지증complex syndactyly이라는 희귀한 유전적 질환 때문이라는 것을 알게 되었다. 내가 이것을 알게 되기 전에는 어떤 의사도 잘 모르겠다는 듯이 어깨를 한 번 으쓱해 보이는 것 이상의 제대로 된 진단을 내놓은 적이 없었다.

내가 갖고 있는 질병을 식별하고 이름을 붙이기 전에 나는 "변종", "이상하게 생긴 아이", "기형", "선천성 이형", "산발적 사지 결함" 등 수

많은 불쾌한 이름으로 불려야 했다. 그중 가장 불쾌하고 많이 불렸던 이름은 알코올중독, 공해, 환경 오염같이 사람들이 추측하거나 상상할 수 있는 온갖 종류의 죄악이나 타락의 불행한 결과로 생긴 "선천적 결함birth defect"이었다. 내게 "무슨 일"이 있었던 건지 주변에서 끊임없이 물어대는 질문에 딱히 답할 수 있는 진단명이 없었기에, 그동안 나는 대개 이렇게 말할 수밖에 없었다. "그냥 날 때부터 이랬어요."

나는 이제 "선천적 결함"이 아니라 "희귀 유전질환"을 갖게 되어 기쁘다. 수집가, 고고학자 또는 과학자 들이 진귀한 것을 찾고 귀하게 여기는 것처럼, 모든 "희귀한" 것들은 가치가 있다. 실제로 9만 명 중 한 명도 안 되는 사람들이 나와 같은 진단을 받을 정도로 이례적이다. 이건 로또에 당첨되는 것과 어느 정도 비슷하다.

수십 년간의 과학적 연구가 2003년에 게놈 지도를 우리에게 선사하기 전에 예상치 못한 인간 변이를 설명하는 우리의 방법은 제한적이었다. 나 같은 사람은 설명될 수 없었다. 설명할 수 없는 것이 종종 그렇듯, 초자연적이고 미신적인 추론이 판을 쳤다. 산모에 대한 비난과 신의 응징이라는 추측이 가장 대표적이었다. 사회적 도의를 어기거나 치명적인 죄를 저지르거나 성적인 생각을 하는 것은 장애아를 낳는 결과로 이어진다고 여겨졌다.

이런 미신의 현대적 버전들이 여전히 선천적으로 장애를 가지고 태어난 아이들의 어머니들을 괴롭힌다. 그들은 로션과 매니큐어부터 술과 담배, 탈리도마이드*, 그리고 플라스틱병에 들어 있는 환경호르몬

* 1957년 서독에서 진정제, 수면제로 시판된 약. 입덧을 완화하는 데 효과가 있어 많은 임산부가 복용하였으나, 이 약을 복용한 산모에게서 사지가 없거나 짧은 신생아들이 태어났고 그 원인이 이 약 때문임이 밝혀졌다.

에 노출되었다는 것에 죄책감을 느끼며 한없이 움츠러든다. 장애인들은 예나 지금이나 마치 인간 존재에 대한 탄광의 카나리아, 즉 과거와 미래의 안 좋은 일들에 대한 주의나 경고처럼 받아들여지고 있다.

그러나 사정은 바뀌었다. "희귀함Rare"은 이제 내 개인적 존엄성 도구 상자에서 일종의 억양, 신분 상승의 지표가 되었다. 심지어 "증후군syndrome"도 "결손"이나 "결함"이라는 말이 의미하듯이 뭔가 줄어 있다기보다는 무언가 세련되고 증가된 느낌을 준다. 증후군은 당신이 **가지고 있지 않은** 것이 아니라 **가지고 있는** 것이다. 더 중요한 건, 내 모습은 실수나 위협적인 바깥세상에서 가해진 어떤 무차별적인 타격에 의한 것이 아니라는 점이다. 나의 모양새는 의도적이며, 내 존재의 핵심에 있는 어떤 신비한 목적으로서 계획적으로 나타난다. 목적의식이 분명한 진화 과정의 변덕, 그리고 우리 인간의 보잘것없는 상상력을 뛰어넘는 설명할 수 없는 힘이 새로운 설계를 시도하고 있다.

오늘날 유전질환을 밝혀내는 것은 과학 연구 기금과 수익성이 보장된 상업적 이익에 의해 움직이는 성장 산업이다. 민간 기업에서 병원에 이르기까지 모든 곳에서 검사를 할 수 있게 되면서, 자신의 유전질환을 확인하게 된 인구가 점점 더 늘어나고 있다. 알고 보니 우리 모두는 적어도 8개에서 10개에 이르는 흔한 주요 유전질환과 더 희귀하고 미스터리한 질환의 보균자들이다.

이것이 우리에게 시사하는 점은 우리가 유전적 혈통 체계를 통해 서로 연결되어 있다는 것이다. 최근에 이르러서야 우리는 이러한 사실을 이해하기 시작했다. 이러한 유전적 친족 관계는 열성과 우성, 상염색체 유전자의 관계망과 미토콘드리아 DNA, 그리고 우리가 발달하면서 유전자가 어떻게 발현되는지를 좌우하는 환경과의 복잡한 상호작용을 통해 확장되며 우리를 연결 짓고 있다. 의학에서는 7천 개 이상의 유전질환이 발견되었고, 매일 새로운 질병이 출현하고 있다.

나처럼 장애 자부심과 권리 옹호의 세계에 있는 사람들은 때때로 스스로를 "탈리도마이드"나 "소아마비" 혹은 심지어 "불구자"라는 종족 이름으로 부른다. 우리의 새로운 유전적 정체성은 이제 더 복잡한 친밀감을 낳는다. 희귀 유전질환은 "고아 질병orphan disease*"이라고도 불린다. 이제 선천적 결함이 아닌 고아 질병을 갖고 있는 것이니, 나는 더는 고아가 아니라 지금까지 숨겨져 있던 친족 관계의 그물망으로 이루어진 집단의 새로운 구성원이다. 유사성은 가족, 부족, 민족 등 친족 연대에서 매우 중대한 역할을 한다. 우리의 생김새는 서로 다른 사람들에게 우리가 어디에 소속되어 있는지를 알려준다. 우리의 독특한 특징은 서로를 보살피고 지원하는 또 다른 형태의 가족을 제공해주는 연대 네트워크 안에 우리를 모이게 한다.

유전학자이자 노벨상 수상자인 마리오 R. 카페키Mario R. Capecchi는 최근 나와 최신 유전자 조작 도구인 크리스퍼Crispr에 대해 대화를 나누던 중 "진화의 목적은 예기치 못한 것을 예상하는 것이다"라고 말했다. 무작위로 이루어지는 유전적 변화는 진화를 진전시키는 원동력이며, 자연과 인간이 설계한 환경에 대한 신선한 해결책이 될 새로운 형태를 만들어낸다.

인간의 짧은 수명과 상상력은 예기치 못한 것을 예상할 수 있는 우리의 능력을 제한한다. 우리가 현재 이곳에서 인간으로서 살아가면서 필요한 요소들에 부응하는 방법들은 우리의 먼 후손들에게는 그다지

* 희귀 유전질환의 시장성이 적어 치료제 개발이 되지 않고 외면받는 현실을 비유한 명칭.

잘 부합하지 못할지도 모른다. 우리가 지능, 힘, 시력, 직립성, 손재주, 체질량 또는 백인다움으로 생각하는 특징들은 언젠가는 그 효용이 끝날 것이며, 장점에서 단점으로 변질될 것이다. 비록 이 사실이 오늘날 특히 가치 있게 평가되는 그러한 특성들을 갖고 있고 그로부터 이익을 얻는 사람들에게는 반직관적으로 느껴질지라도 말이다.

진화의 목적이 예기치 못한 일을 예상하는 데 있다고 하는 카페키의 발상은 우리에게 장애를 갖고 살아가는 것에 대해 혁신적인 통찰을 가져다주면서, 다수가 가치 있다고 여기는 특성들에 맞춰 인간 사회를 만들어나가고자 하는 열망 안에 담긴 오만과 나르시시즘에 대해 경고하고 있다.

장애를 가진 사람들은 예기치 못한 일이 육체의 형태로 나타난 사람들이다. 우리를 위해 만들어져 있지 않은 세상에서 살아가기 위해 우리는 직면하는 도전들에 지혜를 발휘하며 적응해나가야 한다. 삶의 초기부터 장애를 안고 시작하는 우리 같은 사람들에게는 특히 더 그렇다. 우리는 인공환경과 자연환경이 우리에게 제시하는 역경에 대응하면서 혁신가이자 얼리 어답터, 전문 사용자, 테크놀로지 해커가 된다.

변화무쌍한 환경에서 번창하기 위한 긴 투쟁의 서사에서 인간의 다양한 변이 형태 중 어떤 것이 이점이 되고 어떤 것이 단점이 될지 우리는 알지 못한다. 뛰어난 방향감각을 가진 내 시각장애인 친구는 정전이 되면 자신이 불타는 건물과 비행기 밖으로 사람들 모두를 이끌게 될 것이라고 우스갯소리를 한다. 내 청각장애인 친구들은 소음 공해가 가져오는 스트레스뿐 아니라 사회생활을 하기 위해 시끌벅적한 술집에서 소리를 지르듯 대화를 하며 지쳐 나가떨어지는 일을 피할 수 있다. "리틀피플little people"인 또 다른 친구는 싸움과 미식축구에

능한 덩치 큰 남자들보다 자기가 자원을 덜 소비하고 비행기 좌석에 더 편하게 앉아서 갈 수 있다고 말하곤 한다. 자폐증을 가진 어떤 사람들은 창의력을 높이는 집중력을 가지고 있다. 나의 경우에는 투박한 키보드 대신 내 목소리로 글을 작성하는 전문지식이 나를 최신 통신 기술 트렌드에 앞서 나가게 한다.

건강한 사람과 병든 사람, 병을 "가진" 사람과 그렇지 않은 사람 사이를 가르고 있던 분명한 선은 날마다 더 희미해진다. 우리는 모두 우리 안에 많은 "고아 질병"을 가지고 있다. 어딘가 찰스 디킨스적인 분위기가 감도는 이 구절은 나 같은 사람들과 일반 사람들로 이루어진 인간 가족 사이의 관계를 단절해버리고 있다. 우리는 모두 결코 "고아"가 아니다. 대신, 우리는 모두 빠르게 사라져가는 조상들과 후손들의 사슬을 통해 불가분의 관계를 맺고 있는 피를 나눈 형제들이다. 우리는 모두 헤아리기 어려운 결의에 따라 우리의 삶을 설계하기 위해, 잠시 조용히 멈춘 우리 몸 모든 세포에 있는 그 이중나선의 우아한 소용돌이 깊은 곳에 숨겨진 유산을 받기 위한 대기자 명단에 함께 모여 기다리고 있는 환자들이다. 진부한 표현에 지나지 않았던 유대감이 이제 우리의 유전자에 부호화되어 있다. 인류 공동체는 말 그대로 인간 가족이다.

우리 장애인들은 더는 고아가 아니다. 우리는 변화하는 세상을 헤쳐 나가며, 잘 살아가고, 빠르게 유대감을 형성하고, 그 세상을 물려주는 견고한 부족이자 혈족이다.

뚜렛 증후군과 함께한 나의 인생

✤

셰인 피스텔

내가 열일곱 살이었을 때, 아버지는 나를 청소년 치료 클리닉에 데려갔다. 의사들이 나에게 무슨 문제가 있는지 말해줄 수 있지 않을까 하는 생각으로 말이다. 난 어떤 방에 들어가 의자에 앉아 한참을 기다렸다. 내 쪽을 향한 비디오카메라가 있었다. 그러다 갑자기 양방향 투과성 거울 뒤에서 의사들의 목소리가 들려왔다. 마치 영화 속 경찰서 취조실에 있는 것 같았다.

누군가의 목소리가 들려왔다. "그래서 셰인, 네가 이런 식으로 행동하는 이유가 뭐라고 생각하니? 네가 무엇을 하고 있는지 알고 있니?"

나는 뭐라고 말해야 할지 몰랐다. 옳은 답이 뭐였을까?

나는 무의식적 움직임, 소리, 틱을 일으키는 신경질환인 뚜렛 증후군을 가지고 태어났다. 증세는 때로는 경미했지만, 때로는 파괴적일 만큼 거친 형태로 드러났다. 어렸을 때부터 나는 내 증상 때문에 공공장소에서 경찰에게 제지를 당하고 심문을 받는 일이 잦았다.

심문을 받다. 이 한 단어로 모든 게 요약된다. 내 인생 전체는 늘 심문을 받아왔다. 내 나이는 이제 쉰여섯이다. 나는 자주 집에 자진 감금된 채로 살아왔다. 여기서 두 달, 저기서 석 달. 그렇게 여름이 가고 겨울이 지났다. 나는 얼마나 많은 세월을 헛되이 낭비한 걸까?

뚜렛 증후군에 대해 좀 아는 사람들은 흔히 이렇게 말하곤 한다. "아, 그 욕하는 병!" 한번은 어떤 여자가 나에게 이렇게 말했다. "적어도 욕을 하지는 않잖아요! 상황이 더 안 좋았을 수도 있었다고요!"

강박적으로 욕설을 하는 것에는 외설증coprolalia이라는 병명이 따로 있다. 뚜렛 증후군을 가진 사람들은 모두 저마다 다르고, 그중 일부만 강박적으로 욕을 한다. 나는 욕을 하지 않는다. 하지만 내 인생의 대부분의 시간 동안 나는 내 증상 때문에 사람들이 내게 욕을 하고 비난을 퍼붓는 것을 견뎌야만 했다. 몇 년 전 한 남자는 이렇게 우겼다. "당신이 뚜렛 증후군을 갖고 있을 리가 없어! 욕을 하는 게 아니면 뚜렛 증후군이 아니야! 난 당신이 뚜렛 증후군이 아니란 걸 알고 있어. 내가 TV에서 봤거든!"

보통 사람들은 콩팥이 자기 몸 어디에 있는지도 잘 모른다. 그들은 정확히 아기가 어떻게 태어나는지도 설명하지 못한다. 하지만 누군가가 뚜렛 증후군이 있는지 없는지는 진단 내릴 수 있다.

나는 이 정도로 분노를 유발하는 다른 질병을 알지 못한다. 나는 최소한의 사회적 기준에 못 미칠 때가 많다. 사람들은 "뚜렛 증후군이 있다고 제멋대로 지껄이고 행동해도 된다고 생각하는 거야?"라고 비난하거나 "재 무슨 뚜렛인가 하는 병이 있대. 그래서 저러는 거야" 같은 식으로 반응한다.

"어떻게 할 도리가 없는 거지"는 또 다른 형태의 가짜 동정심이다.

이 사람들은 진심으로 내가 조롱당하고, 창피당하고, 외면당하고, 무시당하고, 불신받고, 거의 혹은 아예 신용이 없고, 제지를 당하고, 위협받고, 배척당하고, 거부당하고, 고립되고, 비난받고, 비웃음당하고, 심지어 폭행까지 당하고 싶어 한다고 생각하는 걸까? 심지어 내가 뚜렛 증후군을 갖고 있다는 것을 알고 있으면서도?

나는 의사, 경찰, 그리고 일반인 등 거의 모든 사람으로부터 취조를 받아왔다. 내가 방귀 뀌는 실수를 할 때까지 검사받고, 찔리고, 쑤셔진 적도 있다. 나를 다른 행성에서 온 외계인이라고 생각하는 사람들이 있다고까지 말한다면 사람들은 나를 편집증이라 생각할까?

대부분의 다른 질병이나 장애와는 달리 뚜렛 증후군은 의심과 감시의 대상이다. 동기가 항상 따라붙는다. 사람들은 내 증상을 통제가 불가능한 사람이나 범죄자에게 딸린 속성으로 간주한다.

내가 스스로를 다치게 할 수도 있다는 사실 또한 언급하지 않을 수 없다. 때때로 살인적인 틱 때문에 하루가 끝나갈 때쯤 내 몸은 만신창이가 된다. 증상이 극단적으로 나타날 때는 벽과 문에 내 몸을 부딛쳐 다치기도 했다.

잠은 내 몸에 베푸는 자비나 다름없지만, 나는 한밤중에 잠에서 깰 때가 많다. 경련과 틱은 시시각각으로 언제든 바뀔 수 있다. 뚜렛 증후군을 가진 사람은 증상이 일어나는 일정과 과정, 그 가차 없는 충동에 순순히 굴복하고 만다.

나에 대한 사람들의 반응도 마찬가지로 예측 불가능하다. 어떤 사람들은 내 틱과 경련에는 틀림없이 다른 이유가 있을 거라고 여긴다. 나의 지인 중에는 모든 것을 종교적으로 생각하는 광신도가 한 명 있었다. 그는 언젠가 이렇게 말했다. "내 생각엔 너한테 귀신이 들린 것 같아."

나는 말했다. "그래, 어쩐지 내가 쫓겨난 것 같긴 해." 나는 친구도 돈도 없었다. "내가 퇴마 의식을 해줄게. 나한테 성수가 좀 있거든."

그가 말했다.

나는 그가 하는 말의 뜻을 정확히 알았고 그가 뭘 하려는지도 알았다. 그는 KFC 할아버지 모양의 흰색 플라스틱 저금통을 꺼냈다. 그것은 성수 — 그러니까 토론토의 신성한 수돗물 — 로 가득 차 있었다. 갑자기 그가 그 물을 내 몸에 끼얹었다. 그러고는 성호를 그으며 나에게 호스로 물을 뿌렸다.

물은 얼음처럼 차가웠다. 물을 흠뻑 뒤집어쓴 나는 비명을 지르며 항의했는데, 그것은 그에게 내가 귀신이 들렸다는 명백한 증거일 뿐이었다.

"내가 해냈어!" 그가 외쳤다. "악마야 물러가라. 썩 꺼져버려!"

나는 부들부들 떨며 말했다. "그러기만 하면 얼마나 좋겠니."

몇 년 전 나는 증상을 억제하기 위해 내가 복용하는 처방약이 단지 나만의 이익을 위한 것인지 묻기 시작했다. 나는 그 약들이 상당 부분 다른 사람들에게 이익을 주고, 내 증상에 대한 그들의 부정적인 반응을 억제하기 위한 것임을 깨달았다. 그것은 일종의 화학적 퇴마 의식이었다.

그냥 알약을 삼키면 돼.

먼저 나는 항정신병 약물(정신병적 장애가 아님에도 당시 뚜렛 증후군에는 흔히 항정신병 약물이 처방되었다)을 시도했다. 그 때문에 나는 침을 질질 흘리고 혼수상태에 빠졌다. 나는 하루에 16시간에서 18시간을 자야만 했다. 그 후에는 다른 약의 복용을 시도했는데, 혈압이 위험한 수준으로 떨어졌다. 그러고 나서 나는 사회에 받아들여지기를 포기하고, 대신 나 자신으로 존재하는 자유를 선택하기로 했다.

똑같은 증상을 드러내는 사람이 하나도 없을 만큼 뚜렛 증후군을 가진 사람들의 증상은 제각각이다. 현대 약물은 뚜렛 증후군을 가진 일부 사람들에게 도움이 되기도 한다. 하지만 나는 더는 어떤 약도 복용하지 않는다.

특별히 뚜렛 증후군을 가진 사람들을 위해 만들어진 약은 단 한 가지도 없다. 실제로, 나는 가끔 다른 유형의 약을 이용했다는, 그러니까 마약 중독자라는 비난을 받는다. 누군가가 나에게 "약 먹었어요?"라고 말할 때, 그것은 질문이 아니다. 동정도 아니다. 비난이다.

마약상들이 때때로 나에게 접근한다. 그들은 내 행동을 보고 내가 길거리 마약에 취해 있다고 확신한다. "어떤 게 필요해? 크랙 좀 줄까? 메타암페타민? 아, 그래? 대체 어떤 약을 한 거야? 뭐지?"

나는 나 자신으로부터 숨기 위해, 혹은 사람들로부터 숨기 위해 약을 사용한 적이 한 번도 없다. 나는 받아들여지고 인정받기 위해 약을 사용하지는 않을 것이다. 하지만 나는 우리를 위해 헌신적으로 연구하는 연구자들의 노력에 존경과 찬사를 보낸다. 뚜렛 증후군을 위한 약을 만드는 것은 큰 이익이 되지 않을 터이기 때문이다. 나는 연구자들이 이런 약을 만들어줬으면 좋겠다. 다른 사람들이 그 약을 복용하면 뚜렛 증후군을 가진 사람들이 보이지 않게 되는 그런 약을 말이다.

뚜렛 증후군에 따른 모든 희생과 손실에도 불구하고, 뚜렛 증후군의 긍정적인 면들도 있다. 나는 거의 무궁무진한 에너지와 생명력과 활력으로 역동한다. 나의 시력은 유달리 뛰어나고, 내 주의를 벗어날 수 있는 것은 거의 없다. 나는 청력과 후각이 매우 발달해 있다. 나는 운동선수의 심장을 가지고 있다. 나의 증상은 오르락내리락하며 이리저리 튀지만, 나의 지능은 항상 유지된다. 물론 나는 뚜렛 증후군을 가졌지만, 나는 그 교환 과정에서 내가 신을 속였을지도 모른다고 생각한다.

다만 평소 나에게 불만이 하나 있다면, 가끔 틱으로 인해 근육 피로, 통증, 탈진을 느낀다는 점이다. 한 가지를 더 덧붙이고 싶다. 나는 성욕이 넘치는데, 여자가 없다.

최근 뉴스 보도에 따르면 73세의 찰스 맨슨Charles Manson이 23세 여성과 결혼했다고 한다. 결혼식은 감옥 안에서 거행되었다. 나는 천진난만하게도 이것이 축하할 만한 일이라고 생각했다. 종신형을 사는 늙은 연쇄 살인범이 결혼을 할 수 있다면, 나도 여자를 만나서 결혼하게 될지도 모른다고. 글쎄, 아마 그런 일은 없을 거다. 여자들 대다수는 나를 바람맞히고 거절하니까.

나이가 들수록 가장 힘든 도전은 인생 그 자체다. 수천 명의 사람들이 내게 사회적 경계를 시험했지만, 만약 내가 그에 맞서 불평하거나 저항하는 순간 나는 공격자가 되는 것에서부터 피해자를 연기하는 것까지 어떤 것으로든 비난받을 수 있다. 사람들은 당연히 내가 사과해야 되는 것으로 생각한다.

죄송합니다, 죄송합니다, 죄송합니다. 나는 사과해야 하는 인생을 살지 않을 것이다.

사람들이 나에게 사과하는 경우는 극히 드물다. 그렇지만 사람들이 완전한 익명성과 비난에 대한 면제가 보장된다는 생각하에 자유롭게 나를 흉내 낼 때 나는 충격을 받아선 안 된다. 그들 자신은 책임을 뒤집어쓰지 않으면서 다른 사람들이 나를 조롱하도록 부추기고 싶어 한다. 그들은 마치 원숭이탈을 쓰는 것처럼 뚜렛를 걸칠 수 있다는 듯이, 나의 증후군을 가로채려 한다.

몇 년 전, 나는 한 다큐멘터리의 주인공이 되었다. 그 다큐멘터리는 한 영화제에서 초연되었다. 상영이 끝난 후 로비로 걸어 나왔을 때, 어떤 젊은 남자가 내게 다가왔다. 그는 "나는 연기자라 당신이 아픈 척하는 거 다 알아요"라고 말했다. 그러고 나서 그는 뚜렛 증후군을 가진 것처럼 연기하는 사람 흉내를 냈다.

내가 거기서 뭘 어떻게 해야 했을까? 웃어야 했을까? 아니면 박수를 쳐야 했을까?

이런 흉내들은 종종 내 기억 속에 갇혀 무한 반복된다. 그리고 이렇게 나의 뚜렛 증후군은 그들의 뚜렛 증후군이 된다.

나는 말했다. "사실은 말이죠, 내가 연기할 때는 뚜렛 증후군이 없는 척할 때뿐이에요."

말더듬이의 불안한 일상

조지프 P. 카터

계산대 앞에서 나는 내 안에 좌절감이 차오르는 걸 느꼈다. 아직 아침밖에 안 됐는데. 점원은 내 응답을 기다렸지만 내 입은 쩍 하고 벌어져서는 턱이 움직이질 않았다. 온 세상이 그 안을 들여다볼 수 있도록 나는 입을 벌리고 있었다. 그리고 여느 때처럼 아무 말도 나오지 않았다.

나는 말을 더듬는다.

어떤 말더듬이들은 단어나 음절을 반복한다. 내 경우는 시도 때도 없이 짧게는 1초에서부터 길게는 영원처럼 느껴지는 시간 동안(실제로 시간 차이가 그렇게 크지는 않다) 지속해서 완전히 말문이 막히는 말더듬이다. 어떨 때는 이렇게 말문이 막혀 있는 동안 안면 경련이 같이 일기도 한다. 나는 유창하게 말할 때는 상대방의 눈을 똑바로 쳐다보지만, 말을 더듬을 때는 전혀 그렇게 하지 못한다.

이런 상황에서 사람들은 뭐라고 말을 꺼내야 할지 어쩔 줄 몰라 하는데, 충분히 이해가 간다. 주변을 슬그머니 살피며 어색하게 웃으면서 "이름이 기억 안 나요?"라거나 "긴장해서 그래요?"라고 묻는 사람들이 있다. 어떤 사람들은 나를 참을성 있게 기다려 주기도 한다. 왜 그런지는 모르겠지만 이런 반응은 오히려 나를 더욱 좌절하게 한다. 그러다가 내가 말더듬이 있다고 그들에게 **말하고 나면** 혼란은 해소된다. 어떤 이들은 이런 역설적인 상황에 더욱 주목한다.

말을 더듬는 사람들이 직면하는 가장 어려운 일들 가운데 하나는 자신을 소개하는 것이다. 가볍게 자기소개를 하는 것은 너무나 일상적으로 일어나는 일이라 일부러 이 이야기를 하는 것 자체가 우스울 정도다. 본질적으로 너무나 평범한 일이기 때문이다. 하지만 나 같은 말더듬이들에게는 전혀 그렇지 않다. "안녕, 난 조이야." 나는 이런 말을 거의 하지 못한다. 너무나 상투적인 말들조차 나에게는 힘겨운 일로 다가온다.

다음과 같은 소소한 상황들도 있다. 주유소 직원이 "신용카드예요, 직불카드예요?"라고 물으면 사람들은 보통 이를 대수롭지 않게 받아들일 것이다. 나는 그렇지 않다. 나는 움찔한다. 이런 상황을 피하려고 나는 문을 열어주는 낯선 사람에게 그냥 웃어 보인다. 내가 상상하는 대로 빠르고 수월하게 "감사합니다"라고 말하는 것은 완전히 내 능력 밖의 일로 느껴진다.

나의 일상은 너무나 눈에 띄는 것들로 가득 차 있다.

"conspicuous(눈에 띄는)"라는 단어는 "모든 시선이 여기에"라는 뜻의 라틴어 conspicere에서 비롯되었다. 20세기 초 독일 철학자 마르틴 하이데거는 눈에 띄는 것이 인간 경험의 근본적인 구조인 일상을 균열시키는 특이한 순간이라고 말했다.

바로 이러한 "일상성everydayness"이라는 특성이 인간 존재 전반에 스며들어 있다. 매일매일 마주하는 삶의 진부한 흐름이 말이다. 우리는 그것에 너무 빠져 있는 나머지 이 점을 잊곤 한다. 그것은 우리가 살고 있는 집인 의식의 교묘한 배경막이다. 그것은 가벼운 소개에서 이론적 고찰에 이르기까지 우리가 인간으로서 갖는 모든 기대와 해석, 그리고 상호작용을 엮어내는 익숙한 막이다. 그렇게 쉽게 잊히는 것은 사실 일상성의 본질적인 일부다. 그렇기 때문에 우리가 그것을 알아차릴 때 그것은 좀 특이하게, 즉 눈에 띄게 느껴진다.

그런데 우리가 그것을 애초에 어떻게 알아차릴 수 있는가? 그리고 우리가 알아차린다면 그것에 관심을 기울이는 것이 정확히 어떤 가치가 있는가?

하이데거에 따르면, 일상은 그 익숙함이 우리를 힘들게 할 때 그 모습을 드러낸다. 지크문트 프로이트는 그것을 "기이함das Unheimliche"이라고 불렀다. 그것은 우리의 일상적인 세상에 대한 친숙함 그 자체가 생소해지는, 즉 기이해지는 이상한 순간을 말한다. 자동차가 고장 나거나, 비행기나 통근 열차가 지연되거나, 자전거 바퀴의 타이어가 예기치 않게 터졌을 때와 같은 경우가 바로 우리가 그 교통수단들이 가치 있다는 것을 인식하게 되는 지점들이다. 그것들은 우리의 일상생활에 필수적인 도구들이다. 그 기능을 보통 당연하게 여기게 될 정도로 말이다. 이런 기능들이 장애를 일으킬 때, 비로소 우리는 (아마도 처음으로) 그것들이 실제로 어떻게 작동하는지, 그리고 더 중요하게는 우리가 그것들을 왜 그렇게 가치 있게 여기는지를 이해하게 된다.

의사소통, 특히 말로 하는 소통은 거의 항상 제시간에 도착하는 열차와 그리 다르지 않다. 말speech은 인간 경험의 기본적인 특징이다. 우리는 보통 말하는 것을 매우 편하게 생각한다. 그러나, 마치 고장 난 자동차나 지연된 통근 열차처럼, 말을 더듬는 것은 일상적인 말의 세계를 새로이 조명하며, 그 중요성뿐만 아니라 그것이 작동하는 특정한 방식을 드러낸다.

우선, 말을 더듬는 현상은 언어language와 말speech의 중요한 구분을 밝힌다. 언어는 낱말들의 의미(의미론), 낱말들로 문장을 구성하는 규칙(구문론), 그리고 우리가 말하는 것이 세상을 얼마나 정확하게 반영하는지(진실과 거짓)와 같은 명제 내용과 관련되어 있다. 하지만 말은 이보다 훨씬 더 많은 것을 전달한다. 우리는 단지 낱말들만이 아니라 우리의 감정, 의도, 그리고 궁극적으로는 우리의 자아를 소통하기 위해 말한다.

당신이 어떻게 말하고, 다른 사람들이 당신에게 어떻게 말하는지를 생각해보라. 그때 오직 당신의 언어만이, 즉 낱말들과 구문만이 중요한가? 아니면 오히려 당신 목소리의 질감까지 해당하는, 당신이 무엇을 말하는지가 의미 있다고 생각하는가? 우리가 종종 무엇을 말했는지보다 **어떻게** 말했는지에 대해 사과하는 이유가 있다. 우리가 말할 때는 타이밍과 억양, 그리고 말투 하나하나가 세상의 모든 차이를 만들 수 있다.

그럼에도 인간으로서 우리는 대개 언어의 일상성에 대해 알지 못한다. 말을 더듬는 나는 언어의 일상성에 대해 더욱더 많이 알게 된다. 매일같이.

상황이 어떻든, 말의 친숙함은 내가 거의 과학적일 만큼 정확하게 예측할 수 있게 된 불안감에 휩싸이는 순간에 나타난다. 말이라는 것은 나에게는 정말이지 기이한 현상이다. 말을 더듬기 때문에 나는 한 순간도 마음이 편치 않다. 나는 매일매일 수치심을 느낀다. 나는 눈에 띈다.

그러나 눈에 띄는 것이 항상 문제가 될 필요는 없다. 이것은 하이데

거가 간과한 부분이다. 눈에 띔으로써 비로소 나는 다른 사람들이 내게 베푸는 관대함을 경험하기도 하기 때문이다.

아까 말했던 점원을 기억하는가? 몇 년 전, 내 친구의 결혼식이 빠르게 다가오고 있던 시기, 나는 턱시도 피팅을 위해 조지아주 애선스시에 있는 조지아스퀘어 쇼핑몰에 갔다. 이른 아침, 나는 마지못해 차를 타고 그곳으로 갔다. 카운터로 다가가자 계산대에 있는 젊은 여자가 내게 뭘 도와드릴까요 하고 친절하게 물었다. 나는 말을 하려고 안간힘을 썼다. 이른 아침부터 움직이느라 아직 정신을 차리는 중이었고, 나의 말 더듬는 증상이 꽤 분명하게 나타났다. 나는 펜과 종이를 부탁하기 위해 왼손 손바닥 위에 오른손으로 글 쓰는 시늉을 했다. 그녀는 평소의 뻔한 반응 대신 나에게 수어로 이야기하기 시작했다. 그녀는 나를 청각장애인이라고 생각했다.

그녀는 매우 숙련되어 있었고 **유창했다**. 그 사실은 나를 미소 짓게 했다. 말을 더듬는 증상이 가라앉자 나는 그녀에게 내가 말을 더듬는다고 말했다. 그녀는 얼굴을 붉히며 자신의 실수에 대해 사과했다. 그러나 사과할 필요는 없었다. 왜냐하면 그녀는 나의 어려움, 나의 일상성을 한순간에 알아채고 그녀가 할 수 있는 최대한 나를 도와주었기 때문이다. 나의 말더듬은 눈에 띄는 대신 다른 사람에게 나의 고난을 보고 친절함으로 나를 맞이할 수 있게 해주었다.

턱시도 가게에 있었던 나머지 시간 동안 나는 말을 더듬지 않았다. 심지어 나는 그녀에게 아무런 어려움 없이 내 이름을 말할 수 있었다.

모든 사람은 이러저러한 고난을 통해 일상적인 세상과 마주하게 된다. 우리는 우리의 일상성을 이러한 문제를 일으키는 상황에 비추어 바라볼 필요가 있다. 그러면 우리의 일상이란 것이 결코 지루하고 평범한 것이 아님을 깨닫게 되기 때문이다. 우리 자신의 고난을 **통해** 일상적인 것에 주목하는 것은 부당함과 맞서고, 우리 자신의 특권을 평가하고, 우리의 일상적 행동을 **바꾸도록** 우리에게 가르치고 행하도록 하는 놀라운 힘을 가지고 있다.

우리의 현재 사회정치적 풍토를 한번 살펴보라. 인종주의와 여성혐오, 편견과 차별, 계급 불평등과 성폭력 등이 오늘날에도 여전히 만연하고 있다는 사실은 특권을 가진 사람들, 즉 나를 포함한 구조적 억압을 마주할 필요가 없는 사람들이 이러한 부당함을 극히 드물게 혹은 아예 경험하지 않는다는 사실에 그 근원이 있다. 억압받는 사람들은 통상적으로 잊히고 인간 경험의 일부로 받아들여진다. 그들은 뒷전으로 사라진다. 그들은 우리에게 문젯거리가 되지 않는다. 따라서 억압은 눈에 띄지 않는 채로 남아 있다. 매일같이. 그리고 이러한 현실은 매우 위험하다.

시각장애인을 진정으로 보는 법

브래드 스나이더

나는 내 이야기를 많이 한다. 나는 처음부터 장님은 아니었다고 이야기한다. 나는 내가 아프가니스탄 파병 생활 중에 급조폭발물을 밟고 어떻게 내 시력을 잃게 되었는지 이야기한다. 나는 전사한 전우들의 더 큰 희생을 생각하며 어떻게 나의 부상을 넓은 관점에서 다시 보게 될 수 있었는지, 그리고 그들 덕분에 죽음으로부터 탈출하고 얻은 삶을 어떻게 최대한으로 살고자 했는지 이야기한다.

나는 내가 시력을 잃은 지 1년 만에 패럴림픽에 참가해 수영 종목에서 금메달을 따냄으로써 어떻게 그 일을 해냈는지 이야기한다. 그리고 내 이야기를 들려주고 나면, 사람들은 종종 내게 고마움을 표시한다. 그들은 내 이야기가 믿기 힘들 만큼 엄청난 이야기라고, 내가 좋은 이야기꾼이라고 말한다. 그들은 시각장애를 극복한 나의 이야기가 자신들에게 얼마나 깊은 영감을 주었는지 말한다.

하지만 그게 내 이야기의 전부는 아니다.

그건 내 이야기의 일부일 뿐이라고 생각한다. 시각장애를 극복한 나의 이야기에는 여러 차원이 있기 때문이다. 시력을 잃은 지 5년이 지난 지금, 내게는 해군사관학교에서 리더십 과목을 가르치는 보람 있는 직업과 유서 깊은 메릴랜드주 아나폴리스의 개천가에 있는 사랑스러운 집, 사랑하는 가족 그리고 진실한 친구들이 있다. 내 삶의 질은 매우 높다. 매일, 그리고 매주 나는 나의 시각장애를 장애물로 여기지 않는다.

하지만 내가 아직도 극복하지 못한 것들이 있다. 그것은 사람들이 내가 눈이 멀었다는 이유로 나를 다르게 받아들이고 다르게 대한다는 점이다. 혹은 내가 마치 밖에서 다른 사람들의 삶을 엿듣고 있는 것처럼 느껴질 때가 너무나 자주 있다는 점이다.

나는 아름다운 일출을 보고 사람들이 얘기하는 것을 듣지만, 나는 더는 일출을 볼 수 없다. 나는 사람들이 〈왕좌의 게임〉을 보고 얘기하는 것을 듣지만, 나는 그 드라마를 볼 수가 없다. HBO사가 현재 시각장애인을 위한 화면 해설 서비스를 제공하지 않고 있기 때문이다. 나는 이런 굉장히 흔한 경험을 더는 공유할 수 없다.

이제 내가 자주 하는 일들 중 하나는 내가 어떻게 시력 없이 나의 새로운 삶을 헤쳐나가는 방법을 배우게 되었는지에 대해 강연하는 것이다. 하지만 그것은 일방적인 대화다. 강연 후에 나는 시력이 없는 사람들을 위해 만들어지지 않은 세상에서 길을 헤쳐나가는 것이 얼마나 어려운 일인지를 다시 한번 느끼게 되는 공항으로 간다. 안내데스크에 도움을 요청하는 것은 성가신 일이다. 개 사료와 폭발물을 구분하지 못하는 것 같은 보안검색대를 지나는 것 또한 성가신 일이다. 내 안내견이 있을 공간을 마련하기 위해 항공사들이 내 좌석을 맨 앞쪽 좌석으로 옮기도록 하는 것도 성가신 일이다. 내 안내견이나 내가 기내에서 화장실을 가는 게 얼마나 성가신 일인지는 굳이 설명할 필요도 없을 것이다.

나는 동승한 다른 탑승객들의 표정이 느껴진다. 내 사연이 궁금하기는 하지만, 말실수로 나를 불쾌하게 할까 봐 두려워 물어보지 못하고 있을 것이다. 마치 무슨 괴물을 보는 것처럼 쳐다보는 시선에 나는 무력감을 느낀다.

폭발물 처리 요원이었던 내 이전 인생에서 나는 볼티모어에서 프라하, 바그다드, 칸다하르까지 전 세계의 공항을 빠르고 쉽게 익명으로 누볐다. 하지만 지금 나처럼 지팡이와 안내견과 함께 여행하는 것에 익명성이란 결코 없다. 그 사실은 때때로 나에게 패배감을 안긴다.

내가 사는 곳에서는 친구들이 〈왕좌의 게임〉이나 인스타그램 밈에 대해 수다를 떨 때 함께할 수 없다는 사실이 나를 뒤로 물러나게 했다. 나는 예전에 천 번도 더 그랬던 것처럼 또 소외되는 경험을 피하기 위해 같이 놀러 나가자는 사람들의 제안을 거절한다. 붐비는 술집에 있든, 레스토랑에 있든, 스포츠 행사에 있든, 콘서트에 있든 주변 사람들의 대화에 동참할 수 없다는 것은 나를 고립시키고 구경거리로 만들 것이다.

난 괜찮아. 난 그냥 집에 있을게. 조용하고 화장실이 정확히 어디에 있는지 알고 있는 곳에 말이야. 내가 어떻게 시각장애를 극복했는지 이야기하기 위해 또 길을 떠나야 할 때까지 난 그냥 여기에 있을게.

이 아이러니는 나를 웃게 만들곤 했다.

몇 년 전 나는 공항을 통과하는 또 한 번의 좌절스러운 여정 끝에 댈러스행 비행기에 앉아 사람들의 시선으로부터 사라지기 위해 최선을 다하고 있었다.

"차고 계신 손목시계가 아주 멋지네요! 이런 건 정말 처음 봐요!" 내 옆자리 승객이 안전벨트를 매며 말했다.

미소가 내 얼굴에 번진다. 나는 내 시계에 대해 말하는 것을 좋아한다. 나 같은 시각장애인들이 말 그대로 촉각을 통해 시간을 알 수 있도록 전통적인 시침과 분침을 회전하는 자석 구슬로 대체한 촉각 시계다. 디자인이 훌륭하고 세련되게 생겼기 때문에 시력이 있는 사람들에게도 주목을 끈다.

이 시계, 즉 이원Eone의 브래들리 타임피스Bradley Timepiece는 사실 내 이름을 딴 시계다. 이 시계는 장애가 있든 없든 상관 없이 모든 사람이 이용할 수 있다. 나는 이 회사의 창업자인 김형수 씨와 친구로, 이 시계 매출의 아주 일부를 받고 있다. 나는 이 시계가 어떤 식으로 내가 열정적으로 생각하는 포용적 디자인의 원칙들을 담고 있는지 설명하는 것을 좋아한다.

옆자리 승객과의 대화는 계속되었고, 나는 내가 어떻게 시력을 잃게 되었는지 설명했다. 나는 내가 어떻게 적응할 수 있었는지, 어떻게 중심을 유지하려고 노력하는지, 그리고 이제는 어떻게 시각장애를 극복한 것처럼 느끼고 있는지 이야기했다.

그러자 이웃 승객도 자신이 겪은 고난을 들려줬다. 그녀는 몇 년 전 남편을 잃고 슬픔에 빠져 있는 동안 몸무게가 늘었다. 그녀는 그때부터 계속 몸무게 때문에 힘들어하고 있었고 어느 순간부터 그것이 삶의 질에 방해가 되기 시작했다. 나는 그녀에게 가끔 장애로 인해 소외감을 느낀다고 말했고, 그녀는 자신의 몸무게 때문에 제약을 느낀다고 말했다.

나는 가끔 내가 아웃사이더라고 느낀다고 털어놓았고, 그녀는 자신도 그렇다고 했다. 정말 오랜만에 구경거리나 외톨이처럼 느껴지지 않았다. 나는 친구가 된 것 같은 기분이 들었고, 다른 누군가의 여행에서 중요한 부분이 된 것같이 느껴졌다. 나는 스스로 가치 있고, 필요하고, 가까운 존재로 느껴졌다. 필요한 것은 대화뿐이었다. 나는 나 혼자만 혼자라고 느끼는 것이 아님을 깨달았다.

때때로 사람들은 나에게 묻는다. 다른 사람들이 눈이 먼다는 것에 대해 무엇을 알기를 바라느냐고. 나의 바람은 사람들이 자신과 다른 경험을 한 다른 사람들과 좀 더 편안한 마음으로 대화를 나누는 것이다. 내 시계는 자연스럽게 대화를 시작하게 하는 매개체가 되어왔고, 일단 대화가 시작되면 우리는 보통 시계와 장애를 훨씬 뛰어넘는 주제들을 가지고 이야기를 나눈다. 대화를 통해 우리는 인류애를 느낀다.

바로 지금 우리는 모두 인류애를 좀 더 필요로 하는 것 같다. 자신과 아주 다른 사람들과 대화를 나누는 것이, 불편함을 느끼거나 불쾌감을 줄 수 있다는 위험을 감수하는 것이, 서로의 공통점을 찾는 것이, 다른 사람이 겪은 고난에 귀를 기울이는 것이, 그리고 그 이야기를 듣고 상대방에게 자신이 겪은 고난을 털어놓는 것이 쉽지 않은 일이라는 것을 나는 모르지 않는다. 하지만 당신이 그 과정에서 얻는 것과 그 보답으로 당신이 상대에게 무엇을 주는지 깨닫게 되면 깜짝 놀랄지도 모른다. 그리고 이 모든 것은 상대에게 관심을 보이는 하나의 대화로 시작된다.

얼굴 평등의 중요성

에리얼 헨리

나는 텔레비전에서 나처럼 생긴 사람이 나오는 것을 한 번도 본 적이 없다. 나처럼 생긴 사람이 영화나 광고, 전광판에 악당 말고 다른 역할로 나오는 것도 본 적이 없다. 나는 투명 인간이다. 내가 거리로 나와 걷기 전까지는. 낯선 사람들이 좀 지나치게 길게 빤히 쳐다보면서 "저 여자 눈 좀 봐"라고 무례하게 속삭이기 전까지는.

어렸을 때 나는 눈이 왜 그리 삐뚤고 멀리 떨어져 있는 것처럼 생겼냐는 질문을 자주 받았다.

그러면 나는 "몰라" 하고 어깨를 으쓱해 보이곤 했다. "그냥 이렇게 태어났다고!" 때때로 이런 질문을 받으면 기분이 좋지 않았다. 왜 사람들이 그것을 물어봐야 한다고 생각하는지 이해가 되지 않았으니까. 나는 대개 뭐라고 답해야 할지 몰랐다.

나는 머리의 뼈가 자라지 않는 두개안면 질환인 크루존 증후군Crouzon syndrome을 갖고 태어났다. 이 질환 때문에 워낙 수술을 많이 받다 보니 나는 찢어지고 뜯어지고 다시 꿰매지는 일에 익숙해졌다. 한번 분해된 것은 다시 전과 같아질 수 없다는 사실을 이내 알게 되었지만 말이다.

못생겼다는 말을 처음 들은 것은 7학년 때였다. 중학교에 들어가기 전까지는 내가 다른 사람들과 "다르다"는 사실을 미처 깨닫지 못했다. 나는 늘 내가 정상이라고 생각했다. 그러니까 나는 정상이라고 **느꼈다**. 하지만 그렇게 보이지 않는다는 걸 곧 알게 되었다.

"그렇게 **망가져** 있으면 안 아프냐?" 때때로 괴롭히는 아이들이 내게 이렇게 물으면 나는 이렇게 응수하곤 했다. "그렇게 멍청하면 안 아프냐?"

"망가져 있는disfigured"이라는 단어의 뜻을 찾아보면 "모양을 만들다"라는 뜻의 라틴어인 fingere에서 파생된 "아름다움을 오염시키다"라는 정의가 나온다. 많은 사람들이 이 단어를 불쾌하다고 생각하는 반면 그렇게 생각하지 않는 사람들도 있다. 나는 안면 손상facial disfigurement을 가지고 태어났으며, 나는 그 명칭을 불쾌하다고 생각하지 않는다. 게다가 나 스스로가 아름답지 않다고 생각하지도 않는다.

너무 빨리 붙어버린 내 두개골을 바로잡기 위해 머리와 얼굴 뼈를 부수고 재건하기를 반복했던 지역 어린이 병원에서 나는 많은 성장을 했다. 수술 후 중환자실에 머무는 동안 나는 고통은 진짜가 아니라고 스스로에게 말하곤 했다. 그것은 상상이라고, 내 머릿속에서만 존재하는 것이라고. 온몸의 욱신거리는 통증에 온 정신을 기울이면 아주 잠깐이긴 하지만 아무것도 느끼지 못한다고 스스로를 납득시킬 수 있었다. 나는 일어나 앉지도 못하고 퉁퉁 부은 두 눈이 감긴 채로 중환자실에 누워 있었다. 간호사들과 방문객들이 내 두려움을 덜어주기 위해 위로의 말을 건넸지만, 시간이 지나면서 나는 그것에 익숙해져 갔다. 한때 끔찍했던 것은 평범해졌다.

육체가 감당하기 힘든 충격적인 수술들에도 불구하고 내 건강의 육체적인 측면은 계속해서 모습이 바뀌는 상태로 살아가면서 내가 감당해야 했던 정서적인 고통에 비하면 아무것도 아니었다. 매일 겪게 되는 따가운 시선과 이러저러한 말들, 그리고 인간 이하의 대우는 고통스러운 나의 병력과 결점들을 끊임없이 상기시켰다.

나는 어린 시절 내내 생존 모드로 살았다. 나를 살리는 것이 우선이었다.

육체의 건강을 회복시키는 것이 너무나 중요했기 때문에, 안면 손상을 갖고 살아가는 것의 정서적 측면은 의료 전문가들에게 간과되었다. 어머니와 아버지는 최선을 다해 나를 지지해주셨지만, 그들이 할 수 있는 일은 별로 없었다. 나는 치료를 시도했다. 하지만 심리 치료를 담당한 의사들은 매번 빗나간 질문을 하는 것 같았고 내 육신의 모습이 되풀이해서 급격하게 바뀐다는 것이 어떤 것인지 결코 이해하지 못하는 것 같았다. "영화 〈프리키 프라이데이Freaky Friday〉*에 나오는 거랑 비슷해요" 하고 나는 그들에게 말했다. "내 몸이랑 내 얼굴을 다시는 되찾지 못한다는 것만 빼면요." 그들이 최선을 다해 노력해도 그들은 도저히 나에게 공감하지 못했다.

설상가상으로 나와 같은 경험을 한 사람은 아무도 없어서 나는 누구에게도 조언과 지지를 구할 수 없었다. 나는 나 같은 사람들이 또 있는지 인터넷을 샅샅이 뒤졌다. 이 난관을 어떻게 헤쳐나갔는지 써놓은 이야기들을 보면 도움이 되지 않을까 싶어서였다. 하지만 아무것도 찾을 수 없었다. 나는 혼자인 것 같았다. 이러한 상황을 극복하기 위해 나는 내가 어른이 되면 전형적인 미인이 될 거라며 스스로를 위

* 성격과 취향이 너무나 다른 엄마와 고등학생 딸이 어느 날 갑자기 서로 몸이 뒤바뀌면서 벌어지는 해프닝을 다룬 코미디 영화.

로했다. 수술을 할 때마다 나는 평화롭게 거리를 걸을 수 있는 일에 한 걸음 더 가까워지고 있다고 나 자신을 다독였다. 사람들이 더는 왜 그렇게 생겼는지 의아해하며 혼란과 혐오감으로 나를 쳐다보는 일은 없을 거라고. 그러는 대신 나의 아름다움에 감탄할 거라고. 마침내는 행복해질 거라고. 행복은 내면에서 찾는 거라고 말해주는 사람은 아무도 없었다.

미국장애인법은 안면 손상을 가진 사람들이 외모 때문에 차별과 편견에 직면한다는 사실을 인식하고, 안면 손상을 장애의 한 형태로 분류하고 있다. 나는 구직활동을 할 때, 데이트를 할 때, 길을 걸을 때 차별과 편견에 직면한다. 나는 어디에서나 평가된다. 그래도 나는 다른 사람들이 나의 존재를 불편하게 여긴다는 이유로 은둔 생활을 하기를 거부한다.

크루존 증후군이나 안면 손상을 초래하는 기타 질환을 가진 사람들이 주류 미디어에 등장하는 일은 없다. 손상과 신체적 차이를 가진 개인들이 주류 사회에 편입될 **가치**조차 없다고 여겨지는 상황에서 어떻게 우리가 자신을 받아들이고 우리의 차이를 사랑하기를 기대할 수 있을까? 그뿐만이 아니다. 어떤 이들은 우리 같은 사람들이 주류 사회에 편입되는 것에 불편해하며 분노를 터뜨리기까지 한다. 안면 손상을 가진 사람들이 매일같이 삶의 모든 영역에서 여전히 차별을 받는 이러한 현실에서, 어떻게 우리가 평등하게 보일 수 있을까?

안면 손상과 관련해서 표준적인 언어와 표현은 아직 없다. 나는 내 글에 "손상disfigurement"이라는 단어를 자주 쓴다. 그것이 좀 더 강렬한 느낌을 준다고 생각하기 때문이다. 이 단어에서는 강한 힘이 느껴진다. 심지어 가혹한 느낌마저 들기도 한다. "안면 차이facial difference"

나 "안면 다양성facial diversity"과 같은 용어는 내가 한 경험을 묘사하기에 턱없이 부족하다.

이 용어는 표준적인 용모가 존재하고 크루존 증후군과 같은 질환에 시달리는 개인들은 그러한 기준에 미달한다는 인상을 주기도 한다. 그럼에도 내가 "손상"이라는 단어를 선택하는 이유는 이 단어가 가진 힘 때문이다. 사람들은 나를 차이가 있는 것이 아니라 손상을 입은 것으로 본다. 나는 "손상"이라는 용어의 강렬함이 사람들에게 그들이 가진 편견을 일깨우고 다른 사람을 대할 때 좀 더 조심성 있게 처신하도록 해준다고 믿는다.

이러한 방법과 기타 수단들을 통해 나는 손상을 입지 않은 사람들이 손상을 입은 사람들을 동등한 존재로 인식하는 세계를 만들어나가려고 애쓰고 있다. 크루존 증후군을 가진 사람이 대중적인 TV 프로그램에 출연하고, 광고나 패션쇼에 모습을 드러내는 그런 세상을 말이다. 그런 세상에서, 나는 낯선 사람들이 나의 전 존재를 문제 삼는 일 없이 내 할 일을 하면서 면접장에 모습을 드러낼 수 있을 테고, 사람들은 안면 손상을 가진 이들 또한 사회에 소중한 존재라고 여길 것이다. 우리는 그런 존재이기 때문이다.

내 피부의 안식처를 찾아서

앤 카이어

계산대 여직원이 겁에 질린 채로 내 손 위로 높이 들고 있던 잔돈을 내 손바닥에 떨어뜨렸다. 내가 주먹을 쥘 때까지 동전들이 서로 부딪치며 쨍그랑 소리를 냈다. 그녀는 손가락으로 머리를 빗어넘겼다.

"무슨 문제 있어요?" 그녀가 목소리 톤을 높이며 물었다. 나는 청바지 주머니에 돈을 밀어 넣고 침착하려 애쓰며 허벅지를 쓸어내렸다.

"그냥 피부가 건조해서 그래요" 하고 나는 중얼거렸다. 그건 사실이 아니었다. 나는 그녀에게 보이는 내 얼굴과 팔, 손만이 아니라 내 몸 전체에 비늘처럼 나타나는 유전질환인 층판비늘증을 가지고 있다. 내 피부는 항상 가렵고 붉게 물들어 있다. 또한 몸에서 땀이 잘 나지 않아 열을 많이 받지 않도록 조심해야 하고 강한 햇볕 아래 오래 걷지 못한다. 나는 자연스럽게 그늘을 찾는다. 피부가 아프지는 않지만, 늘 내 몸의 피부 전체가 팽팽하게 당기는 느낌이다. 내 눈꺼풀도 마찬가지로 아래로 당겨져 있어서 나는 자주 모자로 얼굴을 가린다. 계산대 줄에 서서 얼굴이 잘 드러나지 않게 영국에서 산 사랑스러운 밀짚모자를 푹 눌러 쓴 채로 나는 생각했다. **빌어먹을, 빨리 여기서 벗어나고 싶어.**

그녀에게 웃으며 내 질환은 전염되는 게 아니라고 말할 수도 있었을 것이다. 하지만 나는 그러는 대신 도시의 좁은 거리를 지나 집으로 서둘러 돌아가 무거운 현관문을 쾅 닫고는 곧장 담장으로 둘러싸인 집 뒤편의 작은 정원으로 향했다.

정원은 나의 안식처다. 내가 이 집을 산 이유다. 벽을 맞대고 줄지어 늘어선 필라델피아의 주택에는 작은 녹지 공간조차 없어서 나는 신선한 공기와 그늘 아래서 햇빛을 즐길 수 있는 개인적인 공간을 갈망했다. 나는 폭염 속에서 세 그루의 나무에 물을 주며 멋진 흰색 밤나팔꽃을 가꾼다. 나를 보지 못하는 나무와 식물들은 나에게 위안을 준다. 정원을 서성거리며 나는 집으로 들어가 숨고 싶은 충동을 참았다. **평생을 침대에서 보낼 수는 없어**. 나의 피부와 영혼을 달래기 위해 단풍나무의 잎을 볼에 가볍게 스치며 나 자신에게 말했다. 숨는 것은 회피하는 것이었다. 그건 성숙하지 못한 일이었다.

나는 평소에 숨지 않는다. 나는 거리가 늘 사람들로 북적이는 필라델피아의 센터 시티 지역에 산다. 나는 지역 대학에서 강의를 한다. 나는 친구들과 외식을 한다. 그러나 그 계산대 직원의 반응은 내게 충격을 주었다. 나는 그 여자가 마트에 새로 와서 나를 몰랐고 내 매력을 경험할 기회가 아직 없어서 그랬을 거라고 나 자신을 다독였다. 그래도 그녀의 말은 여전히 아팠다. 나는 향기로운 허브가 담긴 화분들 중에서 백리향 이파리를 뜯어 으스러뜨리고 향기를 들이마셨다. 나는 오후 강의를 내팽개치고 명랑한 학생들을 피해 내 꽃무늬 이불 속으로 파고들고 싶은 강렬한 욕구를 느꼈다.

나는 정원 담장 옆에 있는 연철 의자에 자리를 잡고 내가 일곱 살 때인 1953년 습한 필라델피아의 어느 여름날을 떠올렸다. 그때 어머니는 나와 내 동생, 그리고 어린 사촌 둘을 데리고 교외의 한 연못을 개조한 "마틴의 댐Martin's Dam"이라고 불리는 수영장에 갔다. 우리 같이 회원권이 없는 사람들은 단풍나무 아래 지하수로 만들어진 "수영 구덩이"가 보이는 입구에서 얼마간의 입장료를 내야 했다. 우리는 수건을 들고 입장료를 내기 위해 입구로 성큼 걸어가는 엄마를 재빨리 쫓아갔다. 내가 출입구 직원에 다가서자, 직원의 시선이 비정상적으로 붉은 내 얼굴과 소금처럼 내 팔다리에 흩어져 있는 피부 파편에 고정되었다. 나는 부끄러움과 놀람, 두려움을 가슴 깊이 느끼며 눈을 내리깔았다. "여긴 왜 이런 거예요?" 매표소 직원이 물었다.

"그쪽한테 해 될 일은 없어요. 그냥 피부가 건조할 뿐이에요" 하며 어머니가 쏘아붙였다. 직원은 우리를 들여보냈다. 나는 아무 일도 없었던 척을 하며 그 여자를 지나쳐 연못으로 달려갔다. 우리 어머니도 똑같이 행동했다. 나는 차가운 녹색 물속으로 목까지 잠기게 미끄러지듯 들어갔다. 우리가 떠날 때 나는 수건을 어깨에 걸치고 내가 손으로 허벅지를 스치면 내 비늘이 그녀에게 옮겨 자랄까 걱정하던 출입구 직원을 급히 지나쳤다.

벌써 60년도 더 지난 일이다. 하지만 나는 여전히 평범한 낯선 사람들에게, 그러니까 영화관이나 거리에서 나를 쳐다보는 사람들에게 공포를 불러일으킬 수 있다. 나는 집 건너편 공원을 가로지르는 철제 난간을 따라 걸어갈 때마다 긴장한다. 많은 사람들을 보면 얼굴이 굳어오는 게 느껴진다. 저기 장바구니를 들고 느긋하게 걷고 있는 반바지 입은 남자가 내 진홍빛 얼굴을 쳐다볼까? 내가 슬리퍼를 신고 지나갈 때 바닥에 분필로 비행기를 그리고 있는 빨간 머리 소년이 나를 올려다볼까? 사실 이 사람들 대부분은 나보다는 자기 일에 더 관심이 많다. 그러나 나를 빤히 쳐다보는 사람들은 나의 내면의 눈 안에 들어와 존재했다. 그들이 나를 응시하고 있는지 아닌지는 거의 상관없는 부분이었다.

전문가들은 이런 상황에서 어떻게 대응하면 좋을지 고상한 조언을 한다. 이를테면 나를 쳐다보는 사람이 있으면 이렇게 일러주라고 한다. "제 모습이 왜 이런지 궁금하시죠? 전염성은 없고요, 그냥 피부가 좀 안 좋은 거예요. 비늘증이라는 건데, 태어날 때부터 이랬어요." 비늘증은 파란 눈처럼 열성 유전자에 의한 것이라는 둥 내가 왜 이런지 알려줄 의무가 나에게 있다는 것이다. 모두 아주 친절하고 유익한 내용이다. 하지만 동네 카페에서 친구를 만나러 공원을 걸을 때나 셰익스피어에 대해 가르치러 가는 길에 학부생 무리를 지나치면서 계속해서 마주하게 되는 빤히 쳐다보는 사람들을 매일같이 그렇게 상대해줄 수는 없는 노릇이다.

아무리 열심히 설명한들, 그런 눈길의 기저에 깔린 감염에 대한 두려움을 내가 피할 길은 없다. 그러한 두려움의 대상이 된다는 걸 말로 어떻게 표현할 수 있을까? 이런 눈길을 마주하게 되면, 나는 자기애라는 심해를 파헤치는 나 자신을 어쩌지 못한다. 어떨 때는 화가 나기도 한다. 얼마 전, 『뉴욕 타임스』 웹사이트에서 백색증, 포도주색 반점, 그리고 다운증후군을 가진 사람들을 찍은 아름다운 사진을 전시하듯 보여주는 한 기사에 한 독자가 남긴 댓글을 보았을 때 나는 놀라며 화면에서 뒤로 물러났다. 그는 이렇게 썼다. "인간의 아름다움(그리고 추함과 기형)에 대한 우리의 지각은 유전적으로 적합한 짝을 고르고, 전염병의 확산을 줄이는 방향으로 진화했다."

나는 이미 잘못된 것으로 판명된 "진화론적" 근거를 반복하고 있는 이 댓글 내용을 머릿속에서 떨쳐버리려 애썼다. 하지만 이내 나는 거의 100명에 가까운 사람들이 엄지를 추켜세우며 이 댓글을 "추천"했다는 것을 보게 되었다. 나는 의자를 빙 돌려 옆에 있던 세탁 바구니를 발로 걷어찼다. 이러한 견해들이 내 마음속에 독버섯처럼 자리 잡으리란 걸 알기 때문이다. 이 사람은 나의 부모가 두 분 모두 용모가 빼어나다는 것, 그리고 그가 퍼뜨린 혐오감이 예의 바른 시민들로 하여금 자신과 아주 달라 보이는 사람들을 격리하도록 부추길 수 있다는 것을 알면 아마도 깜짝 놀랄 것이다.

사람들을 겁먹게 하는 사람도 살아가야 할 삶이 있다. 희망으로 가득 찬 장애 이야기가 유행이다. 그런 이야기 속에서 여주인공은 낙담하거나 두려워할 때도 있지만, 결국에는 충만한 삶을 피워낸다. 다른 정상인들처럼 일반 학교에 다니고, 사랑과 로맨스를 일구고, 사람들과도 전면적으로 교류한다. 나 또한 이 모두를 해보고 가져봤다. 하지만 나는 여전히 이따금 숨고 싶어진다. 잠시 세상과 마주하는 것을 거부한다.

계산대 직원이 나를 빤히 쳐다본 그날, 나는 학부생들을 가르치러 갔다. 학생들과의 약속을 저버릴 수 없었다. 하지만 늦은 오후 집에 돌아와서 나는 친구들과 같이 시끌벅적한 식당에 가기로 했던 계획을 취소했다. 그 대신 나는 책을 들고 나만의 비밀 정원에 가서 몇 분간 책을 읽은 다음 단풍나무 아래 보라색 히아신스 향기를 맡기 위해 몸을 구부렸다. 몸을 일으켜 세우며 나는 하늘을 따라 움직이는 조용한 구름을 바라보았다. 나에게는 이런 물러나는 시간이 필요하다. 그리고 내가 그런 시간을 가지려는 것은 단지 세상에 다시 나갈 용기를 충전하기 위해서만이 아니라, 그 시간이 주는 고요한 달콤함, 그 부드럽고 푸르른 위안 때문이다.

치유된다는 것의 의미

신디 존스

"믿음이 있었다면 치유되었을 겁니다."

쇼핑몰에서 이동을 위해 스쿠터를 타고 볼일을 보고 있던 내게 낯선 사람이 다가와 던진 말이다. 그는 그러고는 내게 손을 대고 기도를 해도 되느냐고 물었다.

처음으로 이런 일이 일어났을 때 나는 충격을 받았다. 이젠 그렇지 않다. 그러한 만남은 나와 다른 장애인들에게 자주 일어난다. 나는 이런 자칭 치료사들에게 이렇게 말해주고 싶다. "나도 믿음이 있어요. 기도가 필요한 건 당신 아닌가요?" 하지만 그 대신에 나는 이렇게 말한다. "괜찮아요. 아무튼 고마워요."

나는 내 장애 때문에 치유를 원했던 적이 없다. 그러나 장애를 대하는 태도에 대해 우리 사회가 치유되기를 바란 적은 많다. 사회가 치유된다면, 장애인들은 더 쉽게 일자리와 살 곳을 찾을 수 있게 될 것이다. 지하철을 타고 가야 할 곳으로 이동할 수 있고, 그곳에 도착해서 정문으로 들어갈 수 있게 될 것이다. 일반적인 사회 및 직장 활동에 참여할 수 있게 될 것이다. 다른 사람들처럼 옳고 그른 선택들을 하며 우리 자신의 삶을 살아갈 수 있게 될 것이다.

저 낯선 사람들은 잘 모른다. 나에게도 신앙이 있고, 그들의 눈에 보이는 이 상처는 사실 기적을 증명하고 있다는 것을. 내 흉터는 하늘이 응답한 기도를 상기시켜준다는 것을 그들이 안다면 좋을 텐데.

신약성서 마가복음에는 야이로라는 회당장에 대한 이야기가 있다. 그는 예수님 앞에 엎드려 "내 어린 딸이 죽게 되었사오니 오셔서 그 위에 손을 얹으사 그로 구원을 얻어 살게 하소서" 하고 거듭 간청했다고 한다.

두 살 때 나는 매우 아팠고 스스로 숨을 쉴 수 없게 되었다. 아버지는 야이로처럼 딸아이의 목숨을 구해달라고 하나님께 간청했다. 기계가 나를 위해 숨 쉬게 하도록 내 목은 절개되었다. **생명이란 얼마나 연약한가, 오직 엷은 공기로만 지탱되나니.**

몇 달간 쇠로 된 폐는 내가 내뱉는 모든 숨을 지탱해주었고, 병원에 전기라도 끊기는 날이면, 아버지는 밤 몇 시가 되었건 나를 살리기 위해 손수 기계를 돌리러 병원에 오시곤 했다. 아버지는 이런 이야기를 나에게 하지 않았다. 아버지는 겸손하고 조용한 신앙을 지니고 있었고 나는 그 간청의 수혜자다.

신약성서에 나오는 치유와 관련된 이야기들의 대부분은 사실 치유를 받는 사람의 신앙과는 아무런 상관이 없다. 그 이야기들에서 중요한 부분은 그 사람과 관계를 맺고 있는 사람들이다. 예수님이 야이로의 딸을 치유하는 데는 그의 신앙으로 충분했다. 예수님이 가나안인 여인의 딸을 치유하도록 한 것은 경계를 허무는 그녀의 끈기였다. 마비된 친구를 예수님 앞에 세워 치유를 받게 하려고 지붕에 구멍을 낸 것은 친구 네 명의 순수한 대담함이었다. 그리고 때로는 예수님이 자신의 말씀을 전달하고자 했던 것이 치유의 촉매제가 되기도 했다. 이 모든 이야기와 또 다른 이야기들에서 치유를 받은 사람은 대개 그 일에 대한 결정권이 없었고, 주체가 아니었다.

신약성서에서 예수님은 육체적 치유를 가져오기 전에 "네 죄 사함을 받았느니라"라고 말하곤 했다. 가장 우선되고 중요한 치유는 눈에 보이지 않는 것이었다.

길에 앉아 구걸하고 있던 맹인 바르티매오에게도 이 같은 일이 일어났다. 그가 예수님을 부르자 그 주변에 있던 사람들은 그에게 입 다물고 네 자리에 앉아 있으라 했다. 그러나 예수님은 가까이 오라고 그를 불렀다.

그가 다가오자 예수님은 그에게 "네게 무엇을 하여 주기를 원하느냐"고 물었다. 예수님은 바르티매오의 시력이 그에게 가장 중요하게 회복해야 할 것이라고 속단하지 않았다.

실제로 바르티매오의 첫 번째 치유는 그가 원하는 것이 무엇인지에 대한 물음에 스스로 답함으로써 그의 주체성을 되찾은 것이었다. 그의 존엄성이 회복되고, 그 후 그의 시력이 회복되었다.

사람들은 치유되어야 할 것이 자신을 포함한 주변 공동체라는 것을 인식하지 못한 채 치유를 위해 기도하는 경우가 많다. 그러나 이러한 신성하고 신비로우며 보이지 않는 치유가 우리 사회에서도 일어날 수 있다. 그것은 앞을 보거나 걷거나 음을 맞춰 노래할 수 있는 능력을 받는 것이 아니라, 다른 모든 이들을 따뜻이 맞이하고 환영하고 받아들이고 포용함으로써 생겨난다.

몇 년 전 교회 신도 중 한 사람이 지적 장애가 있는 친구인 베스를 교회에 데리고 왔다. 베스는 교회가 처음이었고 예배하는 동안 다소 소란을 피웠다. 이 사람들은 "자유롭게 돌아다니는" 아이들과 급한 일로 왔다 갔다 하는 사람들을 포함해 모든 종류의 방해에 익숙했다. 베스가 교회에 나오기 시작했을 때 사람들은 그녀에게 마음이 끌렸고, 그녀와 함께하는 작은 그룹이 형성되었다. 그녀는 차츰 교회와 그녀를 사랑하는 사람들의 패턴을 알게 되었다. 베스가 교회에 나오지 않는 날에는 교회 사람들 모두가 그녀를 그리워했다. 베스는 공동체 구성의 일부가 되어 있었다.

당신 주변 사람들이 지금 모습 그대로의 당신이 이 모든 창조물 속에 필수적이라고, 당신 없이는 하나님의 창조물이 불완전하다고 생각하는 것, 그것이 바로 치유다.

치유는 당신이 되어야 할 운명으로부터 당신을 막는, 당신이라는 사람을 계속해서 공격하는 것들을 뛰어넘어 스스로 여기에 속한다는 것을 깨닫게 되는 데 이르기까지 시련을 헤쳐나가도록 해준다. 당신은 그 자체로 이롭고 필요한 존재다.

쇼핑몰에서 내게 접근했던 사람은 그의 앞에 있는 사람만을 보고 있었다. 그는 더 큰 그림을 보지 못했다. 비록 분명하게 보이지 않을지라도 나의 장애는 한 공동체에 대한 선물이자 어려움을 겪고 있는 다른 사람들에게 손 내밀 수 있는 수단이다. 수년간 장애에 대한 나의 개인적인 이해는 많은 사람에게 새로운 관점을 제공함으로써 그들이 어려움을 극복할 수 있는 장소와 길을 열어주었다.

치유를 위한 우리의 기도는 아마도 개개인의 기적적인 치유를 위한 것이 아니라 더 큰 범위의 사회가 모두에게 더욱더 따뜻하고, 포용적이며, 환대하기를 바라는 것일 수도 있겠다. 그렇다면 다른 이들의 눈에 보이는 상처에 초점을 맞추는 대신, 그들이 우리와 함께할 수 있게 될 때까지 함께한 모든 것을 포함하여 사람들을 있는 그대로 볼 수 있을 것이다.

3부

일

네, 저 휠체어 탑니다. 맞아요, 당신의 담당 의사예요

*

셰리 A. 블로윗

병원 레지던트 3년 차일 때 나는 이동성이 제한되는 장애를 가진 환자들에게 더 나은 진료를 제공하기 위해 병원에서 새로 고안한 접근성 좋은 최첨단 진찰대를 평가해달라는 요청을 받았다. 그 진찰대는 휠체어 사용자들이 좀 더 수월하게 이용할 수 있도록 높이가 45센티미터 정도까지 낮춰지고, 균형감각을 잃은 환자들을 위해 추가 레일과 손잡이가 붙어 있었다.

나는 "사용자 겸 전문가"로서 이 장비를 평가해야 했다. 장애인 환자들을 위해 고안된 것이었지만 나는 의사의 입장에서 진찰대를 평가하기 위해 위로 올라갔다. "환자로서의 제 의견을 원하나요, 아니면 의사로서의 의견을 원하나요?" 내 행동에 놀란 의료기기 업체 대표들에게 내가 물었다.

나는 어린 시절 농장에서 일어난 사고로 척수를 다친 이후로 줄곧 휠체어 사용자였다. 현재 나는 재활의학과 스포츠의학 분야에서 개업의로 일하고 있다.

많은 외래 환자들을 진료하다 보니, 환자들이 자신의 담당 의사가 장애인임을 알게 되었을 때 보이는 다양한 반응을 목격하게 된다. 보통 진료실을 들어선 후 처음 몇 초간이 가장 유익한 정보를 제공한다. 아직 환자의 주의가 높아지기 전이기 때문이다.

반응은 어느 정도 세대에 따라 나뉘는 것으로 보인다. 장애에 대한 인식이 높아지고 있는 사회에서 자란 젊은 환자들은 보통 아무런 반응도 보이지 않는다. 그들은 분명 다양한 전문직으로 일하는 능력 있는 장애인들을 만나봤을 것이다. 나이가 많은 환자들은 대체로 당황하거나 궁금해한다. 그리고 가끔이지만 충격을 받은 것처럼 보일 때도 있다.

몇 달 전 나이 든 한 여성 환자가 기다리고 있는 방 안으로 휠체어를 몰고 들어갔을 때였다. 그녀는 나를 보더니 다정한 표정을 지으며 내게 손을 올리고는 "장애가 있어요?"라고 말했다. 좀 더 최근에는 나이가 꽤 드신 쾌활한 성격의 남자 환자가 "이거 장난하는 거 아니오?" 하고 소리친 적도 있었다. 어떨 때는 환자들이 내게 그들의 문제를 말하기를 망설이기도 한다. "의사 양반, 딱 봐도 당신 문제가 나보다 더 심한데, 내가 이 문제에 대해 불평을 하자니 기분이 좀 그렇구만."

몇 년 전 레지던트 시절 병원 구내식당에서 줄 서 있을 때였다. 내 명찰에 분명히 "의사 셰리 A. 블로웻"이라고 적혀 있고 내 목에는 청진기가 눈에 띄게 걸려 있었는데도, 내 옆에 서 있던 남자는 내게 "쾌차하고 계신 것 같네요. 언제 퇴원하세요?"라고 말했다. 그의 눈에는 나의 휠체어 외에 아무것도 보이지 않은 것이 틀림없었다. 게다가 그는 내 휠체어를 내게 힘을 실어주는 도구로 보기보다는 질병과 동일시하고 있었다.

여러 해 동안 나는 이런 상황들에 대해 많은 생각을 해왔고, 그것이 직접적인 편견이라기보다는 사람들이 휠체어 사용자이기도 한 의사들을 경험해본 적이 없는 데서 비롯된 것이라고 결론 내렸다. 최근의 한 연구에 따르면, 의대 재학생 중 장애인은 3퍼센트 미만이며, 그중에서도 이동성 장애가 있는 사람들은 극소수인 것으로 나타났다. 우리가 환자들과 동료 의사들에게 좀처럼 보일 일이 없다면, 그들이 어떻게 장애가 있는 의사들의 관점과 필요사항에 대해 알 것이라 기대할 수 있을까?

장애를 가진 의사가 좀처럼 눈에 띄지 않는 이유는 복잡하다. 나를 비롯한 이동성 장애가 있는 대부분의 의사들은, 문제는 업무를 능숙하게 수행할 능력이 부족하다는 데 있지 않다고 이야기할 것이다. 다른 교육을 받고 숙련된 많은 전문가와 마찬가지로 우리는 우리의 재능과 능력에 맞는 길을 선택하는 방법을 알고 있다. 수술실에서 기립형 휠체어를 사용하는 것과 같은 합리적인 맞춤 협의안들은 우리가 우리의 일을 하는 데 필요한 접근성을 준다. 그러나 장애가 있는 예비 의사들에게 더 높은 진입 장벽은 편견이다. 편견은 공공연하기도 하고 숨어 있기도 하다.

사지마비 환자인 한 동료는 한 의대 입학사정관으로부터 "유감이지만 학생은 입학을 위한 기술 표준에 맞지 않는 것 같네"라는 말을 들었다고 이야기했다. 비록 편견에 사로잡혀 있고 이렇게 말하는 것은 아마도 불법일 테지만, 적어도 이 같은 반응은 차라리 솔직한 편이다. 장애가 있다는 점 외에는 경쟁력 있는 장애인 지원자들이 애초에 면접에 초대조차 받지 못하는 식으로 차별을 받는 경우가 훨씬 더 흔하기 때문이다. 동급생들이 명문대 의대에 합격하고 교수로 임용되는 동안 우리는 우리에게 잘못이 있는 것인지 시스템이 잘못된 것인지 의문을 가지며 옆에서 마냥 지켜만 봐야 했다.

누구든 언제든지 장애인이라는 소수 집단에 속하게 될 수 있다. 새로운 성인 장애의 가장 흔한 원인은 한마디로 노화다. 의사들은 종종 낙인이 찍힐 수도 있다는 두려움에 청각이나 시력의 상실, 또는 이동성의 저하 등 새로 발병하거나 점차 진행되고 있는 장애에 대해 밝히기를 꺼린다. 결국 의학은 여전히 신체적 역량이라는 원형에 지배되고 있다는 방증이다.

하버드 의대의 리사 아이조니Lisa Iezzoni 교수님은 여러 해 동안 내게 중요한 멘토 역할을 해주신 분이다. 교수님은 내게 미국장애인법이 통과되기 10년 전인 1980년대 초에 자신이 하버드 의대생이었을 때 겪었던 경험에 관해 이야기해주셨다. 그녀는 의대 1학년 때 신체적, 신경적 증상이 나타나게 되면서 다발성 경화증 진단을 받았다. 그녀는 3학년 말 낙상을 한 후에 지팡이를 사용하기 시작했다. 하지만 대놓고 의욕을 꺾으려는 수많은 주변 반응에도 불구하고 내과 레지던트가 되고자 하는 그녀의 의지는 굳건했다. 한 영향력 있는 교수는 저녁 만찬에서 그녀에게 대놓고 이렇게 말하기까지 했다 "장애인 의사 양성할 걱정을 하기에는 이 나라에 의사들이 너무 많아. 그게 누군가는 길가에 버려지게 된다는 뜻이라면, 뭐 어쩔 수 없지."

결국 하버드 의대에서는 그녀의 레지던트 과정 지원을 위한 추천서 작성을 거부했기 때문에 그녀는 임상 실습에 필요한 훈련을 받을 수 없었다. 그녀는 대신 보건 정책 연구를 추구하여 베스 이스라엘 디코니스 병원Beth Israel Deaconess Medical Center 최초의 여성 의학 교수가 되었고, 현재 매사추세츠 종합병원에서 몽간 보건정책 연구소Mongan Institute Health Policy Center를 지휘하고 있다. 아주 성공적인 경력을 쌓았음에도 불구하고 그녀는 가끔 의사가 될 수 있었다면 어땠을지 궁금해한다.

20여 년이 지난 후에 내가 한 경험은 크게 달랐다. 애리조나 대학교 학부생 시절 나는 의대 지원에 관심이 생겼다. 나는 지원 과정을 알아보고 나를 성공으로 이끌어줄 과목들을 들었다. 나는 공부, 네트워킹, 인턴십과 더불어 내 지원서를 강화해줄 다양한 활동을 해나갔다. 그 밖에도 그 기간 동안 나는 휠체어 경주라는 스포츠를 하면서 운동선수로서 경력을 쌓았고, 결국 세 번의 장애인 올림픽에 미국 대표로 참가했다.

2002년 가을, 나는 의대에 지원했고 여러 명문 대학에서 면접을 보고 스탠퍼드 의대에 합격하였다. 이 과정 내내 나는 단 한 번도 내 장애가 성공에 방해가 될까 봐 두려워한 적이 없었다. 나는 보이지 않는 편견에 대한 걱정으로 정신적 에너지를 낭비하는 대신 학업적 성취에 집중할 수 있었다.

"미국장애인법 세대"의 일원으로서 나는 나의 가시적인 장애가 사실 나의 성공을 좌절시킬 수 있다는 사실에 대해 속 편할 만큼 의식하지 못하고 있었다. 나는 그저 또래들처럼 실력으로 평가받을 거라고 여겼을 뿐이다. 또한 나는 내가 운동선수로서 거둔 성공이 어쩌면 나를 좀 더 "유능하게" 보이게 만들었을 수도 있다는 것을 깨달았다. 나는 이제 그런 이미지의 특권을 이해하게 되었다. 나는 이제 나의 장애 정체성과 나의 직업적 역할을 완전히 분리할 수 없게 되었다.

장애인들은 종종 낮은 접근성과 차별 대우 때문에 의료 시스템에 대한 두려움이나 불만을 표출한다. 이는 반드시 변해야 한다. 장애를 가진 의사가 더 많아지는 것이 하나의 해결책이 될 수도 있을 것이다. 의료계에서 잘 드러나지 않는 모든 집단과 마찬가지로, 직업적 다양성은 우리 인구의 다양성을 반영해야 한다. 그 단순한 변화는 궁극적으로 우리 모두를 더 나은 사람으로 만드는 인식, 이해, 그리고 공유된 경험을 가져올 수 있다.

내가 필요한 것을 위해 일어서기

*

캐럴 R. 스타인버그

반대 측 변호사와 나는 배심원단에게 소리가 들리지 않을 거리에 서서 판사와 회의를 하고 있었다. 60센티미터 높이 강단 위에 놓인 120센티미터가 넘는 원목 책상인 판사석에 앉아 있는 판사의 얼굴이 내 위로 드리워져 있었다. 나는 휠체어를 타고 있었고 그녀와 의사소통을 하기 위해 목을 잔뜩 빼고 있어야 했다. 반면, 반대 측 변호인은 판사 바로 앞에 서서 꽤 편안하게 시선을 마주치며 대화를 나눴다.

새삼스러운 일도 아니었다. 때는 2013년이었다. 당시 나는 이미 30년간 50건 이상의 배심 재판을 맡아 꽤 여러 건의 중요한 재판에서 승소한 경험이 있는 능숙한 변호사였지만, 그래도 나는 무언가 잘못 돌아가고 있다는 것을 느꼈다. 내 직업을 효율적으로 수행하기 위해서는 나의 목소리가 사람들에게 잘 들려야만 한다. 내가 자리에서 일어나 목소리를 크게 낼 수 없다면 그건 문제가 된다. 그 판사는 계속해서 그녀가 잘 보고 들을 수 있는 변호인의 편을 들어 판결을 내리고 있었다.

내가 마흔한 살이 되던 1995년에 내게 다발성 경화증이 있다는 것을 알게 되었을 때, 나는 이미 경험 많은 법정 변호사였다. 다발성 경화증은 신체 면역체계의 이상 반응이 중추신경계에 맞서며 신경섬유를 감싸고 있는 미엘린과 그 안의 신경섬유를 공격하는 질환이다. 미엘린이나 신경섬유가 공격받아 손상되면 흉터 조직, 즉 경화증이 형성되어 뇌, 척수, 시신경을 통해 메시지가 제대로 전달되지 못하게 되어 여러 가지 증상이 나타난다. 나의 경우에, 그것은 주로 내 다리의 움직임에 영향을 끼쳤다.

12년 전 내가 휠체어에 앉아 사건을 심리하기 시작한 이후, 내가 직업과 맺는 관계는 달라졌다. 이제는 소송에서 패소하게 되면 그 이유에 대해 확신이 서지 않을 때가 있다. 휠체어에 앉아 있는 채로는 내 목소리를 제대로 전달할 수 없어 설득력이 없었던 것일까, 아니면 단지 내가 나의 요점을 적절하게 표현하지 못했던 걸까?

나는 내가 장애 때문에 차별받고 있다고 생각하고 싶지 않다. 그렇게 생각하는 것은 내가 고객을 옹호하고 있어야 할 때 오히려 스스로를 위한 지지를 필요로 한다는 것을 의미할 뿐만 아니라 내가 사랑하는 일을 할 수 있는지에 대한 나의 능력을 시험에 들게 한다.

내가 처음으로 판사에게 내 장애를 감안해달라고 부탁한 것은 여전히 약한 다리로 걸어 다니던 수년 전, 죄수들의 인권을 위한 사건을 심리할 때였다. 배심원단이 들어오기 전에 그 판사는 의례를 깨고 내가 재판 중에 자신과 배심원단에게 앉은 상태에서 말할 수 있게 해주었다.

그러나 판사가 나중에 배심원들에게 내가 건강 문제로 서 있기가 힘들다고 설명해줄 때, 나는 창피함을 느꼈다. 그날 이후로 나는 법정에서 내 특수 요구 사항이 눈에 띄지 않게 하려 애썼다. 이 때문에 나는 이 판사에게 얼굴을 마주하고 의사소통을 할 수 있도록 판사석에서 내려와줄 것을 요청할 수 없었다.

나는 내가 이 우려를 극복해야 한다는 것을 알고 있다. 장애를 가지고 있지만, 정상적인 삶을 살기 위해 노력하는 장애인들이 다른 사람들에게 특수한 상황에 대해 맞춰줄 것을 요청하거나 요구함으로써 “폐를 끼치게” 되는 것을 매우 싫어하는 이유는 이해가 되는 부분이다. 그러나 나는 움직임을 일으키는 것을 꺼리는 태도에 저항하는 것이 중요하다는 것을 안다. 경사로, 점자, 청각 보조 장치 또는 높이를 낮춘 계산대와 같은 기본적인 것들이 장애인들이 다른 사람들과 동등하게 생활하고 일하는 데 도움을 줄 수 있기 때문이다.

서류 준비, 회의, 증언 녹취 등 대부분의 재판 준비 과정에는 내가 휠체어에 앉아 있다는 사실이 문제 되지 않는다. 배심원들에게 연설하고, 증인을 심문하고, 모든 사람이 내 말을 들을 수 있는 법정 한복판에 서서 판사를 향해 말하는 것 등 법정에서 일어나는 여러 과정도 나는 문제 없이 해낸다. 나에게 가장 큰 어려움은 재판 중 종종 필요한 판사와 변호사 간의 회의를 할 때 판사석 옆에 서서 판사와 조용히 대화를 나누는 것이다. 배심원단 선정과 배심원단이 들어서는 안 되는 회의는 높은 판사석 옆에서 진행된다.

2013년의 그날 이전까지 나는 두 가지 방법 중 하나로 판사석이라는 장애물을 극복했다. 때로는 키가 큰 내 법률 파트너 변호사가 나와 소송을 함께하고 판사석에서의 일 처리를 돕곤 했다. 어떨 때는 판사들이 자발적으로 내려와서 판사석 앞의 낮은 서기 책상에서 회의를 하기도 했다. 어떤 이유에서든 간에, 지금 이 판사는 판사석 뒤 그녀의 높은 자리에서 내려올 생각을 하지 않고 있었다. 그리고 나는 자신감이 부족해서 그녀에게 나의 편의를 봐달라고 부탁할 수 없었다.

그날 사건은 학교에서 쉬는 시간에 다른 아이가 찬 미식축구공에 눈을 맞아 시력을 일부 상실한 일곱 살 소년에 관한 것이었다. 나는 그 부상이 학교 직원들의 미비한 관리 감독에서 비롯되었다고 주장하고 있었다. 내가 고용한 안전전문가가 증인석에 서 있을 때였다. 피고 측 변호사는 끊임없이 이의를 제기하며 판사와 회의를 신청하는 식으로 안전전문가의 증언을 방해했다. 회의를 하려고 판사석으로 가면 그는 판사석 옆에 서서 나의 질문이나 전문가의 대답이 적절하지 않다고 주장하곤 했다. 나는 앉은 자리에서 격렬하게 반박했지만 내 목소리가 판사석까지 거의 들리지 않는다는 것을 느끼고 있었다.

이게 법정에서 일반적인 상황은 아니다. 보통 증인은 증언을 마친 후에 다른 변호사에게 반대 심문을 받는다. 만약 이런 식으로 재판이 진행됐다면 아무런 문제가 없었을 것이다. 어찌 되었든 의도된 것인지는 모르겠지만 계속해서 흐름을 끊고 우리를 판사석으로 끌어들이는 상대편의 전술은 효과가 있었다. 판사는 높은 판사석에서 내려다보며 피고 측 변호사의 의견에 동의하고 내게 주의를 주는 데 오랜 시간을 썼다. 그 결과 내가 증인으로 섭외한 안전전문가의 증언은 흐름이 끊겨 버리고 말았다. 배심원들은 오랜 시간 동안 일이 어떻게 진행되고 있는지 알 수 없어 혼란스러워하는 듯했다.

그 일은 나의 변호사로서의 정체성을 뒤흔들어 놓으며 나에게 지대한 영향을 미쳤다. 상대편의 성난 목소리와 젊은 판사의 강요하는 듯한 목소리가 위에서 들려오는 동안, 나는 내 앞을 가로막고 있는 판사석의 목재를 응시하면서 한 가지 생각을 되뇌었다. **다른 일을 찾아봐야 할 때인지도 몰라.** 휠체어를 탄 채로 사건을 심리하는 것은 내 일이 아니라고 느껴졌다.

그날 재판이 끝나갈 무렵 결국에는 반대 측 변호사가 갑자기 내게 다가와 합의를 하자고 제의했다. 피해자 아이의 부모는 동의했다. 그리고 나는 그들의 아들이 미래를 위한 소정의 돈을 받을 수 있어서 기뻤다.

나는 그날 이후로 더는 재판을 맡지 않았지만 나는 앞으로 다시 도전할 것이다. 나 같은 변호사들을 위해 판사석에 경사로가 만들어져 있는 새로 생긴 법원들을 보면 나는 늘 힘이 난다. 하지만 만약 나의 다음 사건이 그런 법원들 중 하나에서 이뤄지는 게 아니라면 나는 판사에게 내려와달라고 요청할 것이다. 본인이 사랑하는 일을 계속하기 위해 편의가 필요한 사람들은 내키지 않더라도 필요한 요구 사항을 청할 수 있는 용기와 자존감을 가져야 한다.

모든 몸이 아름다운 곳

리바 레러

ξ

2009년이다. 나는 콘퍼런스에서 강연을 하기 위해 필라델피아를 방문하는 중이다. 나는 쉬는 시간이 긴 틈을 타 머터 박물관Mutter Museum에 다녀오기로 한다. 나는 해부학을 가르치는데, 머터 박물관은 소위 의학적 호기심을 자극하는 컬렉션을 소장하고 있다. 나는 두개골로 가득한 벽과 뼈로 가득 찬 진열장을 살펴본 후 또 다른 표본들이 나를 기다리고 있는 아래층으로 내려간다.

그리고 그곳에서 나는 표본이 든 병으로 가득한 커다란 진열장과 마주한다. 각 병에는 임신 말기의 태아가 담겨 있고, 모든 태아는 같은 장애를 갖고 있다. 그 태아들의 척주는 척수에 완전히 융합되지 못해, 척추에 (병변이라 불리는) 구멍이 나 있다. 이 질병은 척추이분증이라고 불린다.

나는 이 작디작은 인간들 앞에 서서 정신을 잃지 않으려 애쓴다. 나는 내가 태어나던 날 내가 어떻게 생겼었는지 본 적이 없다.

그러나 이것은 본질적으로 내가 태어난 직후에 어머니가 보았던 바로 그 모습이다. 어머니가 이 사실에 움츠러들거나 보호시설로 나를 보내는 대신 나를 직접 키우고, 나를 위해 싸우고, 내게 싸우는 법을 가르쳐준 것에 나는 경외심을 느낀다. 그럼에도 나는 내 몸의 이상함 그 자체, 오랫동안 느껴온 수치심, 그리고 마침내 그로 인한 슬픔에 충격을 느낀다. 나 자신이 아니라, 시간 속에 육체가 멈춘 여기 내 앞에 보존되어 있는 나의 일족들에게 느낀 감정이다. 의학이 그들에게 아무런 도움도 줄 수 없었던 때를 보여주는 역사적 유물들.

모든 인간의 육체는 시간의 표식이다. 나는 1958년에 태어났다. 외과 의사들이 척추이분증으로 인한 병변을 고치는 방법을 찾았을 무렵이었다. 당시 치사율은 90퍼센트 안팎을 맴돌았다. 당시에는 외과적으로 개입하기 전에 아이가 두 살이 될 때까지 기다리는 것이 의료계의 관행이었다. 두 돌이 지날 때까지 살아 있는 아이는 해당 수술을 충분히 견뎌낼 만큼 강하다고 여겨졌다. 하지만 극소수만이 그때까지 살아남았다. 운 좋게도 내게는 최신 기술을 훈련받은, 죽든 살든 그건 환자의 운이라고 생각하지 않는 생명윤리를 가진 의사 선생님이 계셨다. 그는 내가 태어난 직후에 바로 그 수술을 집도했다.

내가 다섯 살이 될 때까지 주치의였던 레스터 마틴 박사님은 나에게 수십 번의 수술을 집도했다. 이렇게 잦은 수술은 내가 가진 척추이분증의 한 종류인 척수 수막류를 가진 아이들에게는 드문 일이 아니다. 반면, 내가 걸을 수 있고 이 질환에 기본적으로 동반되는 수두증* 이 없다는 것은 특이한 일이었다. 그러나 내게는 장기 손상, 비대칭적인 몸, 그리고 이동성 문제와 다리를 저는 문제가 남아 있었다. 입을 모아 합창하는 낯선 사람들 사이에서 살아가는 인생의 시작이었다. **뭐가 잘못된 거니? 뭐가 잘못된 거니?**

* 뇌에 척수액이 차오르는 질환.

나는 헐렁한 옷차림 속에 몸을 숨기고 내가 **정상**이라고 강하게 고집을 부리는 것에 의지함으로써 나의 상태를 극복하려 했다. 나는 내가 겪고 있는 것이 언젠가 다 지나갈 것이라는 생각에 매달렸다. 나는 상점들의 쇼윈도에 비친 내 모습을 나 자신이 볼 수 없도록 안경을 쓰지 않은 채로 돌아다녔다. 나는 사실 근시가 말도 안 되게 심하다. 그렇게 안경도 없이 돌아다녔는데도 한 번도 차에 치이지 않았다는 사실 또한 말도 안 되는 일이다.

그러나 다른 장애인만큼 한 장애인의 자의식을 변화시키는 것은 없다. 나는 화가다. 1995년, 나는 장애인 문화를 만들어나가는 예술가, 작가, 공연예술가의 모임에 초대를 받았다. 그들의 작품은 대담하고, 개성 있고, 재미있고, 어두운 매력이 있었다. 그 작품들은 우리를 한심하고, 겁나고, 가치 없는 사람들로 규정하는 상투적인 이미지를 타파했다. 그들은 장애가 창의성과 저항의 기회라고 주장했다.

나는 자라면서 의학 일러스트와 프릭쇼* 포스터를 많이 봐왔다. 내가 유일하게 본 현대 장애인의 신체를 담은 이미지는 조엘-피터 위트킨Joel-Peter Witkin의 작품에서 보이듯이 장애인이라는 피사체를 정신적인 장애의 분신으로 사용한 사진작가들에 의한 것뿐이었다. 그 작품 안에는 고통과 죄악의 동물들이 표현되어 있었다. 내가 괴물이라는 것을 알려준 이미지였다. 나는 장애인들의 아름다움을 묘사한 작품을 본 적이 없다. 진부하고 신파적인 방식이 아름다움이 아니라면 말이다. (오, 하나님 아버지, 제가 인류 정신을 고취시키는 기념비적 존재가 되는 것으로부터 보호해주시옵소서.) 나는 이 새로운 예술가 친구들과 함께하

* 기형아나 장애인을 구경거리 삼아 보여주는 쇼.

면서 처음으로 장애가 있는 몸의 생각지도 못한 매력과 흥미진진함을 알게 되었다. 그 집단의 모든 사람은 각자 인간이라는 것이 의미하는 바의 경계를 확장시켰다. 그들은 나를 포용할 수 있을 만큼 충분히 큰 세상을 만들었다.

어른이 된 나는 지금도 키가 150센티미터도 안 된다. 나는 척추가 구부러졌다. 나는 커다랗고 투박한 의료 정형 신발을 신는다. 나는 그 어느 때보다 외형적으로 눈에 띄게 다르게 생겼지만, 지금은 늘 안경을 쓰고 다닌다. 유리창에 비친 내 모습이 나를 불편하게 하지 않는다. 건물이나 보행자, 개, 또는 주차된 차들과 예전만큼 자주 부딪히지 않는다는 것은 좋은 일이다.

작가 일레인 스캐리Elaine Scarry는 자신의 저서 『아름다움과 정의로움에 대하여*On Beauty and Being Just*』에서 아름다움은 보는 사람으로 하여금 모방하고 싶은 욕구를 자극한다고 말한다. 우리는 우리에게 미적 즐거움을 주는 것을 재현하고 싶어 한다. 그때 당시 만난 사람들은 나에게 그런 충동을 느끼게 했다. 그들을 흡수해 예술로서 재창조하고 싶었다. 그래서 나는 마른침을 삼키고는 그들에게 당신들의 초상화를 그려도 되겠냐고 물었다. 그들이 승낙했을 때 그들은 내 인생을 바꿨다.

나는 공동 작업자들에게 먼저 그들의 일과 개인적 일상에 관해 물어보는 것으로 시작했다. 이러한 대화로부터 초상화가 그려졌다. 그들 대부분이 응시의 대상이 되는 것을 고통스러워했고 나는 그 고통을 재현하고 싶지 않았기 때문에 그들의 의견을 많이 반영하였다. 그 과정에서 나의 공동 작업자들은 그들 자신의 아름다움을 찾았다.

내가 느끼는 깊은 미적 즐거움은 하나의 이미지를 통해 설명될 수 있다. 나는 시인이자 수필가이자 운동가인 일라이 클레어Eli Clare를 그가 성전환을 하기 직전에 처음 만났다. 그의 초상화를 그리는 데는 꼬박 2년이 소요되었는데, 그 기간 동안 나는 그가 변신하는 모습을 목격했다. 일라이의 장애는 뇌성마비로, 근육이 계속 수축 운동을 하는 상태에 있다. 그 결과, 일라이의 몸은 윤곽이 매우 뚜렷하고 고전적으로 아름답게 여겨지는 탄탄한 근육질을 가지고 있다. 게다가 일라이는 버몬트주에 살고 있으며, 열렬한 등산가이자 자전거 애호가다. 일라이가 자신의 몸을 사용하는 방식, 그리고 그가 가진 장애가 그에게 미친 영향은 그에게 남성성과 여성성의 이상이 공존하는 우아함을 준다. 사람들 대부분은 장애가 힘과 건강의 직접적인 원인이 될 수 있다는 것을 결코 알아차리지 못할 것이다. 하지만 이것이 바로 인간의 몸이 신비로운 이유다. 신체는 예상하지 못한 환경에 반응하며 그 특유의 시적 천재성을 드러낸다.

나는 운 좋게도 장애인 문화계의 저명한 인사들은 물론이고 우리에게 강요되었던 사회적 낙인을 함께한 성소수자 공동체의 구성원들과 함께 일해왔다. 그중에는 『펀 홈*Fun Home*』과 『당신 엄마 맞아?*Are You My Mother?*』를 집필한 장편만화 작가인 앨리슨 벡델Alison Bechdel, 〈아메리칸 호러 스토리 시즌 4: 프릭쇼American Horror Story: Freak Show〉에 출연한 영국 배우 맷 프레이저Mat Fraser, 시인이자 극작가 겸 와츠 빌리지 시어터의 설립자인 린 매닝Lynn Manning, 회고록에서 청각장애인 부모 밑에서 정상 청력을 가진 아들로 살아온 자신의 삶을 회상하고 기록한 장애학 이론가인 레너드 데이비스Lennard Davis, 음악가이자 뚱뚱한 성소수자로서의 정체성을 알리는 활동가인 노미 램Nomy Lamm, 독일에서 보다 활기 찬 장애인 문화를 만들기 위해 힘쓰고 있는 심리학자이자 지식인 겸 활동가인 레베카 마스코스Rebecca Maskos, 그리고 휠체어를 기반으로 한 안무를 다시 정의하는 데 일조한 무용가 앨리스 셰퍼드Alice Sheppard 등이 있다.

이 초상화들은 동정이나 공감을 요구하지 않고, 보는 관객이 그 대상이 아름답다고 동의할 것을 바라지도 않는다. 나는 그저 작품을 보는 사람들이 초상화 안에 있는 사람의 삶에 대해 상상해보기를 바랄 뿐이다. 그리고 인간의 가능한 모든 형태를 아우르는, 모든 몸이 아름다운 세상을 향해 손 내밀기를 바랄 뿐이다.

나는 필시 병 속의 교육용 표본으로 인생의 마침표를 찍을 수도 있었다. 하지만 행운이 나에게 의사 선생님을 만나게 해주었다. 그리고 열정적인 부모님이 내게 병원 밖에서의 삶을 주셨다. 요즘 나는 노스웨스턴 대학교의 의료 인문학 프로그램 학부에서 그림을 가르치고 있다. 내가 가르치는 1, 2학년 학생들은 시체 해부 실습실에서 비정상적인 태아들을 보고 그림을 그린다. 태아마다 갖고 있는 발달장애가 다르다.

나는 학생들에게 태아의 신체 구석구석을 자세히 묘사하라고 가르친다. 그 그림이 시간 속에 멈춰 있는 육체에 대한 심오한 검토가 될 때까지 말이다. 학생들에게 주어지는 최종 과제는 자신이 선택한 태아와 같은 장애를 가진 현대인을 조사해 그 사람의 삶에 대해 발표하는 것이다. 이런 과제는 미래의 의사들이 이 표본을 그저 단순한 역사적 유물이나 비극적인 의학적 문제로 간주하지 않도록 돕는다. 태아들을 마주할 때면 마치 머터 박물관으로 돌아간 것처럼 느껴지지만 이번에는 좀 다르다. 이 태아들에게는 시간 안에서 멈춰 있는 대신 앞으로 나아가 현재의 삶을 살 수 있는 기회가 주어진다.

나는 목소리를 잃었지만,
그래도 당신과 대화하고 싶다

알렉스 허바드

정확히 언제 내 목소리가 제대로 나오지 않는다는 것을 깨달았는지 나는 알고 있다.

나는 컬럼비아 대학교 언론 대학원의 본관인 퓰리처 홀 안에 있는 열람실 책상에 앉아 있었다. 나는 하키 팬으로서 어렸을 때부터 이름을 잘 알고 있던 예전 미국 하키계의 최고위 관리였던 분과 통화를 하고 있었다. 그는 다른 분야 대학원생으로 치면 논문과 비슷한 개념의 아주 중요한 프로젝트인 석사 저널리즘 과제를 위해 인터뷰에 응한 상태였다. 나는 그가 나를 도와주는 것에 대해 신이 났고, 또한 너무나 대단한 사람과 이야기를 나눌 수 있어서 신이 나 있었다. 그런데 그때 그가 말했다.

"미안해요. 학생을 도와주고는 싶은데 무슨 말을 하는지 도통 이해가 안 되네요."

그의 말에 충격을 받진 않았다. 나는 오랫동안 내 목소리가 나를 저버리고 있다는 것을 알고 있었기 때문이다. 그러나 그가 한 말은 의도치 않게 잔인하면서도 명료하게 드디어 때가 왔다는 신호를 나에게 보내왔다. 뉴욕에서 성공한 스물세 살 먹은 테네시주 출신 소년이었던 나는 그날 엄마에게 전화해 흐느껴 울었다.

나는 1990년 여름에 테네시주 내슈빌에서 태어났다. 첫돌이 갓 지날 무렵 부모님은 내가 앞을 잘 보지 못한다는 사실을 알게 되었고, 두 살이 되었을 때 나는 검사 결과 시력을 완전히 잃은 것으로 판명되었다. 우리 가족에게 이 사실은 아무런 문제가 되지 않았다. 부모님은 한계란 없다고 생각하도록 나를 키웠다. 여러 해 동안 나는 복도에서 뛰어다니는 것과 같이 일상적인 일로 혼나면서 정상적인 시력을 가진 학생들과 함께 일반 공립학교에 다녔다. 스스로 내린 결정에 따라 나는 열한 살 때 시각장애인을 위한 주립학교에 다니기 시작했고, 그곳에서 나는 운동선수로 활약하며 수석으로 졸업했다.

내가 고등학교 졸업반이었을 때, 의사는 정기 건강검진 중 내 목소리가 비정상적으로 들린다는 것을 알아챘다. 추가 검사 결과, 팔다리 대부분의 작용 기능을 통제하는 뇌 신경에 9개의 비암성 종양이 발견되었다.

진단명은 유전적 또는 자발적 유전자 돌연변이에 의해 발생하는 질환인 신경섬유종증 제2형이었다. 미국 국립 신경질환 뇌졸중 연구소에 따르면, 약 10만 명의 미국인이 제1형과 제2형, 그리고 다발성신경집종증, 이렇게 세 가지 형태의 신경섬유종증 중 하나를 가지고 있다. 치료 방법은 특별히 없으며, 광범위한 추적 관찰과 개별 증상에 대한 처치가 현재 권장되는 치료법이다.

충격적인 진단이었지만, 그것도 내가 학업을 계속하는 것을 막지는 못했다. 나는 미들테네시 주립대학에 진학했고, 그곳에서 대학 신문의 스포츠와 뉴스 면 편집자로 활약했다. 그 후 나는 처음으로 우리 학교 언론학과에서 명문 컬럼비아 대학교 대학원 과정으로 진학한 최초의 학생이 되었고, 양측 학교의 말에 따르면 그 대학원 과정에서 공부하게 된 최초의 시각장애인이 되었다. 공식적으로 나는 이제 기자가 되는 것이나 마찬가지였다.

나는 우리 가족 중 처음으로 아이비리그 학교에 다니게 되었고 그것은 나에게 큰 성취였다. 하지만 그 시기는 내 인생에서 가장 어두운 시기 중 하나이기도 했다. 사실 그저 앞을 볼 수 없다고 해서 내가 아무것도 할 수 없다고 느낀 적은 단 한 번도 없다. 하지만 종양은 내 성대와 혀의 대부분을 서서히 마비시켜 내 목소리를 알아듣기 힘든 거친 쇳소리로 들리게 하며 말하는 것을 힘들게 하고 있었다. 테네시에 있는 내 대학 친구들은 대부분 내 목의 상태가 훨씬 좋았을 때 나를 만났고, 상태가 악화할수록 그들은 점점 바뀌는 내 목소리에 익숙해져 갔다. 그러나 내가 뉴욕에서 만난 사람들은 내가 하는 말을 이해하기 힘들어도 예의를 차리고 내 기분을 상하지 않게 하느라 나를 대하는 데 벽을 느끼는 게 분명해 보이는 사람들이 많았다.

나는 파티가 너무 시끄러울까 봐 피했다. 나는 전처럼 많이 먹지 못하게 되기도 했고, 혹시라도 식사하다가 목이 멜까 창피해 더는 밖에서 식사도 하지 않았다. 가끔은 말을 걸고 싶은 사람 옆에 앉아 내가 제일 잘 발음하는 단어들을 머릿속으로 골라내기도 했지만, 매번 말을 걸려고 했던 계획을 포기하고 침묵 속으로 빠져들었다.

나는 종종 유머 감각을 뽐내는 시각장애인으로서 장애에 대한 선입견을 극복해왔다. 하지만 만약 내가 시각장애인이고, 말하기 위해 입을 열었을 때 언어장애가 있다면, 그건 아마도 사람들이 예상한 것이 사실임을 확인해주는 것임을 나는 얼마 지나지 않아 깨닫게 되었다. 그들은 아마 나에게 그보다 더 심각한 뇌 문제가 있을 거라고 여길 것이다.

컬럼비아 대학교 재학 중 나는 내 목소리가 급격하게 악화하는 경험을 했다. 그게 사실이 아니라도 적어도 내게는 급격하게 악화하고 있다고 느껴졌다. 학기 중에 나는 목소리 성량을 늘리기 위해 작은 수술을 받았다. 졸업 후 2014년 7월, 나는 좀 더 큰 수술을 받았다. 이 수술과 몇몇 다른 심각한 합병증들에 의해 나는 한동안 완전히 뻗어 있었다.

이런 일이 있는 와중에 나는 계속 일을 찾고 있었다. 2014년 10월 나는 내슈빌의 길거리 신문인 『컨트리뷰터*The Contributor*』지에 가난에 초점을 맞춘 글을 쓰기 시작했으며, 이후 대안 주간지인 『내슈빌 신*Nashville Scene*』에서 프리랜서로 법원과 법률 관련 사건을 취재하는 일로 옮겨갔다. 그러는 동안 나는 내내 내 목소리와 싸워야 했다. 나는 결국 전화 사용을 거의 포기하고 타자로 메시지를 입력하면 전화 교환원이 수신자에게 내용을 대신 읽어주는 중계 교환원 서비스를 사용하기 시작했다. 완벽한 시스템은 아니었지만, 그것이 내 직장생활을 구제한 것이나 마찬가지였다.

『내슈빌 신』에는 짐 리들리라는 정말 좋은 편집자가 있었는데, 그는 날개 없는 천사나 다름없었다. 그 당시 나는 진지하게 모두 그만두고 그냥 장애복지 신청을 하고 집에서 놀까 고민하던 중이이었다. 짐을 처음 만났을 무렵 나는 그 정도로 낙담한 상태였다. 하지만 그는 내 건강 상태나 내게 제약일 거라 생각되는 그 어떠한 것들에도 전혀 개의치 않았다. 그는 그저 내가 글을 쓰는 걸 보고 싶어 했고, 의심의 여지 없이 나를 믿어주었다.

2016년 세상을 떠난 짐은 내게 다음 기회가 생길 때까지 내가 직장생활을 유지할 수 있도록 해주었다. 이후 예전 교수님 중 한 분이 가넷

사가 소유한 일간지인 『테네시언*The Tennessean*』에 일자리를 소개해주셨다. 그것은 매우 간단한 아르바이트직으로, 기사를 고쳐 쓰고 편집자에게 온 편지들을 정리하는 일이었다. 하지만 회사는 내게 보도기사를 쓸 기회를 몇 차례 주었고, 그로 인해 정규직이 되었다.

그럼에도 악화하는 내 목소리는 기자로서 일하는 걸 벅차게 만들었다. 결국 나는 스스로 현장 뒤에서 일할 수 있는 자리로 옮겨달라고 요청했다. 그 요청은 내가 경험했던 가장 고통스러운 일 중 하나였다. 일류 기자가 되는 것이 내 평생의 꿈이었기 때문이다.

나는 논평란의 추가 편집 업무를 맡게 되었다. 속보를 쫓는 것과 같을 수는 없지만, 약간의 도움만 있다면 훨씬 나아질 수 있는 글 한 편이 간결하고 유익한 칼럼으로 완성되어가는 과정을 보는 것도 그 나름의 즐거움이 있다는 것을 알게 되었다. 가끔 기고문을 쓰게 될 때도 있는데, 그 일은 나의 글쓰기 근육을 훈련시키고 비판적으로 생각할 수 있게 해준다.

여기까지 오는 과정에서 실수가 없었던 것은 아니다. 너무 많은 것을 밝히게 되면 내 직장에 문제가 되지는 않을까, 또 너무 호들갑 떠는 것처럼 보이지는 않을까 걱정했던 나는 내가 사랑하고 신뢰하는 사람들에게조차도 내 건강 상태를 숨기기 시작했다. 하지만 그러한 태도는 내게 진심 어린 지지를 건넸을 사람들의 마음속에 더 많은 의문점을 불러일으켰을 뿐이다. 그들 중 몇몇은 내게서 멀어져갔고, 나는 내가 처한 어려운 상황을 설명할 수도, 설명하려고도 하지 않은 채로 그들을 떠나보냈다. 나는 내가 내렸던 그런 결정의 여파로부터 아직도 회복하는 중이다.

나는 내가 영감을 준다는 말을 종종 듣는다. 내가 장애인들이 많이 종사하지 않은 업계에서 계속 일을 해나가고 있기 때문이다. 나는 사람들이 이렇게 말하는 의도를 고맙게 생각하고, 솔직히 가끔 놀라기도 한다. 하지만 그에 못지않게 나는 생계를 위해 내가 하고 있는 일과 나라는 사람이 살아가는 방식을 완전히 떼어놓고 보는 이러한 시각에 당혹스러움을 느낄 때가 많다.

나는 단순히 심한 언어장애가 생겼음에도 직업에 대한 꿈을 포기하지 않은 한 시각장애인이 아니다. 나는 하키에 능통하고, 폭넓은 지식을 갖고 있고, 모든 미국 대통령의 이름을 순서대로 거꾸로 외울 줄도 아는 재치 있는 청년이다.

최근 한 의사가 내 우측 성대가 완전히 나갔다고 말했다. 그다지 놀라운 일도 아니었다. 아마 성대가 나간 지 1년은 족히 되었을 것이다. 다행히도, 그리고 다소 의외로, 완전히 무너지지 않은 것이 내 기도를 위해선 아주 좋은 소식이다.

그러나 이는 내가 속삭이는 것 이상은 하지 못한다는 것을 의미하기도 한다. 목소리 상태가 비교적 좋은 날과 나쁜 날이 있지만 나는 내 목소리가 언제 왔다 가는지에 대한 통감이 없다.

하지만 나는 당신과 이야기하는 것을 그만둘 계획이 없다. 그러니 나에게 말을 거는 것을 멈추지 않았으면 한다.

“미치광이”, 업무에 복귀하다

잭 맥더못

정신착란 때문에 90일간 병가를 낸 후 다시 출근하는 날에는 뭘 입어야 하지? 내가 뉴욕 법률구조협회에 들어간 지 일 년이 조금 넘었을 때 스스로에게 물었던 질문이다. 직장 동료들이 마지막으로 나를 봤을 때 나는 스물여섯 살 먹은 국선 변호사라기보다는 할리데이비슨을 탄 오토바이족에 더 어울릴만한 팔자 콧수염을 달고 있었다. 모히칸 헤어스타일에 맛을 들리고 심지어 그 머리를 한 채로 법정에서 변호를 했다. 이겼으니 망정이지…….

그 재판이 끝난 후 나는 술집에서 속옷만 빼고 홀랑 벗고는 유명 로펌 채용 행사 때문에 그 자리에 와 있던 법대생들 앞에서 자극적인 스트립쇼를 선보였다. 그 일이 잘 넘어가진 않았지만 나는 아무래도 상관없었다. 나는 내 쇼가 꽤 괜찮았다고 생각한다.

다시 출근하는 날, 나는 단정한 남색 스웨터와 어두운 슬랙스 한 벌을 입었다. 일반적인 헤어스타일, 그리고 깔끔하게 다듬어진 턱수염과 함께. 출근 시간대의 혼잡함, 그리고 피할 수 없는 시선들과 수군거림을 피하기 위해 아침 일찍 회사에 도착했다. 내가 “개인적인 사정으로 잠시 쉬는 중”이라는 게 회사의 공식적인 입장이었지만, 사무실은 가

십의 온상이다. 나는 나와 관련해서 회사 사람들 사이에 도는 소문들 중 실제 이야기들이 얼마나 반영되어 있을지 궁금했다. 조증과 정신 이상의 발현으로 잠복 PD들이 내가 주인공인 리얼리티 쇼를 촬영하고 있다고 확신하며 내가 12시간 동안 도시를 누볐다는 것을 그들은 알고 있었을까? 경찰이 그날 밤늦게 윗도리도 없이 맨발로 지하철 승강장에서 울고 있는 나를 발견했다는 사실도 알고 있을까? 우리 법률구조협회에서 정실질환을 가장 심하게 앓고 있는 의뢰인들을 정기적으로 보내고 있는 악명 높은 벨뷰 정신병원에 내가 강제 입원됐었다는 것도?

대부분의 사람들에게 정신병동에 강제 입원되어 갇혀 있었던 사실은 철저히 비밀에 부쳐진다. 하지만 나는 한편으로는 모든 사람이 그 사실에 대해 알기를 원했다. 나는 그들에게 내가 양극성 장애 1형 진단을 받았다는 것을 알려주고 싶었다. 자리를 비운 동안 그들이 대신해 일을 떠맡아야 했던 그 "미치광이"가 사실은 스스로 죄책감을 느낄 만한 일들을 하지만 마치 암 환자가 본인의 림프절 상태를 통제하지 못하는 것처럼 자신이 하는 그런 행동들을 통제할 수 없다는 것을 알고 있는 아주 아픈 젊은 청년이었다는 걸 알아줬으면 했다.

그게 바로 정신질환이기 때문이다. 우리 정신질환자들의 뇌는 우리를 배신한다. 우리의 증상은 우리의 행동이고, 이 질병은 우리를 굴욕적이고 위험한 일을 하게 만든다.

내가 결국 쉬게 된 날까지의 몇 주간 나는 나에게 무언가 일이 벌어지고 있다는 것을 알았다. 나는 매일 밤 몇 시간 이상 잠을 자지 못했지만, 마치 끝없는 에너지가 비축되어 있는 것처럼 느껴졌다. 때로는 등골에 전기가 통하는 것 같기도 하고, 마치 우주의 비밀을 들이마시고 있는 것 같았다.

많이 울기도 했다. 나는 브루스 스프링스틴Bruce Springsteen이 〈마흔 한 발41 Shots〉*을 부르는 것을 듣고는 경찰들의 무자비함에 대해 되새기며 내 방에서 눈물을 흘렸다. 나중에 알게 된 사실이지만 이런 과대망상, 불면증, 급격한 감정 기복 등은 모두 양극성 장애의 전형적인 증상이었다. 나는 양극성 장애가 나타나는 가장 교과서적인 연령인 20대 중반이기도 했다.

나는 동료들에게 술에 취해 벌거벗고 달리는 차 사이를 뛰어다니고 유성 매직으로 사방의 벽에 낙서를 하던 그 "미치광이"는 이제 없다고 말하고 싶었다. 그가 쉽게 사라지지는 않았다는 것도 알려주고 싶었다. 머리카락이 한 움큼씩 빠지고 체중이 빠르게 불어나는 와중에 나를 침 흘리게 하고 발기불능으로 만든 약물요법으로 그를 죽여야 했다고.

이제 나는 그가 만들어 놓은 난장판을 치워야 했다. "미치광이"가 내 계좌를 초토화한 상태였고, "미안하게 됐네! 하필 조증 삽화가 생기는 바람에 '어반 아웃피터스'에서 티셔츠를 800달러어치나 샀지 뭐야"와 같은 상황으로부터 내 계좌를 지켜줄 초과 인출 방지 장치도 없었다. 나는 친구도, 집도, 그리고 아마도 직업과 명성도 잃었던 상태였을 거다.

자비롭게도 단 한 사람만은 내내 내 곁을 지켜주었다. 엄마였다. 엄마는 깃털이 헝클어졌을 때 새가 하는 것 같은 뚝뚝 끊어지는 머리 움직임 때문에 버드Bird라는 별명이 있었다. 엄마는 내게 태풍 속의 닻

* 밤에 산책 중 범죄자로 오인한 경찰로부터 불과 몇 초 사이에 마흔한 발의 총알 세례를 받고 사망한 흑인 청년 디알로를 추모한 곡.

이 되어주었다.

회사를 떠나 있는 동안, 나는 목소리가 듣고 싶어서 매일 밤 한밤중에 엄마에게 전화를 걸곤 했다. 나는 그것이 엄마에게 어떤 괴로움을 주는지 알고 있었다. 나는 나 때문에 엄마의 가슴이 찢어지는 것을 느낄 수 있었다. 엄마는 나에게 모든 것이 잘 될 것이라고 말할 수 없었다. 왜냐하면 사실, 엄마는 확신할 수 없었기 때문이다. 엄마가 할 수 있는 일은 내 전화를 계속 받아주는 것뿐이었다.

내가 듣고 싶었던 것은 "앞으로 다시는 이런 일이 반복되는 일은 절대 없을 거야"라는 말이었다. 다시는 내가 속박되고 항정신병 약물을 주사 받는 일은 없을 것이라는 말을 듣고 싶었다. 다시는 그곳의 냄새를 맡거나 그곳의 음식을 먹지 않아도 된다고. 다시는 몸을 마구 흔드는 환자가 **진짜로** 몸을 흔들기 시작하기도 전에 보호사가 덮치지는 않을까 두려워하지 않아도 된다고. 다시는 정신병동 공동 샤워장에서의 최악의 상황을 두려워하지 않을 거라고. 그러나 아무도, 심지어 버드조차도, 나에게 그런 말을 해주지 못했다.

나는 보안카드를 찍고 사무실 안으로 들어갔다. 법률구조협회의 복도는 정신병동처럼 거의 밀실 공포증을 느끼게 했다. 나는 여기 있는 사람들이 정신질환을 이해한다고 믿고 싶었다. 그들은 매일 법원에서 피고인의 "나쁜" 행동은 가난과 정신질환에서 기인한 것이라고 변호하며, 가난하고 정신질환이 있는 사람들을 위해 싸우면서 쥐꼬리만한 월급을 받는 사람들이니까. 하지만 나는 그들이 무서웠다.

나는 상사와 이야기를 하러 가야 했다. 그러나 사무실 모퉁이를 돌기 직전에 내 몸은 다시 로비쪽으로 유턴을 하고 화장실로 뛰어들었다. 나는 주머니에서 핸드폰을 꺼내어 전화번호부에서 B로 시작하는 이름을 찾아 리스트를 내리고 버드의 전화번호를 눌렀다.

캔자스에서는 아침 8시 30분이었다. 학생들이 교실에 하나둘 들어올 동안 수업을 준비하느라 한창 바쁠 시간이다. 엄마는 통화연결음이 한 번 울리자마자 전화를 받았다. 내가 뉴욕으로 다시 돌아온 이후로 엄마는 전화기와 한 몸이 되어 있었다.

"우리 고릴라 할 말 있니?" 버드는 내 술통 모양 가슴과 털 많은 몸 때문에 내게 고릴라라는 별명을 지어주었다.

"고릴라는 법률구조협회 법인에 와 있어요."

"학교 첫날이구나? 왜, 잘 안 돼 가니?"

"안 돼 가요." 나는 이내 쏟아냈다. 흐느끼고 훌쩍이고 또 흐느꼈다.

"난 여기 있으면 안 돼요. 이건 정말 말도 안 돼요. 정말 바보가 된 기분이란 말이에요, 바보! 나, 이 사람들, 아직은 못 보겠어요."

"앞으로 나아가는 사람은 계속해서 나아간단다. 너는 어떤 사람이니?"

"나아가는 사람 아니에요! 나아가는 사람 아니야. 나아진 거 하나도 없어."

"3개월 전에 넌 정신병원에 갇혀 있었어. 지금은 직장에 가 있잖아. 너는 아직 변호사야. 네가 하고 있는 건 쉽지 않은 일이야."

"무서워요. 모든 사람이, 모든 것이, 항상이요." 그녀에게 말했다. "지하철에서, 밀폐된 공간에서, 복도를 지나다닐 때 모두가 나를 쳐다보면서 속으로 '그때 그 미치광이가 회사에 다시 돌아왔군'이라고 말하고 있을 거라는 상상이 들어요."

"엄마가 괴롭히는 사람들 엉덩이 때찌 해줄까?"

나는 웃었다. 그녀가 기꺼이 그러고 싶어 한다는 걸 알고 있었다.

"얘, 우리는 함께 힘든 시간들을 잘 헤쳐왔잖니. 넌 할 수 있어. 네 그 커다란 고릴라 같은 가슴을 한껏 부풀리고 반창고처럼 그냥 한 번에 뜯어 버려. 엄마가 또 필요하면 전화하렴."

나는 눈가를 닦고 변기 칸을 나와 얼굴에 찬물을 끼얹었다. 본격적으로 해야 할 시간이다. **네가 땀 흘리는 걸 그들이 못 보게 해. 앞으로 나아가는 사람은 그냥 계속해서 나아가는 거야.** 나는 거울을 들여다봤다. **보기 좋네. 정상적으로 보여. 넌 정상적인 놈이야.** 나는 그러고는 있는 힘껏 내 뺨을 후려쳤다.

나는 내가 평생 가는 병을 앓고 있다는 것과 양극성 장애는 치료가 아니라 관리해야 할 문제라는 것을 알고 있었다. 나는 앞으로 남은 평생 약을 먹어야 할 필요가 있고, 수많은 친구와 낯선 사람들 앞에서 수치심을 느낄 만한 행동을 저질렀다는 것을 알고 있었다. 나는 마지막 15년을 주립 정신병원에서 보내야 했던 조현병 환자인 에디 삼촌과 내가 원했던 것보다도 훨씬 많이 닮았다는 것을 알았다. 내가 얼마나 일찍 출근하든, 내가 얼마나 쓸모 있든, 내 복장이 얼마나 적절하고 얌전하든, 나는 언제나 "미친" 놈이었고, 앞으로도 그럴 것이다.

나는 마침내 기운을 차리고 상사의 사무실로 들어갔다. 내가 회사를 비우게 되었을 무렵 나는 일을 엉망진창으로 했었기 때문에 나는 우리가 곧 내 실적 부진에 대한 깊은 대화를 하게 될 것이라는 걸 알고 있었다. 그러나 그는 나를 보고 진심으로 기뻐하는 것 같았다. "좋아 보이네"라고 그가 내게 말했다. "살도 좀 오르고. 자네가 돌아와서 우리 모두 기뻐."

20분 후, 그는 나를 조퇴시킬 수밖에 없었다. 나는 정신과 의사로부터 내가 복직할 수 있는 상태라고 보증하는 진단서가 필요했다. 그가

"미안해, 정책이 그래. 진단서 없이는 이 건물 안에 있을 수 없어" 하고 말했다.

"규칙이 그렇다면 그렇게 해야죠." 내가 말했다.

핑곗거리가 생겨서 안도의 한숨을 내쉬었지만, 굴욕감이 느껴지는 건 마찬가지였다. 그 진단서 요건은 단순한 행정적 요건으로 느껴지지 않았다. 그것은 내가 제정신이라는 것을 증명하라는 요구처럼 느껴졌다. **자네가 돌아오다니 정말 기쁘기 그지없네. 그럼 이제 자네가 더는 미치지 않았다는 증명서를 보여줘야지.**

나는 다음 날 그 진단서를 받아 돌아왔다. 내가 다른 사람의 버드가 되기 위해서 나는 매일 직장에 나오고, 약을 챙겨 먹고, 바지를 잘 입고 있고, 내가 할 수 있는 선에서 트라우마를 최대한 조절하는 수밖에 없다는 것을 알고 있었다.

하지만 그렇게 되지 않았다.

한때 내가 꿈의 직장으로 생각했던 곳은 이제 견딜 수 없는 압력솥이 되었다. 우리 국선 변호인들이 근무 시간의 많은 부분을 보내는 비좁은 감옥은 종종 외상 후 스트레스 장애 증상을 유발했고, 강제 감금으로 인한 밀실 공포증의 기억으로 나를 다시 데려갔다. 하지만 결국 나를 무릎 꿇린 것은 퇴근 후의 불안 발작 증세들이었다. 국선 변호사로서의 나의 철학은 그 누구든 내가 저지른 실수 때문에 감옥에서 단 한 시간이라도 더 보내서는 안 된다는 것이었다. 아마 충족시킬 수 없는 기준일 테지만, 그래도 내가 그 기준에 충분하지 않다는 두려움을 떨쳐낼 수가 없었다. 두 번의 정신착란과 입원을 반복한 후, 나는 법률구조협회를 떠났다.

지금은 그로부터 2년이 지났고, 버드의 사랑과 지원, 그리고 현대

약리학 덕분에 나는 더는 내 정신이 언제라도 나를 저버릴 수 있다는 끊임없는 두려움 속에서 살지 않는다. 나는 또한 정신질환을 앓고 있는 수백만 명의 다른 사람들이 그런 공포를 안고 살아가고, 혼자서 그 공포를 견뎌내며, 너무나 많은 사람들이 우리의 과잉 사법 체계에 얽혀 그들이 혼자 싸워낼 힘이 없는 병 때문에 범죄자로 취급된다는 사실을 알고 살아가고 있다. 『더 타임스』의 2015년 조사에 따르면, 라이커스 아일랜드 구치소에 수감된 사람들의 40퍼센트에 달하는 총 4,000명의 남녀가 정신질환을 앓고 있는 것으로 나타났다. 다시 말해 우리의 감옥은 사실상 정신병원이 된 셈이다.

결국에 나는 아침에 출근할 때마다 느꼈던 내가 변호하는 사람들의 인생이 내 손에 달려 있다는 부담감과 나의 양극성 장애를 동시에 통제하기에는 역부족이었다.

다만 내가 할 수 있는 일은, 내 병 앞에서 완전히 속수무책이었던 경험과 한 사람이 준 사랑의 보살핌에 의해 벼랑 끝에서 구해지는 경험에 대해 정직하게 이야기하고 쓰는 것이었다. 그리고 그것이 내가 바로 지금 하고 있는 것이다.

힐데가르트의 환상과 나의 환상

제니 기어링

그때 내가 왜 그냥 차를 돌려 집으로 돌아가지 않았는지 모르겠다. 아들의 하키 경기에 아들을 데려다주는, 엄마로서 해야 할 가장 간단한 과제조차 해내지 못한다는 실패를 다시 한번 직면하고 싶지 않았을지도 모른다.

그날 아침은 이미 너무 힘든 상태였다. 평소보다 관절은 더 아프고, 차 문은 더 무겁고, 12월 중순의 한기는 내 폐 속에서 더 날카롭게 느껴졌다. 진입로를 빠져나와 마을 쪽을 향해 언덕을 내려가면서 나는 히터를 최대로 틀었다. 김 서림 방지 유리창 가운데에 김이 서려 있지 않은 15센티미터가량의 네모난 부분 너머로 밖을 보며 가던 중에 차가 갑자기 우체통 하나를 겨우 비껴가며 미끄러졌다. 나는 히터가 제대로 작동하지 않고 있다고 확신하고 이리저리 버튼을 누르고 세팅을 바꿨다. **녹는 데 왜 이리 시간이 오래 걸리는 거야?** 나는 너무 화가 치민 나머지 마구 욕설을 퍼붓기 시작했다. 뒷좌석에서 침묵하던 아들이 작고 조용한 목소리로 한마디 할 때까지 말이다. "엄마, 히터 킨 지 2초 정도밖에 안 됐잖아요."

그 사건이 내 머릿속에서 이상한 일이 일어나고 있다는 나의 첫 단서였다. 그 몇 초는 광대하고 헤아릴 수 없는 긴 시간으로 팽창되어 있었다. 그러고는 가슴에 타들어 가는 듯한 통증이 느껴졌다. 나는 모퉁이를 돌고 차의 계기판에서 도로로 시선을 옮겼고, 주변 시야는 형형색색 네온 불빛의 눈송이로 춤을 추기 시작했다. 친숙한 시골 풍경이 마치 어린아이의 입체경을 통해 보이듯 갑자기 과장된 삼차원으로 변했다. 설마 내가 실수로 아침에 약을 두 번 먹은 건 아닌가 의심했다.

무슨 일이 일어나고 있었던 것이건 간에 이 고광택, 총천연색 세상은 내가 만들어낸 것이 아니었다. 나는 도로에도, 뒷자리에서 들려오는 아들의 목소리에도 집중할 수가 없었다. 정신을 부여잡으려 해보았지만 내 정신은 그런 나의 노력을 피해 의식 깊은 곳의 방 안으로 숨어들었다. 무슨 일이 일어나고 있는지 종잡을 수 없었지만 나는 운전을 계속했다.

행운과 치기의 위태로운 조합 끝에 우리는 무사히 아이스링크에 도착했지만, 로비로 들어가 앉자마자 내 심장이 요동치고 어지럼과 혼란스러움이 가중되는 것을 느끼고는 나는 옆에 앉아 있던 낯선 사람에게 내 핸드폰을 건네며 119에 전화해달라고 부탁했다.

그 첫 증상은 일곱 시간이나 지속되었다. 병원에서는 편두통 치료를 하고 나서 피로 때문이라는 진단과 함께 나를 집으로 돌려보냈다. 그 후, 그 증상은 매일, 어떨 때는 하루에 한 번 이상 나타났다. 그런 증상이 내가 자고 있을 때 올 때면 나는 가슴 통증을 느끼며 일어나 개들이 침대 주위를 돌아다니거나 열대 새들이 합창하는 소리를 듣곤 했다. 나는 천장이 액체로 변해 녹아내리는 것을 지켜보았다. 보라색 타투 도안들이 마치 TV 뉴스 자막처럼 내 시야를 지나갔다. 나는 운전하는 것을 멈췄다. 집 밖으로 나가는 것도 그만두었다. 우리는 원인을 밝히려고 노력했지만 내 증상들은 일정한 패턴으로 나타나지 않았다. 그리고 아무것도 도움이 되지 않았다.

몇 주 동안 나는 이 분열적인 환각 상태와 눈이 멀 듯한 극심한 두통 사이를 오락가락했다. 나는 해답을 기대하며 보스턴에 있는 신경외과에서 사흘을 보냈다. 그러나 테스트 결과는 익숙한 흐름을 따르고 있었다. 내 뇌는 멀쩡하다는 것이다. 하지만 나는 분명히 그렇지 않았다.

결국 의사들은 주기적으로 계속되는 나의 편두통을 없애기 위해 엄청난 양의 스테로이드제를 투여했다. 그러나 두통이 다시 시작되던 날 밤, 나는 지금껏 겪었던 것 중 가장 강렬한 증상을 경험했다.

나의 정신이 둘로 갈라진 것 같았다. 내 생각들이 뒤섞여 있는 암호의 파도가 되어 쏟아져 나와 내 머리 바로 뒤에서 넘실대는 것을 보았다. 나는 그 암호들을 해독할 수 있다면 어떤 예술적인 비밀이자 창의적인 메시지를 얻을 수 있을 것이라고 확신했다.

나는 최근에 12세기의 작곡가이자 수녀원장, 발명가, 그리고 성자인 힐데가르트 폰 빙엔Hildegard von Bingen에 대해 많은 생각을 하고 있다. 나처럼 그녀는 만성적인 질환에 시달렸다. 신경과 의사 올리버 색스 박사는 그녀의 질환이 난치성 편두통이었을 것이라 소급 진단했다. 힐데가르트는 정교한 환영을 경험하는 증상 또한 가지고 있었다. 색스 박사의 진단이 정확하다면 이것은 앞뒤가 들어맞을 것이다. 어떤 종류의 편두통은 정교하고 구체적인 환각을 동반하기도 한다. 신학적 작품인 〈스키비아스Scivias〉에서 그녀는 "내가 태어난 지 42년 7개월 되었을 때 천국이 열리고 눈부시게 빛나는 불꽃 같은 빛이 나의 뇌 전체에 스며들어 내 심장과 가슴 전체에 염증을 일으켰다"며 나와 놀라울 정도로 비슷한 경험을 묘사했다.

하지만 힐데가르트는 그녀의 음악 작품으로 가장 잘 알려져 있다. 그녀의 신비로운 종교적 성가는 강렬하며 오늘날 그 당시의 다른 어떤 작곡가들의 음악보다도 더 널리 들려지고 있다.

나는 그녀와 대화해보고 싶다.

아프기 전에 나는 다작하는 뮤지컬 작곡가였다. 나는 엄마이자 아내이자 멀티플레이어, 그리고 과잉성취자였다. 나는 매일 사용 가능한 모든 시간을 짜냈다. 지금은 내가 성취하는 모든 것이 병의 안개가 한 꺼풀 덮여 있는 상태에서 이루어진다. 좋은 날들의 연속과 함께 영감이 수렴되는 아주 잠깐의 순간들이나 순수한 의지의 힘으로 음악 한 곡을 세상에 불러들일 수 있을 만큼 충분히 오랫동안 집중할 수 있는 날들이 있긴 하다. 하지만 그런 날들은 아주 드물다.

나는 힐데가르트가 내게 어떤 말을 해줄지 궁금하다. 그녀는 자신의 신비한 환상을 초월적인 마드리갈madrigal*로 재탄생시켰다. 그녀는 대체 어떤 연금술 같은 재주로 자신의 쇠약함을 영감과 결합시킬 수 있었던 것일까?

앞서 말한 내 아들이 차에 타고 있을 때 있었던 사건이 있기 몇 달 전, 유방 절제술 중에 넣은 실리콘 보형물에 대한 독성 반응으로 생겨난 자가면역 증후군과 3년간 사투를 벌인 끝에, 사회보장국은 나를 장애인으로 선언했다. 가끔은 내 증상이 견딜 만하다. 하지만 어떨 때는 나는 위기의 구렁텅이 속으로 질주한다. 3분의 1 이상의 체중 감소, 치료하는 데 일곱 차례의 항생제 투여가 필요했던 지속적인 감염, 남편에게 업혀 응급실로 가야 했을 만큼 심한 노로바이러스 치레 등 모두

* 르네상스 후기에 이탈리아에서 성행한 세속 성악곡.

나의 예민한 면역 체계 때문에 일어난 결과였다.

기침 하나와 아주 작은 메스꺼움의 기미마저도 내게 회복하는 데 몇 달씩 걸리는 건강 악화를 유발할 수 있다. 마치 복면을 쓴 약탈자처럼 나의 병은 내 몸의 이곳저곳으로 스며들어 난장판을 만든다. 그다음은 무엇이 될지 나는 모른다.

내게는 힐데가르트와 같은 신앙이 없고, 모든 일에는 이유가 있다고도 믿지 않는다. 그리고 나는 확실히 내 병에 더 큰 의미를 부여하지 않는다. 그 당시 알려지지 않은 요인들과 불운의 결합이 나를 안 좋은 건강 상태의 병영으로 불러들였다는 것만 마음속으로 알고 있다. 하지만 나는 이런 이상한 증상들에 관한 생각을 멈출 수 없다. 내 음악에 이 증상들은 어떤 표식을 남기게 될까? 그리고 나는 그것들을 일종의 지침 혹은 경고로 해독해야 할까?

침대에 누운 채로 환각을 일으키면서 옆에 누워 있는 남편에게 물었다. 남편은 대답을 주저하며 자기도 잘 모르겠다고 조심스럽게 말했다.

병이 생긴 지 1년이 되었을 무렵, 나는 내 경험을 노래로 옮기기 시작했다. 마치 트위터에 생중계되고 있는 비극처럼, 그것은 실시간으로 찍힌 탈선된 삶의 풍경이었다. 계속해서 점점 더 작아지는 네모난 극장 특별석으로 재정의되는 한 여자. 내가 극장의 이 부분을 통해 무엇을 이야기하고 싶어 하는지는 내가 그때의 몇 달 동안 변화된 의식상태로 살아가게 되면서 근본적으로 달라졌다. 나는 단지 그것이 무엇인지 아직 모를 뿐이다.

요즘은 증상이 그래도 덜 극적이지만, 마치 배경에 깔려 있는 듯이 귀가 멀어버릴 듯한 이명, 압박감, 통증, 그리고 열이 내 눈의 문 뒤에

타오르는 불처럼 언제나 함께한다. 나를 진료했던 여섯 명의 의사들은 원인을 잘 모른다. 그래서 나는 이게 평생 지속되는 것은 아닐까 하는 의문을 품고 있다.

장애는 내게 변화해가는 기대에 부응하는 기술을 익히도록 했다. 나는 내 병이 만들어내는 끊임없이 변화하는 풍경 속에서 살아야 한다. 나의 모든 계획, 모든 저녁 데이트, 모든 여행에는 내가 그 일을 감당하지 못할 수도 있다는 조건이 따라붙는다. 가끔은 그저 흘러가게 내버려두는 것이 내가 할 수 있는 전부일 때도 있다.

그러나 한 가지는 분명하다. 이 증상들은 나에게 새로운 목적의식을 부여해주었다. 나는 내가 할 수 있을 때 내 펜에서 최대한 많은 음악을 뽑아내야만 한다는 것을 절실히 깨닫고 있다. 의학적 위기가 또 찾아오리라는 걸 나는 알고 있다. 그리고 그 위기가 닥치면 몇 주, 혹은 몇 달이 지체될 것임을 나는 알고 있다. 이제 병은 나에게 완전히 스며들어 있다. 아마도 힐데가르트가 알았던 것은 이것이었을 것이다. 당신이 할 수 있는 만큼 말하고, 할 수 있는 만큼 잘 말하고, 할 수 있는 만큼 길게 말하라.

행간에서 나를 찾다

오나 그리츠

ჷ

내 생애 열여덟 번째 여름의 어느 날 아침, 당시 내가 사랑한다고 생각했던 그 남자는 볼더 공립도서관 뒤편에서 살구나무를 발견했다며 살구를 따러 가자고 내 룸메이트들과 나를 불러냈다. 우리 다섯 명은 나로파 대학에서 시를 공부하러 이 동네에 온 지 몇 주가 지나도록 그런 과실수가 있었는지도 몰랐다는 사실에 신기해하며 종이봉투를 들고 그리로 무리 지어 갔다. 사실을 말하자면, 다른 사람들은 신기해한 거였지만 나는 그런 척한 것이었다. 뉴욕의 퀸즈 지역에서 자란 나는 살구나무를 본 적이 없었다. 살면서 내가 본 살구라고는 어머니가 사온 통 안에 끈적해진 종이 포장지에 싸여 있던 납작해진 말린 살구뿐이었다.

그 여름 내가 사귄 친구들은 모두 나보다 나이가 많았고, 세상에 대해서도 더 많이 알았으며, 책도 더 많이 읽은 사람들이었다. 나는 그들이 나에게 부여한 후배이자 편애받는 막내 여동생 역할에 만족스러운 마음으로 빠져들었다. 그들은 내가 쓴 시를 비평해주고, 내게 독서 목록을 제시해주었다. 언니들은 나에게 연애 상담을 해주었지만, 우리는 그 전날 밤 같은 반 친구의 하우스파티에서 일어났던 일에 대해서는 이야기하지 않았다. 거기서 리치는 마침내 나에게 키스를 했다.

"잡아." 그는 나무 꼭대기에서 나를 부르며 복숭아 미니어처처럼 보이는 열매들을 아래로 던졌다. 나는 인디언 패턴 치마를 펼쳐 떨어지는 살구를 받을 망을 만들었다. 그 와중에 내 머릿속에서는 두 가지 생각이 나의 주의를 끌기 위해 경쟁하고 있었다. **그가 나를 사랑하는지도 몰라. 이걸 글로 써야겠어.**

리치에 대한 나의 사랑은 아무런 결실을 맺지 못했다. 그때 그 완벽한 여름 아침을 시로 담아내려는 나의 노력 또한 결실을 맺지 못했다. 하지만 내 십 대 감성에 그것은 적절한 모든 재료를 갖추고 있었다. 그리움, 희망, 덧니가 있는 귀여운 남자애, 부드럽게 떨어지는 살구들.

문제는 그 순간이 내게 중요하게 느껴졌다는 것 말고는 그 경험에 대해 별로 할 말이 없다는 것이었다. 그 일이 있고 나서 20년도 더 지난 어느 날, 나는 문득 그 나무 아래 서 있던 젊은 시절의 내 모습이 떠올랐고, 비로소 젊은 시절 내 원고에서 무엇이 빠져 있었는지 깨달았다. 그것은 바로 나의 뇌성마비였다.

1981년 7월의 그날 아침, 나의 짝사랑이 나와 내 새 친구들에게 자신이 발견한 나무에 대해 말하는 순간, 내 머릿속은 바삐 움직이기 시작했다. 살구를 따러 갈 때 나는 실용적이지 못한 치마를 입고 있을 거야. 그러면 반바지와 운동화를 신은 다른 사람들이 나무를 오르는 불가능한 일을 해내는 동안 내가 나무 아래에서 기다릴 구실을 주겠지. 그곳에 가서는 치마를 들어올리고 짝짝이인 내 종아리를 노출하기로 하는 찰나의 결정을 내리기도 했다. 그게 아니면 내 서투른 손으로는 풍선보다 잡기 어려운 건 전부 잡지 못한다는 것을 인정하는 것이었다.

나에게는 이런 종류의 계산이 습관처럼 몸에 배어 있었다. 내가 말을 할 줄 알게 된 이후로, 나는 내가 마주친 거의 모든 사람과 무언의 협정을 맺었다. **불편한 내 몸과 그 한계에 대해서는 말할 생각이 없으니까 당신도 말하지 마.**

"다리에 뭔 일이 있었던 거야?"

나는 이 같은 질문으로 나의 협정이 깨지는 게 싫었다. 초등학교 때 이런 질문을 받으면 나는 보통 짤막하면서도 정확하게 이렇게 말했다. "아무 일도 없었어." 결국 내 뇌성마비의 원인이 무엇이었건 간에 그건 오래전 내가 태어날 때의 일이었다. 그리고 그 일은 내 다리가 아니라, 다리를 움직이라고 명령하는 나의 뇌 영역에서 일어난 것이었다.

6학년 때 한번은 반 아이들 중 누군가가 자기에게 그런 질문을 했다고 한 친구가 내게 귓속말을 했다. "그래서 네가 엠파이어 스테이트 빌딩에서 떨어졌다고 했어." "그랬더니 걔가 그 말을 믿어?" "몰라. 근데 그랬더니 걔가 딴청을 부리더라고."

그 후, 나도 엠파이어 스테이트 빌딩 이야기를 몇 번 써먹었다. 비록 훔친 이야기였지만 내 대체재인 "네 알 바 아니거든"보다는 더 독창적이고 흥미로운 것 같았다

내가 가진 뇌성마비의 종류인 우측 편마비는 내 몸 한쪽의 마비 증상을 포함하고 있다. "어째서 저는 왼쪽을 더 많이 느껴요?" 내가 다섯 살 때 처음으로 이런 질문을 했을 때 엄마는 이미 준비되어 있던 답변을 내놓았다. 그 답변은 전혀 만족스럽지 않았다.

"네 심장이 왼쪽에 있기 때문이야"라고 엄마는 말했다. "다른 사람들처럼 말이야."

이 기억은 나에게 뚜렷하게 남아 있지만, 아마 그전에도 부모님이

나에게 나의 장애에 관해 이야기한 적이 있었을 것이다. 어쨌든 나는 내가 가지고 있는 것이 무엇인지, 그리고 그것이 뭐라고 불리는지를 알고 있었으니까. "Carnival(카니발)"이랑 비슷하게 C로 시작하는 단어인 Cerebral(뇌성). 그리고 어렴풋이 "pansy(팬지)"처럼 들리는 Palsy(마비). 나의 장애에는 C.P.라는 별명이 있었고, 그래서 나는 다리 교정기를 착용한 채로 잠자리에 들어야 했고, 한 달에 한 번씩 부모님이 "센터"라고 부르는 곳에 가서 물리치료사를 만나야 했다.

"아무것도 아니야. 눈에 잘 띄지도 않아." 밤에 다리 교정기 차는 걸 도와주시면서 엄마는 나를 안심시켜주었다. 적어도 센터에서 본 C.P.가 너무 심해서 말을 하려 하면 이상한 소리가 나고 전혀 걷지도 못하는 몇몇 아이들과 비교하면 엄마의 말이 맞다는 걸 알고 있었다. 동시에 그 아이들과 내가 깊고 부정할 수 없는 방식으로 닮았다는 것도 알고 있었다. 우리를 구별 짓는 유일한 것은 딱 하나밖에 없었다. 그것은 바로 운Luck이었다. "Life"와 "Love"처럼 L로 시작하는 이 아담한 낱말은 어쩐지 세상의 모든 차이를 만들어낼 만큼 아주 거대해 보였다.

내 몸으로, 그리고 사람들과 어울려 살아간다는 것에 대해 뭔가를 이해해보려고 애쓰는 아이의 입장에서 엄마의 그런 설명들은 별로 도움이 되지 않았다. 엄마를 탓하려는 게 아니다. 우리 대부분이 그랬듯이, 엄마는 무언가 달라 보이는 사람들을 만났을 때 손가락질하거나 쳐다보거나 질문을 던지거나 하면 안 된다는 말을 들으며 자랐다. 바로 이렇게 서로 배려하고 조심하고자 하는 우리의 의도에서 무언의 약속이 비롯되는 것이다. 정서적으로 미발달 깡패들이 우리 사회의 고위직을 꿰차고 속임수, 잔인함, 조롱 등의 안 좋은 본을 보이고 있는 지금은 특히 그 어느 때보다도 모든 사소한 친절의 시도가 꼭 필요하다.

그러나 나, 그리고 나와 비슷한 다른 사람들이 우리의 "다름"이라는 민감한 주제를 조심스럽게 건드릴 때, 그런 태도는 우리를 어디에 놓이게 하는 걸까? 오랫동안 나는 내 장애에 대해 어떤 식으로 이야기해야 할지, 심지어 어떻게 생각해야 할지도 확신이 서지 않았다. 내 장애의 의미는 좀처럼 잡히지 않으면서 계속해서 변모했다. 꼬맹이였을 때 나의 장애는 내가 다른 아이들처럼 롤러스케이트를 타거나 뛸 수 없다는 것을 의미했고, 10대와 20대 초반에 그것은 나를 내 또래들보다 덜 매력적으로 만드는 결함을 뜻했다. 그리고 스물다섯 살 때, 그러니까 잘생기고 장애가 없지만 나를 너무 힘들게 하는 남자와 만났을 때, 그것은 그가 내게 주어진 단 한 번뿐인 사랑의 기회로 보이게 하는 가림막이었다.

우리는 결혼해서 아이를 낳았다. 그리고 내가 신생아를 돌보는 일이 요구하는 육체적 부담에 힘겨워하면서부터, 나의 장애는 비로소 제 모습을 드러냈다. 나의 장애는 개선을 위한 노력과 창의력을 요구하고, 내가 마음 편히 할 수 있는 것보다 훨씬 더 자주 도움을 요청해야 하는 특정한 한계들의 집합이었다. 육아 첫해는 내 삶을 통틀어 가장 힘들었던 시절이었고, 또한 나 자신을 한없이 초라하다고 느끼게 했던 시절이었다. 하지만 그와 동시에 내가 다른 사람들에게 어떻게 인식되는지보다 내가 성취해야 할 것에 중점을 두도록 하면서, 내 몸과 진정한 관계를 맺도록 나를 이끌어준 시간이기도 했다.

그 시절 내내 나는 글을 쓰고 있었다. 그러나 내가 내 작품에서 장애를 다루기 시작한 건 그로부터 몇 년 후였다.

나는 무엇을 말하고 싶어 하는가? 이 시, 이 에세이, 이 장은 무엇에 관한 것인

가? 이 작품에는 어떤 세부 묘사가 들어가야 하고 주제와 관련이 없는 군더더기는 무엇인가? 모든 작가는 컴퓨터 화면에서 깜박이는 커서를 응시하면서 스스로 이와 같은 질문들을 던진다. 하지만 나의 뇌성마비가 특정 작품과 얼마나 관련되어야 하는가 하는 문제에 이르면, 질문은 훨씬 더 복잡해질 수 있다.

"내가 모든 페이지에서 장애인이어야 하는 거야?" 출판 에이전트인 친구가 내게 장애인의 육아에 관한 회고록을 쓸 것을 제안했을 때 내가 그녀에게 물은 질문이다. 그 아리송한 질문은 우리를 웃게 했다. 하지만 내가 확인하고 싶었던 것은 글에 등장하는 "나"라는 화자가 자기 이야기를 하면서 매 순간 뇌성마비를 생각해야 하느냐 하는 것이었다. 실제 삶에서 사정은 전혀 다른데도 말이다.

시간이 흐르면서 나는 글을 쓸 때 좀 더 유용한 일련의 질문들을 발견했다. **나의 장애에 관한 세부 묘사가 이 구절을 확장하고 심화할 가능성이 있는가? 나의 장애에 대한 세부 묘사가 내가 미처 표현하지 못한 무언가를, 어쩌면 내가 알고 있음을 인지하지조차 못하고 있는 무언가를 가져다줄 가능성이 있는가?**

글쓰기를 통해 비로소 나는 나 자신의 몸과 내 몸이 전개하는 이야기를 이해하게 되었고, 나의 장애가 특정한 역학을 드러낼 때와 요점에서 벗어날 때를 계속해서 배워나가고 있다. 결국 나는 살구를 따러 갔던 그날 아침에 관한 시를 다시 썼고, 그러고 나서야 내가 거의 숭배하다시피 했던 친구들 사이에서조차 나 자신이 얼마나 외로웠었는지 깨닫게 되었다. 나의 경험만이 아니라, 내가 세상 사람들과 공유할 수 있으리라고는 생각지도 못했던 나의 존재 자체에도 이처럼 중요한 국면이 있었던 것이다.

“당신의 망가진 부분에서 시작하라.” 데이비드 에르난데스David Hernandez는 그의 시 「진심을 담아, 하늘로부터Sincerely, the Sky」에서 이렇게 충고한다.

이것은 시인이 우리 모두에게 보내는 요청이다. 전체적인 이야기로 들여다보면 누구나 망가진 부분들이 있기 때문이다. 그리고 특히 요즘처럼 다툼이 심한 시대에, 글을 통해서건 직접적인 만남을 통해서건 우리의 완전한 이야기를 들려주는 것은 사람들 사이를 진정으로 이어주는 최고의 기회를 제공한다.

학생들에게 내가 우울증이 있다고 말해야 할까?

*

애비 L. 윌커슨

내가 가르치던 새로운 수업 "장애의 생태학: 장애에 관한 글쓰기"는 조지 워싱턴 대학에 신입생을 대상으로 개설된 여러 작문 세미나 중 하나였다. 강의 주제를 고려해 볼 때, 이 세미나는 적어도 일부 학생들에게는 매우 어려운 수업이 될 것 같았다. 그리고 이 세미나는 나에게도 곤란한 문제를 일으키고 있었다.

수업이 시작되기 전부터 나는 걱정이 되었다. 나는 우울증을 앓고 있다. 그래서 고민이 되었다. 수업 시간에 내가 우울증을 앓고 있다고 털어놔야 할까? 그렇게 하는 게 학생들에게 도움이 될까? 나는 수업을 시작하기에 앞서 모두를 위해 내가 무엇을 하려는 건지 나의 계획을 분명히 밝히고 시작하고 싶었다. 그러나 전혀 확신이 없었다. 교실에서 우울증이 있다는 것을 밝히겠다는 생각 때문에 내 머릿속은 혼란스러워졌다.

세계보건기구는 우울증을 "장애의 주요 원인"으로 규정하고 있지만, 우울증을 앓고 있는 모두가 자신을 장애인으로 규정하는 것은 아니다. 나에게 장애의 핵심적 의미 중 하나는 "장애crip" 자부심이다. 이것은 장애를 결함으로 보는 의학적 관념과 그와 관련된 사회적 낙인에 대한 저항의 의미를 담고 있다. 나의 우울증은 내가 원한 적이 없던 선물들을 나에게 주었다. 다른 사람들의 고통에 대한 민감성도 그중 하나다.

하지만 현실을 직시하자. 어떤 면에서 우울증은 고통이다. 나는 이러한 사실을 내가 그토록 찬탄해 마지않는 다른 사람들의 격렬한 장애 자부심과 어떻게 조화시킬 수 있을까? 강의에서는 우울증의 어두운 무게감이 강의 제목의 "장애"라는 키워드와 어떻게 어울릴 수 있을까? 만약 내가 이 일을 하려 한다면, 나는 그것을 제대로 해야 할 필요가 있었다. 하지만 나는 어떻게 해야 좋을지 확신이 없었다.

과거에는 심한 우울증을 겪었지만, 요즘 나의 우울증 삽화는 강도가 약해졌고, 발생 빈도도 줄었다. 어떤 날은 기분이 괜찮다. 하지만 이내 우울감을 느낄지도 모른다. 그렇더라도 여전히 웃을 수 있고, 명료하게 생각할 수 있으며, 밤에 잠을 자고, 인생을 즐길 수 있을 것이다. 그러다 어느 날 아침, 이렇다 할 확실한 이유 없이 진흙탕에 처박힌 채로 눈을 뜨게 되고, 이제 내 몸은 일상에서 겨우 끌고 가야 할 짐으로 전락해버리기도 한다. 그럴 때면 삶의 리듬이 갑자기 거의 무위로 변하며, 가루가 되어 흔적도 없이 사라져버린다. 왠지 무감각하고 날 것 그대로 까발려진 기분이 든다. 내게 중요한 모든 것은 이제 저기 저 먼 곳에 있는 것처럼 느껴진다. 다른 사람들이 어떤 평행 우주에 존재하는 듯이 동떨어져 있는 것 같다.

나는 계속해서 우울증이 나타날 거라는 징후를 눈치채고 스스로를 더 잘 돌보는 법을 배워야 하지만, 그와 동시에 우울증이 나의 일부라는 사실을 받아들여야 하기도 한다. 나는 학생들에게 감정적으로 깊은 개입을 요구하는 새로운 강의를 가르치는 와중에도 이러한 노력을 지속해야 한다. 지난 1년여 동안 수강생들의 또래 학생 몇몇이 자살한 이 캠퍼스에서 말이다.

첫 수업 시간에 나는 학생들에게 자기 자신이나 가까운 지인이 심리적으로 힘들었던 때에 관해 글을 써보라고 했다. 내 우울증에 대해서는 말하지 않았다. 다음 수업 시간에 나는 학생들에게 글쓰기가 잘 되어가고 있냐고 물었다. 학생 몇이 서로 눈빛을 교환하더니, 갑자기 한 남학생이 다소 신경질적이고 열띤 어조로 말했다. "뭐에 관해 써야 할지 도무지 감이 잡히지 않아요. 서로 잘 알지도 못하는 사람들 앞에서 자기가 얼마나 약한 사람인지 얘기하는 게 쉬울 리가 없잖아요." 다른 학생들도 그 학생의 말에 동의한다는 듯이 웃었고, 이내 여러 사람이 한꺼번에 말을 꺼내기 시작했다.

페미니스트 철학자 마릴린 프라이Marilyn Frye는 이중구속 상황이 억압받는 집단의 구성원들에게 일상적으로 일어난다고 주장한다. 물론 프라이가 장애를 생각하며 이 주장을 펼친 것은 아니지만, 그녀의 주장은 이 경우에도 들어맞는다. 우울증을 공개해야 할지 말지에 관한 문제도 전형적인 이중구속 상황이다. 공개를 하게 되면, 오명을 뒤집어쓰고 아마도 물질적 손해를 입게 될 것이다. 공개를 하지 않으면, 당신이 겪고 있는 고통은 보이지 않게 되어, 우울증으로 인해 감정과 태도가 변할 때 사람들은 당신의 인성에 문제가 있다고 여기게 된다. 그 결과 사람들로부터 고립되고 만다. (한 드러그스토어의 계산대 점원이 한 손님에게 슬프고 나지막한 어조로 건넨 말에서 나는 머릿속으로 즉각 "실존적 절망의 드러그스토어"라는 말을 떠올렸다. "아무도 당신을 도울 수 없어요.") 침묵하는 한, 우리는 이와 똑같은 상황에서 자기 자신의 우울증 경험을 타인을 돕거나 그와 관계를 맺는 데 명시적으로 이용할 수 없다.

우울증이 심하지 않을 때는 그것을 굳이 공개할 필요가 없다고 느끼기 쉽고, 반대로 우울증이 심할 때는 그것을 공개한다는 것이 생각할 수도 없는 일처럼 느껴질 수 있다. 과거에 나는 상당히 제한적으로만 우울증을 공개했다. 학문적인 맥락에서 우울증을 공개하는 것은 학생과 교직원 모두에게 특정한 뉘앙스를 가지고 있다. 이성은 학문적 환경에서 제대로 기능하기 위한 핵심 요소다. 원활하고 지속적인 생산은 이곳에서 살아남기 위한 기본 요건이다. 그 그림에 정신질환은 어울리지 않는다.

학기 중반쯤, 강의에서 앨리 브로시Allie Brosh의 『큐큐: 웃픈 내 인생 *Hyperbole and a Half*』에서 묘사된 저자의 우울증에 대해 토론하고 있을 때였다. 저자는 책에서 "희망 중심적인" 대화로 그녀를 도와주려는 사람들에게 우울증이 심각한 경우에는 그런 방식이 도움이 되지 않는다는 점을 도무지 이해시키지 못하는 내용을 서술하고 있다. 학생 중 하나가 몹시 화를 내며 목소리를 높였다. "친구가 축 처져 있으면 기운 내라고 독려하는 게 당연한 일 아닌가요?"라고 따지듯이 말했다. "이 작가는 내가 아끼는 사람을 도우려고 하는 게 마치 잘못된 일인 양 말하고 있잖아요. 뭘 해도 안 되는 것처럼 보이네요."

평소답지 않은 침묵이 흘렀다.

그가 다소 누그러진 어조로 덧붙였다. "그렇지만 저는 우울증이 생길 만한 사람은 아녜요. 그래서 이런 일들이 이해가 안 가는지도 모르죠." 그때 다른 학생이 말하기 시작했다. 그녀는 자신의 만성적인 불안과 다른 사람들에게 그것에 관해 말하는 것의 두려움을 꾸밈없이 얘기했다. 우리는 그녀에게서 그런 이야기를 들은 적이 없었다. 그러자 또 다른 학생이 처음으로 자신의 우울증을 변호하고 나섰다.

그는 말했다. "그냥 그 사람이 자기 얘기를 하게 내버려 두세요. 그게 핵심이에요. 그런데 사람들은 대개 그런 이야기를 듣고 싶어 하지 않죠. 작가가 하려는 말은 바로 그거예요. 사람들은 자꾸 힘내라고만 해요. 그걸 할 수 없다는 게 문제인데 말이죠."

갑자기 수업이 활기를 띠게 되었다. 학생들의 교육 과정에는 성소수자 학생들의 우울증과 불안감, 운동선수들의 부상, 그리고 학습장애 등에 관해 교내 다른 학생들을 인터뷰하는 과제가 포함되었다. 일단의 학생들이 내가 이 강의를 새롭게 만들게 된 계기 중 하나였던 조지워싱턴 대학에서 개최된 동명의 콘퍼런스 "장애의 생태학: 장애에 관한 글쓰기"에서 그들의 결과물을 발표하기도 했다. (이 콘퍼런스는 내가 새로운 강의를 개설한 여러 이유 중 하나였다.) 학생들 모두 우리가 함께 수업에서 읽었던 사회적 환경이 어떻게 장애에 대한 우리의 경험을 구조화하는지에 대한 내용을 스스로 발견하게 되었다. 그때 그 작지만 솔직한 좌절의 표현에서 비롯된 대화는 그 뒤로도 몇 주간 이어졌다.

그러는 동안에도 내 심중 깊은 곳에는 왠지 불안한 감정이 계속 남아 있었다. 나는 결국 수업 시간에 나에게 우울증이 있다는 사실을 밝히지 않았다. 나는 지금도 여전히 내가 왜 그랬는지 잘 모르겠다.

교수들은 그동안 겉으로 드러내지 못하던 이야기들을 꺼내며 우리가 정신적 장애를 공개하는 문제에 무엇이 걸려 있는지를 인정하기 시작하고 있다. 하지만 미국 대학 교수진의 대다수를 차지하는 임시직 교수들은 특히 이 같은 정신장애의 공개에 뒤따르는 결과를 두려워한다. 그러한 공개는 원래 의도했던 취지와 다르게 인식될 수 있고, 학생들의 강의 평가나 동료 및 관리자의 행정 평가에 영향을 미칠 수 있다. 더욱이 자신의 정신장애를 공개한 당사자가 여성이거나 유색인종, 성소수자, 또는 나이가 많은 사람이라면 상황은 더욱 안 좋은 방향으로 흘러갈 수 있다. 건강보험과 관련한 문제에 대한 두려움도 비합리적인 것만은 아니다.

임시직에 임용되었지만 나는 비교적 운이 좋은 편이었다. 나의 직책은 "무기한 연장"이 되며, 먹고살기에 문제없는 급여와 4대 보험 및 복리후생이 지원되었고, 나중에는 승진 심사를 받고 부교수가 될 수 있었다. 이러한 조건들은 대부분의 임시직 교수진들이 받는 조건들보다 훨씬 더 좋았다.

어쩌면 교수의 일이 항상 가르치는 것은 아닐지도 모른다. 때때로 교수의 가장 중요한 역할은 학생들 모두가 함께 생각하게 되는 사소하지 않은 기적의 순간이 열리고 그들이 그곳을 몇 번이고 반복해서 방문할 수 있도록 길을 만들어주는 것일 수도 있다.

나와 함께 가르치고 역시 우울증이 있는 친구인 샌디 프리드먼은 언젠가 이렇게 썼다. "나는 매일 아침에 스스로에게 조금 느리더라도 쉬엄쉬엄해도 괜찮다고 말해준다. 내가 하고 싶지 않은 일을 하고, 사람들 앞에 모습을 드러내고 싶지 않을 때 그들 앞에 모습을 드러내는 것만으로도 나는 이미 충분히 엄청난 일을 해내고 있다고 말이다."

수업을 듣던 학생들이 자신들의 약점을 드러냈을 때, 그들은 샌디가 말했던 것처럼 엄청난 일을 한 것이었다. 그들의 사례는 내가 지금 이 글에서 이러한 성찰을 하도록 고무했고, 앞으로 이어질 강의에서 내가 나의 우울증을 인정할 수 있는 적절한 방법을 결정하도록 용기를 주었다. 내가 지금 내 수업을 듣는 학생들의 나이였을 때 나와 같은 투쟁을 하는 교수님을 알았더라면 내 우울증을 개인적인 실패로 간주하기보다는 그것이 있을 수 없는 일이 아니며, 풍성하고 의미 있는 삶과 양립할 수 있는 것이라고 여기게 되었을지도 모른다. 우리는 어떻게 하면 이런 이중구속을 풀고, 우울증에 대해 공유하는 것이 직업과 인간관계를 위태롭게 만들 수 있다는 두려움을 없앨 수 있을까? 우리의 약함도 때로는 다른 이들과 함께하는 것을 좋아하고 필요로 할 때가 있는 법이다.

우리는 생활을 더 편리하게 해주는 원조 라이프해커다

리즈 잭슨

1988년, 벳시 파버는 프로방스의 한 임대주택 뒤뜰에서 말라붙은 야생 백리향 다발을 베어내고 있었다. 굉장히 향기롭고 그림 같은 풍경이었다. 그녀가 손에 든 구멍이 작은 어린이용 가위만 빼면 말이다. 그녀는 자신의 손가락 마디를 작은 구멍 안에 간신히 쑤셔 넣고 있었다. 그녀는 그 작업에 좀 더 적절한 장비를 찾을 수 없었다. **누가 고급 주방 도구를 임대주택에 놔두고 가겠는가?** 그녀는 이제 막 저녁 식사거리를 양념할 수 있도록 꿈쩍 않는 후추 그라인더를 겨우 분해해서 코카콜라에 녹슨 금속 부품을 담가 놓은 상태였다.

벳시와 그녀의 남편 샘은 더 나은 주방 도구를 찾기 위해 동네 철물점과 주말 시장을 샅샅이 뒤지기 시작했다. 그러나 그들이 찾은 주방용품은 가늘고 뾰족하며 손잡이가 없는 것들로 한정되어 있었다. 벳시가 원하는 건 뉴잉글랜드 셰이커 교도들이 한 세기 전에 만든 것 같은 정교하고 의도적인 입체적 패턴의 손잡이를 가진 수공구였다. 1960년부터 성공적인 가정용품 사업을 해온 샘은 벳시와 함께 그녀뿐 아니라 누구나 손에 들면 기분이 좋을 새로운 주방 도구 컬렉션을 기획하기 시작했다. 그것이 1990년에 설립된 요리 도구 및 가정용품 회사 OXO의 시초였다.

그 이후로 OXO는 장애의 유무와 상관없이 누구에게나 접근성이 좋은 제품과 공간을 만드는 것을 목표로 하는 유니버설 디자인의 가장 보편적인 예시가 되었다. OXO는 무려 천 가지가 넘는 제품을 생산하며 전 세계적으로 판매되고 있다.

그런데 내가 벳시와 OXO에 대해 읽으면서 눈에 띈 것이 있다. 이것은 OXO 블로그에 올라와 있는 글이다. "샘 파버는 아내 벳시가 관절염 때문에 감자칼을 잡는 것을 힘들어하는 모습을 보고 브랜드 OXO를 설립하게 되었다. 샘은 의문이 들었다. 왜 일반적인 주방 도구들은 아내의 손을 아프게 할까? 샘은 관절염이 있든 없든 모든 사람에게 도움이 될 만한 좀 더 친절한 요리 도구를 만들 기회를 포착하고 벳시에게 더 나은 감자칼을 만들어주겠다고 약속했다."

장애인 디자이너로서, 나는 제품이란 관계들이 집적되어 나타난 결과물이라고 생각하게 되었다. 장애인들이 디자인 과정에서 중요한 요소가 된 지는 오래됐지만, 우리는 종종 활동적인 참여자라기보다는 그저 "디자인적 영감"으로 여겨져 왔다. 벳시가 평범한 가정주부가 아니라 재능 있는 건축가였다는 사실을 알게 되었을 때, 나는 그녀와 OXO 사이의 관계가 궁금해지기 시작했다. 그래서 나는 몇 가지 물어보기 위해 그녀에게 연락을 취했다.

마침내 벳시와 만났을 때, 우리는 만나자마자 정확히 내가 장애인 친구들과 늘 하던 대로 자연스럽게 대화를 하기 시작했다. 우리는 자신만의 창의적인 방법으로 주변 사물들을 좀 더 사용하기 쉽게 바꾸는 생활의 지혜를 나누었다. 나는 그녀에게 무용수이자 작가인 제런 허먼Jerron Herman과 에밀리 라다우Emily Ladau에 관한 이야기를 들려주었다. 허먼은 동네 식당에서 와플을 시킬 때 피자 커터를 함께 요청하는데, 나이프와 포크보다 피자 커터가 훨씬 더 쓰기 편하다고 생각하기 때문이다. 에밀리 라다우는 무언가를 집으려 할 때 주방용 집게를 사용한다. 벳시는 찬장 밑에 부착되어 있는 병뚜껑 오프너를 손에 쥘 수 있도록 치즈 강판과 연결했던 경험을 이야기해주었다. 1996년에 벳시와 샘이 브랜드 OXO를 팔았을 때, OXO 그립 병뚜껑 오프너는 그들의 감자칼에 이어 두 번째로 잘 나가는 제품이었다.

대화를 나누면서 나는 생활 노하우가 언제 단순한 팁을 넘어서서 상업적 가치가 있는 무언가로 탈바꿈하게 되는지 궁금해졌다. 더불어 나는 왜 이런 발명품들이 주기적으로 장애의 역사에 기록되지 않는지 알고 싶었다.

이런 경우들은 수 세기를 거슬러 올라가고 오늘날까지도 이어지지만 대부분 이야기되지 않는다. 예를 들어, 사람들은 아마 1655년에 수동식 마차를 만든 독일 뉘른베르크의 시계 제조기술자이자 하반신 마비 환자인 슈테판 파플러Stephan Farffler에 대해 들어본 적이 없을 것이다. 파플러는 그의 발명품으로 두 가지 업적을 이뤘다. 그는 최초의 자주식 휠체어를 만들었다. 그리고 당시에는 그도 생각하지 못했겠지만, 그것은 훗날 현대 자전거의 원형이 되었다.

오늘날 우리가 많이 사용하는 기술 중에도 웨인 웨스터맨Wayne Westerman과 같은 사람들에 의해 만들어진 것이 있다. 1990년대 후반, 델라웨어 대학의 전기공학 박사 과정 학생이었던 웨스터맨은 반복사용 스트레스 증후군을 겪으면서 학업과 일에 지장을 받고 있었다. 그는 지도교수인 존 엘리아스John Elias와 함께 터치스크린 기술을 개발하고 핑거웍스FingerWorks라는 회사의 설립을 도왔다. 이 회사는 오늘날 우리의 삶의 대부분을 관장하는 태블릿과 휴대폰 혁명의 토대를 마련해주었다. 만약 당신이 지금 이 글을 핸드폰으로 읽고 있다면 웨스터맨에게 감사해야 한다. 스티브 잡스는 2005년에 핑거웍스를 샀고, 그것이 지금의 아이폰 터치스크린이 된 것이다.

이 이야기들은 독창적인 생활의 노하우 전문가가 되는 것이 무엇을 의미하는지를 상징적으로 보여준다. 우리의 독특한 경험과 통찰력은 우리가 주어진 것을 활용해 사물들의 편리함을 높일 수 있게 한다. 하지만, 우리 자신을 위한 품격 있는 해결책을 만들어낸 이러한 역사에도 불구하고 우리의 기여도는 종종 그늘에 가려지거나, 어려움을 겪고 있는 사람에게 구세주가 나타나 해결해주는 식의 서사가 선호되는 탓에 주인공이 바뀌어 잘못 전해지기도 한다.

OXO의 경우도 그랬다. 벳시가 내게 말했다. "일반적인 관점은 불구가 된 불쌍한 아내가 주방에서 일을 제대로 할 수 있도록 각종 도구를 만든 샘의 훌륭함과 다정함에 관한 거였죠. 아마 나는 이 도구들을 어떻게 하면 손에 들었을 때 편하게 만들 수 있을지에 대해 개념적인 아이디어를 제시한 사람이 아니라 그저 관절염을 앓은 여자로 역사 속에 남게 될 거예요."

장애인들은 단지 디자인의 수혜자일 뿐이라는 이 지배적인 서사는 우리가 사용하는 언어에까지 스며들게 되었다. "장애를 **위한** 디자인 design for disability"이라는 문구는 "장애 디자인disability design"보다 훨씬 더 많은 구글 검색 결과를 보여준다. OXO는 자사에서 나온 손잡이가 우리를 고쳐준다고 생각할 수도 있지만, 나는 여기서 기여에 대한 인식의 부재가 바로 장애를 낳는 문제라고 생각한다.

벳시와 같은 사람들이 그들의 기여에 대해 공로를 인정받을 때 비로소 나와 같은 사람이 내가 한 일에 대한 진정한 소유권을 가질 수 있게 된다. 이것이 바로 우리가 장애인들을 디자인 분야로 끌어들일 수 있는 방법이다.

벳시는 현재 그녀가 노인 커뮤니티라고 부르는 곳에 살고 있다. 최근 한 디자이너 단체가 그녀와 그녀의 이웃 몇 명에게 공구 시제품을 테스트해달라고 요청했다고 한다. 제품 시연 중 벳시는 그녀의 OXO 병뚜껑 오프너를 떠올리며 디자이너들에게 "양쪽이 아닌 한쪽 손잡이만 잡고 사용할 수 있도록 설계하면 더 가볍고 효율적일 것"이라는 의견을 줬다. 그들은 그녀의 충고를 받아들였다. 나는 벳시에게 그들이 선생님이 누군지 알고 있었냐고 물었다. 그녀는 웃으며 그렇지 않았다고 말했다.

그들이 앞으로 그녀가 누군지를 아는 것, 그리고 언젠가는 모두가 우리가 무엇을 하는지 알게 되는 것이 나의 소망이자 바람이다.

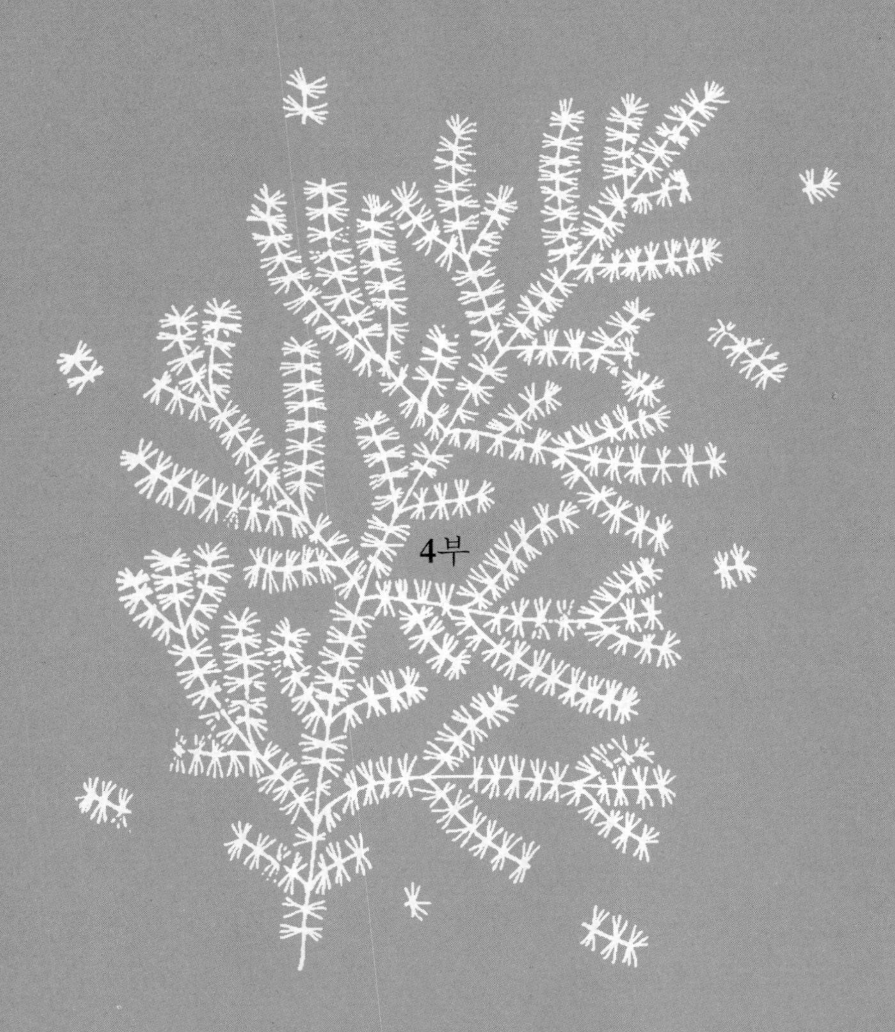

4부

항해

나의 초강력
블루투스 휠체어 생명력

케이티 세빈

나와 가장 친한 88번 버스 친구에게는 암이 있다. 그 친구는 병원에 "자진 출두"하기 위해 연휴가 끝나길 기다리고 있다. 병원에 가면 의사들이 몸 여기저기를 쑤셔 볼 테지만, 배에서 커다란 덩어리가 만져졌기 때문에 어쨌든 서둘러 입원해서 처치를 받아야 한다는 것을 알고 있었다. 휠체어를 타고 있는 나를 버스에 들어 올려주며 버스에 함께 타주는 동지인 그를 내가 얼마나 아끼는지 슬픔이 마치 덩어리처럼 목구멍까지 치밀어 오를 때까지 나는 미처 깨닫지 못했다.

내 친구 올란티스와 그의 휠체어 로스코는 내가 보아온 그 어떤 사람보다도 더 큰 에너지를 내뿜는다. 올란티스는 로스코에 강력한 블루투스 스피커를 달아 빵빵하게 틀고 다녔다. 기분 내키는 대로 때로는 복음 성가를, 때로는 하우스를 들었다. 대부분 훌륭한 비트와 깊이 있는 가사를 가진 것들이었다. 올란티스는 덩치가 크다. 키가 크고 뚱뚱하다. 그리고 흑인이다. 목소리가 우렁차고, 웃음소리는 메아리친다. 그는 로스코를 타고 엄청나게 빨리 달린다! 올란티스를 처음 봤을 때, 그러니까 우리가 서로 친구가 되기 전에, 그는 커다란 책가방을 메고 무리 지어 걸어 다니는 학생들 사이를 이리저리 빠져나오며 새턱가를 질주하고 있었다. 스피커에서 음악 소리가 꽝꽝 울려 퍼졌다. 이 남자는 지나가는 모든 행인의 이용 가능한 모든 감각 기관을 사로잡았다.

나는 로스코가 아니타(내 전동 휠체어)보다 훨씬 빨리 달릴 수 있는 마력을 가졌다는 것만 부러워한 게 아니었다. 나는 올란티스가 사회적 규범을 노골적으로 무시하는 것이 부러웠다. 나는 캘리포니아 대학 버클리 캠퍼스에서, 내가 어떠한 공간에도 물리적으로 들어갈 권리가 있음을 옹호할 필요성과, 그 과정에서 누구도 불쾌하게 만들어서는 안 된다는 필요성 사이에서 균형을 유지하려 애쓰며 여러 날을 허비하고 있었다. 나는 다른 사람들에게 불쾌감을 주는 일이 없도록 젠더나 패션에 대한 일반적인 규칙들을 어기지 않도록 조심하며 너무 레즈비언 같은 스타일로 보이지 않게 얌전한 옷을 골라 입었고, 사소한 문제가 생겼을 때 내가 혼자서 알아서 대처할 수 있는 거라면 입을 다물었고, 사람들에게는 내가 할 수 있는 한 최대한 친절하고 도움이 되는 자세를 취했다. 하지만 나의 이런 자세가 항상 효과가 있는 건 아니어서 올란티스와 함께하며 그를 보고 있으면 때때로 해방감이 느껴진다.

주중에 나는 수업에 참석하거나, 조교로 일하거나, 연구하거나, 회의에 참석하는 등 캘리포니아 주립대학 버클리 캠퍼스 대학원 박사과정 학생으로서 의무를 다하기 위해 거의 매일 3킬로미터 이상을 통학한다. 아니타는 천식, 제1형 당뇨병, 엘러스-단로스 증후군*, 그리고 자율신경계 이상 외에도 한 무더기의 질환을 갖고 있는 내가 집과 학

* 콜라겐 유전자의 이상으로 인해 쉽게 멍들고, 관절이 과하게 움직이고, 피부에 탄력이 없어지고, 조직이 약해지는 다양한 질환의 총칭.

교를 오가고 캠퍼스 건물을 드나들 수 있도록 도와준다. 아니타는 내가 매일 직면하는 아마도 무능할 것이라는 추측과 배제에도 불구하고 내가 계속 뛸 수 있게 하고, 학생으로서 그리고 교사로서 경쟁력을 유지할 수 있게 해준다. 그러나 아니타가 대신할 수 없는 경우도 있다. 이때 나는 얼굴에 철판을 깔고 나의 고집스러운 천성을 활용하는 법을 배웠다. 하지만 그 과정에서 올란티스와 같은 다른 장애인들과 맺은 관계는 나를 앞으로 계속 나아가도록 도와준다.

올란티스는 1달러짜리 노숙자 후원 신문을 판매한다. 그는 매일 새벽 다섯 시에서 일곱 시 사이에 배급소에 가서 그날 판매할 신문을 받아와야 한다. 그런데 최근에는 통증이 심해져서 새벽 두세 시는 되어서야 잠이 드는 바람에 제시간에 일어나지 못하고 있다. "나는 신문을 팔아. 그게 바로 나란 사람이야. 열정 빼면 시체지"라고 그는 말했다. 이어 그는 요즘 우울감을 느낀다는 것과 재정 상태가 걱정된다는 이야기를 했다. 여느 날과 마찬가지로 88번 버스를 탔을 때 우리는 이런 칙칙한 대화를 했다. 그리고 바로 이 대화 중에 그는 자신이 암에 걸렸다고 내게 말했다.

우리가 처음 말을 나눴을 때 우리는 버스를 기다리는 긴 줄에 서 있었다. 로스코의 등받이 뒤쪽으로 힙합이 쿵쿵 울리고 있었다. 나는 긴 하루를 마무리하며 비트 속으로 느긋하게 빠져들었다. 나는 아직 사라지지 않은, 춤으로 가득했던 예전 내 일상에 대한 기억의 파편들을 즐기면서 멍하니 비트에 맞춰 몸을 흔들었다. 그는 내게 비트가 마음에 드냐고 물었다. 나는 그에게 네가 듣는 음악을 좋아한다고 말하며 스피커를 휠체어에 어떻게 부착했냐고 물었다. 나도 내가 직접 내 휠체어에 달아 놓은 핸드폰 USB 충전기를 자랑삼아 보여줬다. 올란티스도 인상 깊어 했다. 그러고 나서 그는 내 마음속의 열 살짜리 꼬마를 영원히 사로잡을 그 한 마디를 내게 날렸다. “우리 경주할래?” “저번에 샌턱가에서 달리는 거 다 봤어! 당연히 올란티스가 이길 거라는 거 다 알아!” 내가 냅다 소리를 내질렀다. 나는 지는 것을 좋아하지 않는다. 그는 껄껄 웃었고 내가 경기를 하기도 전에 패배를 인정하는 순간을 즐기면서 아니타와 내가 전속력으로 달리는 모습을 한번 보고 싶다고 했다. 이건 완전 내 스타일로 시간 때우기용 놀이였다. 그래서 아니타와 나는 올란티스가 옆에서 “뭐야, 그게 다야?”라고 놀리며 깔깔 웃는 것을 보면서 전력을 다해 달렸다.

나는 휠체어를 타고 또 다른 공간으로 들어간다. 비장애인들의 세상은 나와 시선을 마주치지 않으려고 조심하지만, 이곳에서는 올란티스 같은 노숙자나 장애인들이 나를 보자마자 바로 인사를 하고 말을 건넨다. 장애가 있긴 하지만 나는 나 자신이 특권적인 위치에 있다는 것을 잘 알고 있다. 나는 박사 과정을 이수하고 있고 의료 보험을 받을 수 있는 중산층 백인 여성이다. 나는 올란티스가 이 특권을 갖고 있지 않다는 것을 안다. 나는 내가 버클리 대학교라는 명문 대학에서 공부할 수 있다는 것이 행운임을 알지만, 그에 따른 어려움에 감정적으로 지치고 고통스러울 때도 있다. 하지만 내가 올란티스와 함께하는 시간은 전혀 그렇지 않다. 버스에서 피어난 “불구자”들의 이런 끈끈한 우정은 관대할 뿐만 아니라, “내가 불구임에도”가 아니라 “내가 불구이기 **때문에**” 나를 완전히 포용해준다.

올란티스와 로스코, 그리고 아니타와 내가 우리만의 유배지 안에서 만들어낸, 마음 가는 대로 휠체어를 이름으로 부르고 음악에 맞춰 흔들 수 있는 이 세상이 나는 너무 좋다. 우리가 아주 사소한 농담에도 그냥 웃음이 터져버리는 곳. 우리가 특수 개조한 휠체어 경주를 하고, 버스에는 항상 휠체어를 가장 먼저 싣기 때문에 항상 1등석에 앉는다고 허풍 떨며 노는 곳.

나는 올란티스가 위암을 이겨내기를 바란다. 나는 우리의 즐거운 저녁 통근 시간을 정말, 정말 그리워할 거다. 나는 새벽 5시에 올란티스 대신 할당량을 받아서 그가 계속 신문을 판매할 수 있게 도와주고 싶지만, 그렇게 하기에는 내가 너무 "불구"라는 걸 알고 있기에 그저 그의 말을 들어주며 공감하고, 장애와 가난은 필연적으로 서로 얽혀 있다는 절망적인 진실을 마주하며, 우리 몸이 더는 우리를 지탱해주는 역할을 수행할 수 없다고 느끼는 것이 얼마나 고통스러운지 이해해주는 수밖에 없을 것이다.

올란티스, 만약 내가 우리를 위해 만들어지지 않은 이 세상에서 너보다 더 오래 살아남는다면, 만약 내가 여전히 우리 때문에 자기네 출퇴근 시간이 길어진다며 불평해대는 사람들을 무시하고 있는데 네가 내 곁에 없다면 말야, 내가 여기서 약속할게. 아니타에게 블루투스 스피커를 달아주겠다고. 너와 초강력 생명력을 발휘하는 로스코와 함께라면, 우리가 보이지 않거나 침묵하게 되는 일은 없을 거야.

뉴욕 지하철은 훌륭하다, 당신이 휠체어를 타고 있지 않다면

사샤 블레어-골든슨

2009년 맨해튼의 어느 화창한 여름날 아침, 거대한 썩은 나뭇가지 하나가 뚝 부러져 센트럴 파크를 걸어가던 나의 머리 위로 떨어졌다.

그다음에 일어난 일들은 내 생명을 구한 정말 놀라운 사태의 반전이었다. 먼저, 아침 조깅을 하러 나온 한 의사가 의식을 잃고 쓰러져 있는 나를 발견하고 구급차가 올 때까지 내 배낭 속에서 찾은 청바지를 이용해 과다출혈을 막았다. 나는 뉴욕 장로병원 중환자실에서 치료를 받고, 록랜드 카운티의 헬렌 헤이스 병원에서 재활치료를 받았다. 그곳에서는 숙련된 의료진이 한 달 넘게 내 머리와 폐, 척추의 부상을 치료하며 지칠 줄 모르고 나를 위해 일해주었다. 그리고 그 후 6개월 동안 받은 사랑하는 사람들의 끊임 없는 지지와 전문적인 재활치료는 내가 잃어버린 많은 것들을 회복하도록 도움을 주었다.

그러나 그들이 해낼 수 없었던 한 가지 중요한 일이 있었다. 나는 그 사고로 인해 척수가 손상되어 하반신이 부분적으로 마비되었다. 돌아다니기 위해서는 휠체어를 사용해야 할 것이 분명했다.

내가 직면했던 첫 번째 도전 중 하나는 휠체어를 타고 뉴욕에 있는 우리 동네를 돌아다니는 것이었다. 나는 연습을 통해 천천히 이동 거리를 늘려나갔고, 나중에는 혼자서 도시를 돌아다니기 시작했다. 나는 버스, 택시, 그리고 결국 지하철을 타는 데 성공했다. 나는 사고가 난 지 18개월 만에 개발자로 일하고 있던 구글로 복귀했다.

나는 내 삶에 복귀할 수 있게 된 것에 감사함을 느꼈다. 하지만 깨진 보도블록에 걸려 휠체어가 넘어지고, 택시가 내 앞에서 멈추지 않고 그냥 지나가 버리거나 지하철 승강기가 멈춰서 꼼짝없이 그 안에 갇혀버릴 때마다 나의 좌절감은 쌓여만 갔다. 나는 점차 알게 되었다. 인프라와 제공서비스에 대해 "이 정도면 됐다"라는 접근방식을 가진 융통성 없는 대규모 관료체계가 혼자서는 이러한 격차를 해소할 수 없는 사람들이 대부분인 장애를 가진 시민들의 권리를 빼앗을 수도 있다는 것을 말이다.

사고를 당하기 전까지만 해도 나는 까칠한 태도와 불확실성을 감당하는 것이 뉴욕에서 살기 위해 지불해야 할 응당한 대가라고 생각했다. 심지어 험난한 이곳에서 장애물을 헤쳐나가는 나의 능력에 은근한 자부심까지 느끼고 있었다. 하지만 사고 이후, 나는 도시가 제 기능을 하지 못하게 되면 취약계층 대부분에게 끔찍한 영향을 끼친다는 것을 깨달으면서 겸손해졌고, 한때 내 수단이 좋아서 그렇다고 생각했던 것들 중 일부는 사실 특권에 의해 가능했던 것이라는 사실을 인정해야만 했다.

나도 예전에는 지하철 승강기를 좀 더럽고 자주 고장 나 있는 것 같다고만 막연하게 알고 있는 여느 비장애인 뉴요커들과 다르지 않았다. 그러나 이제 내가 그것을 필요로 하게 된 지금 다시 보니 현실은 더욱 냉혹했다. 뉴욕 지하철은 미국 주요 도시 중 휠체어 친화성이 가장 낮은 대중교통 시스템으로, 총 425개 역 중 휠체어로 접근 가능한 역은 100개가 채 안 된다. 이 이야기는 뉴욕 지하철에 존재하는 모든 승강기가 정상 운영 중이라는 가정하에 휠체어를 탄 사람이 사용할 수 있는 역이 4개 중 1개도 안 된다는 것을 의미한다. 그러나 현실은 승강기가 고장 나 있을 때가 많아 그마저도 이용할 수 없는 경우가 부지기수다.

평균적으로 하루에 25대의 승강기가 작동을 멈춘다. 그리고 수리를 하는 데 한참이 걸린다. 승강기를 고칠 때까지 걸리는 시간은 대개 거의 네 시간에 달한다. 더군다나 대부분의 역에는 양방향으로 운행되는 승강기가 한 대밖에 없어서, 이 승강기가 고장이 난다는 것은 지하철에서 내린 장애인 승객은 플랫폼에서 빠져나가지 못하고, 지하철을 타야 하는 장애인 승객은 목적지까지 이동할 다른 교통수단을 찾아야 한다는 것을 의미한다.

이런 좋지 않은 상황을 더욱 악화시키는 문제가 있다. 승강기가 고장이 나더라도 승객이 이를 알 수 있는 확실한 방법이 없다. 안내 방송도 없을뿐더러, 뉴욕 메트로폴리탄 교통공사 홈페이지에 올라와 있는 목록은 믿을 수 없었다. 그 목록에 내가 지난 한 달 동안 겪었던 여덟 건의 승강기 고장 중 단 두 건만 열거된 것을 보면, 공식 통계는 실제보다 적게 기록되어 있을 가능성이 크다.

나는 종종 열차에서 내린 후에야 지상으로 가는 단 하나뿐인 승강기가 고장 났다는 것을 알게 되는 경우가 허다하다. 승강기 고장 건은 다른 서비스 변경이나 열차 지연의 경우들처럼 대체 경로에 대한 정보가 함께 안내되지 않는다. 실제로 지하철 역무원들은 승강기가 너무나 자주 고장 난다는 사실조차 전혀 모르고 있는 경우가 많다. 따라서 내게 주어진 선택지는 둘 중 하나다. 다음 열차를 기다려 몇 정거장

떨어진 승강기 사용이 가능한 정차 지점으로 이동하거나, 소방서에 전화를 걸어 소방대원에게 안겨 계단 위로 운반되거나.

나는 두 가지 경우를 모두 경험해봤다. 주변에 있던 승객들이 휠체어에 앉아 있는 77킬로그램이나 나가는 생면부지의 나를 거리 위까지 들어주겠다고 하는 경우도 종종 있었다. 어려움에 처한 순간에 사람들이 도움을 주기 위해 내게 손을 내민다는 것을 알게 된 것은 힘을 북돋는 일이었다.

그러나 이와 같은 개인들의 행동이 기능적 시스템에 대한 대안이 될 수는 없다. 오히려 상습적으로 취약 승객을 발이 묶이게 하는 시스템은 그 책임을 전가한 것이나 마찬가지다. 그날 센트럴 파크에서 의사가 내게 보여준 것과 같은 놀라운 선행의 필요성은 예외적인 것이 되어야 하지, 기준이 되어서는 안 된다.

이 모든 것이 장애인들이 이용하기 쉬운 지하철을 이용이 불가능한 것으로 보이게 만들 수 있다. 하지만 그것은 불가능한 일이 아니다.

몇 년 전 보스턴으로 여행을 갔을 때, 그곳의 지하철 시스템은 53개 역에 불과한 훨씬 작은 규모에 뉴욕만큼 오래되었음에도 불구하고, 90퍼센트가 넘는 대부분의 역에서 휠체어를 이용할 수 있다는 것을 알게 되어 나는 매우 놀랐다.

단순히 보스턴이 뉴욕보다 더 좋은 도시이기 때문이었을까? 반드시 그렇다고 할 수는 없다. 보스턴의 훌륭한 접근성은 법적으로 의무화된 것이었다. 2002년, 휠체어 사용자들은 보스턴의 교통 당국에 소송을 제기했고, 최종 합의 내용에는 승강기 건설, 유지보수 및 모니터링에 대한 보증이 포함되어 있었다.

그렇다면 법적 이의 제기만이 장애인들이 동등한 접근권을 얻기 위한 유일한 방법일까? 그것은 의심할 여지 없이 유용한 도구일 뿐 아니라 때로는 필수적인 도구일 수도 있다. 그러나 변화가 어떤 방식을 통해 실현되더라도 접근성 개선을 지지하는 옹호자들은 특정 집단을 돕기 위해 자원을 할애하는 것이 무조건 다른 집단에게 그만큼 피해를 준다는 잘못된 신념에 맞서야 할 것이다.

변호사 겸 인권 운동가 안젤라 글로버 블랙웰Angela Glover Blackwell은 그녀의 연구 「커브 컷 효과The Curb-Cut Effect」*에서 처음에는 장애인과 같은 특정한 인구를 돕기 위해 취한 조치가 궁극적으로 모두에게 이득이 될 때가 있다는 것을 보여준다. 그녀가 이야기하듯, 1970년대 초 미국의 도시들이 보도와 차도 사이에 놓인 도로의 경계석을 깎아 단차를 없앤 것은 전례가 없던 일이었다. 캘리포니아주 버클리의 휠체어 운동가 집단은 그들이 본인들의 도시에서 휠체어를 타고 돌아다니는 것이 힘들다는 사실에 불만을 갖고 보행자 보도를 쉽게 오르내릴 수 있도록 콘크리트를 부어 임시 경사로를 만들기 시작했다.

처음에 운동가들은 체포될 위기에 처했다. 하지만 얼마 지나지 않아 최초의 공식적인 커브 컷이 만들어졌고 많은 도시가 뒤따랐다. 이런 변화가 이루어졌던 이유는 사람들이 지금은 당연해 보이는 한 가지 사실을 깨달았기 때문이다. 커브 컷은 휠체어 사용자들에게만 유용한 것이 아니었다. 유모차를 끄는 부모, 손수레를 끄는 노동자, 캐리어를 끄는 여행자들이 모두 그 편리함의 혜택을 받았다. 이러한 조치는 장애인들이 경제적, 문화적 삶에 더 많이 통합되는 데 도움을 주었다. 내가 직장에 가거나 학교에 아이들을 데리러 갈 때, 커브 컷은 내가 가려

* 커브 컷은 보도와 차도 사이의 경계석을 깎아 단차를 없앤 부분을 말한다.

는 곳에 갈 수 있도록 도움을 준다.

나는 그때 그 활동가들과 1990년 미국장애인법이 통과될 수 있게 했던 사람들에게 빚을 졌다. 이제는 내가 목소리를 내야 할 차례다. 우리 이웃 뉴요커들의 과소평가된 친절에 감사하며, 나는 교통 당국에 선례를 따라 우리 모두를 위해 일할 것을 약속해달라고 요청할 것이다.

모두를 위한
"아무도 아닌 자"를 위한 기호

엘리자베스 거피

C

처음으로 파란색 휠체어 기호를 봤을 때 나는 열두 살이었다. 1975년 캘리포니아의 어느 무더운 오후에, 어머니가 차를 주차하기 위해서 백화점 주차장으로 들어설 때 차 안에서 봤던 장면을 아직도 나는 기억한다. 뭔가 잘못된 것 같았다. 차들이 모두 엉뚱한 곳에 주차되어 있었다. 백화점 입구 근처로 차를 몰고 가니 아스팔트 위에 가지런히 칠해진 파란색과 흰색 선들이 새로 생겨 있었고, 각 칸마다 작은 휠체어 기호가 스텐실로 찍혀 있는 것이 보였다. 나머지 주차장은 꽉 차 있었지만, 이 공간들은 모두 눈에 띄게 텅 비어 있었다.

그 새로운 공간이 생긴 후 들었던 말들이 특히 생각난다. "정말 안타까워요." 어느 날 우리 이웃이 어머니에게 말했다. "예전에는 일찍 가기만 하면 매장 앞에 주차할 수 있었는데 이제는 아무도 못 쓰게 해놨잖아요." 나중에 나는 여기서 말하는 "아무도nobody"가 누군지 궁금했다.

나는 뇌성마비를 갖고 태어났다. 그 당시 나는 휠체어를 사용해본 적이 없었지만, 그 기호 속의 사람을 보자마자 본능적으로 그것이 내게 친구이자 동맹군이 되어줄 거라는 것을 알았다. 그 이웃 사람이나 다른 사람들이 뭐라고 하든 그 작은 그림은 나에게 직접 포용의 메시지를 속삭이고 있었다.

오늘날까지 휠체어와 나는 복잡한 관계에 있다. 40대 때 뉴욕 퀸스에서 열린 뉴욕 메이커 페어를 처음 방문하기 전까지 나는 휠체어를 사용해본 적이 없었고, 지금도 여전히 휠체어는 장거리를 이동해야 하는 특별한 경우에만 사용한다. 그렇다고 하더라도 나는 이 기호를 내가 더 넓은 사회에 참여하고 기여할 수 있도록 해주는 일종의 동아줄로 오랫동안 인식해왔다. 다른 많은 장애인처럼 나도 거동이 부분적으로만 가능한 몸을 가지고 태어났다. 어렸을 때 나는 무거운 보조기와 특수 목적을 가진 정형 신발을 사용했고, 방 안에서 걷는 것조차 항상 어려웠다. 나는 자주 넘어져 뇌진탕에 걸리기도 하고 이가 부러지고, 손목, 발목이 삐는 등의 부상을 입었다. 이러한 좌절에도 불구하고 그 기호는 나를 안내해주었고, 내게 안전한 공간이 어디인지 알려주었다.

공식적으로는 국제 접근성 기호라고 알려져 있는 "휠체어 기호"는 2018년 8월 부로 탄생 50주년이 되었다. 축하할 만한 일이다.

장애인 기호의 최초 디자인은 격동의 1968년 여름, 덴마크의 디자인 전공 학생인 수산네 쿠푸드Susanne Koefoed가 구상한 것이다. 이 해는 프라하의 저항 운동, 파리의 파업, 멕시코시티 올림픽에서 미국 흑인 선수들이 주먹을 치켜든 행위로 대변되는 사회적 격변의 시기였다. 수산네 쿠푸드는 자신이 참석하고 있던 스톡홀름의 학생 주도 디자인 워크샵에서 장애인들을 접근하기 쉬운 시설로 안내하는 공통된 표시에 대한 아이디어를 고안하면서 또 다른 종류의 혁명을 위한 씨앗을 심었다. 그녀는 도식화된 휠체어를 그렸다.

이 아이콘은 워크샵이 끝난 후 몇 개월 동안 스페인에서 사용되었다. 그 당시에 이 아이콘은 스톡홀름 중심부의 교차로 주변과 스톡홀름의 새로운 국제공항에서 볼 수 있었다. 같은 해, 이 기호는 여러 단체들과 잘 연결되어 있는 비영리 단체인 국제재활협회에 의해 채택되었다. 전 세계적으로 활동하고 있으며 재정이 탄탄한 국제재활협회는 많은 언론과 정치적 연계를 통해 이 기호를 홍보하기를 원했다. 그러나 그 계획은 바로 시행되지 않았고 협회 임원들이 이 아이콘의 간단한 수정안을 만든 후에야 사용되기 시작했다. 바로 휠체어의 등 부분 위에 원을 그려 넣음으로써 그것을 휠체어에 앉아 있는 사람의 이미지로 변형시킨 것이다.

유엔이 1974년 이 기호를 장벽 없는 디자인barrier-free design의 핵심 요소로 승인하면서 이 기호의 인지도는 급격히 높아지게 되었다. 그것은 국제적으로 도로 편의 시설 표지판에 관례적으로 사용되었던 색인 파란색과 흰색의 조합으로 공식적으로 재탄생하여 오늘날 우리에게 익숙한 모습의 형태가 되었다. 그리고 이 작은 아이콘은 전 세계 주차장, 화장실, 경사로 등의 공공장소에서 익숙하게 볼 수 있게 되었다. 1990년 조지 부시 대통령이 미국장애인법에 서명하게 되면서 "휠체어 기호"는 법적으로 장애인을 위한 표준화된 편의 시설이 설치되어 있는 공간을 식별하는 지표가 되었다. 그때 이미 휠체어 기호는 세계에서 가장 잘 알려진 기호 중 하나가 되었다. 미국에서 이 기호는 이제 합법적인 표시로 받아들여지고 있으며, 50개 주 전역의 도로 표지판, 장애인 주차 허가증 및 기타 공식 문서에서 확인할 수 있다.

최근 몇몇 디자이너들은 휠체어 기호를 재해석하려는 시도를 했다. 2011년 새라 헨드렌Sara Hendren과 브라이언 글레니Brian Glenney는 장애 공동체의 일원들이 공적 생활에서 적극적인 역할을 하는 사람들이라는 것을 아이콘에 반영하여 이들에 대한 대중들의 이해를 넓히고자 접근 가능성 아이콘 프로젝트Accessible Icon Project의 일환으로 기존의 기호를 다시 디자인하였다. 그들의 디자인은 사람 아이콘을 기존의 앉은 자세에서 벗어나게 했다. 그들의 새로운 디자인은 마치 차 사이를 질주하거나 결승전을 통과하는 모습처럼 상체를 숙이고 앞으로 치고 나가려는 듯한 동적인 휠체어 사용자의 모습을 표현하고 있다. 이 새로운 기호는 이제 뉴욕주와 코네티컷주에서 예전 아이콘의 합법적 대체 기호로 인정받고 있다.

이웃에 살던 분이 휠체어 기호나 그것이 뜻하는 제공 시설에 대해 공개적으로 불평하는 것을 처음 들은 이후로 수십 년이 지났다. 오늘날 나는 그 기호 속의 작은 사람이 그때 당시에도 부업을 하고 있었다는 것을 안다. 그렇다, 이 기호의 공식적인 업무는 시설을 알아보게 표시하고 장애인들이 수월하게 경사로나 자동화된 문이나 더 큰 화장실 칸으로 가는 길을 안내하는 것이다. 하지만 이 기호는 더 나아가 우리에게 버스와 열차를 타고, 가게와 교실에 출입하고, 공원과 수영장을 즐기는 것은 장애의 유무를 떠나 모든 사람이 공유하는 합법적인 권리라는 것을 일깨워준다. 그리고 이 기호는 우리에게 서로를 지지하고 우리가 구축할 수 있는 장벽 없는 사회를 계속해서 건설하는 것이 우리의 근본적인 의무임을 상기시켜준다.

또한 우리는 내 이웃의 말이 틀렸다는 사실에 기쁜 마음으로 지적할 수 있다. 휠체어 기호는 아무도 아닌 자를 위한 디자인이 아니다. 그것은 사실 우리 모두를 위한 것이다.

실명 속에서 나의 길을 찾다

에드워드 호글랜드

실명이 나를 감싸고 있다. 밖으로 나갔을 때 온통 희뿌연 안개만이 가득한 것처럼 앞이 거의 보이지 않는다는 것은 믿을 수 없는 일이다. 실내에는 질식할 것 같은 어둠뿐이다. 그것은 쓸쓸한 기분을 떨치고 싶을 때 거리로 나가 걸을 수 없음을 뜻한다. 무엇엔가 걸려 넘어지거나 뭔가를 망가뜨릴지도 모르기 때문이다. 멀리서 보이기만 해도 대화를 나누는 것만큼이나 반가울 친구가 지나가는 모습도 볼 수 없을 것이다. 청각처럼, 시각은 평소에 떠올리기 어려운 수많은 기억을 불러일으키며 하루를 활기차게 만들어준다. "누구세요?" 내게 말을 걸어온 족히 10명의 사람에게 이렇게 물은 것 같다. 그들의 몸짓과 미소는 나에게 전달되지 않는다. 인간의 본성은 모호한 것투성이라서 봐야 알 수 있지만, 마치 죄수처럼 나는 두건을 뒤집어쓰고 있는 것이다.

나는 25년 전 백내장으로 이미 한 번 시력을 잃었었지만, 수술을 통해 기적적으로 회복한 적이 있다. 이후 내 시력은 다시 심각하게 악화되었고, 여든 살이 되어서는 지팡이가 필요했다. 톡, 톡. 보행 가능 시력이란 기술적 용어일 뿐이다.

모든 것이 매시간 즉흥적으로 이루어진다. 쏟지 않고 커피를 따르고, 바닥에 실례를 하지 않도록 화장실을 더듬어 찾고, 전화번호부를 읽을 수 없기에 전화번호를 찾기 위해 안내 서비스 센터에 전화를 한다. 음식을 볼 수 없어서, 식사를 하는 데 상당한 시간이 걸린다. 스크램블 에그가 어딨는지 손가락으로 만지작거리고 있다가도 다른 사람들에게 역겨워 보이지는 않을까 조바심이 난다. 생필품을 사기 위해서는 도움이 필요하다. 버스를 타고 어딘가에 가는 것도 그렇다.

낯선 사람들은 흔히 친절을 베푼다. 한 여성은 북적이는 공항을 뚫고 나를 택시 정류장까지 안내해주고, 식당 종업원은 내가 20달러짜리로 착각한 50달러짜리 지폐를 돌려준다. 시각장애는 분명 장애이지만, 그중에서도 공감을 유발하는 장애다. 본인이 시각장애로 고통받는다면 어떨지 쉽게 상상할 수 있기 때문이다. 그들이 간혹 한밤중에 깜깜한 집에서 발을 헛디뎌가며 걸어갈 때 간접적으로 경험할 수 있기도 하다. 어렸을 때 학교에서 눈이 핑핑 도는 것처럼 보이는 두꺼운 렌즈를 끼운 안경을 쓴 아이들은 놀림을 당해도, 앞을 전혀 볼 수 없음을 뜻하는 검은 안경을 쓴 시각장애인 아이들을 놀리는 일은 없었던 것으로 나는 기억한다.

수십 년 동안 얼굴이 괴물처럼 일그러지고 입이 통제할 수 없이 제멋대로 움직일 만큼 심각한 말더듬이 있었던 사람으로서, 나는 시각장애보다 정을 붙이기가 더 어려운 장애들을 알고 있다. 시각장애는 흔한 장애다. 아프리카에서는 아직도 아이들이 앞이 안 보이는 사람들의 막대기 반대쪽을 잡고 길을 이끌어 주는 광경을 볼 수 있다. 앞이 보이지 않는 것 그 자체의 무력함은 다른 사람들에게 그 이상한 사람이 눈엣가시나 주의할 필요가 있는 인물이 되지 않을 것임을 확신시켜준다. 눈이 멀었다는 것은 있어야 할 것이 없는 것이지 부정한 짓을 저지른 것이 아니다. 그리고 넘어지는 법을 배우는 편이 좋을 것이다. 낙하산을 타는 법이나 텀블링하는 법을 배우면 도움이 될 것이다. 텀블링을 하는 사람은 엉덩이와 어깨가 충격을 흡수하도록 착지할 때 몸을 옆으로 기울일 수 있다.

귀로 위치를 찾아내는 훈련도 받아야 한다. 밤에 화장실에 갈 때 나는 어디에 있는지 이미 알고 있는 시계의 똑딱거리는 소리를 듣고 방향을 찾는다. 시력을 잃어 감에 따라, 짜증 나는 부조화들이 일어나지만, 이 장애는 원치 않는 사회적 의무를 회피하는 데 새롭고 편리한 변명 거리가 되어주기도 한다. 그리고 차도 이제 필요 없으니 주변에 줘버리면 되겠다.

보이지 않는 사람들의 대화를 목소리만으로 엿듣고 있자면, 모든 것은 도청이 된다. 내 마지막 영화가 눈에 보였었나? 텔레비전은 언제부터 보이지 않았지? 하지만 나는 아직도 햇빛과 사람들의 걷는 모습, 나무의 형상과 흐르는 물, 푸른 하늘 아래 출렁이는 나뭇잎들이 보인다. 이 이미지들은 내가 과거 80년의 세월 동안 여러 대륙에서 바라보았던 풍경들을 떠올리게 한다. 텔레그래프 힐, 비컨 힐, 또는 베니스와 캄팔라에서 본 영원의 순간들.

내 꿈들은 푸른 초지와 벼랑들이 어우러진 멋들어진 산 정상의 전망에서 펼쳐진다. 이 꿈들은 질감이 살아 있는 풀꽃과 다채로운 빛깔의 협곡이 어우러진 시실리와 그리스의 목초지에 방목된 양들, 그리고 거대한 마천루들, 혹은 마티스의 예배당에 대한 기억에서 끌어온 것들이다. 그리하여 아침에 잠에서 깨어나면 깜짝 놀랄 만큼 모든 것을 빼앗긴 기분이 든다. 얼굴의 주름도, 점묘법으로 그린 듯한 유리창에 맺힌 물방울들도, 영역 싸움을 하며 꼬리를 치켜세운 고양이들도,

생생한 그림이 그려져 있는 우표들도 모두 시야에서 사라진다. 나는 내가 더는 앞을 볼 수 없다는 사실을 잊고는 마치 이 비상사태를 해결할 수 있을 것처럼, 어딘가에 있을 안경을 찾아 더듬거린다. 시각장애는 비상사태가 맞다. 창문의 가림막이 닫혀 있고, 시각을 잃은 자는 무수히 많은 방법으로 그 상황에 대처한다.

나는 본능적으로 교류의 순간을 더 잘 느끼기 위해 항상 대화 상대를 만지려 손을 뻗는다. 나는 보통 성중립적이고 다정한 느낌을 주는 영역인 어깨를 만지려 하지만, 사람들은 대부분 눈에 띄는 장애가 있는 누군가와 오랫동안 대화하기를 원하지 않는다. 가끔 팔꿈치를 잡아 부축해주거나 식당에서 메뉴판을 소리 내어 읽어주는 등의 일은 해야겠지만 아마 동정 피로감이 있을 것이다. 가여운 사람. 배려해줘야 해. 그에게 오늘 신문에 실린 헤드라인이 뭐였는지 얘기해줘. 하지만 그가 헬렌 켈러가 아니라면 다른 사람이 친절을 베풀어도 될 것 같은데.

당신은 우체국 밖에서 당신에게 온 편지를 누군가에게 읽어달라고 하고, 아마도 수표에 사인하는 것도 부탁할 수 있다. 없으면 없는 대로 살아가기 마련이다. 해변에서 부서지는 파도의 물보라를 즐기지는 못하더라도, 파도가 철썩거리는 소리는 들을 수 있다. 썰물이 당신의 발을 끌어당긴다. 한여름, 새벽 4시 30분에 당신의 귀에 자연의 원시적 조상인 새들의 아침 합창 소리가 들린다. 눈이 안 보이면 뿌리를 찾아 뒤적이고, 그 뿌리는 또 어디에 연결되어 있는지를 계속해서 파게 된다. 하지만 새로운 소재가 없으면 호기심은 이내 따분함으로 변하고 만다.

은유로서의 시각장애는 그리 썩 아름답지 않다. 돈에 눈이 먼 세상,

자식의 불행을 보지 못하는 부모, 유권자들의 요청에 눈을 감아버리는 정치인. 눈이 안 보이면 글도 찡그린 표정도 읽을 수 없지만, 누군가 말을 걸기 시작하고 당신이 그것을 볼 수 없다면 분위기가 어떤지 알아낼 때까지 평정심을 유지하라.

각기 다른 용도의 안약과 광학 보조 장치들이 계속해서 대체되면서 쌓여갈 것이다. 당신은 시력이 바뀜에 따라 다른 돋보기를 사용했을 것이다. 책이나 영화를 볼 가망이 없다고 해서 무작정 자신을 지루함에서 구원해줄 누군가를 찾는 것은 위험할 수 있다. 벤치에 앉아 있는 그 편한 낯선 사람이 사실 희대의 사기꾼 찰스 폰지일지도 모를 일이다. 자제가 필요하다. 당신은 모든 부분에서 여전히 살아 있는 것을 즐기는가? 다리를 꼬고, 발목의 근육을 움찔하고, 방울토마토와 달콤한 옥수수와 바닷가재를 음미하는.

간혹 시신경이 반란을 일으키듯 신비롭게 세상이 온통 하얘지면서 끝없던 어둠이 밝아질 때가 있다. 신체의 한 부분이 죽어도 나머지는 죽지 않는다는 것은 이상한 일이다. 우리는 실명했다고 해서 눈을 떠나보내지 않는다. 되려, 사지가 절단된 사람들이 사라진 부위가 여전히 거의 제 기능을 하고 있다고 느끼는 것처럼 우리는 사라진 시력을 사용하려는 좌절되는 시도를 계속한다.

찬바람을 느끼면서 날씨를 예측하기 위해 하늘을 바라보지만, 나는 비스듬히 부는 바람을 통해 내가 볼 수 없는 메시지를 전달받을 것이다. 나는 비가 오기도 전에 냄새를 맡을 수 있고, 태양은 손가락으로 어루만지듯 내 피부에게 말을 건다. 사람들의 기쁨이 식물의 광합성과 유사할 수도 있다는 나의 견해에 빗대어 보면 이건 꽤 논리적인 이야기다. 그러나 축축한 날 또한 건조한 피부에 시원한 음료가 되어

주고 본질적인 평화로움이 있기에 즐거울 수 있다. 좋은 날씨에는 그것만의 압박감이 따른다. 반면, 비가 오는 날에는 기대가 비교적 적다. 그런 날에는 혼자 방에 틀어박혀도 된다.

플라톤의 동굴처럼, 뇌는 벽에 깜빡이는 기억들로 구성되어 있다. 시각 현상은 이제 추억이 되었지만, 이제 나의 육감이 도움이 된다. 직감이라고도 부를 수 있겠다. 그리고 나는 말을 제대로 하지 못하는 아이였을 때보다 더 깊은 절망감을 느끼지는 않았다. 시각장애는 마치 오래가는 뇌졸중 같다. 걷는 속도가 느려지면서 기능도 약해진다. 근육과 함께 감정도 위축된다. 새로운 얼굴을 알아볼 수는 없지만, 만약 당신이 중년기나 그 이후에 시력을 잃은 거라면 머릿속의 동굴들은 파헤칠 부분이 더 많아서 거의 동굴 탐험이 가능할 정도일 거다.

내 눈은 어디에 있는 거지? 나는 코트를 두고 온 사람처럼 갑자기 생각한다. 풍경은 세밀한 묘사를 생략한 인상주의 화가의 그림처럼 된다. 축약이 핵심을 이룬다. 다른 사람들이 하던 일을 멈추고 당신에게 내어주는 대화들, 최소한의 내용을 넘어 당신이 볼 수 없는 흥미진진한 풍경을 묘사해주는 것같이 정보를 받는 것은 매우 소중하다. 신문 가판대의 뉴스 제목을 읽기 위해서는 강한 햇빛이 필요하지만, 은은한 빛은 절묘한 활용도가 있고, 칠흑 같은 어둠 속에서는 눈먼 사람이 더 유리하다.

서두르는 사람들로 왁자지껄한 거리의 개성은 내게 이리 와 걸으라고 손짓한다. 듬성듬성 가려진 담장, 주황빛 백합, 창문에 붙은 세일 표지판. 나는 이젠 이 세상에 없는 친구들을 떠올리며 아는 벤치를 찾아간다. 모차르트보다는 늙고 바흐보다는 어렸던 그들은 사랑과 헌신으로 내 인생을 감싸주었다. 좋은 날에는 그들이 내 마음에 스며든다.

내 성적 판타지 안에서는 내 아내였던 여자들과 친구들이 함께 나타난다. 그러나 익명성은 요나를 삼킨 고래처럼 나를 집어삼켰다. 나는 내 안을 더듬는다.

햇빛이 15분 동안 거리를 환하게 비춘다. 내 멘토들 중 두 명은 자살로 생을 마감했고, 나는 그들의 딜레마를 공감하며 기억한다. 한 명은 바다로, 다른 한 명은 미시시피강으로 뛰어들었다. 나는 그들이 물에 뛰어들기로 결심했을 때 하늘에는 해가 떠 있었는지, 아니면 일부러 비 오는 날을 선택했는지 궁금하다. 우리의 원소들은 어찌 되었든 바다로 돌아가 다른 생명체로 다시 형성된다.

자연은 더는 우리의 집은 아니더라도 우리의 어머니다. 우리는 다른 생명체들을 위한 서식지로 남겨 둔 녹지대가 있는 해변가의 별장을 빌려 하룻밤을 묵는다. 얼마나 많은 사람이 주머니쥐가 "죽은 체하는 것"이나 참매가 어치를 잡으려 급강하하는 것을 본 적이 있을까? 우리는 비둘기와 벌새에게 먹이를 주고는 더는 상관하지 않는다. 자연은 변두리가 되었다. 물론 나는 창밖의 새 모이통에 있는 홍관조를 볼 수 없지만, 바다를 끌어당기는 달의 인력은 여전히 작용하고 있다. 잎사귀는 우리가 보고 있지 않을 때도 계속해서 재잘거린다. 당신의 귀는 잎사귀가 잠시 잠잠해질 때까지 끊임없이 복작거리는 그 소리를 보고한다. 목에서 느껴지는 맥박은 당신의 몸통 안에서 모든 것이 잘 돌아가고 있다는 것을 말해준다. 마지막 순간까지 맥박은 쉼 없이 뛸 것이다. 조화를 이룬 장기들은 산호초 위에서 약동하는 바다 생물처럼 조건이 허락하는 한 우리의 골격에 엮인 채로 우리 안에 살아간다.

새로움은 시력을 잃었을 때조차 우리의 일상에 맛을 더해주는 인생의 향신료다. 길을 거닐 때 눈이 방향을 알려주지는 못하지만, 폐와 다리와 팔은 그 어느 때보다도 건강하다고 느껴진다. 간단한 운동을 위해, 나는 의자에서 몸을 일으킨다. 안타깝게도 신발을 짝짝이로 골라 억지로 끼워 넣으려고 할 때도 있다. 양말도 짝이 안 맞는다. 그런데 왜 더 짜증을 내지 않지? 한 친구가 묻는다. 나는 속수무책이다. 그러니 짜증을 낼 수 없다. 눈이 멀면 수동적으로 될 수밖에 없다. 나는 이류 시민, 즉 관심의 대상이 되었다. 짜증을 부리는 것은 사람들이 나를 사려 깊게 대하도록 하는 데 도움이 되지 않을 것이다. 장애. 내 평생 동안 많은 사람에게 적용되었던 그 건조한 용어가 이제는 내게 적용된다. 나는 최선을 다해 그것을 받아들일 것이다.

내 안의 운동선수는 멈추지 않을 것이다

토드 발프

“좀 어중간하지 않아?” 최근에 나의 오랜 친구가 나에게 이렇게 말했다.

2년 전 내가 희귀 척추암 진단을 받았을 때도, 급진적인 다단계 수술을 받았을 때도, 긴 재활 기간과 집에서 그보다 더 길었던 회복 기간을 견뎌내고 있을 때도, 그리고 수술 중에 생긴 합병증으로 척추가 손상되어 영구적으로 하반신 마비가 될 가능성이 있다는 것을 알았을 때도, 그녀는 항상 내 곁을 지켜준 친구다. 운동으로 다져진 근육질의 내 다리가 재활치료에 기대했던 대로 반응하지 않았던 이유는 애초에 그럴 수 없었기 때문이었다.

친구의 말은 내가 대개의 척수 손상 집단과 좀 다르다는 의미였다. 나는 더는 휠체어를 타지 않는다. 나는 이제 오랫동안 서 있는 법을 터득했다. 집 밖으로 나오기 시작하자 내 피부는 원래의 구릿빛을 되찾았다. 나는 내 경력의 대부분을 운동선수와 모험가들에 대해 보도하고 글을 쓰는 데 보냈다. 나는 와이오밍주의 그랜드 티턴을 오르고 파나마의 다리엔 정글을 헤치고 다녔다. 뉴잉글랜드에 있는 폭풍우에 시달린 우리 집 헛간 앞에서 찍은 최근 사진 속의 나는 예전의 내 모습과 많이 닮았다. 사진을 보며 그녀는 "확실히 도전적이야"라고 말했다.

하지만 불과 몇 주 전 내가 그녀의 호숫가 별장을 방문했을 때 일어났던 일이 그녀의 마음 한구석에 남아 있었던 게 틀림없었다. 그때 나는 그녀와 다른 친구들 대여섯 명과 함께 어울렸다. 수술 후 처음으로 놀러 간 것이었다. 쉽게 승선할 수 있도록 보트는 호숫가에 바짝 붙어 정박해 있었는데, 나는 보트의 아래쪽 갑판에 엉덩이를 걸치고 다리를 들어 올리는 데까지는 성공했지만 도저히 자리에서 일어설 수가 없었다. 모두가 짐짓 아무런 일도 없다는 듯이 행동하며 나를 배려하려 애썼지만 뭘 어떻게 해야 하는지는 아무도 몰랐다. 무력감이 절실히 느껴지는 순간이었다.

나는 현재 "불완전"한 상태다. 여기서 불완전이란 내가 척수 손상을 입은 위치 아래쪽으로 부분적인 불완전 마비가 있다는 것을 의미한다. 나는 절뚝거리는 왼발을 들어 올릴 수 있도록 오른손에는 손잡이가 있는 지팡이를 짚고, 신발 속에 신중하게 끼워 넣은 정강이 보호대와 비슷하게 생긴 버팀대의 도움으로 걷는다. 내가 걷는 도중 마주친 사람들은 종종 내게 무슨 일이 있었는지 추측을 한다. 다리가 부러진 걸까? 최근에 고관절 수술을 했을까? 그들은 일시적으로 건강 상태가 좋지 않은 거라고 생각한다. 마비는 떠올리지 못한다.

미국 척수손상협회의 "불완전 손상" 등급 척도에 따르면 나는 "척수 손상 부위 아래쪽으로 근육의 절반에 운동 기능이 남아 있으며 중력에 대항하여 움직일 수 있을 정도의 근력이 있다"는 것을 의미하는 ASIA D등급에 해당한다. 회복 과정의 어느 시점부터 내 근육은 "무용함"에서 "유용함"으로 조금씩 회복되어 갔다. 2016년에는 몇 달에 걸친 훈련과 약간의 맞춤 변형을 통해 입식 페달 보조 전기 자전거를 타는 법을 익혔다. 이 자전거는 높이를 낮춘 스텝 스루형 프레임을 가지고 있다. 나는 "죽어 있는" 내 왼쪽 다리를 더 쉽게 움직일 수 있도록 클립인 페달을 사용한다. 다른 자전거 이용자들과 다를 바가 거의 없어 보인다.

하지만 신호등이 정지 신호로 바뀌면 얘기가 조금 달라진다. 멈췄다가 다시 출발하는 일은 내게 다소 어려운 일이다. 스케이트보드를 타듯이 오른쪽 다리로 몇 차례 바닥을 밀어내어 자전거가 앞으로 나가기 시작한 후에야 왼손으로 오른쪽 다리를 들어 페달에 올려놓을 수 있기 때문이다(종양 때문에 근처에 있던 요근을 제거했기 때문에 내 오른쪽 다리는 위로 들어 올릴 힘이 없다). 대체로 나는 문제없이 교차로를 통과한다. 하지만 자전거를 다시 타기 시작한 초기에는 길 위에 쓰러지는 바람에 사거리에서 난처하게도 교통을 막은 적도 있었다. 한 운전자가 뭐라고 소리를 질렀고, 그날 내 라이딩 파트너였던 친형은 맞받아 소리쳤다. "왼쪽 다리가 마비돼서 그래, 알아먹겠어?" 형이 내 편을 들어준 건 고마웠지만, 사실 운전자를 탓할 일도 아니었다. 마비라니? 자전거를 타고 있는데?

뛰어난 물리치료사나 스마트한 기술혁신이 나에게 완전한 삶을 돌려줄 수 있을 거라고 느껴질 정도로, 나는 지금 내가 추구하는 신체적인 삶에 손 닿을 듯이 충분히 가까워져 있다. 하지만 나는 이상적인 삶과는 여전히 거리가 멀리 떨어져 있다. 아이들이 나를 쳐다보기도 하고 지인들은 나를 여기저기 태워다 주겠다고 제안하기도 한다. 나는 다리를 앞으로 밀어낼 수 있지만 격렬한 운동 전 다리를 흔들어 각성시킬 수는 없다. 나는 온몸의 세포가 깨어나는 듯한 느낌과 아래쪽의 커다란 다리 근육에서 터져 나오는 맹렬한 힘과 고통을 갈망한다. 하지만 나는 오로지 내 기억 속에서만 그곳에 도달할 수 있다.

처음 정신과 의사에게 현재 내가 어떤 상태인지 설명하면서, 나는 내가 "뒤죽박죽"이 된 것만 같다고 말했다. 내 좌측과 우측 근육 부위들과 내 근육이 수행할 수 없는 신체적 "동작"들의 긴 리스트를 떠올리기가 지쳤는지 그는 그냥 내 말에 동의했다. "맞아요, 뒤죽박죽이에요."

여전히 내가 어느 한쪽에 속할지도 모른다고 생각하게 되는 이 애매한 중간 세상의 일원인 것에는 또 다른 문제가 있다. 바로 나 같은 무리들을 식별하는 일이다. 나는 활동적인 집단에 속하고 싶지만, 거기에는 혼란이 존재한다. 우리 지역에서 매년 가을에 주최되는 5킬로미터 경주는 달리는 사람들, 걷는 사람들, 휠체어를 탄 사람들이 모두 참여하고 있다. 그러나 나는 이 범주들 중 어느 것에도 해당하지 않는다.

어떤 면에서 나는 비극적인 사건으로 쓰러졌지만 포기할 줄 모르는 정신으로 다시 일어선 젊은 운동선수들과 나를 동일시한다.

하지만 내가 속한 무리는 내가 산책할 때 종종 마주치게 되는 은퇴한 나이 많은 이웃들 쪽인 것 같기도 하다. 그들은 종종 나를 격려한다. 그들은 보통 내게 손을 흔들며 "훌륭해" 하고 말을 건넨다(겨울에 눈보라를 헤치며 걷고 있을 때는 "아이고, 보통내기가 아냐" 하는 말을 듣기도 했다). 나는 그 노인들처럼 통증과 쑤심을 달고 산다. 그들처럼 나 또한 너무 빠르게 돌아가는 이 세상에서 내가 안전하게 돌아다닐 수 있을지 걱정한다. 그들은 내 안위를 걱정해준다.

척수 장애에 적응해가는 과정은 몇 가지 심리적 단계를 거친다. 안내서들이 가장 중요하다고 서술하고 있는 마지막 단계는 "수용"이다. 그러나 나는 수용하지 않고 있다. 나는 산책할 때 시간을 재고 내 다리의 힘을 와트 단위로 앱에 기록한다. 나는 개인 신기록을 세울 때 좀 더 행복해진다. 나는 예전의 내가 그랬던 것처럼 운동선수처럼 생각하고 행동한다. 나는 멈출 수 없다. 내 친구들은 나의 이 미친 듯한 행동에 안도감을 느낀다. 그것은 내 본성이고, 내가 변하지 않았다는 증거다. 나는 집요하다. 나는 목표가 있다. 혼자서 길을 나서노라면 나는 내 장애를 거의 잊을 수 있다. 산책할 때 다리에 느껴지는 저린 느낌은 이제 주말이면 산에 오를 때 느끼던 배낭의 무게 정도로 느껴질 만큼 익숙하다. 하지만 알고 보면 그것은 경기가 시작되면 사라지는 농구 선수의 무릎 통증 같은 것이다. 한여름 밤 결혼식에서 열린 열광적인 댄스 무대의 가장자리에서 나의 차이점은 여지없이 드러난다. 장애는 내게는 익숙하지 않은 일이다. 이러한 "그들"과 "우리"의 역학이 장애인 공동체에서는 익숙한 현상이 아닐까 싶다. 나는 확실히 장애를 공유하고 있다는 데서 편안함을 느낀다. 하지만 난 두 세계 사이에서 어중간한 상태에 있다. 그 세계에 다가가는 것은 마치 반대편의 세계를 포기하는 듯한 기분이 든다.

사람들은 내게 하늘이 가끔은 나와 같이 부상을 입은 사람의 편을 들어주기도 한다는 이야기를 해준다. 그래서 나는 종종 정신력이나 의지에 찬 행동이 내가 알 수도 볼 수도 없는 무언가를 불러일으킬 수도 있다는 생각으로, 한 걸음 한 걸음 발걸음을 옮길 때 특별히 더 신경을 기울이고 의도를 갖고 땅에 발을 내려놓으면서 내 다리의 신경이 길어지고 근육이 깨어나는 기적을 상상한다. 그러나 자연적으로 신경이 재생될 수 있는 기회의 문은 닫히고 있을 것이다. 신경 수리는 보통 첫해에 일어난다고 하는데 나는 벌써 두 번째 해를 보내고 있기 때문이다.

나는 의학이 나를 데려다주는 곳까지 나의 회복을 추구하고 싶다. 나는 가능성의 문을 닫아버리는 것이 싫다. 나의 다리가 나를 만들었고, 나를 정의한다. 나의 다리는 오랜 시간 동안 나를 가파르고 험준한 등산로를 오르게 하고 오지를 가로지르게 해주었다. 나는 내 다리를 내려다본다. 내 두 다리는 내 아래에 있다. 하지만 내 다리는 결코 내 아래의 존재가 아니다.

"트라이보그"의 여명

질리안 웨이스

C

"트라이보그Tryborg"란 존재는 인간의 한 범주로서 너무나 확연해서, 내가 이 이야기를 하면 당신도 주변 아는 사람들이나 작품 속에서 봤던 십여 명의 트라이보그를 금방 떠올릴 수 있을 것이다. 혹은 당신이 트라이보그일 가능성도 있다.

내 의족을 만드는 회사는 내 다리를 시-레그C-Leg라고 부른다. 이게 잔인한 이름인 것이, 이 의족은 소금물에 취약해서 시sea에는 근처도 갈 수 없다. 나는 의족을 30년 넘게 착용해 왔다. 지난 10년 동안은 컴퓨터화된 무릎이 달린 의족을 착용해왔다. 이 무릎은 무게가 1.8킬로그램이며 한 번 충전할 때마다 배터리가 40시간에서 45시간 지속된다. 이 의족은 내 다리에 밀착되기 때문에 나는 내 몸이 끝나고 컴퓨터가 시작되는 지점을 감지할 수 없다.

그동안 우리에게 가장 잘 알려진 사이보그들은 허구의 인물이었지만(《6백만불의 사나이》를 연기했던 리 메이저스를 떠올려보라), 오늘날 우리는 현실의 존재들이다. 대부분의 사이보그들은 현대의 기술과 상호작용하는 장애인들이다. 우리는 주요한 신체 기능을 컴퓨터에 의존한다. 내가 지은 "트라이보그"라는 단어는 필수 인터페이스를 내장하고 있지 않은 비장애인을 가리킨다. 트라이보그는 가짜 사이보그다. 트라이보그는 최신 제품이나 혁신을 통해 기술과의 통합을 시도한다. 트라이보그들은 구글 글래스를 처음 착용한 사람들이다. 그들은 요즘엔 스냅챗에서 새로 출시된 스마트 안경을 사기 위해 줄 서서 기다린다. 트라이보그들은 사이보그처럼 행동한다. 하지만 그들이 아무리 노력해도 트라이보그는 여전히 "척"하는 존재들일 뿐이다.

트라이보그는 얼리 어답터, 프로게이머, TED 강연 연설자, 혹은 콘텐츠를 만드는 사람일 수도, 그를 소비하는 팔로워일 수도 있다. 트라이보그는 영화 시나리오나 실험 보고서 또는 학술지에 사이보그에 대해 쓰는 전문가일 수도 있다. 트라이보그는 그냥 IT 부서에서 일하며 리얼돌을 수집하는 밥이라는 이름의 남자일 수도 있다. 어떤 경우든 트라이보그는 실제 우리 사이보그들의 삶이 어떤 것인지 상상만 할 수 있을 뿐이다.

트라이보그는 언제나 은유, 추측, 욕망에 의해 거리가 생긴다. 내 의족이 갑자기 삐빅거리고 윙윙거리다가 배터리가 죽어버리면 무릎이 경직되어 나는 펭귄처럼 뒤뚱거리며 걷게 되지만, 트라이보그는 배터리 없이도 살아 있다. 내가 마트 안에서 폭탄에서 날 것 같은 소리를 내고 있을 때, 트라이보그는 기계적 도움 없이 서둘러 나를 지나쳐간다.

트라이보그는 사이보그가 되고 싶어 한다. 그들이 핏빗Fitbit을 한 채로 잠자리에 들고 기가비트 단위의 엄청난 속도를 자랑하며 비트코인으로 키트kit를 사는 이유다. 그들은 사이보그나 이드Id에 친밀함을 느낀다. 하지만 그들이 아무리 데이팅 앱에서 오른쪽 스와이프로 "좋아요"를 표시해 짝을 찾고 그 짝에게 자신이 일요일부터 몇 걸음이나 걸었는지를 말한다 해도 그들은 여전히 사이보그가 아니다. 그들 자신을 사이보그라고 착각하는 것은 비유적인 것과 문자 그대로의 것을 혼동하는 것이다.

만약 당신이 "아냐, 아냐, 사이보그는 실존하지 않는 이론적인 존재야"라고 생각한다면, 당신은 아마도 트라이보그일 가능성이 높다.

트라이보그들이 살아남으려면 진짜 사이보그가 존재하지 않는다는 가정이 필수적이다. 만약 사이보그가 실존한다면 트라이보그가 어떻게 계속해서 관심을 받겠는가? 흉내일 뿐인 트라이보그보다는 그냥 사이보그에게 직접 의견을 묻게 되지 않을까? 사이보그들의 의견은 전문가 패널, 기술 리더십 학회, 자문 위원회에서 확연하게 존재하지 않는다. 우리가 지워지는 것은 우리에게 새로운 일이 아니다. 우리는 수 세기 동안 삭제되어왔고, 영화에서도 우리가 길고 보람찬 여행 끝에 결국 스스로를 삭제하는 것을 종종 볼 수 있을 것이다.

하지만 하드드라이브를 가지고 있는 사람이라면 누구나 입을 모아 말할 것이다. 어떤 것을 삭제해도 실제로 사라지는 것이 아니다. 우리 사이보그들도 마찬가지다. 우리는 씻겨 나가거나 탄압되지 않고 아직도 주변에 남아 있다.

어쩌면 트라이보그들은 이론가 도나 해러웨이Donna Haraway의 「사이보그 선언문A Cyborg Manifesto」이 옳다고 예상할지 모른다. 선언문 내용은 다음과 같다. "요컨대, 우리는 사이보그다. 사이보그는 우리의 존재론이다. 그것은 우리에게 정치적 사상을 부여한다." 그러나 해러웨이는 트라이보그다. 그녀는 장애인이 아니다. 그녀는 인터페이스를 가지고 있지 않다. 그녀는 이 용어를 비유로서 사용하고 있는 것이다. "그들은 존재하지 않기 때문에, 이곳에 살고 있지 않기 때문에, 의견이 없기 때문에 내가 그들을 대변해야 한다"고 말하며 집단적으로 전략적 움직임을 꾀하는 것은 트라이보그들의 흔한 특징이다. 그들이 우리를 대변하려 하고 있지 않을 때면 그 대상이 계속 침묵할 것이라 확신할 수 있는 동물 분야로 방향을 우회하는 경우도 있다.

다른 유명한 트라이보그들로는 재런 레이니어Jaron Lanier(『디지털 휴머니즘: 당신은 가제트가 아닙니다*You are not a Gadget*』의 저자 — 글쎄, 내가 만약 그렇다면 어쩔 건데?), 미치오 카쿠Michio Kaku(『미래의 물리학*Physics of the Future*』의 저자), 레이 커즈와일Ray Kurzweil(『지능형 기계의 시대*The Age of Intelligent Machines*』의 저자) 등이 있다. 트라이보그가 꼭 유명인이어야 하는 것은 아니지만 그들은 우리에게 종종 보드카, 자동차 사고, 외골격 같은 것들을 팔려 한다. 트라이보그는 일반적으로 우리에게 미래를 판매하는 남성 회사원들이며, 그들은 남성 사이보그들이 미래를 먼저 점유할 것이라고 상상한다. 이것이 바로 진동하는 성기인 러브트론 9000이나 시각장애인 경험을 하기 위해 초음파 야구 모자를 쓰는 "캡틴 사이보그"처럼 남자들과 그들의 발명품들이 수많은 사이보그 헤드라인을 장식하는 이유이다.

시간이 걸리겠지만 달라질 거라는 걸 알고 있다. 한때 아프리카계 미국인에 대한 전문가들은 모두 백인이었다. 레즈비언에 관한 전문가들은 모두 리하르트 폰 크라프트-에빙Richard von Krafft-Ebing*이었다. 사이보그 전문가들은 모두 인터페이스가 없는 인간들이었다.

슬퍼하지 말라. 우리가 누구인지 알게 되는 것은 우리에게 큰 안도감을 줄 것이다. 델포이 신탁은 이렇게 선언한다. 너 자신을 알라. 스

* 동성애를 정신질환의 증세로 보고 동성애 치료를 연구한 독일의 정신과 의사.

탠퍼드 대학의 프랑코 모레티Franco Moretti 교수가 말한 바와 같이, "디지털 인문학은 용케도 무한한 유아기를 얻어낼 수 있었고, 그 안에서 언제까지나 미래를 약속할 수 있게 되었다." 사이보그들은 당신들의 아기 노릇을 하는 데 지쳤다.

"그건 모두 당신 어깨에 칩이 있어서 그런 거예요." 캘리포니아주 마운틴뷰에 있는 미래주의 공장 구글 본사에서 트라이보그가 내려다보며 웃음을 띠고 말한다.

아뇨, 칩은 제 무릎에 있는데요. 하지만 당신의 초대를 받아들이죠. 나는 당신네 미래학자들과의 대화에 참가하고 있으니까요. 물론 내가 선호하는 코드인 시를 통해서지만.

제가 사이보그 수상자로서 소감을 읊어 드릴게요.

첫째로, 가장 먼저 해야 할 일입니다. 친절한 우리 선생님들, 제발 여성을 위한 컴퓨터화된 부품들도 만들어주시겠습니까? 당신들이 남자에게 염소 다리를 갖다 붙이고, 되새김질을 하기 위한 두 번째 위장을 달아 줄 수 있다면 당연히 여자에게 다리를 주는 것도 할 수 있겠지요. 기존의 컴퓨터화된 부품들은 모두 남성의 형상을 본떠 만들어지고 있습니다. 당신은 이렇게 반문하겠죠. "그럼 헤더 밀스Heather Mills*랑 에이미 멀린스Aimee Mullins**는 어떻게 설명할 건데?" 아, 예, 그 여자들은 디자이너가 만든 맞춤다리를 살 여유가 있거든요. 에이미 멀린스는 열두 쌍의 다리를 가지고 있어요. 반면 평민 사이보그들은 하나밖에 없고요.

제 C-레그를 예로 들어봅시다. 그건 제게 남자 사이클 선수마냥 커

* 폴 매카트니의 전 아내. 사고로 다리 하나를 잃었다.
** 미국의 장애인 육상선수. 배우와 모델, 동기부여 강사로도 활동하고 있다.

다란 근육질 종아리를 달고 다니게 해요. 제 정강이에는 눈금자와 회사 이름이 박혀 있죠. 전 화산 그림자 색상과 사막 진주 색상, 즉 회색과 회갈색 중에서만 스타일을 선택할 수 있어요. 여성용 스타일은 존재하지 않아서 애초에 선택지가 아니고요. 전 중성적인 것에 대해서는 불만이 없어요. 하지만 전 그냥 내 다리를 드러내길 좋아하는 평범한 여자일 뿐인걸요. 그래요, 나, 당신에게 여자 다리처럼 생긴 의족을 만들어 달라고 조르려고 여기까지 온 거 맞아요.

둘째, 왜 콘센트를 내 종아리에 달아 놓는 거죠? 콘센트가 노출되는 걸 좋아하는 여성이 얼마나 된다고 생각하죠? 내 몸을 전기에 연결하려면 불편한 자세들 중에서 하나를 해야 해요. 다리를 떼놓은 채로 무슨 트라이보그 창조를 위해 기도라도 하는 듯이 그 옆에 무릎 꿇고 앉아 있거나, 아니면 다리를 착용한 채로 나무 자세인지 보트 자세인지 요가 동작 모음에도 없는 포즈를 취하면서 플러그를 꽂거나, 둘 중 하나예요.

마지막으로, 두 다리로 걷고 싶다면 몸무게가 50킬로그램을 넘지 않고 특정 체중을 유지해야 한다는 방식이 저는 마음에 들지 않네요. 저도 다른 사람들처럼 더 살찌우고 싶어요. 이 컴퓨터화된 다리가 제게 코르셋을 씌우네요.

내 "사이보그 전문가"(나에 대해 뭐든 다 아는 전문가인 척하는)인 의족 회사 판매원이 나에게 연동 앱에 등록할 내 의족의 이름을 지어달라고 했다. 앱의 이름은 "칵핏Cockpit***"이었다. 왜 아니겠어. 앱에서는 의족의 모드를 스키, 골프 또는 사이클링에 맞춰 보정할 수 있다. 마치

*** cockpit은 조종석이라는 뜻이지만 cock에는 수컷, 두목 등의 뜻이 있다.

그것들만이 내가 추구하고 싶어 하는 유일한 스포츠라는 듯이. 그 판매원은 스포츠머리에 번쩍이는 구두 차림에 효율적인 성격을 갖고 있었다. 만약 그 자리에서 누군가가 실수로 그의 심장을 놀라 떨어지게 하거나 그의 한쪽 팔을 날려버렸다면 그도 사이보그가 될 수 있었을지 모른다.

"폭시Foxy*라고 해주세요." 내가 말했다.

* 섹시한 여자.

시각장애와 함께하는 비행

조지나 클리지

"그럼 저는요?"

비행기에서 내 옆자리에 앉은 남자는 내뱉듯이 말했다. 나는 통로 쪽 자리에 앉아 있었고 그는 가운데 자리에 앉아 있었다. 그는 비행 전 내게 안전 수칙을 안내하고 있던 승무원에게 말한 것이었다. 나는 평소에는 장애인을 위한 사전 탑승 과정에서 개인 안내를 받는다. 하지만 이번에는 승객들이 모두 탑승할 때까지도 승무원이 내게 오지 않았다.

탑승 안내 방송에서 사용된 표현에 따르자면, 나는 "탑승구를 지나가는 데 좀 더 시간이 걸리는 사람"이다. 이 표현이 전적으로 맞는 것은 아니다. 나는 시각장애인이지만 걸음이 빠른 편이다. 특히 장애물이랄 게 없고 길을 잘못 들 만한 교차로도 없는 탑승구와 비행기 같은 공간에서는 더욱 그렇다. 나는 여행 가방을 머리 위 짐칸으로 혼자 들어 올릴 수 있다. 키가 매우 커서 짐을 쉽게 들어 올린다. 게다가 몸도 유연하고, 짐을 가볍게 싸는 방법도 알고 있다. 보통 때 같으면 내가 도움이 필요한 부분은 내 좌석을 찾는 정도인데, 그마저도 세어가며 걸으면 혼자 해낼 수 있다.

때때로 승무원들은 내가 여행 경험이 많다는 걸 눈치채고 안내 내용을 간략하게 줄여 말한다. 이를테면, 나는 안전벨트 매는 법을 알고, 가장 가까운 출구가 아마도 내 자리 뒤편에 있을 거라는 걸 알고 있다. 가끔 안전 정보 카드의 점자 버전이 구비되어 있을 때도 있다. 이것을 읽고 있으면 굉장히 흥미롭다. 불시착 시 취해야 할 자세를 묘사하는 데 있어서 그림만 있는 것보다 더 정확성이 높기 때문이다. 어쩔 땐 승무원들이 내가 산소마스크와 구명조끼를 직접 다뤄볼 수 있도록 해준다. 이러한 경험은 만약 이 장비들이 필요한 상황이 생길 경우에 필요한 촉각적인 기억을 간직할 수 있게 해준다.

이 모든 일이 진행되는 동안, 나는 승무원에게 비행 중에 내게 따로 신경 쓰지 않아도 된다는 인상을 주기 위해 애쓴다. 나는 경험이 많은 여행자일 뿐만 아니라, 경험 많은 시각장애인이다. 나는 혼자 화장실로 찾아가는 길을 알고 있다. 기내식이 나오면, 도움 없이 혼자서 먹는 법도 알고 있다.

내가 받는 표준 안전 안내 중에는 비상시에 내가 있던 곳에 머물면서 승무원 중 한 명이 돌아와서 나를 구조할 때까지 기다려야 한다는 사항이 있다. 재난의 혼돈 속에서 일이 그렇게 흘러갈 리 만무하다는 것은 크게 상상력이 풍부하지 않더라도 예상할 수 있다. 출구를 향해 몰려가는 다른 승객들로 꽉 막힌 통로를 승무원이 무슨 수로 뚫고 나에게 올 수 있을까.

그녀의 말이 이 부분에 이르자 멍하니 엿듣고 있던 옆자리의 남자는 갑자기 "그럼 저는요?"라고 성난 듯이 목소리를 높였다. 그의 어조는 약간 불안한 듯, 억울함을 호소하는 투였다. 그러고는 계속해서 만약 이 가상의 비상사태가 발생했을 때 내가 자리에 계속 앉아 있다면 자기가 내 위로 넘어가야 할 것이고, 지체된 그 몇 초의 시간이 사느냐 죽느냐를 결정할 수도 있다고 지적했다.

나는 어서 머리를 굴려야 했다. 이 두 사람은 옆에서 나에 대해 이야기를 하고 있었지만, 나는 그 대화에서 사라지고 있었다. 많은 장애인들에게 익숙한 경험으로, 이런 상황에서 침묵하는 것은 위험할 수 있다. 걸림돌이 되고 짐이 될 거라는 나에 대한 인상을 바꾸는 것이 시급해 보였다. 그래서 나는 "만약 불이 꺼지거나 연기가 자욱해서 시야가 확보되지 않으면 오히려 제가 앞장설 수 있을 거예요"라고 말했다.

다른 승객들, 특히 다른 장애인 승객들이 주장할 수 없는 가치를 나 자신에게 부여하고 있었기 때문에 나는 이 전략을 사용하는 것에 약간 죄책감을 느꼈다. 나는 이제 두어 줄 앞에 앉아 있는, 나와 함께 사전 탑승한 사람을 떠올렸다. 그는 탑승구에서는 휠체어를 타고 있었지만 비행기에는 혼자 힘으로 두 다리로 올랐다. 그는 약간은 소심하게 "다리가 좀 안 좋아서요"라고 내게 설명했다. 진짜 장애인인 내가 자신을 장애인 행세를 하는 사기꾼이라고 비난할까 봐 걱정한 게 아닌가 싶다.

내가 마주치는 비행기에 사전 탑승하는 다른 사람들이나, 직원들이 우리를 이리저리 옮겨다 주기를 기다리는 장애인용 울타리라고 생각하는 곳에 대기하는 많은 사람들처럼, 그는 일상생활에서는 자신을 장애를 가진 사람이라고 여기지 않았다. 나는 그에게 그의 불안정한 다리가 문제가 아니라고 말해주고 싶었다. 문제는 공항이 장애를 초래하는 공간이라는 것이었다. 끝없이 이어지는 공항의 중앙홀을 보자면 겁을 먹을 수밖에 없다. 공항에 있는 표지판들은 보통 시력을 가진 사람들에게도 해독하기 어려운 경우가 많다. 안내방송은 제대로 알아듣기 힘든 음향의 난장판이 되어 서로 경쟁한다.

휠체어와 골프 카트를 타고 다른 사람들보다 먼저 탑승하는 등 공항에서 교통약자 서비스를 이용하는 것은 우리가 자리에 남아 도움을 기다려야 한다는 요건과 같은 긴급 프로토콜 정책 사항에 따라야 한다는 것을 전제로 한다.

여전히 빠르게 생각하면서, 내가 다른 사람을 지도하는 데 익숙하고 위기에 잘 대처하는 냉철한 사고의 소유자라는 증거로 나의 학문적 직업적 성취들을 줄줄이 나열하고 싶은 충동을 꾹 참았다. 다행히도 옆자리 승객은 내가 그렇게 할 시간을 주지 않았다. "그러네요," 그가 말했다. "이분은 어둠 속에서 방향을 잘 찾으니 저를 안전한 곳으로 인도해줄 수 있겠어요."

확실히는 알 수 없었지만, 나는 그 남자가 젊거나 많아 봤자 중년쯤이고 운동을 많이 한 몸이라고 가늠했다. 그가 자리에 앉을 수 있도록 일어섰을 때 나는 그의 키가 평균 이상이라는 것을 알아챘다. 그는 짐가방을 머리 위쪽의 선반에 가볍게 던져 넣었었다. 그의 넓은 어깨는 좌석의 너비를 넘어 뻗어 있었다. 나는 만약 재난이 발생할 경우 그를 출구로 인도하는 과정에서 우리가 앞서 말한 다리가 불안정한 분을 부축할 수도 있다는 것을 언급할까 고민했다. 그가 응급처치를 할 준비가 되어 있는 의사이거나 보이 스카우트 출신일 수도 있으니까. 그가 재난 상황에 필요할 기술을 가지고 있을지 누가 알겠는가? 우리 둘이 양쪽에서 부축한다면 확실히 옆자리 승객과 나는 그를 탈출시킬 수 있을 것이다.

그 승무원은 약간 당황한 것 같았다. 내 옆자리 승객은 나와 연대하면서 일종의 반항심을 드러내고 있었다. 아마도 이것이 바로 일반적으로 비장애인들이 탑승하기 전에 이런 안내를 진행하는 이유일지도 모른다. 그녀는 우리와 논쟁하지 않기로 했고, 그것으로 끝이었다.

비행기가 이륙하려고 활주로를 달리기 시작했을 때, 나는 내 옆자리 승객이 우리 사이에 있는 팔걸이를 꽉 붙잡고 있다는 것을 알아챘다. 내 팔에 밀착된 그의 팔꿈치에서 긴장감을 느낄 수 있었다. 나는 내가 그를 잘못 판단했다는 것을 깨달았다. 겉보기에 건장한 몸 때문에 그가 비행에 공포를 느낄 수도 있다는 가능성은 미처 생각하지 못했다. 뭔가 안심이 되는 말을 건네주고 싶었지만 바로 나의 존재가 그에게 재난 상황을 상상하게 했고, 이것이 그를 불안하게 했음을 느꼈다. 그래서 나는 검증된 방식인 여행자들끼리의 시시콜콜한 수다를 써먹기로 했다. 출장 가는 거예요, 아니면 놀러 가는 거예요? 원래 사는 곳에서 떠나오는 길이에요, 아니면 다시 돌아오는 길이에요? 나는 경험이 많은 여행자여서 사람들이 보통 무슨 말을 할지 알고 있다. 이윽고, 그는 팔걸이를 붙잡고 있던 손을 풀었고, 바퀴가 활주로를 벗어나며 우리의 여정이 시작되었다.

5부

대처

마비와 함께하는 나의 삶, 그것은 운동이다

발레리 피로

새벽 4시 30분, 알람이 울린다. 몸을 가눌 수 없는 상태에서 나는 스탠드 전등을 켜고 몸을 일으켜 세워 앉으려 한다. 몸이 쓰러지지 않도록 오른손을 침대 옆 벽에 대고, 왼손으로는 침대를 밀친다. 하지만 이내 내 복근과 등이 말을 안 듣고, 저려오는 다리는 걷어찬 듯이 앞으로 나가버리고, 결국 내 몸은 다시 침대 위로 눕듯이 쓰러진다. 분명 이놈의 몸뚱이는 일어나기에는 너무 이르다고 생각하는 것 같은데, 지금 나는 그런 것과 말씨름할 시간이 없다. 물리치료를 해야만 중세 역사 수업에 맞춰 갈 수 있다.

일어나 앉은 후, 나는 내 양손을 내 오른쪽 무릎 아래에 두고 깍지를 껴서 무릎을 가슴 가까이에 끌어당긴다. 발뒤꿈치를 침대 위로 올리기 위해서 나는 오른발로 손을 뻗어 발꿈치를 왼쪽 허벅지 위로 올려야 한다. 오른쪽 다리를 몸과 가슴에 가까이 안듯이 붙이면 아래쪽 허리와 엉덩이 부분이 스트레칭 되는 기분이 드는데, 반대쪽도 마찬가지로 반복하고 나서 계속해서 각 발목을 스트레칭한다.

마비라는 장애는 관리가 필요하다.

그러고 나서 나는 변기 딸린 의자가 있는 발치 쪽으로 깡충 뛴다. 할 수 있는 한 최대로 두 발을 발 받침대에 올려놓고, 왼손으로는 의자 팔걸이를 잡고 오른손으로는 침대를 짚어 변기 딸린 의자 위에 내 몸을 싣고 욕실로 향한다.

새벽 5시 35분이 되면 휠체어로 갈아탄다. 이 휠체어는 기능적 전기 자극 치료를 할 수 있게 되어 있다. 헬스장에 있는 사이클 기구에 안장이 없는 형태와 비슷하다고 보면 된다. 나는 미니 냉장고에서 우유를 꺼내서 시리얼 그릇 위에 부어, 식사를 하면서 이메일을 확인하고 답장을 보낸다. 6시 30분이 되면 기능적 전기 자극 치료를 할 수 있도록 사이클링을 할 준비를 한다. 먼저 왼쪽 정강이 근육 부분에 작은 직사각형 전극 2개를 올리고, 다른 2개는 오른쪽 정강이 근육 부분에 부착시킨다. 그리고 전극선들을 사이클 기구에 연결한 다음, 나의 다리와 발을 묶어 고정한다. 이후에도 한쪽 다리에 2개의 전극을 더 붙이고 또 다른 쪽 다리에 2개를 붙이는데, 이러한 과정은 내 다리의 대부분이 전선으로 뒤덮인 상태가 될 때까지 계속된다. 사이클에 달려 있는 태블릿을 켠 후, 나는 설정된 몇 가지 프로그램들 중 하나를 골라 운동을 시작한다. 몇 분 지나지 않아 전기 충격이 다리에 가해져, 다리가 페달을 밟도록 만든다. 자전거를 타고 한 시간 동안 오르막길을 오른다고 생각해 보라. 바로 그것이 내가 하는 운동이다.

여전히 나는 몸을 가누지 못한다. 여러 근육의 수축이 느껴지고, 가끔은 고개를 앞뒤로 끄덕이며 졸다가 정신을 차리기도 하고, 내가 듣는 3개의 역사 수업들에 대한 논문 주제들과 다음 날 준비해야 하는 라틴어 번역, 지도교수에게 보내야 할 내용을 생각하며 페달을 밟는다. 그리고 인기 시트콤을 몰아보면서 다음 운동을 할 수 있도록 노트북을 자전거 옆에 놔둬야 할지 고민하면서 시간을 보낸다.

좋아, 거의 다 왔어.

8시가 되면 다리에 붙어 있던 전극들을 다 떼어내서 가방 안에 챙겨 넣은 후 내 욕실 휠체어로 다시 옮겨 타고 샤워실로 간다. 9시까지 옷도 거의 다 입고, 밤새 충전 중이던 세 번째 휠체어인 전동휠체어로 갈아탄다. 머리 말리는 데 30분 정도가 걸리고, 가방을 제대로 쌌는지 확인하고, 여드름이 가려지도록 충분히 화장을 한 후, 나를 대학의 메인 캠퍼스로 데려다줄 셔틀버스로 향하기 전, 스니커즈를 신고 재킷을 챙겨 입는다.

9시 45분이면 나는 "중세 시대의 형성" 수업을 마치고, 복도 맞은편에 있는 동기에게 천천히 손을 흔든다.

"안녕, 잘 지냈어?" 그녀가 묻는다. "좀 피곤해 보이는데?"

"아니야, 아무렇지도 않아." 이렇게 말하며 나는 살짝 미소를 짓는다. 만약 여러분이 여기까지 글을 읽었다면 내가 왜 더 자세히 말하지 않는지 잘 알 것이다. 나의 아침은 여러 가지 일들로 복잡하다.

내 물리치료 방식에 대해 다른 학생들과 이야기하는 것이 편했던 적은 한 번도 없었다. 내가 상대방을 잘 알지 못할 때는 특히 더 그렇다. 나는 이미 고등학교 때, 내가 가진 장애와 내가 받는 물리치료, 혹은 거동이 불편한 장애 때문에 겪어야 하는 불가피한 곤란들에 관해 그 누구도 나와 터놓고 대화를 하고 싶어 하지 않는다는 것을 배웠다.

내가 3학년 과정을 마치기 위해 학교로 돌아왔을 때, 내가 척추 부상을 당한 후 병문안을 와주었던 나의 고등학교 육상팀 동료들은 부상과 관련된 내 이야기에 어색한 침묵으로 일관했다. 주장들 몇몇은 내가 새로운 팀 멤버들과 이야기를 하지 못하도록 막아섰다. 그들에게 나는 우리가 타고 있던 밴이 고속도로 중앙선을 가로질러 굴러떨어지는 사고를 상기시키는 사람이었다(그 사고에서 내가 가장 심하게 다쳤다). 그들은 나를 보며 불편함을 느꼈고 내가 하버드 대학에 입학했을 때, 내가 합격한 것은 마치 사회적 약자 우대 정책 덕분이라는 듯이 이야기했다. 조금 달라진 어투로 반 친구들은 "자기소개서를 쓰기 위한 완벽한 주제"를 가진 내가 운이 좋았다고 말했다. (나는 뉴욕의 스튜이버선트 고등학교에 다녔는데, 여기에 재학 중인 학생들은 명문대에 들어가야 한다는 강박관념에 얼마나 사로잡혀 있었던지, 삶에 닥친 장애조차 아이비리그 학교를 진학하는 데 유리하게 작용하는 이력으로 여길 정도였다.) 3학년 과정이 반쯤 지났을 때, 내 친구들은 그저 작년에 내가 받았던 커다란 병문안 카드에 쓰여 있는 서명들 그 이상도 이하도 아니었다.

고등학교 동료들과의 불편한 관계는 대학 생활을 하는 내내 내가 내 장애에 대해 말하는 방식에 교묘히 영향을 미쳤다. 나는 특정 주제들에 대해 침묵하는 것을 대학 친구들과 좋은 관계를 유지하는 최선의 방법으로 여겼다. 마찬가지로 나는 내가 나의 일에 진지하게 임하고 있다는 것을 교수들이 알아주길 바랐다. 그래서 혈압이 너무 낮아서 거의 실신할 지경이 되거나 수업 중 눈에 띄게 몸이 떨리는 것을 멈출 수 없을 정도로 체온이 떨어졌을 때도 수업에 들어가곤 했다. 나는 몸 상태가 나빠져 수업에 참여할 수 없게 되었을 때, 그리고 수업 결석 사유를 설명해야 할 때만 내가 가진 장애에 관해 이야기하였다.

나는 나의 상황이 사람들에게 곧바로 전형적인 이야기로 받아들여질까 봐 걱정했다. 다시 말해 나는 사람들이 나의 장애를 비극으로 볼까 봐, 또는 내가 장애를 극복해야 할 개인적인 장애물로 여기면서 장애가 없는 건강한 몸을 가진 사람들의 무리에 다시 합류하기 위해 필사적으로 애쓰고 있는 것처럼 보일까 봐 걱정했다. 나는 나의 장애가 있는 그대로 존재할 수 없는 상황이 두려웠다.

그런 꼬리표가 붙지 않도록, 나는 물리치료에서 진전이 이루어져도 그것을 깎아내려 말했다. 이를테면 엉덩이 굴근이 마침내 미세한 움직임을 보인 경우에도 이에 대해 말하는 대신 내 팔이 위로 움직인 것에 대해 친구들에게 말하는 쪽을 선택했다. 다른 각도에서 이를 볼 수도 있다. 내가 상태가 호전되었다고 말한다면, 그건 내가 장애가 있는 몸을 싫어하며, 장애가 없는 몸을 가진 사람들이 정상으로 생각하는 상태를 갈망하고 있음을 은연중에 드러내는 것이었다. 언젠가 마비를 위한 치료법이 생길 경우를 대비하여 그때 혜택을 받을 수 있도록 근육이 위축되는 것을 피하려고 다리 운동을 한다고 말하면, 나는 장애인 인권 운동을 배반하는 것이 되지 않을까 염려했다.

우리 장애인들은 사회가 우리를 있는 그대로 받아들이도록 요구하자고 서로를 격려하고 있다. 일반 대중이 상상하는 모습대로 살지 말자고 말이다. 하지만 나는 건강한 몸을 유지하고 싶고, 내 몸이 미래를 위해 준비가 되어 있길 바란다. 현재 접근 가능한 모든 것은 과거에 만들어져야만 했다고 굳게 믿으면서도, 한편으로 나는 언제든지 현재의 내 몸 상태보다는 더 나은 몸의 상태를 보여주는 나 자신을 선택할 것이다. 그 편이 관리하기에 더 쉽고 시간적으로도 더 효율적이기 때문이다. 몸을 관리하는 데 그렇게 많은 시간을 보내는 것은 "나"라는 사람을 귀감이 되는 사람으로 만들어주는 것일까, 아니면 장애인으로서의 권리를 상실하는 사람으로 만드는 것일까? 평가받지 않는 삶의 형태를 선택하는 것이 나에게 가능한 일일까?

아마 불가능할 것이다. 그래서 나는 지금 내가 이끌어가고 있는 내 삶에 대해 이야기하는 방식에 변화를 줌으로써 작지만 의미 있는 저항을 해오고 있다. 나는 내가 받는 재활치료에 대해 건강 유지를 목적으로 하는 것이라고 설명하기 위해 애써왔다. 비록 전혀 흥미롭지 않을 이야기일지라도, 정확히는 그게 맞다. 내가 하는 기능적 전기 자극 사이클 운동과 스탠딩 프레임(말 그대로, 서 있게 해주는 장치) 세션은 나의 근육과 뼈의 밀도를 온전히 유지시키고, 혈액순환을 계속하게 만들어서 내 컨디션을 입원이 필요 없는 건강 상태로 유지시켜준다.

나의 하루에 대해 아무리 사소한 이야기를 들려줘도, 사람들은 거기서 분노와 절망, 영감을 읽어낸다. 하지만 나는 내 삶이 그렇게 해석되는 게 너무나 싫다. 제발 내가 하는 이야기를 있는 그대로 들어주기를 바란다. 나는 장애를 가지고 있고, 내 건강을 유지하고 내 삶을 살아가는 두 가지 일을 모두 잘 해내기 위해서 시간과 노력이 필요하다. 내가 말하고자 하는 것은 그뿐이다.

나의 1,000달러짜리 불안 발작

조애너 노박

나는 도움을 준 남자에게 에스프레소 머신이 든 내 여행 가방을 떨어뜨리지 않도록 조심하며 머리 위 짐칸에 짐을 올린다. "이제 된 것 같아요"라고 말하며, 혹시 내 목소리가 너무 작거나 크지는 않았는지 생각한다. 새로 산 노이즈 캔슬링 헤드폰을 끼고 있으면 말하는 게 영 어색하다. 하지만 이 헤드폰은 선글라스처럼 내 생존에 필수적이다. 7열 가운데 좌석에 앉은 상태에서 나는 네 번에 걸쳐 확인한다. 자낙스*는 내 지갑에 잘 들어 있다. 이렇게 하지 않으면 안심할 수가 없다.

나는 20년 동안 불안 발작에 시달려왔다. 증상은 열세 살 때 시작되었다. 하나를 사면 하나를 공짜로 주는 원 플러스 원 상품처럼 거식증에 불안 발작이 딸려왔다. 거식증은 식욕 이상 항진증이 되었고, 불안 발작이 마치 돼지 저금통 안에 든 다양한 동전들처럼 덜그럭 소리를 내며 집요하게 계속되었다. 급기야 몇 년 전 새로운 나의 치료사는 다음과 같이 복합적인 진단을 내렸다. 공질병성 기분부전증과 범불안장애를 **동반한** 섭식장애.

* 신경안정제의 일종.

하지만 비행 중 공황장애는 전에 없던 아주 새로운 증상이다. 최근에 비행기의 보조 날개가 기울어질 때마다, 연료 냄새가 훅 끼쳐올 때마다, 나는 좌불안석하며 자리에서 일어나 승무원들을 찾아 두리번거린다. 핸드폰을 2개 가지고 있는 사람을 보면 이런 생각이 든다. 혹시 테러리스트 아냐? 그러면 비행기가 순항 고도에 도달해서도 나의 불안은 멈추지 않을 것이다. 기내 화장실로 가 잡용수를 얼굴에 튀기며 헛구역질을 할 것이다. 비행기가 착륙하고 나서야 나는 비로소 안도의 한숨을 내쉬게 될 것이다.

7열 창가 좌석에 앉은 여자는 서류를 보고 있다. 그녀 옆에서 나는 내 내면이 두려움에 영향을 받지 않도록 애쓰며, 지갑을 열고, 머리를 묶고, 등받이에 책 한 권을 끼워 넣고, 내 핸드폰을 찾아 켜고, 헤드폰 살 때 구입했던 누디 스무디Noobie Soothie라는 백색소음을 위한 애플리케이션의 아기 모양 아이콘을 터치한다.

하지만 나는 너무 긴장한 나머지 자낙스 약통을 열 생각도 하지 못한다. **많은 사람이 이 약을 복용한다**고 내 치료사는 말했다. 처방된 약과 헤드폰, 누디 스무디를 샀지만, 내 기분은 좋아지지 않았다. 나는 영수증들을 들여다보며 자기비하에 빠져들었다. 넌 점점 더 나빠지고 있어. 넌 자신을 정상적으로 통제할 수 없어. 심지어 어떤 날들에는 음식을 사는 일조차 좋아하지 않잖아. 아마 불안증세를 안고 비행기를 타는 것은 너한테 너무 벅찬 일일 거야.

너는 자낙스가 필요하지 않아. 나는 7열에 앉아 있는 자신에게 말한다. 불안에 맞서는 너의 정신력은 충분히 강해. 나는 지갑을 집어넣고 선글라스 뒤로 두 눈을 감는다. 백색소음이 헤드폰에서 흘러나오고, 잠시 내 마음은 고요해진다.

"승객 여러분, 우리 비행기는 만석입니다." 승무원이 말한다.

나는 눈을 깜박인다. 누군가 참치 같은 것의 포장지를 뜯는다. 통로는 자기 짐 넣을 자리를 가늠하느라 찡그린 얼굴을 하고 있는 사람들로 꽉 차 있다. 내 맥박이 가슴에서 목으로 이동한다. 7열의 마지막 탑승자가 도착한다.

내 옆 복도 자리에 앉은 남자는 내 나이쯤 되어 보인다. 키가 크고, 눈썹 숱이 많다. 연한 향수 내음과 카키색 옷. 그는 으레 사람들이 하는 행동을 한다. 안전벨트를 찰칵하고 채우고, 주머니 안으로 손을 넣어 핸드폰을 꺼내 그와 나 사이에 있는 팔걸이에 올려놓는다. 그러더니 몸을 뒤틀어 다른 주머니로 손을 뻗어 또 다른 핸드폰을 꺼내 자기 허벅지 위에 얹어 놓는다.

핸드폰이 두 개네. 확실해. 우린 망했어.

이륙 전 불안 발작은 이런 식으로 일어난다. 그 남자는 두 핸드폰을 오가며 화면을 훑어본다. 속으로 나는 결심한다. 2분 전만 해도 고요하던 심장이 다시 뛴다. 나는 선글라스를 쓴 채로 곁눈질을 해 그 남자가 읽고 있는 내용을 훔쳐본다. 무슨 말인지 알아볼 수 없는 문자들이 적혀 있다. 나는 몸을 뒤척이고, 목을 기린처럼 길게 뺀 채로, 염력으로 "승무원 콜" 버튼을 누른다. 풍선을 부풀리듯이 나는 공기를 깊이 들이마신다. 내 선글라스에는 눈물로 김이 서리고, 옷 틈새로는 땀이 난다. 나는 생각한다. 그래, 비행기는 납치될 거고 나는 죽을 거야. 그리고 비행기를 타고 비행한다는 건 무모하고 멍청한 짓이라는 나의 두려움은 사실로 드러날 거야.

"출발을 위해 여객기 문을 닫겠습니다."

나는 소가 울부짖는 듯한 낮고 메스꺼운 소리로 "오, 하나님"이라는 말을 내뱉는다.

핸드폰 2개를 가진 남자가 내 쪽으로 몸을 돌려 부드러운 목소리로 묻는다. "괜찮으세요?"

나는 고개를 흔들며 승무원이 커피를 준비하는 조종석 쪽으로 비틀거리며 다가간다. 가슴이 두근거린다. 아까 냈던 소의 울부짖는 신음 소리가 또 일어난다.

"제겐 불안 발작이 있어요," 하고 나는 그녀에게 말한다. "핸드폰을 두 대 가진 남자가 있어요." "무슨 일이세요? 깊게 심호흡부터 하시고요." 입이 떨린다. 눈이 튀어나오고, 심장이 쿵쾅댄다. 나는 "비행기에서 내려야겠어요"라고 말한다.

객실 승무원은 내게 짐이 있는지 묻고, 나는 그녀를 따라 7열로 간다. 내 캐리어를 내리기 위해 안간힘을 쓰는데 2대의 핸드폰을 가진 남자가 나에게 도움이 필요한지 묻는다.

"물론이죠." 나는 내가 저지른 일에 너무 큰 충격을 받은 나머지 그를 쳐다볼 수가 없다. 비행기에 탄 승객들도 내가 하고 있는 짓에 충격을 받아 내게서 눈을 떼지 못한다. 나는 탑승교 위로 내 캐리어를 끌고 올라가 바람이 부는 텅 빈 게이트에 섰다. 발이 묶였다. 그리고 내 목에는 백색소음을 내는 헤드폰이 걸려 있다. 또한 나는 빈털터리다.

폭식증이 가장 심했을 때, 나는 부엌 싱크대에서 내가 해치운 아이스크림을 쳐다보면서 수년간 쏟아부은 돈을 기억했다. 나처럼 정신질환을 "관리"하는 데도 의료비만큼이나 돈이 많이 든다는 것을 깨닫게 되었다. 2016년, 보건부는 미국이 다른 어떤 질병보다 정신질환에 더 많은 비용을 부담하고 있다고 보고했다. 2013년에만 2,030억 달러였다. 그 많은 돈이 심리학자, 정신과 의사, 입원 및 외래 치료, 최면술,

약물치료에 쓰였다. 하지만, 그 금액에 전혀 포함되어 있지 않은 엄청난 비용이 또 있다. 개인적으로 생활에 필요한 장비들을 사느라 나 같은 사람들이 쓰는 돈은 도대체 얼마나 될까? 노이즈 캔슬링 헤드폰, 누디 스무디 애플리케이션, 1,000달러짜리 항공권 환불 비용 같은 것들 말이다.

결국, 요점만 말하자면 이렇다. 나는 전국을 가로지르며 여행하고 있다. 비용과 위험, 시간을 고려해보았을 때 버스, 기차, 렌터카 중 그 어떤 것도 비행기보다 나을 수 없다. 불안이 죽음과 관련되어 있을 때(내 경우는 그렇다), 물론 그것은 삶의 문제다. 그것은 선택에 집착한다는 것을 의미하고, 따라서 돈 문제에 집착한다는 것을 의미한다. 그러나 자기 관리에 인색하다는 것은(그럴 만한 여유가 있으면서도) 매우 위험한 습관이다. 그것은 업보로 도박을 하는 것과 마찬가지다. 하지만 모든 사람이 그럴 여유가 있는 것은 아닐 것이다.

20분 후 매표소로 가서 두 장의 새 표를 구입하고 다시 보안검색대를 통과할 때쯤, 나는 스스로에게 용기를 내라고 말하면서도 동시에 내가 감사할 일이 많음을 가슴 깊이 새긴다. 비행기 편이 더 있다는 것은 감사한 일이다. 신용카드와 신용카드로 쓴 돈을 지불할 수 있을 만큼 안정된 직업을 가지고 있다는 것도, 불안증이 내 삶을 지배하지 못하도록 애쓸 수 있을 만큼 건강하다는 것도 감사한 일이다.

나는 내 기내용 수화물 검사를 받을 때 다시 한번 감사함을 느낀다. 나는 여성 교통안전국 요원을 요청했다. 내 가방 안에 탐폰이 한가득 들어 있었기 때문이다. 교통안전국 요원과 함께 나는 유리창으로 막아놓은 별도 공간으로 들어갔다. 교통안전국 요원이 내 가방을 테이블 위로 올려놓았는데, 나는 가방이 너무 무거워서 미안하다고 했다.

에스프레소 머신이 들어 있기 때문이다.

그녀는 파란 장갑을 낀 손가락으로 에스프레소 머신을 쓱 문지른다. "이건 제가 좋아하는 제품이에요"라고 그녀가 말한다. "비싸긴 하지만, 그만한 가치가 있죠."

나에 대한 검사는 별일 없이 끝나고, 우리는 같이 캐리어 지퍼를 올리려고 애쓰는 중이다. "제가 할 줄 알아요"라고 나는 말한다. "몇 시간 전에도 다른 검사 요원과 해봤어요."

내가 이미 어떻게 보안검색대를 거쳤는지 설명하자 그 요원은 내 말에 공감해준다. 나는 그녀에게 겪었던 모든 일에 대해 털어놓는다. 두 개의 핸드폰을 가진 남자와 다시 산 2장의 비행기티켓, 내가 복용하지 않은 자낙스에 대해. 그녀는 내 말을 끊지도 재촉하지도 않으면서 마치 큰언니처럼 나와 대화를 나눈다.

그녀는 "자낙스를 드셔야 해요"라고 말한다. "나도 먹어요. 이동하기 전에는 반 개를 먹기도 해요. 해외에는 미치광이 같은 사람들이 많아요. 자낙스를 드시고 와인을 좀 마셔요. 그러셔야만 해요."

나는 자낙스와 술을 같이 먹는 것이 얼마나 위험한 일인지 안다. 절대로 그렇게 해서는 안 된다. 하지만 어찌 되었든 나는 그녀에게 감사한다. 그리고 나는 문득 거식증에서 벗어나려고 애쓰던 8학년 때, 필통에 25센트짜리 동전을 넣어 두었던 일을 떠올린다. 친구들에게 나는 그게 나의 "자기주장 기금"이라고 말했다. 간식을 사먹는 데 쓸 돈이었다. 일반적인 콜라를 마실 용기를 냈다면 콜라를 사는 데 썼을 수도 있을 것이다. 나는 아직도 콜라를 마셔본 적이 없다. 하지만 다음번에 비행기를 탈 때는 자낙스를 먹을 것이다. 그러면 돼지 저금통 안에서 동전 덜그럭거리는 소리가 더는 들리지 않을 것이다.

삶이 레몬을 주었을 때, 나에게 공황 발작이 왔다

길라 라이언스

몇 달 전 어느 날 오후, 한 친구가 자기 집으로 나를 초대했다. 내가 가장 좋아하는 레몬 나무에 마이어 레몬이 주렁주렁 열렸으니 레몬을 좀 따가라는 것이었다. 그즈음은 레몬이 잘 익어 영양이 풍부해지는 캘리포니아 오클랜드의 마법 같은 시기였다.

이런 결정을 내리는 것은 아주 간단한 일로 보이지만 내게는 그렇지 않았다. 나의 공황장애는 이런 일마저도 벅찬 일로 만들었다.

나는 생각했다. **힘내. 공짜 레몬을 얻기 위해 8분만 운전하면 되잖아.** 나는 어느 쪽이 좋을지 저울질해 보았다. 친구 집으로 가면서 극심한 공포와 육체적 불편함을 경험할지, 아니면 집에 그냥 있으면서 내게 불가능한 일들을 적어놓은 리스트에 한 가지를 더 추가할지. 나는 한 친구에게 같이 가주면 안 되겠냐고 물었지만, 그녀는 시간을 낼 수 없다고 했다. 남자친구는 마침 부재중이었다. 나는 방문을 다음 날로 미루거나 친구들이 집으로 돌아오는 밤늦은 시간까지 기다릴 수도 있었을 것이다. 하지만 나는 당장 그 레몬들을 가지고 싶었고, 무엇보다 내 삶을 되찾고 싶었다.

나는 더는 교사 일을 할 수도, 혼자 집에 있을 수도 없었다. 운전을 하고, 잠을 자고, 쇼핑을 하고, 샤워를 하고, 줄을 서서 기다리고, 외식을 하는 것이 더는 가능한 일이 아니었다. 때로는 그 어떤 것도 먹지 못했다. 어떤 치료 방법도 더는 나의 공황 발작에 도움이 되지 못했고, 때로는 물 한 잔을 마시러 부엌에 가는 일조차 하지 못했다. 일상적인 활동은 철저한 비용 편익 분석을 거쳤다. 도서관에 책을 반납하기 위해 내가 공황 발작을 견뎌야 했을까? 마트에 갔다가 공황 발작을 너무나 자주 경험한 터라 나는 쇼핑을 하지 않는다. 운전하는 동안 공황 발작을 너무나 자주 경험한 터라 운전도 하지 않는다. 하지만 레몬이 나를 부르고 있었다.

나는 차 안에 앉아 용기를 내어 차 키를 돌렸다. 땀이 차올라 얇은 티셔츠 겨드랑이를 흥건히 적시고 호흡이 얕고 짧아졌다. 시동을 거는 순간 내 심장은 빠르게 뛰었다. 운전을 시작하자, 현기증과 메스꺼움이 목구멍까지 차오르면서 시야가 흐려졌다. 나는 급히 길 한쪽에 차를 대고 물을 약간 들이켰지만, 절반을 셔츠에 흘렸다. 그리고 차를 돌렸다. **그럴 만한 가치가 있는 일이 아니야**. 나는 큰 소리로 말했다. **괜찮아. 그냥 집에 가자고**. 나는 집으로 차를 몰고 가 침대에 누웠다. 그리고 몇 주 동안 일어나지 않았다.

공황장애는 어릴 때부터 내 삶을 규정하고 제한했다. 나는 몇 년 전까지만 해도 영향력 있는 유능한 직장인이었다. 학생들을 가르치고, 대인 관계도 활기차게 맺으며, 여행을 즐겼다. 하지만 불과 몇 년이 지난 지금 나는 완전히 쓰러졌고, 내 주변의 인간관계와 경력, 그리고 건강까지 모두 내 침대에 묶여 있다.

2017년에 나는 장애 인권운동가이자 시청각 장애를 가진 변호사인 하벤 기르마Haben Girma에 관한 글을 썼다. 기르마 씨는 하버드 로스굴을 나온 최초의 시청각 장애인일 뿐 아니라 내가 만난 시청각 장애인 중에 스키와 서핑, 볼룸 댄스를 즐기고 즉흥 코미디 공연을 하는 최초의 인물이다. 그녀는 친구들과 안내견인 맥신의 도움을 받아 전 세계를 누비고 있다.

나는 기르마 씨가 보조공학과 통역사의 도움을 받아 해내고 있는 일들에 놀라움을 금치 못했다. 기사가 나간 후에, 나는 기르마 씨에게 나는 전혀 다른 약점을 가지고 있지만, 나 또한 이를 극복하기 위해 애써왔다고 속마음을 털어놓았다. 그러자 그녀는 깊은 연민을 드러내며 상냥한 태도로 자기 자신을 장애인으로 여기느냐고 나에게 물었다. 나는 단 한 번도 나 자신을 장애인이라고 생각해 본 적이 없었다. 하지만 곰곰이 생각해보니 나는 장애인이었다.

공황장애 때문에 나는 회의나 결혼식에 참석하지도 못하고 여행지에서 휴가를 보내지도 못했다. 그리고 내 경력에 도움이 되거나 사회적으로 즐길 만한 많은 활동도 할 수 없었다. 하지만 그러한 것을 나라는 존재의 일부로 여겼다. 만약 내가 겉으로 드러나는 신체장애 때문에 직장을 그만두고 휴가를 포기했다면, 내가 장애를 겪고 있다는 데에는 의심의 여지가 없었을 것이다. 하지만 내 장애는 심리적인 것이었다. 그래서 장애가 있다기보다는 그저 성격이 괴팍하거나 지나치게 예민한 것으로 보였다. 다시 말해 그건 불행한 기질로 보였다.

2017년 여름에 나는 어느 명망 높은 기관의 장학 지원을 받게 되었다. 항공 비용과 호텔 체제비, 그리고 전 세계의 예술가, 운동가, 교육자, 기업가 등을 만날 기회가 제공되었다. 만약 내가 맹인이라면, 안내견이나 조력자가 내가 공항을 무사히 빠져나가도록 나를 안내해줄 것이다. 만약 내가 휠체어를 타는 사람이라면, 회의 주최 측에서 건물에서 내가 잘 이동할 수 있도록 안내인을 붙여줄 것이다. 하지만 나는 누구의 도움도 받지 못할 것이다. 그런데 내가 어떻게 시간에 맞춰 비행기를 타고 집에서 아주 멀리 떨어진 그곳에 갈 수 있을까? 나의 공황장애는 어떤 접근성을 가지고 있을까?

기르마 씨는 나에게 취업지원망The Job Accommodation Network이라는 사이트를 알려주었다. 고용인과 피고용인들에게 장애를 수용하는 방법을 알려주는 사이트다. 하지만 양쪽 눈의 시력이 모두 2.0이지만, 공황 발작 때문에 운전을 할 수 없는 사람에게 이 세계는 어떻게 해야 접근할 수 있는 곳이 될 수 있을까? 구조적으로는 아무런 문제가 없지만, 아드레날린의 과잉 분비와 공포로 인해 계속 후들거리는 다리를 가진 사람은 어떻게 해야 할까? 나는 나에게 주어진 이 절호의 기회를 정중히 사양해야 했다.

그렇다고 정신장애가 신체장애를 다루는 것보다 더 어렵다고 말하는 것은 아니다. 하지만 신체장애는 사람들의 이해를 받고 법으로 기술되며 수용되는 반면, 정신장애는 오명을 뒤집어쓰고 측정하거나 수용하기가 모호하며 통제 불가능한 물리적 현실로 다루어지기보다는 자주 한 개인이 본인 스스로 감당해야 할 책임으로 여겨진다.

미국장애인법은 신체장애를 가진 사람들과 마찬가지로 정신장애를 가진 사람들도 고용, 주거, 교통, 그리고 정부 서비스에 공정하고 동등하게 접근할 수 있도록 보장함으로써 그들을 보호하고 있다. 또한 사회보장국도 불안장애를 다른 여덟 가지 정신장애의 범주들과 더불어 장애 복지 혜택(재정 및 교통 보조, 보조공학 등)을 받을 수 있는 질환으로 인정하고 있다. 미국정신질환자연맹은 약 900만 명의 미국인이 사회보장장애보험Social Security Disability Insurance으로 재정적 혜택을 받고 있으며 이 중 35.2퍼센트가 정신건강 문제 때문이라고 보고하고 있다.

하지만 정신질환이란 무엇이고, 인생의 질곡으로 인한 정상적인 정서적 괴로움은 무엇일까? 미국정신질환연맹과 국립정신건강연구소, 미국정신의학회 간의 합의에 따르면, 정신질환은 자기 관리와 직업 및 관계를 유지하는 것 같은 일상생활에서 사고, 감정 또는 행동에 중대한 변화가 생겨 기능이 정상적으로 이루어지지 않는다는 것에 중점을 둔다.

미국정신질환연맹은 한 해 동안 미국인들의 20퍼센트가 매년 정신건강 장애를 경험하고 있으며 그 가운데 5퍼센트는 지속적이고 심각한 정신질환을 겪고 있다고 보고한다. 동반질환 설문응답National Comorbidity Survey Replication에 따르면, 미국인의 절반이 살아가는 동안 정신질환 진단 및 통계 열람DSM-IV의 기준에 부합하는 정신질환에 걸리는 것으로 나타났다. 미디어는 총기 난사 사건과 가정 학대의 원인으로 정신질환을 지목하길 좋아하지만, 정신질환은 폭력적인 행동으로 특징지어지는 것이 아니다.

사회보장국의 지침에 따라 장애인으로 판정받으려면 불안장애 목록 12.06에 따라 불안장애 진단을 받아야 하는데, 초조함, 집중장애, 과민성, 근육 긴장, 수면장애, 피로 등 여섯 가지 증상 중에 세 가지 이상에 해당하면 불안장애 진단을 받게 된다. 장애를 주장하는 자는 직업을 갖는 것이 불가능하다는 것과 정보의 이해와 기억, 활용, 다른 사람들과의 상호작용, 일을 지속하고 마무리하는 능력, 또는 일상생활 유지(계산서 지불, 요리, 쇼핑, 옷 입는 일, 개인위생) 등에 한계가 있음을 증명해야 한다.

또한 이 장애가 의학적으로 2년 이상 "심각하고 지속적"이라고 입증된 경우거나 치료가 가능한 환경에 살고 있거나, 기능을 가능하게 하는 지속적인 의료, 심리 치료 또는 심리사회적 지원을 받는 경우에만 자격을 얻을 수 있다.

이 지침들에 따르면, 나는 자격을 획득하고도 남을 상황이지만 사회보장을 지원해본 적도 없고, 그럴 계획도 없다.

나의 아버지는 나에게 자신을 장애인으로 여기거나, 혹은 고용주나 친구들에게 자신을 장애인이라고 말하지 말라고 간청한다. 아버지는 장애인이라고 말하는 그 자체가 자기충족적 예언이 될 거라고 생각한다. "네가 사람들에게 운전을 할 수 없다고 말하기 시작하면, 너 스스로 운전할 생각은 아예 하지 않게 될 거야"라고 아버지는 말한다. "그런 생각에 저항하면서 스스로를 채찍질해야 해." 그것이 심리적인 것이기 때문에 혹은 적어도 그런 식으로 나타나기 때문에, 아버지는 이 장애를 여전히 내가 스스로 통제할 수 있다고 보는 것이다.

때때로 나는 이러한 불안장애에 맞서 싸울 수 있다. 하지만 때때로 나는 정말로 아무것도 할 수가 없다. 나의 투쟁 도주 반응은 너무나 강하다. 라임병이나 섬유 근육통과 같은 만성질환에 시달리는 사람들은 살면서 좋은 날도 있고 나쁜 날도 있다는 것을 잘 안다. 좋은 날에는 자신을 채찍질할 마음의 여유를 가질 수 있지만, 나쁜 날에는 아주 간단한 일을 하려는 시도조차 감당하기 힘든 피로와 고통, 재발을 초래할 수 있다는 것을 말이다.

육체적 정신적 한계 따위는 입에 담지도 말라며 마음만 굳게 먹으면 세상에서 할 수 없는 일 따위는 아무것도 없다고 여기는 사고방식은 너무나 미국적이다. 무엇이 우리의 앞길을 가로막고 있건 승리하는 자는 목표에 도달하려 애쓰면서 이를 극복해내고 결국 혼자 힘으로 일어선다는 가르침을 우리는 받아왔다.

레몬을 얻을 것인가, 아니면 포기할 것인가? 내가 원하는 삶의 방식을 위해 싸울 것인가, 아니면 내가 가진 조건의 한계를 받아들일 것인가? 미국의 법률은 나를 장애가 있는 사람으로 간주한다. 하지만 나는 나 자신을 어떤 존재로 간주해야 할지 모르겠다.

그런 말을 하느니
차라리 죽는 게 낫다고 생각하고 있는 걸까?

제인 이튼 해밀턴

그녀는 그 레스토랑이 가까운 곳에 있다고 말한다. 바로 코앞이라고.

토론토에서 열린 낭독회가 끝난 후 나는 한 동료 작가와 걷는 중이다. 그녀는 앞장서 걸으며 우리를 어느 레스토랑으로 인도하고 있다. 그런데 발걸음을 옮길 때마다 내 몸 안의 모든 것들이 아우성을 친다. 흉통이 느껴지고, 호흡은 가빠지며, 엉덩이에 있는 점액낭염이 비명을 지른다. 심부전이 올 것임을 알려주는 증상들이다. 그녀가 평탄하다고 말한 레스토랑으로 가는 길은 실은 완만한 경사면이다. 나에게는 에베레스트산이나 다름없는 경사다. 스쿠터나 차가 있어야 갈 수 있는 길이다.

택시를 부를까요? 내가 묻는다. 조금만 힘내세요, 라고 그녀는 반복해서 말한다. 거의 다 왔어요.

거의 다가 도대체 얼마만큼이에요? 나는 이렇게 묻고 싶지만, 힘들어서 말도 제대로 나오지 않는다. "더는 못 걷겠어요"라고 말하고 싶지만, 사람들의 시선이 나의 불편에 집중되는 것이 싫다. 장애가 없는 동료들과 함께 외출할 때면 흔히 있는 일이다. 나에게 "바로 코앞"이라는 곳은 여전히 멀게 느껴진다.

런던, 뉴욕, 로스엔젤레스, 파리, 아테네, 교토, 상하이 등 세계에 대한 나의 가장 선명한 기억은 내 앞에 펼쳐진 구불거리는 도로와 보도, 회색빛 아스팔트, 끝도 없이 솟아올라 난감하기만 한 오르막의 향연이다. 파리에서 가장 선명하게 남은 기억은 열차를 타는 곳까지 통로가 끝없이 이어지던 지하철역이었다. 나는 그곳에서 울음을 터뜨리고 말았다.

지금 앞장서 걷는 동료 작가는 내가 장애가 있음을 모르지 않는다. 그래서 도와주려 하지만, 그것으로 충분하지는 않다. 그녀는 내 컴퓨터 가방을 자기 어깨에 둘러메고 한 손으로는 내 여행 가방을 뒤로 잡아끌고 가고 있다. 내 짐을 다 지고도, 그녀의 발걸음은 너무 빨라서 내가 따라가기에 벅차다. 불러세울 택시도 없다. 수십 년 동안 그래왔듯이 나는 오늘이 내가 죽는 날이 되지 않기를 바라며 계속 몸부림치면서도 아무 말 없이 가만히 따를 뿐이다.

내가 서른 살이었던 1984년, 나는 자궁경부암 진단을 받았다. 암에 걸리게 되면 그런 사람이 된다. 나는 내 병에 대해 공부하고 무사히 치료 과정을 밟아 나갔다. 그러나 죽을 뻔한 경험은 세상에 대한 내 생각과 기대를 산산조각 냈다. 9개월 후 심장 발작이 왔다. 채 1년도 안 되는 사이에 치명적인 중병을 두 가지나 앓는 거야? 말도 안 돼.

심장 발작이 왔을 때 나는 병원으로 갔다. 의사가 보기에 나는 "심근경색이 올 만한 나이나 성별이 아니"었기 때문에, 의사는 혈액검사 말고는 다른 검사를 추가로 하려 하지 않았다. 그는 타이레놀과 코데인을 처방해주며 나를 집으로 돌려보냈다. 하지만 심장 발작은 이후 12시간 넘게 지속되며 내 심장근육에 영구적인 손상을 입혔다.

그 일이 있고 나서 몇 주 후 나는 관상동맥질환 진단을 받게 되었다.

나는 선택해야 했다. 수술을 받다가 죽을지도 모르는 심장 절개 수술을 받을지, 아니면 장기적인 치료를 받을지. 나는 후자를 선택했다. 나를 괴롭힌 것은 극도의 피로감과 당시 네 살과 일곱 살이었던 내 아이들에 대한 걱정만이 아니었다. 나는 수치심을 느꼈다. 수치심이 무겁게 나를 짓눌렀다.

이후 몇 년 동안, 나는 지치고 아팠다. 걸을 때마다 혹은 뭔가 다른 힘쓸 일을 할 때마다 협심증 발작이 일어났다.

1990년 즈음부터는 관절에도 문제가 생기기 시작했다. 하지만 나는 생명에 위협이 되지 않는 것은 무시했다. 1994년에 나는 심부전을 앓게 되었다. 그것은 매우 점진적으로 악화하다가 2009년경에는 경도에서 중등도로 바뀌었고, 대부분의 일상적인 활동에 영향을 끼쳤다. 뭔가 애를 써 몸을 움직이려고 하면 발목이 부었고 호흡 곤란이 왔다. 그리고 이어서 심장 천식과 기침 증상이 몇 달 동안 지속되었다.

나를 정말 빠르게 나락으로 떨어뜨린 것은 18년간 이어온 결혼생활이 끝장난 것이었다. 이후 내 심장은 더욱 악화했고, 동맥이 더 좁아지면서 숨이 차게 되었다. 스텐트 시술을 몇 차례 받았지만 몇 달이 지나면 아무런 소용이 없었다. 극심한 부정맥 증상은 더 길어지고 더 빈번해졌다.

4개월 동안 나는 여전히 불안정한 미확진 협심증에 시달렸고, 이후에 다시 심장 발작을 일으켜서 더 심각한 심장 손상으로 이어졌다. 그 때문에 나는 또 다른 스텐트를 넣고 개심 수술을 받았다. 그러나 그 대수술을 받은 후에도, 숨이 가빠서 화장실까지 기어서 가야 할 정도로 상태가 심각했고, 심부전, 협심증, 부정맥은 조금도 나아지지 않고 계속되었다. 마침내 의사들은 내가 심방세동(위험하고 불규칙한 심장박동)

을 앓고 있다는 것을 발견했고, 결국 2015년 12월 나는 심장박동을 완화하기 위해 심장 절제술을 받았다. 수술 효과는 3개월이 지나서야 나타나기 시작했다.

증상이 개선되기는 했지만, 나는 결코 건강했던 과거로 완전히 되돌아갈 수 없었다. 나는 늘 깊은 피로감을 느끼고, 힘을 써야 할 때면 여전히 호흡이 가빠온다. 그래서 무슨 활동을 하건 회복하는 데 얼마나 시간이 걸릴지 생각하고 균형을 맞춰야 한다. 나는 거의 바깥출입을 하지 못하는 신세가 되었다.

내가 가진 증상들 각각은 그 자체의 장애를 드러내면서, 또한 서로 힘을 합쳐 허리케인이 일듯이 내 몸 안을 엉망으로 휘저었다. 하지만 우리는 장애가 눈에 보이기를 기대한다. 다시 말해 장애인이라면 마땅히 어딘가 손상된 부분이 **눈에 보여야** 한다고 생각한다. 나는 언제나 그 기준에 맞지 않는 사람이었다. 주위를 둘러보면, 사람들은 휠체어를 타거나 이동용 장비를 갖고 있었고, 점자를 이용했고, 안내견이 있었다.

나는 그중 가진 것이 아무것도 없는 데도 장애를 주장한 걸까? 사람들은 내 주장에 동의하지 않았다. 내가 장애인 주차장을 이용하면 사람들은 나에게 소리를 지르며 그 자리는 당신 같은 사람을 위해 있는 게 아니라고 말했다(노인이나 환자를 위한 식사 배달 서비스도 "나 같은 사람"을 위한 것이 아니었다). 나는 게으르다는 말을 들으며 친구 관계를 부정당했고("**내** 친구라면 얼굴은 비춰야지."), 자기가 편리할 때만 협심증이 있는 척한다며 사람들은 나를 책망했다. 또한 관상동맥질환에 걸린 것은 내 업보라는 말도 안 되는 소리를 듣기도 했다. 내가 전생에 다른 사람들을 학대해서 지금 속죄를 하는 중이라고 말이다. 또 어떤 사람들은 내가 동성애자라서 신이 내린 벌을 받는 중이라는 생각을 내비치기도 했다.

하지만 있지도 않은 장애를 결코 있는 척하지 않는다는 것은 내게 매우 중요했다. 최근 몇 년간 나는 어떤 증상을 거짓으로 꾸민 적이 단 한 번도 없다. 그러건 말건 다른 사람들은 아무 관심도 없을 테지만(내가 그러고 있다는 걸 증명할 방법도 없다), 그것은 나에게 개인적 자부심이 걸린 중대한 문제다.

나이 든 백인 남성들에게 흔하게 나타나는 질병인 관상동맥질환을 이렇게 젊은 나이에 앓는다는 것에 나는 굴욕감을 느꼈다. 나는 페미니스트 레즈비언이었다. 세상 사람들은 우리 같은 여자들을 강하고 독립적이라고 생각하는 경향이 있다. 도움이 필요할 거라고는 생각지도 않는다. 하지만 내 병은 내가 모든 도움이 필요한 사람이라는 것을 의미했다.

심장병을 스스로 자초한 것이 아닌가 하는 생각이 들기도 했다. 하지만 나는 술을 마시지 않았고 마약도 손에 대지 않았으며, 정크푸드를 즐겨 먹지도 않았고 과체중도 아니었다. 그렇다면 스트레스가 원인이었을까? 어쩌면 나도 모르게 삶을 감당할 수 없을 정도로 스트레스를 받고 있었는지도 모르겠다. 마침내 나는 나에게 전신에 지속적으로 염증을 유발하는 자가면역질환이 있을 가능성이 매우 높다는 것을 알게 되었고, 실제로 그것은 나에게 동맥경화를 유발하게 한 요인 중 하나이기도 했다. 엉덩이와 무릎의 관절염 통증, 어린 시절의 탈모, 그리고 내가 겪은 더 많은 증상은 모두 이 질환 때문이었다. 늦긴 했지만, 나는 마침내 살아오는 동안 내 몸이 망가진 것에 대한 논리적인 이유를 찾았다.

나를 도와주겠다고 나서는 그 누구의 도움이든 나는 스스럼없이 받아야 했다. 지금도 여전히 그렇다. 하지만 유용성은 인간관계를 형성하는 데 바람직한 기준이 아니다. 그래서 나는 일부러 도움이 절실하지 않은 것처럼 군다. **할 수 있어요, 할 수 있어요, 할 수 있어요**. 나는 걷는 속도를 늦출 온갖 핑곗거리를 짜냈다. 멈춰 서서 신발 끈을 다시 묶고(두 번 정도는 괜찮고, 아마 세 번까지도 참아줄 만할 것이다), 독감에 걸린 척하며 허리가 꺾일 듯이 기침을 해대고(그 와중에 협심증을 완화해주는 니트로글리세린 스프레이를 찾는다), 자기가 한 말에 도취된 것처럼 말하던 중간에 갑자기 멈춰 서서 팔을 들어올리고, 립밤을 떨어뜨리고, 니트로글리세린 스프레이를 한 번 더 뿌리기 위해 온갖 눈가림을 한다.

장애를 가지고 살아가는 매일의 삶은 스스로 빠져나갈 수 없는 나쁜 상황과도 같다. 내 몸은 허약해서 쉽게 무너진다. 만약 누군가가 길에서 나에게 칼을 휘두르며 "뛰어!"라고 소리치더라도, 나는 그럴 수 없다. 만약 내가 데모 현장에 가서 후추 스프레이를 맞거나 심장 때문에 먹는 약을 먹을 방법 없이 감금된다면, 나는 곧바로 죽게 될 것이다. 그래서 나는 대체로 인생의 가장자리에 홀로 앉아 다른 사람들이 살아가는 모습을 마냥 지켜볼 뿐이다.

* * *

저기야! 저기! 드디어 한 레스토랑이 보인다. 한 블록 이상 떨어져 있다. 한 블록이라니! 아직도 한참 멀었잖아! 나는 저기 간이 의자들이 놓여 있는 곳까지 가보자고 스스로 다짐한다. 그런데 내 친구는 그 의자들 옆을 그냥 씩씩하게 지나쳐 간다. 이때 내가 느낀 공포감을 어떻게 설명할 수 있을까? 마침내 레스토랑들이 많은 번화가에 당도해서도 내 눈에 들어오는 첫 번째, 두 번째, 세 번째 레스토랑을 그냥 지나쳐 갈 때, 내가 느낀 당혹감을 어떻게 설명할 수 있을까? 나는 내 몸이 거부감을 드러내는 것을 느낀다. 안 돼. 더 이상은 안 돼. 마침내 우리가 레스토랑에 도착했는데 거기에 한 줄로 이어진 가파른 계단이 보일 때, 내가 얼마나 깜짝 놀라는지 어떻게 설명할 수 있을까?

진짜 올라가야 하는 거야? 내가 정말로 얼마나 심각한 육체적 도전에 직면해 있는 건지 드디어 설명해야 할 때가 왔을까? 아니면 그런 말을 하느니 차라리 죽는 게 낫다고 생각하고 있는 걸까?

나의 패럴림픽 블루스

에밀리 랩 블랙

내 왼편에 있는 여자가 나에게 무슨 일이 있었는지 알고 싶어 한다.

우리는 사이클링 연습실 안에 있다. 디스코 조명등이 수강생들 앞에서 있는 스판덱스 옷차림의 강사를 가로지르며 번쩍이는 동안, 우리는 땀을 흘리며 한 시간 동안 페달을 밟은 참이다.

나는 무거운 신발의 버클을 풀려고 안간힘을 쓰면서 이젠 익숙한 대본과도 같은 내 이야기를 들려준다. 네 살 때 다리를 잃었어요. 그래서 의족을 착용해요. 아뇨, 암 때문은 아니었어요. 맞아요, 의족은 여기까지예요. 아뇨, 다친 건 아니에요, 아뇨, 〈댄싱 위드 더 스타〉에 출연했던 그 여자는 몰라요. 다른 쇼에 출연해서 탭 댄스를 춘 그 여자가 비틀스의 한 멤버와 결혼한 여자라는 얘기는 아냐고요? 몰라요, 그 여자를 본 적도 없어요. 아, 나무 의족을 착용한 삼촌이 계셨는데, **그런데도** 유머 감각을 가진 유쾌한 분이셨다고요? 정말 멋진 분이네요. 맞아요, 그 다리 없는 잘생긴 운동선수한테 정말 실망했어요. 자기 여자친구를 죽이다니요. 그 여자가 고개를 가로저으며 말한다. "그들에게 오명을 씌웠어요."

나는 이런 질문들을 받아넘기는 데 이골이 나 있다. "그들" 중 한 명으로 도매금으로 취급되는 일에도 익숙하다. 내가 탭 댄스를 좋아하지 않고, 살인죄로 유죄 판결을 받은 그 두 다리가 없는 남아프리카공화국 남자 육상선수와 나 사이에는 아무런 공통점이 없는데도 말이다. 내 얘기를 하는 데 너무나 단련되어 있기에 나는 내 사이클 교실 동료가 뭐라 말할지 그녀가 입을 열기도 전에 대충 예상할 수 있다. "당신은 정말 영감을 주시는 분이에요! 당신 같은 분도 하는데, 제가 어떻게 못하겠다는 소리를 하겠어요."

새로 사귄 친구는 손을 자기 심장에 대고 누른 다음 허공에 들어 올려 땀에 젖은 손으로 나와 주먹 인사를 나눈다. 나는 최대한 미소를 꾸며 지으며 스피닝 자전거용 미끄럼방지 신발을 간신히 벗는다. 그러고 나서 "앗싸" 하고 말한다. 이건 이제 **대화를 마무리하겠다**는 신호지만, 내가 이렇게 할 때조차 이런 대화를 어디서든 갈수록 더 하게 되는 것 같아 가라앉는 기분이 된다. 적어도 평소보다는 이런 대화를 더 하게 되는 것 같다. 패럴림픽 시즌이 다시 돌아왔기 때문이다.

경기가 열릴 때마다, 장애인 선수들의 몸이 전 세계 거실의 화면을 통해 중계된다. 그리고 약 2주의 기간 동안 우리는 "장애인"으로 묘사되지 않는다. 이때 우리는 장애인들이 아니라 극복한 자들이다. 우리는 영감을 주는 사람들이다. 우리는 슈퍼스타들이다, 우리는 영웅들이다! 우리를 위한 주제가도 아마 있을 것이다.

나는 패럴림픽 선수가 아니다. 자전거를 타는 다른 사람들이 대체로 그러하듯이, 나는 건강해지겠다는 목표가 있기에 여기에 있는 것이다. 나는 "가져본 적이 없는 최고의 몸!"을 약속하는 잡지를 산다. 나는 뽐내고 싶어서 자전거를 탄다. 나는 미니스커트를 좋아한다. 그러나 그보다도 나는 장애를 가진 사람으로서 긴 게임을 하고 있다. 이 몸은 내가 가진 유일한 몸이다. 따라서 관리를 해줘야 한다.

패럴림픽 선수들은 오랫동안 그래왔듯이 주목을 받고 있다. 더 많은 미디어 보도, 더 많은 협찬과 후원이 뒤따르고 있다. 그렇지만 패럴림픽에 참여한 선수들과 장애를 가진 몸을 둘러싼 전반적인 대화의 취지를 들여다보면, 세상 사람들이 이들에 대해 뭔가 단단히 오해하고 있음이 분명해진다. 그리고 이 짧은 기간을 제외하면 이들은 대체로 세상 사람들의 눈에 띄지도 않는다.

패럴림픽이 열리는 동안, 우리의 존재는 21세기의 기술적 상상력이 직접적으로 빚어낸 산물처럼 보인다. 저 철로 만든 발을 보라! 휠체어를 탄 선수들과 그들의 저 엄청난 이두박근을 보라! 하지만 메달 수여식이 끝나면 우리는 다시 지하로 후퇴한다. 짐작건대, 그것이 사람들이 생각하는 정상 상태다. 그리고 그 정상 상태란 일종의 망각이다. 동정의 대상이든 받아들일 만한 것이 되기 위해 "대단한" 것으로 평가받는 것이든 간에 우리가 몸을 가졌다는 사실에 대한 망각 말이다. 장애가 없는 몸을 가진 사람들은 일시적으로 장애인 운동선수들의 존재를 인식함으로써 자기들이 선행을 베풀고 있다고 생각하는 것처럼 보인다. 진실은 이렇다. 우리는 줄곧 여기에 있었다.

여섯 살 때 콜로라도주 윈터파크에 있는 윈터파크 적응 스키 프로그램에서 스키를 배운 날 이후로 난 줄곧 운동선수였고 나 자신을 그렇게 생각해왔다. 1마일 기록을 분 단위로 단축하는 과정에 있는 지금까지 말이다. 나는 키가 크다. 그래서 농구를 좋아한다. 만약 나에게 진짜 두 다리가 있었다면, 나는 계속해서 발레를 했을 것이다. 하지만 무엇보다도 나는 신체를 움직여 도전하는 일을 좋아한다. 그리고 사람들이 어둡고 땀 냄새가 진동하는 방 안에 모여 "이기자!", "쓰러질 때까지 싸우자!" 하고 힘차게 구호를 외치는 것을 특히 좋아한다.

내가 다리를 잃지 않고 40년 동안 의족에 의지해 살고 이동하지 않아도 되었다면, 아마도 이것이 나의 현실이었을 것이다. 하지만 지금의 상태가 내 현실이고, 육체적인 활동은 내 일상생활을 규정하는 것까지는 아닐지라도 삶에서 하나의 큰 부분을 차지한다. 그것은 걸음마를 배우는 나의 아이를 따라잡을 수 있도록 도와주고, 나의 매력적인 남편이 나를 매력적이라고 느낄 수 있게 해준다. 운동선수일 수 있다는 것은 나를 **행복하게** 만든다. 나는 운동을 하는 대가로 메달을 바라지 않는다. 나에게 메달 같은 건 필요 없다.

내 이야기는 영감을 주는 이야기가 아니다. 때로는 힘들고, 때로는 매우 슬픈 것에 관한 이야기다. 나는 여자라는 존재를 종종 무엇보다 외모로 평가하곤 하는 이 결함 있는 세상에서 살아가는 결함 있는 인간이기 때문이다. 나는 내 장애를 극복하지 못했고, 앞으로도 절대 그럴 수 없을 것이다. 남은 생애를 나는 장애를 안고 살아갈 것이다. 하지만 어떤 날은 다른 날들보다 더 좋은 날일 것이다. 나의 이야기는 몸을 가진 사람이라면 누구든 겪을 수 있는 그런 평범한 이야기일 뿐이다.

하지만 너무나 자주 그러하듯이, 정상에서 벗어난 몸은 비범한 몸이 되어야만 한다. 사회학자 레베카 초프Rebecca Chopp가 "슈퍼장애인들super-cripples"이라고 일컬은 존재가 되어야만 하는 것이다. 자신을 "정상적"으로 보이게, 즉 그들의 육체를 보기 좋게, 상당히 특별하게 보이게 하는 신체 능력 수준에 도달한 사람들 말이다. 장애를 가진 사람들이 **그냥 사람**일 수는 없다. "우리"와 "그들" 사이에는 일종의 경계가 세워져 있어야만 한다. 누구든 살아가면서 장래에 어떤 형태로든 거의 확실하게 장애를 가지게 되리라는 곤란한 진실을 회피하려면 말이다.

나 자신의 삶은 그리 흥미진진하지 않다. 확실히 대단히 예외적인 삶은 아니다. 이런 현실이 나를 실패한 장애인으로 만들까? 때로는 그렇게 느껴지기도 한다. 하지만 한 영국인 친구가 말했듯이, 나는 나 자신이 "꽤 스포티한" 사람이라는 데 만족을 느낀다. 나는 회복하는 힘, 편안함, 기쁨, 아름다움과 힘의 균형, 그리고 특히 능력 같은 의미들을 함축하고 있는 이 표현을 매우 좋아한다. 이러한 단어들은 장애를 가진 사람들을 묘사하는 데 거의 사용되지 않는다. 하지만 나는 이 단어들을 나에게 쓸 것이다.

장애가 있는 선수들이 큰 무대에서 지지를 받는 것을 지켜보면서도, 나는 나 자신이 매일 마주하는 일상의 무대에서 일어서야 하는 일에, 그리고 당황스러울 뿐 아니라 때때로 내 영혼을 갉아먹는 질문들을 받아넘기는 일에 지치고 있음을 고백한다. 나는 평범한 삶을 살아가는 평범한 운동선수다. 나는 우연히 많은 사람이 오해하기도 하는 그런 몸으로 운동을 하며 살아가고 있을 뿐이다. 자부심과 수치심의 원천이면서, 때때로 좋은 날에는 모두의 몸이 으레 그러하듯이 비범한 능력을 드러내기도 하는 그런 몸으로.

매는 날아오를 수 있다

랜디 데이븐포트

나는 내 앞에 놓인 보행 보조기를 민다. 이 보행 보조기의 앞바퀴는 뒷바퀴보다 크다. 나의 오른쪽 다리는 약간 끌리고, 오른발은 툭 떨어진다. 보행 보조기의 도움 없이 걸으려고 할 때는 나만의 방식으로 균형을 잡기 위해 오른손을 허리에 갖다 붙여야 한다. 그리고 팔꿈치를 옆구리에 바짝 붙인다. 다른 사람들은 대부분 팔을 앞뒤로 흔들며 걷지만 나는 걷기 위해 빳빳한 자세를 취한다.

게다가 나는 허약하다. 몸이 경직되어 있기 때문이다. 나는 균형을 잡고 몸을 지탱하기 위해 보조기를 착용한다. 생명공학자들이 새 보조기를 만들어내기 위해 얼마나 자주 내 발을 손에 들고 매만졌을까? 몇 번인지 셀 수는 없지만, 지금까지 해온 만큼 앞으로도 그만큼은 할 거라는 생각을 나는 매번 한다.

내 손은 떨린다. 아버지의 손이, 그리고 아버지의 아버지 손이 그랬듯이. 하지만 나는 운이 좋은 편이다. 내가 가진 병은 정확히 말해 희귀한 형태의 운동신경 질환motor neuron disease이다. 내 아버지와 할아버지는 자신들의 병이 뭔지도 몰랐다. 유전학자의 말에 따르면, 그 병은 **상염색체 우성 패턴으로 전해져온** 것이었다. 그분들은 70대와 80대가 되자 걷지 못하게 되었는데, 그 원인을 다른 데서 찾았다. 나이가 들어서, 아니면 움직일 의지가 부족해서, 그도 아니면 혈액순환이 제대로 되지 않아서 그렇게 된 게 아닐까 생각한 것이다.

내게 이 질병은 30대 때 발병했다. 집 밖에 나가 뛰고 있는데, 내 오른발이 갑자기 말을 안 듣더니 이내 다시 정상으로 돌아왔다. 나는 대수롭지 않은 일로 여겼다. 하지만 시간이 지나면서 그런 일이 점점 더 빈번하게 일어났다. 그리고 다른 일들이 파도가 조용히 밀려들듯 벌어지기 시작했다. 몸이 나무 막대기처럼 뻣뻣해졌다. 의자에서 쉽게 일어설 수 없었다. 계단을 오를 수 없었다. 정상적으로 삶을 영위할 수 없을 정도로 심한 피로감이 나를 덮쳤다. 저녁을 차릴 기력도 없어 울음을 터뜨릴 만큼 너무나 깊고 헤아리기 힘든 피로감이었다.

나는 너무 열심히 하고 있다고 나 자신에게 말했다. 너무 많은 것을 하려 한다고. 홀로 아이를 키우는 부모가 끝없는 피로에 시달리듯이 말이다. 나는 달리기를 멈추고 걷기 시작했다. 더는 걷지 못하게 되었을 때, 체육관을 찾았다. 체육관도 견디지 못하게 되었을 때, 수영장을 찾았다. 하지만 새로운 환경을 찾아갈 때마다 나는 상실의 풍경과 마주했다. 내가 할 수 있었지만 이제는 할 수 없는 것을 말이다. 마치 결핍이 모양과 무게라도 가진 양, 나는 내가 할 수 없는 것을 반박할 수 없는 존재로 마주했다.

직장에서 한 동료가 내가 계속 흐느적거리며 걷는다고 지적했다. 나는 어깨를 으쓱했다. 이 무렵에 나는 듀크와 존스 홉킨스 의과대학 병원의 신경과 의사들을 만나 진단을 받아보았다. 그들은 당황했다. 뭔가 잘못되고 있었다. 검사에서 내 엄지발가락은 위를 가리키고, 반사신경이 급격히 변화하고, 근육이 수축하고, 걷지가 척추 장애 증세로 떨렸다. 하지만 그들은 그게 뭔지 말하지 못했다. 나는 노스캐롤라이나주 채플힐에 있는 큰 대학 병원에 가서 신경질환 전문의를 만나고 나서야 내게 무엇이 잘못된 건지 알게 되었다. 이윽고 그는 내 병은 치료될 수 있는 게 아니라고 말했다. 증상이 더욱 악화될 수 있으니 3개월마다 병원에 방문하여 내 몸 상태가 얼마나 더 나빠졌는지 확인해야 한다고 했다.

시간이 흘러간다. 이 의사와 나는 같이 내 병이 내 몸 전체로 퍼져가는 것을 지켜본다. 느릿하고 조용히 이 병은 계속 퍼져간다. 나는 점점 약해진다. 내 몸은 부위별로 하나씩 위축되어간다. 오른발 다음에는 왼발이, 그다음에는 오른손이. 그래도 에너지는 낭비되지 않는다. 움직일 수가 없어서 점점 살이 붙다가 다시 야위어간다. 나는 이 병이 만든 내 모습이 아니라 원래 내 모습으로 살고 싶다. 이런 생각이 헛된 바람임을 모르지 않지만, 내가 병마와 싸우고 있다고 생각하는 편이 도움이 된다. 나는 투사다. 이길 수 없을 때조차 나는 항상 싸워왔다. 내 인생의 다른 시절들에, 나는 이러한 무모한 싸움을 풍차를 공격하는 것과 비슷한 병리학적 신경증으로 보았을지도 모른다. 하지만 이제 나는 그것을 도움이 되는 장점으로 여긴다. 나는 이 이야기들을 스스로에게 들려준다. 운명을 탈출하려고 내가 계획한 방법을, 나 자신을 지키기 위한 모든 것을.

그렇지만 궁극적으로 나는 장애를 가지고 있다. 장애인. 이 단어가 내 존재의 총계인 것만 같다. 질질 끌리는 다리. 힘없이 툭 떨어지는 발. 견딜 수 없는 피로감. 보행기를 끌면서 천천히 세상으로 나아가는 여자. 이러한 것들은 내가 움직이는 순간마다 내가 다른 존재임을 드러낸다. 그것들은 눈에 띈다. 아낌없이.

이내, 나는 대학에서의 경력을 내려놓았다. 내 존재는 시야에서 서서히 사라지기 시작한다. 내가 쌓아온 것들은 훨씬 더 멀리 있는 것만 같다. 이것이 이러한 차이의 본성임을 나는 깨닫는다. 장애는 당신이 과거에 어떤 사람이었는지, 그리고 미래에 어떤 사람이 될 수 있었는지에 관한 모든 것을 대신한다. 그럴 리가 없다고 말해도, 당신이 장애의 존재를 거부하더라도, 아무 소용이 없다. 장애는 당신의 거부를 업신여기고, 당신의 절박한 염려들을 비웃는다. 장애는 계속 앞으로 나아가며 당신의 목덜미를 부여잡고 질질 끌고 간다.

나는 심각한 부작용을 갖게 되었다. 동반 질환. 의사는 그렇게 부른다. 나는 거의 죽은 거나 마찬가지였다. 내 발로 당당히 장애와 맞서 싸우겠다고 말해봤자 아무 소용이 없었다. 내가 휠체어를 거부해왔다는 것도 중요하지 않았다. 내 몸은 나와는 다른 계획이 있고, 그 계획에 대해 나와 의논하지 않는다. 내 몸은 나의 소유이면서도 내가 꿈에 그리는 것들을 전혀 알지 못한다. 내가 바라는 것들 말이다. 이상하지만, 나는 내 몸이 나의 일부가 아니라 내가 그저 내 몸의 한 부분일 뿐임을 받아들이게 된다.

그러므로 종속된 채로 나는 살아간다. 그렇게 계속 살아가는 것이다.

이 이야기는 어떤 깨달음으로 끝나야 할 것이다. 내가 여전히 날아오를 수 있음을 스스로 자각하는 순간으로 말이다. 우리 미국인들은 이런 이야기를 얼마나 사랑하는가! 혼자 힘으로 일어서기 위해 궁극적인 행동에 나서는 그런 이야기. 이런 이야기 속에서 주인공은 통제 불가능한 몸에 굴복하기를 거부하고, 치료에 도움이 되지 않는 약도 거부한다.

그리고 나 또한 그 비슷한 순간을 맞이한 적이 있다. 고속도로 옆 주유소에서 내 차에 기대어 주유하면서 픽업트럭 옆에 서 있는 한 남자를 보았는데, 그의 팔에는 거대한 매가 앉아 있었다. 나는 특별할 것도 없는 그 광경을 눈에 담았다. 매는 알고 있다. 두건이 깃처럼 목에 걸렸지만, 그 매는 말뚝에 걸려 있는 개마냥 그 남자의 팔에 있는 장갑에 매어져 있다. 별 이유 없이, 매는 나를 보고 고개를 갸우뚱하다가 또다시 고개를 갸우뚱한다.

넌 뭘 보고 있는 거니? 나는 생각한다. 내가 너무나 자주 그렇게 생각하듯이 말이다. 하지만 나는 그 남자를 향해 손을 흔들며 큰 소리로 말을 건넨다. "새가 아름다워요."

그는 고개를 끄덕이며 사냥을 하던 중이었다고 말한다.

들판에 베일처럼 안개가 드리워지고, 멀리 서 있는 나무들에 푸르스름한 빛이 닿는 적막한 아침이다. 날아오르는 새와 함께 비를 맞으며 사냥하는 것은 나에게 상상조차 하기 어려운 일이지만, 한번 상상해본다. 농장 도랑에 나 있는 물줄기. 소나무의 상쾌한 향기. 계속해서 불어오는 산들바람과 흘러가는 구름들. 아주 잠시, 나의 마음은 들뜬다. 그리고, 마치 내게 대답이라도 하듯, 그 매는 몸을 일으켜 날개를 활짝 펴서 치고는 다시 접는다. 자신을 묶어서 구속해 놓았다고 항의하듯, 한 번 날개를 치고는 다시 나를 바라보며 무표정한 눈빛으로 이렇게 말을 건네는 듯하다. 너는 뭘 하려고 하는데?

아무것도. 나는 할 수 있는 것이 아무것도 없다고 말한다.

주유를 마치고, 균형을 잡기 위해 나는 내 차에 몸을 기댄 채 주유 노즐을 제자리에 돌려놓고는 돌아서서 운전석으로 다시 올라탄다. 그리고 시동을 걸어서 집이 있는 남쪽으로 향한다. 몇 분 후, 그 남자와 매는 사라졌고, 내 앞에는 오직 앞으로 뻗어 있는, 신비롭고 알려지지 않은, 하지만 제 기능을 못하는 내 신경세포들처럼 익숙하게 느껴지는 그런 도로만이 남아 있다.

사랑

나의 여자친구

대니얼 심슨

반쯤 먹은 사과와 따뜻한 볼로냐 샌드위치를 도시락 가방에 넣은 다음, 그것을 내 서류 가방의 오른쪽 아래 구석에 쑤셔 넣었다. 부피가 큰 점자책을 학교에 가지고 다니려면 서류 가방이 필요했다. 속이 좋지 않았다. 종을 대신하는 하이톤의 차가운 벨 소리가 울렸다. 벨 소리가 다시 나기 전에 나는 3호실로 가야 했다.

1967년 봄이었다. 나는 일란성 쌍둥이 형제인 데이브와 오버브룩 맹학교에 10년을 다닌 후에 필라델피아 교외에 있는 이 공립 고등학교로 막 전학한 참이었다. 우리는 적응하기 위해 어디서든 최선을 다해 노력했다. 레슬링을 하러 가고, 장기 자랑 대회에 나가서 네 손으로 피아노 연탄곡을 연주하고 노래도 불렀다. 우리 반에서 인기 있는 아이들을 초대하여 생일 파티를 열기도 했다. 어색한 순간들도 있었지만, 우리는 적응을 제법 잘 해냈다.

나는 오버브룩 맹학교에서 흰 지팡이를 짚고 걷는 방법을 배웠지만, 공립학교로 전학을 온 이후로는 지팡이를 쓰고 싶지 않았다. 어쨌든 우측통행 규칙도 있으니까. 모두가 그 규칙에 따른다면 누군가와 부딪힐 일은 없을 터였다.

모든 교실에는 책상이 네 줄로 일고여덟 개씩 줄지어 있었다. 세계 문화 수업 시간에 내 책상은 문과 측면 칠판을 기준으로 두 번째 줄의 뒤에서 두 번째 자리였다. 나는 이 자리를 잘 찾아갈 수 있었다. 나는 네 살 때 시각장애인을 위한 그 학교 기숙사에서 내 침대가 놓여 있던 자리를 아직도 기억하고 있다. 그때 내 침대는 사물함에서 가장 가까운 열에서 뒤에서 두 번째 자리에 있었다.

린다 풀턴의 자리는 왼쪽에서 두 번째 열의 앞에서 네 번째 책상이었다. 그녀는 마치 우리의 책상 표면처럼 부드러운 목소리로 조용히 말하곤 했다. 교실에서, 그리고 그녀 앞에서 나는 자신감 있는 아이로 보이려고 애를 썼다. 나는 당당하게 말하며 자신만만한 척을 했다. 모두가 내 정체를 모를 리 없었을 테지만 말이다.

몇 년 전, 남성 듀오 잰과 딘은 〈린다Linda〉라는 노래를 발매했다. 그 소식을 듣는 순간, 나는 그 음반을 가져야겠다고 생각했다. 하지만 이제 이 린다를 알고 나니, 그 노래는 나를 더욱 강하게 사로잡았다. 오후에 학교에서 집으로 돌아가는 길에서 나는 그 노래를 듣고 또 들으며 따라 불렀다. 린다와 있었던 아주 사소하기 그지없는 일과 대화를 머릿속으로 한껏 부풀려 생각하면서 말이다.

나는 린다에게 하고 싶은 말이 있었다. 하지만 어쩌다 그녀에게 말을 걸어도 쓸데없는 얘기만 늘어놓곤 했다. 나는 여자친구를 사귀고 싶었다. 아침에 일어나서 라디오에서 노래를 들을 때, 그리고 차를 타고 이동할 때, 누이가 설거지를 하면서 라디오를 틀 때, 그리고 잠잘 준비를 하는 동안에도 나는 여자친구가 있으면 좋겠다고 생각했다.

한번은 체육 시간에 남녀 학생들이 함께 춤을 추게 되었다. 나는 린다와 손을 잡았고 우리는 폴카를 추려고 하면서 함께 웃었다. 그녀에게서 약간의 땀 냄새와 함께 샴푸 향기가 났다. 그녀의 손은 내가 생각했던 것보다 작지 않았고, 넓고 부드러우며 편안했다. 맹인으로 이 공립학교에 다닐 수 있다는 것이 내 심장을 한층 더 빠르게 뛰게 했다. **나는 그녀를 상냥한 태도로 대할 수 있을 것 같았고, 편하게 대하는 게 좋을 것 같았다.**

내 자리가 있는 줄에서 린다의 자리 쪽으로 가면서 나는 책가방들을 밟지 않고, 발을 헛디디는 바보 같은 짓을 하지 않으려 애썼다. 내가 느릿느릿하게 뒷걸음질을 칠 때도, 물건을 더듬거리는 맹인처럼 보이지 않도록, 손등으로 책상의 가장자리를 스치며 가능한 평범한 아이로 보이려고 애썼다.

"야, 댄, 너 어디 가니?"

"바로 여기." 내가 말했다. "너랑 잠시 얘기하고 싶었어."

"아, 그래?"

"어……." 피가 몰리면서 귀가 새빨개졌다.

"심슨 군, 자리에 앉게. 이제 수업 시작할 거야." 코처 선생님이 서류가방을 열고 몇 가지 서류를 바스락거렸다.

그가 말했다. "몇 분 후에 시상식이 열리는 강당으로 갈 거야. 그러니 인도에 관해서는 15분 정도만 수업하자고."

"내가 상 받으러 올라갈 때 같이 가줄래?" 나는 내 책상 앞으로 몸을 기울이며 나직이 말했다. 그녀는 대답하지 않았다. 하지만 가방을 싸고 나서 시상식에 가기 위해 줄을 섰을 때, 린다는 내 옆으로 다가와 서서 내게 손을 내밀었다.

어떤 사람들은 다른 사람들보다 좀 더 자연스럽게 길을 인도해준다.

그들은 본능적으로 계단을 오르기 시작할 때 속도를 늦춘다. 그들은 마치 어떤 트럭이 가던 길을 막아서듯이 갑자기 손을 들어 상대의 가슴을 막아서는 행동 같은 건 하지 않는다. 또한 상대가 앞으로 튕겨 나가서 넘어지지 않도록 세심한 주의를 기울인다. 나는 그녀가 다정하게 내 왼편에 바짝 붙어서서 가는 게 좋았고, 계단이 비좁아서 반대편에서 오는 사람들이 지나갈 수 있도록 나란히 바짝 붙어서 비켜줘야 했던 것도 좋았다. 하지만 좋지 않은 것도 있었다. 그녀에게 하고 싶은 말을 하기에는 시간이 너무 짧았다.

"린다, 나 너 좋아해. 그냥 좋아. 넌 참 좋은 애 같아." 고백은 내가 원래 생각했던 대로 흘러가지 않았다.

"네가 혹시 나랑 데이트를 할 마음이 있는지 궁금해, 언젠가 말이야."

그 문장을 입 밖으로 뱉은 후, 마치 공중에 선전 글씨를 쓰는 항공기들이 지나간 것 같은 느낌이 들었고, 이내 다시 내 귀로 다른 사람들이 말하고 걷는 소음이 파도처럼 밀려 들어왔다.

그 소음 속에서 꽤 길게 느껴지는 시간 동안 린다는 대답이 없었다. "나도 널 좋아해," 그녀가 말했다. "하지만 네가 생각하는 그런 쪽으로는 아냐. 너는 좋은 남자인 것 같아. 하지만……."

그 시상식에서 린다는 내 오른편에 앉았다. 함께 자리에 앉고 나서 나는 아무 이유도 없이 그녀의 손을 계속 잡고 있었다. 잠시 그녀는 우리의 팔이 서로 닿게 했다. 그러고 나서 그녀는 팔걸이에 있던 그녀의 팔을 무릎으로 가져갔다. 나는 상을 몇 개 받았지만, 그 상들은 별 의미가 없었다. 그보다 훨씬 중요한 일이 그전에 일어났다. 나는 앞이 보이는 소녀와 같이 걸었고 그녀에게 데이트를 신청했다. 그녀는 상냥하고 솔직하게 나를 거절했다. 아마도 다른 남자아이에게 거절할 때도 그러할 것처럼 말이다.

마침내, 사랑

오나 그리츠

아주 어렸을 때 어느 날 밤, 나는 침대에 누워 맞은편 침대에 누운 언니를 마주 보며 어른이 되면 내 모습이 어떻게 변해 있을지 이야기했다. 곱슬거리는 갈색 머리는 금발의 생머리가 되어 있을 테고, 지나치게 우린 차 빛깔처럼 진한 갈색 눈동자는 파란색으로 바뀌어 있을 거라고. 그 당시에 나는 다리 버팀대를 착용한 채로 잠자리에 들었다. 그 버팀대는 발목 높이의 신발에 부착되어 무릎 아래서 가죽끈으로 버클을 채운 금속 막대였다. 말을 할 때조차 이 장치의 무게가 느껴졌다. 그리고 우리 동네에서 가장 심술궂은 한 여자애가 내게 말해서 내가 다리를 전다는 것을 알고 있었지만, 나는 그 아이에게 아름다운 미래의 나는 우아하게 걷고 달리게 될 거라는 말은 하지 않았다.

언니는 잠자코 내 말을 들어주었다. 언니는 우리가 고고걸스처럼 춤을 출 때, 길고 하늘거리는 머리카락을 가진 것처럼 느낄 수 있도록 잠옷 바지를 머리에 쓰는 법을 가르쳐주었고, 날씬하고 똑같은 길이의 다리를 가진 바비 인형들이 지아이조와 켄과 데이트할 수 있도록 유행하는 옷을 입히는 법을 가르쳐주었다. 그 당시 내가 알던 진짜 세상은 내가 언니와 만들어냈던 세상이었다. 어른이라는 신비로운 세계에서 우리가 어떤 사람이 될지는 전적으로 우리 자신에게 달려 있다는 말이 당연하게 느껴졌다.

나는 우측 편마비로 알려진 뇌성마비 장애를 가지고 있다. 이는 기본적으로 내 몸의 반쪽만 장애의 영향을 받는다는 뜻이다. 내 오른쪽 팔다리는 경직되어 근육이 발달하지 않았고, 오른쪽 손의 손가락들은 왼손이 하는 손동작과 소근육 운동 기능을 수행하지 못한다. 수년 전, 나는 반신마비 아동과 상호작용을 하기 위한 새로운 시대의 기법에 관한 기사를 읽은 적이 있다. 좌측 편마비 아동은 직접적인 지시("가능하면 최대한 팔을 들어 올려라")에 잘 반응하는 반면, 우측 편마비 아동은 좀 더 시적인 묘사("별을 향해 손을 뻗는다고 상상하라")에 더 잘 반응한다는 내용이었다. 이것은 좌뇌와 우뇌의 차이에 기인한다. 좌측 편마비가 있는 사람들은 좌뇌가 손상되어 있지 않기 때문에 실용주의적인 경향이 있다. 하지만 우리같이 우측 편마비가 있는 사람들은 공상적이고 예술적인 우뇌에 의존한다.

나의 뇌성마비는 비교적 가벼운 편이다. 나는 잘 알아들게 말할 수 있고, 천천히 어색하게 걷긴 해도 잘 돌아다닌다. 20대 시절을 나의 뇌성마비라는 관점에서 되돌아보면, 나는 헛된 기대를 하며 살았던 것 같다. 절룩거리는 모습이 얼마나 눈에 띄었을까? 그래도 예뻐 보였을까? 이런 질문에 대한 답은 남자들이 내게 보인 반응에 있었다고 나는 생각한다. 좀 이해하기 힘든 반응이었다. 나는 잠자리는 같이하고 싶은 여자였지만, 여자친구로 사귀고 싶은 여자는 아니었다.

그때 나는 한 젊은 남자를 만났다. 잘 생기고 탄탄한 몸을 가진 남자였고, 무엇보다 나에게 홀딱 빠져 있었다. 우리는 동거를 하고 약혼을 했으며, 나의 오랜 습관인 마술적 사고도 다시 모습을 드러냈다. 나는 그의 사랑이 내 장애를 상쇄할 거라고 믿었다. 불행히도 우리는 공통점이 거의 없었다. 그는 클럽의 시끄럽고 흥분된 분위기를 좋아했던 반면, 나는 작은 모임과 친밀한 대화에 더 끌렸다. 그는 산악자전거를 탈 때 가장 행복했던 반면, 나는 집에서 조용히 책을 읽을 때 가장 행복했다. 관심사가 서로 달라서, 우리는 사회생활을 같이 하는 경우가 거의 없었다. 그래도 나는 별로 개의치 않았다. 나는 혼자 살 때처럼, 남는 시간을 여자친구들과 같이 보냈다. 그때와 다른 점이라고는 집으로 돌아가면 잘생기고 다정한 남자가 기다리고 있다는 것뿐이었다.

나와 가장 친한 친구들 중 한 명은 결혼하기 직전에 알게 된 여자였다. 나는 그녀와 지금도 여전히 잘 지내고 있다. 호프Hope는 뇌성마비를 가진 첫 친구였다. 우리의 관계는 즉각적이고 강렬했으며, 당장 임박한 내 결혼에는 무언가가 결핍되어 있다는 인식으로 인해 더욱 긴밀해졌다. 죽이 잘 맞아 본능적으로 내가 무슨 생각을 하는지 쉽게 알아채는 다른 친구들도 있었다. 하지만 오직 호프만이 내가 입 밖으로 소리 내어 말한 적이 없는 것을 이해할 수 있었다. 정상적이지 않은 몸으로 산다는 게 어떤 기분인지 말이다. 서로 만나기 전까지는 우리가 그런 대화를 그렇게나 갈망한다는 사실을 우리 둘 다 모르고 있었지만, 우리는 그런 대화에 굶주려 있었다. 우리는 공통의 관심사가 많았다. 그런데도 장애라는 주제에 얼마나 집중했던지 몇 주가 지나고 나서야 우리에게 그런 공통의 관심사가 존재한다는 사실을 알았을 정도였다.

그런 사실을 깨닫지 못한 채, 나는 일종의 분열된 존재로 살아가기 시작했다. 호프를 사랑함으로써, 나는 내가 일부러 무시해온 나 자신의 일부를 사랑하는 법을 배우고 있었다. 그런데도 나는 여전히 장애가 없는 몸을 가진 남자와 결혼한다는 건 내가 정말로 장애인은 아니라는 것을 의미한다는 신화에 매달려 있었다. 나는 그가 마련해준 안전한 둥지에 앉아 장애를 가진 여성이라는 나의 정체성을 간간이 엿볼 뿐이었다. 나는 잠시 그 정체성을 받아들이고, 그것을 주장한다는 게 어떤 기분인지 탐색하다가, 현실의 삶이 있는 가정으로 돌아갈 수 있었다. 나의 가짜 삶으로 말이다.

우리가 아이를 가졌을 때 비로소 현실은 제모습을 드러내었다. 남편은 결론적으로는 아들과 아주 애정 어린 관계를 형성하게 되었지만, 처음에는 말로만 할 뿐 행동으로 사랑을 보이지는 않았다. 이선이 태어나기 전에, 나는 육아가 육체적으로 그렇게 고된 일인지 정말 몰랐다. 신생아를 돌보려면 힘과 균형이 필요했고, 무엇보다 양손을 능수능란하게 쓸 수 있어야 했다. 하지만 알다시피 나는 그렇지 못했다. 나는 이선을 안전하게 씻길 수도, 아이가 계단을 오르게 도와줄 수도 없었고, 아이의 머리를 내 멀쩡한 오른팔로 받쳐 젖을 먹이는 동안에는 물컵을 들어 물을 마실 수조차 없었다. 마침내 나는 인정하지 않을 수 없었다. 뇌성마비라는 나의 장애는 겉으로 보이는 미용상의 문제 이상임을 말이다. 상황에 적응하면서 스스로 할 수 있는 일이 점점 늘어나기는 했지만, 여전히 다른 사람의 도움 없이는 할 수 없는 일들이 많았다.

처음에 내가 얼마나 서투른 엄마인지를 깨달았을 때 나는 몹시 당황했다. 하지만 일을 해결할 방법들을 알아내느라 바쁜 중에는 그 수치심에 대해 잊어버리곤 했다.

이선이 세 살이 되자 육아의 육체적인 부담은 줄어들었다. 나는 한결 손쉬워진 부분들에 집중할 수 있었다. 아이와 이야기하고, 함께 책을 읽고, 아이의 상상 속 세계로 빠져드는 그런 일들 말이다. 그리고 일 년 후 나는 남편과 이혼했다. 다행스럽게도 그제야 나는 그와의 관계가 나 자신을 온전하게 해주는 것이 아님을 이해하게 되었다.

오래전 저널리스트 빌 모이어스와 한 인터뷰에서, 마야 안젤루Maya Angelou는 대부분의 여자들이 다른 사람의 남편들과 결혼한다는 자신의 견해를 밝혔다. 자세히 설명하지는 않았지만, 나는 그녀의 말이 무슨 뜻인지 바로 알아들었다. 희망에 차서, 조바심에서, 불안해서, 또는 수천 가지 다른 이유로 우리는 너무나 자주 자신에게 맞지 않는 인간관계로 서둘러 진입하고, 그럼으로써 더 지향할 만한 바람직한 관계의 파트너와 진정한 우리 자신을 잃고 만다. 장애를 가진 우리 같은 사람들은 특히 그런 실수를 할 가능성이 크다는 생각이 들었다.

안젤루는 계속해서 이렇게 말했다. "나는 끝내 내 남편과 결혼했어요." 첫 결혼이 끝나고 여러 해가 지난 후, 나 또한 그렇게 했다. 댄과 나는 어느 시문학 워크숍에서 만났다.

"좋네." 내가 새로 사귄 사람이 동료 작가이기도 하고 장애를 가진 사람이라고 얘기했을 때 호프는 이렇게 대답했다. "둘 다 똑같은 사람들 같네. 한 사람은 남자고, 한 사람은 여자일 뿐." 이선이 한 말이다. 전적으로 칭찬으로 들리는 말은 아니었지만, 이 말을 했을 때 이선은 여덟 살이었다.

사실 댄과 나는 매우 닮았다. 우리는 둘 다 로맨틱하고, 또한 지독하게 독립적이었다. 우리는 강박적일 정도로 내성적이다. 그는 나보다 열 살이 더 많았지만, 그가 십 대 시절에 좋아했던 노래들을 나도 같이 좋아했다. 그리고 서로를 만나기 훨씬 전부터, 우리는 같은 소설책과 시집을 각자의 서가에 갖고 있었다.

하지만 우리가 가진 장애는 서로 다르다. 댄은 눈이 먼 상태로 태어났고, 그의 서재는 점자책과 오디오로 가득하다. 그는 빛을 보지만, 형태나 물체는 구분하지 못한다.

"그 빛에 색깔이 있어요?" 그를 처음으로 알게 되었을 때 내가 물은 말이다. 물론 빛은 그가 볼 수 있는 유일한 것이기 때문에, 그가 알 리 없었지만 말이다.

댄은 나에게 자신의 고등학교와 대학교 시절에 대해 들려주었다. 댄은 지팡이 사용법을 알고 있었지만, 무리에 섞이려고 지팡이 없이 걷기로 결정했다. 게다가 그 당시에 그는 아름답다고 소문난 정상 시력을 가진 비장애인 여성들과 사귀어 보려고 애썼다고 했다. 그와 비슷한 내 이야기를 그에게 했을 때, 한때 내가 호프와의 대화에서 느꼈던 것처럼, 더 자세히 설명할 필요도 없다는 생각이 들었다. 분명 우리가 가진 장애는 서로 달랐지만, 우리가 느끼는 감정과 그로부터 생겨난 잔재는 거의 똑같았다.

요즈음, 장애는 우리의 평범한 일상에서 그저 한 요소일 뿐이다. 댄이 워드로 작성한 서류들에서 형식이 불일치한 부분은 없는지 내가 교정을 봐줘야 할 때, 또는 그에게 어떤 병에 타이레놀이 들어 있고, 어떤 병에 반려견의 알레르기 약이 들어 있는지 말해줄 때, 장애가 모습을 드러낸다. 댄이 연기 탐지기 배터리를 교체하기 위해 사다리를 올라가거나 우리가 얼어붙은 길 위를 걸어갈 때, 댄이 나를 꼭 붙잡아 줄 때, 장애가 그 존재감을 드러내듯이 말이다. 물론 나는 댄에게 온 메일만이 아니라 시와 이야기들도 읽어주곤 한다. 그도 나에게 마치 점자들이 물을 통해 스쳐 나가는 것처럼 점자로 된 페이지들을 손가락으로 따라가며 글을 읽어준다. 그리고 내 살결을 어루만지는 그의 손길은 세심하고 능숙하다.

장애는 또한 우리가 하는 창작에서 중심적인 위치를 차지해왔다. 우리는 둘 다 이런 특별한 신체로 살아간다는 것에 대해 광범위하게 글로 기록해왔고, 대학 강연과 좌담회에서 장애의 시학에 관해 이야기해왔다. 우리 친구들의 다수가 장애를 가진 예술가들과 작가들이다. 어린 시절부터 유난스럽게 상상의 나래를 펼치곤 했지만, 내가 한 번도 상상해 본 적이 없는 풍요로운 삶이다.

하지만 설사 이렇게 장애를 가진 두 사람이 만나 서로 사랑하고 결혼할 기회가 몇 년 전에 우리에게 주어졌었다고 할지라도, 우리 둘 다 그런 사랑을 할 준비가 되어 있었을 거라고 나는 생각하지 않는다. 그릇된 생각들과 잘못 들어선 진로들, 그리고 형성된 관계들을 다시 올바로 조합하는 과정을 거치지 않았더라면, 정확히 우리가 현재 서 있는 자리까지 우리 둘 다 다다르지는 못했을 것이기 때문이다.

휠체어를 타는 사람의
데이팅 앱 활용기

✤

에밀리 라다우

온라인 데이트를 처음 시도했을 때, 나는 내 휠체어가 언뜻 보이는 사진을 프로필로 올려놓았다. 괜찮은 사내라면 내 기발한 자기소개와 재기 넘치고 정감 어린 농담에 매력을 느낄 거라고, 설사 휠체어가 보이더라도 내 장애 따위는 상관하지 않을 거라고 여겼기 때문이다.

나는 열심히 앱 화면에 올라온 남성 사진들을 쓸어 넘겼고, 어깨에 거대한 이구아나를 올린 채 운동하고 있는 매력적인 한 남자를 빠르게 매칭했다. 쉽게 대화를 시작할 수 있을 거라고 생각하며 나는 그에게 메시지를 보냈다. 몇 분 후 그에게서 답장이 왔다. 하지만 그는 파충류에 보인 내 관심에는 아무런 답변도 없이 이렇게 물었다. "휠체어를 타요?"

나는 그에게 그렇다고, 휠체어를 탄다고 짧게 답장을 보냈고, 더는 사진 속 그의 어깨 위에 있는 이구아나에 대한 이야기가 궁금하지도 않았다. 유감스럽게도 그는 나에게 전혀 마음이 없었고, 돌아온 답신에는 이렇게 적혀 있을 뿐이었다. "미안해요. 휠체어를 타는 사람과는 만날 생각이 없어요."

나는 그의 직설적인 대답이 따끔하게 느껴졌지만, 한편으로는 새삼스러울 것도 없었다. 나는 유전적으로 관절과 근육에 발생하는 장애인 라슨 증후군을 가지고 태어났고, 틴더Tinder라는 이 데이트 애플리케이션을 시작하기 전, 이미 연애에 있어 올림픽 수영장을 가득 채울 만큼 많은 거절을 경험해왔다. 그럼에도 그 이구아나 남자의 직설적인 거절은 나에게 공황 상태를 유발했다.

데이팅 앱을 시작하기 몇 달 전, 나는 2년 넘게 사귄 남자친구와 좋지 않게 헤어졌다. 나는 그를 진심으로 나와 결혼할 사람으로, 그리고 그와 결혼함으로써 다시는 거절당할 걱정을 하지 않아도 될 거라고 믿었다. 다시 혼자가 되었을 때, 아무도 나를 있는 그대로 받아들여 줄 것 같지 않다는 두려움을 누그러뜨려 볼 요량으로 나는 온라인 데이트로 방향을 바꿨다. 번개를 두 번 맞을 일은 없을 거라는 생각으로 말이다.

한 번 거절당한 것에 굴하지 않고, 나는 가능한 모든 데이팅 앱을 다운받아 여러 데이트 사이트에 가입했다. 하지만 나는 내 장애를 드러내는 데 겁을 먹게 되었다. 이미 얕은 데이트 문화에서, 내 휠체어를 보면 대부분의 남성들이 단 1초도 망설이지 않고 나를 내칠 거라는 생각이 들었다. 그래서 나는 내 장애를 완전히 숨기기로 결심했다. 나는 내 사진들에서 휠체어를 잘라냈다. 프로필에서도 휠체어에 대해 언급한 부분을 전부 빼버렸다. 이 가상의 세계에서, 나는 나의 장애가 존재하지 않는 척할 수 있었다.

나는 한동안 그 상태로 상대방을 찾았고, 별로 사려 깊지 않은 사람들과 메시지를 나누는 일들이 이어졌다. 일단 내가 어떤 남자와 대화를 통해 그가 가진 관심사를 알아낼 수 있을 만큼 충분히 오랫동안 이야기를 나누었다고 생각되면, 나는 그에게 내가 가진 장애에 대해 말하고 맞부딪칠 순간을 기다리곤 했다. 휠체어를 어떻게 사용하는지 장황하게 설명을 적어 보내며 내게 심각한 결함이 있어서 휠체어를 타는 것이 아님을 상대방에게 인지시키고, 궁금한 것은 뭐든 물어봐도 된다고 안심시키는 것으로 끝을 맺곤 했다.

"휠체어 폭탄"을 투하하고 나면, 나는 늘 그들의 반응에 대비해야 했다. 무관심에서부터 잠수, 이별까지 반응은 다양하게 나타났다. 그래도 어쩌다 한 번 정도는 수용하겠다는 답을 하는 사람도 있었다.

온라인 데이팅 사이트인 커피 미츠 베이글Coffee Meets Bagel에서 알게 된 어떤 남자는 내가 처음으로 그에게 휠체어를 탄다고 말했을 때 정말 믿기 힘들 만큼 유감스러워했다. 마치 살면서 가장 비극적인 이야기를 막 들은 것처럼 말이다. 그런 그의 반응을 멈추기 위해, 나는 장애는 그저 내 존재의 일부일 뿐 전혀 유감스러워할 일이 아니라고 그에게 설명했다. 그렇게 데이트를 마무리하고 나서 나는 그와 또 데이트를 하게 되었다. 그 남자는 두 번째 데이트 때 갈 만한 곳으로 페인팅의 밤(붓, 캔버스, 아크릴 물감, 그리고 보통 술을 곁들인 사교 행사)이 어떠냐고 나에게 제안했다. 앞서 내가 페인팅의 밤을 얼마나 즐기는지 이야기했었기 때문이었다. 그는 그루폰Groupon에서 티켓을 구했고, 나는 위치를 조사해서 휠체어를 타고 이용할 수 있는 뉴욕의 한 레스토랑을 골랐다.

하지만 알고 보니 그 레스토랑은 휠체어를 타고 들어갈 수는 있었지만, 정작 그림 수업은 2층에서 진행하고 있었다. 그래서 어쩔 수 없이 우리는 데이트하는 내내 그림을 그리는 사람들 바로 밑에 앉아 저녁 식사를 하면서 술기운을 빌려 웃으며 긴장된 대화를 나누었다. 나는 굴욕감을 느꼈다. 재앙과도 같은 데이트를 마친 후, 나는 데이트 상대에게 돈을 돌려받아내겠다고 약속했다. 그 회사가 돈을 돌려주자마자, 그는 연락을 끊었다.

누군가가 내가 장애인임을 알게 된다고 해서 힘든 일이 모두 끝나지 않는다는 것을 깨닫는 것은 고통스러운 일이었다. 그리고 나와의 데이트는 마치 장애에 대한 특강 같은 것일 수 있어서, 비장애인들이 나와 데이트를 한다는 것은 그들에게 늘 쉬운 일이 아니라는 걸 나는 모르지 않는다. 하지만 나에게 장애가 있다는 사실을 내내 숨기다가 괜찮을 것 같다는 생각이 들 때만 사람들에게 그 사실을 불쑥 말함으로써 나는 상황을 도리어 악화시켰다. 돌이켜 생각해 보면, 이런 태도는 내가 평소에 그렇게 열심히 맞서 싸우는 오명에 이바지할 뿐이었다.

나는 위선자가 된 것 같았다. 내 장애는 내 인생의 다른 모든 영역에서 중심적인 자리를 차지하고 있다. 나는 장애가 있는 여성이라고, 그 사실이 자랑스럽고 하나도 부끄럽지 않다고 끊임없이 말하고 쓴다. 나의 장애는 내 정체성의 일부이고, 내가 하는 모든 일과 내가 소중하게 여기는 모든 것을 형성한다. 하지만 온라인 데이트 세계에서 나의 장애는 감추고 싶은 수치였다.

그래서 나는 이제 변화하지 않으면 안 된다고 생각했다. 나는 내 프로필에 장애에 대해 언급하고, 내 휠체어가 선명하게 보이는 사진으로 교체하며 차근차근 변화를 이어 갔다. 나는 그저 가볍고 유머러스하게 보이려 노력했다. 예를 들어, 오케이큐피드OKCupid 사이트에서는 사용자들에게 살아가는 데 없어서는 안 될 여섯 가지를 적으라고 요구하는데, 나에게 그 여섯 가지 중 하나는 "바퀴의 발명"이었다.

그리고 이렇게 내가 남긴 장애에 대한 단서의 흔적들이 누군가를 나와 잠재적으로 매칭이 되게 하는지 확인하고 싶었다. 나는 거짓말을 해서라도 상대방이 나에게 관심을 갖게 하는 일이 점점 더 지겨워졌다. 내 안에 자리 잡은 사회의 형태가 "장애가 있는 나"라는 존재를 피하고 싶어 한다는 이유에서 말이다. 나는 마침내 그토록 두려워했던 한 단계를 넘어서서 도약했고, 나의 정직함을 고맙게 생각해주고, 나에게 메시지를 보낼지도 모르는 낯선 이들에게 장애에 대한 이야기를 터놓고 싶어졌다.

나는 프로필에 눈에 띄도록 다음과 같이 적었다. "내가 휠체어를 사용한다는 사실에 대해 좀 더 솔직해지고 싶어요. 장애는 내 정체성의 일부이고 나는 장애 인권 운동가라는 사실에 자부심이 있어요. 하지만 나라는 사람을 정의하는 것은 이보다 훨씬 더 많아요(내가 프로필에 적은 내용에서 알 수 있듯이요). 나는 앉아서 세상을 경험하는 사람과 데이트하는 것을 주저하는 사람이 많다는 걸 모르지 않아요. 하지만 저는 당신이 나라는 세계를 계속 읽어나가면서 더 깊이 알고 싶어 할 거라고 믿고 싶어요. 그리고 질문은 대환영입니다. 궁금한 게 있으면 뭐든지 물어보세요."

이렇게 적고 나자, 나와 대화를 나누는 상대가 나에 대해 좀 더 선명한 그림을 그릴 수 있을 거라는 사실에 나는 해방감과 안도감을 느꼈다. 데이트가 성사되지 않을 때가 많았지만, 그것이 내가 가진 장애 때문인지 나는 결코 알 수 없을 것이다. 하지만 지금 나는 오케이큐피드를 통해 만난 남자와 거의 1년 가까이 사귀고 있고, 그래서 다시 번개가 칠 수도 있다는 것도 알고 있다. 내 연애 생활은 여전히 실수 연발의 코미디다. 그래서 나는 여전히 매일같이 내 장애 때문에 사랑을 찾지 못할 거라는 느낌과 사투를 벌이고 있다. 하지만 적어도 나 자신에게는 진실한 태도로 임하고 있다고 나는 느낀다. 나는 내 모습을, 아니

내 전 자아를 적극적으로 드러내고 있다. 있는 그대로의 나에 대해 자부심을 느끼게 되어 기분이 좋다.

우리 몸을 설명하기,
우리 자신을 찾기

몰리 매컬리 브라운 & 수재나 네비슨

2016년 7월, 몰리 매컬리 브라운과 수재나 네비슨은 테네시주에서 열린 세와니 작가 콘퍼런스에서 처음 만났다. 신체장애를 가진 시인들과 같이 작업하면서, 신체장애 자체를 시의 주제로 탐구하는 두 사람은 서로 공통점이 많다는 사실은 알게 되었고, 빠르게 친구가 되었으며, 시간이 흐르면서 더욱 가까운 사이가 되었다. 이 에세이들은 그들이 서로의 친구로서 장애가 없는 몸을 가진 사람들의 세상 속에서 장애인으로 살아가는 것에 관해 나눈 대화를 기록하고 있다.

멀리 있는 친구와의 대화

이런 파티는 사람을 너무 오래 서 있게 해. 다리 상태가 최악이야. 정말 싫어!

나는 대학 학부 신년 축하 파티의 구석 자리에서 이런 문자를 보내며 몸을 지팡이에 기댄 채 별로 불편해 보이지 않게 표정을 관리하려고 애쓰고 있다. 우리 학과장의 집은 벽돌로 쌓은 낮은 층계를 두 번 올라가야 한다. 그리고 설사 휠체어를 타고 안으로 들어갈 수 있다 해도, 실내는 사람들로 꽉 차 있어서 그 안에서는 꿈쩍도 할 수 없다.

그 대신에, 나는 집안 여기저기에 있는 벽과 가구들을 지지대로 삼는다. 주기적으로 소파에 걸터앉아 몇 분씩 쉬기도 하지만, 아무도 그렇게 자리를 차지한 채로 오랜 시간을 보내지는 않는다. 그렇게 앉아 있는 상태에서는 와글거리는 소음 때문에 서 있는 사람들이 하는 말을 전혀 알아들을 수가 없기 때문이다. 서서 돌아다니며 대화를 나누는 것이 으레 정상인 것이다.

나는 동창들을 좋아한다. 그래서 그들을 만나면 무척 즐겁다. 하지만 해마다 열리는 이 파티는 정말 **싫다**. 저녁이 되면 무릎과 등, 발목의 통증이 아우성치기 시작하고, 소라껍데기에 귀를 대면 들릴 것 같은 가짜 바다 소리가 내 머리에 가득 차는 시점이 온다.

나는 대화 상대방이 하는 말에 좀처럼 집중할 수가 없다. 음이 소거된 듯이 아무 소리도 들리지 않고, 나의 뇌는 균형을 잡고 숨 쉬는 일을 하느라 바쁘다. 고통의 진면모는 그것이 사람을 지치게 한다는 것이다. 내 몸은 쉬어야 하지만, 그게 다가 아니다. 나는 불편하지 않은 척하는 일에 지쳐 있고, 내 몸 안에서 어떤 일이 일어나고 있는지 설명하고 싶지도 않다. 친구라고 해서 예외는 아니다. 내가 힘들어하면 친구들은 안쓰러워하지만, 그들에게 소파에서 일어나 서는 것은 너무나 손쉬운 일이다. 내 몸이 어떤 상태인지 설명해 봐야 우리 사이에 놓인 틈만 더 벌어질 뿐이다.

보통, 이런 상황에서 나는 잠시 자리를 벗어나 사람들과 떨어져 앉는다. 하지만 올해는 손에 쥔 핸드폰에서 조용하면서도 밝은 소리가 울린다.

나도 지금 같은 생각을 하고 있었어! 정말 최악이야! 여기도 다들 서 있어.

나처럼 신체장애가 있는 내 친구이자 동료 시인 수재나가 내가 있는 곳에서 한참 멀리 떨어진 유타주에서 나와 마찬가지로 학부 파티에 참석한 자리에서 문자를 보내오고 있다. 수재나와 나는 같은 출판사에서 책을 출간하고 있었지만, 올해 여름 우연히 작가 회의에서 마주치기 전까지는 서로 만나본 적이 없었다. 회의 첫날밤 그녀가 나를 발견했고, 우리는 쭉 알고 지내던 사이처럼 서로에게 빠져들었다. 서로의 병력에 대해 얼마나 많은 얘기를 나누었던지, 우리의 대화를 엿듣던 한 여자가 놀란 표정을 지으며 이렇게 소리칠 정도였다. "너희 둘은 무너지고 있잖아!" 말을 듣고 우리는 숨 쉬기가 힘들 만큼 웃었다. 그리고 각자가 사는 곳으로 돌아간 이후로, 우리는 거의 매일같이 대화를 나눠왔다.

너는 무너지고 있어. 이것이 나에게 기억이란 게 생긴 이후로 나 자신에 관해 내가 알고 있던 진실의 한 국면이다. **너의 이름은 몰리야. 곱슬머리를 가지고 있고, 말하는 것을 좋아하지. 그리고 너는 무너지고 있어.** 이 문제를 의학적으로 말하면 이렇다. 미숙아로 태어나 산소 결핍의 결과로 생긴 일종의 신경성 질환인 뇌성마비. 내가 가진 유형의 뇌성마비는 근긴장을 증가시키고 몸의 균형을 방해한다. 나는 걸을 수 있지만, 아주 조금밖에 걷지 못한다. 나는 서 있을 수 있지만, 오래 서 있지는 못한다. 경직된 내 걸음걸이가 관절에 지나친 압력을 가해 무릎과 발목의 연골이 닳아 없어지고 있다. 문자 그대로, 나는 아주 더디기는 하지만 무너져내리고 있다.

이러한 사실은 의사들이 내가 전혀 알아들을 수 없는 말로 부모님께 가능한 외과적 정형 수술에 관해 이야기할 때 처음으로 알려졌다. 선택적 후신경근 절제술. 부분적 햄스트링 재건. 아킬레스건 연장 수술. 그다음에 나는 나를 사랑하는 사람들, 그러니까 내가 남은 생애를 가능한 한 고통 없이 독립적으로 살아갈 수 있도록 하는 수단을 마련해주려고 애썼던 사람들로부터 이런 말들을 들었다. **아프다는 건 알아. 하지만 자주 스트레칭을 하고, 걷고, 다리에 힘을 실어줘야 해. 그렇게 하지 않으면 너는 영영 못 걷게 될 거야.** 세상은 걷지 못하면 네 몸은 쓸모없는 거라고 가르쳤다.

그렇게 사람들이 제시한 길을 따라 걷다가, 어느 순간 나는 반으로 갈라졌다. 한편에는 나의 손상된 몸이 있었고, 또 한편에는 나의 나머지가 있었다. 그 나머지는 필사적으로 그 몸에 매달리며 이렇게 생각했다. **나는 네가 싫어.** 하지만 **네가 필요해.** 아니 **고마워.** 그러니까 **제발 무너지지 마!**

요즘 내가 나 자신의 삶을 설명하기 위해 사용하는 많은 언어는 그 분열 상태를 반영한다. 나는 확연히 드러나는 장애를 가지고 있기에, 어디를 가든 내 몸에 관해 설명해야 한다. 때로 나는 사람들의 호기심을 달래주기 위해 이야기해야 한다. 신발 가게에서 마주친 그 여자는 내 몸에 무슨 일이 있었는지 알고 싶어 했다. 나의 첫 데이트 상대였던 그 남자는 내 가족에 관해서는 아무것도 묻지 않았지만, **정확히** 내 몸으로 무엇을 할 수 있는지에 대해 기이할 정도로 자세히 알고 싶어 했다. 그리고 **정확히** 내 마음의 상처가 얼마나 깊은지도. 하지만 때로 설명이 반드시 필요한 경우도 있다. 이번 학기에 내가 가르치는 건물에 엘리베이터가 있는지 알아야 하는 경우처럼 말이다.

어떤 경우에는, 내가 설명하고 있는 이유를 정확히 잘 모를 때도 있다. 새로운 학기의 첫날, 나는 학생들에게 나에 관해 궁금한 게 있냐고 묻는다. 그러자 한 소년이 손을 들어 밑도 끝도 없는 질문을 던진다. **그러니까 선생님은 뭐가 잘못된 거예요?** 교사가 된 지 얼마 안 되어, 나는 이런 질문을 받은 적이 아직 없었다. 그런데도 나는 늘 익숙하게 대답하던 방식으로 그 아이에게 대답해준다. **나는 장애가 있어.** 마치 아침에 갈아입은 셔츠처럼 익숙한 태도로 말한다. 그 때문에 균형을 잘 잡지 못해. 그래서 잘 걷지도 못해. 그 후 우리는, 특히 글쓰기 수업을 할 때, 왜 말을 조심스럽게 해야 하는지, 사소한 부분일지라도 신중히 고려해야 하는 것이 왜 중요한지 대화를 나누었다. 그리고 내 머릿속에서는 끊임없이 그 학생과 나누었던 대화가 맴돌았다.

사실대로 말하자면, 나를 속속들이 알고 깊이 사랑해주는 사람들과 같이 있을 때조차 나는 내 몸을 마치 나쁜 옷 한 벌을 걸친 것처럼 혹은 일상적으로 나에게 계속해서 일어나는 어떤 일처럼 대하는 고약한 버릇이 있다. 설명할 필요가 없으면 나는 내 몸에 대해 굳이 많은 말을 하지 않는다. **이건 못 하겠어요. 이것 좀 도와주시겠어요? 죄송하지만, 제가 그곳에 갈 수가 없네요.** 대체로 나는 내 몸에 관한 이야기를 전면에 내세우지 않으려고 애쓴다. 한 친구가 내게 말한다. **가끔 너에게 장애가 있다는 사실을 잊게 돼.** 예전에 사귀었던 한 남자친구는 언젠가 이렇게 말했다. **그건 정말 별일도 아니야.** 나는 일부러 내 장애를 이렇게 대했다. 사람들로 하여금 내가 장애를 가졌다는 사실을 망각하게 하는 것, 이것은 내가 펼쳐 보이는 가장 인상적인 마술이다.

나는 내 장애를 결코 망각하지 못한다. 장애는 뿌리가 내린 것처럼 내 몸 구석구석을 시스템적으로 관여하고 있기 때문이다. 이것은 기초적인 생물학적 수준으로 봐도 사실이다. 나의 장애란 나의 뇌와 그 뇌가 보내는 전기적 신호의 한 특징이기 때문이다. 하지만 내가 나의 장애를 결코 한순간도 잊지 못한다고 말할 때 그것은 좀더 깊은 의미를 담고 있다. 자주 통증을 느끼고, 내 몸에 대해 거의 언제나 생각하고 있기 때문만은 아니다. 둘 다 틀린 말은 아니다. 하지만 내가 진짜 말하고자 하는 바는 내 몸이 없으면 **나는 존재하지 않는다**는 것이다. 내 몸이 가진 독특한 차이점들, 그리고 세상을 헤쳐나가기 위한 움직임들과 방법들은 그것이 나를 곤경에 빠뜨리는 순간들만이 아니라 나라는 존재가 최고조에 이른 순간들과 가장 격정적인 순간들, 그리고 가장 강력한 순간들에도 존재한다. 내 몸은 나와 떨어져 있지 않다. 그것은 내 생을 단단히 움켜쥐고 있다. 다시 말해 내 몸은 내 삶을 **만들어가고 있다**. 그것은 나의 나머지와 나뉠 수 있는 것이 아니다. 우리는 함께 세상으로 걸어 나가고 있다. 사람들의 눈에 그렇게 보이듯이 특이하고 느린 발걸음으로 말이다.

나는 내 다리들이 싫고, 싫지 않다. 나는 내 몸을 사랑하고, 사랑하지 않는다. 나에게 안 좋은 것들의 목록이 있고, 그중 어느 것도 나에게 안 좋은 것이 아니다. 나는 다음과 같은 생각을 잠시도 멈추지 않고 살아간다. **나는 장애를 가지고 있다.** 나는 언제나, 언제나, 언제나 장애인이다. 내가 내 삶을 비장애인들이 사는 세상에 읽힐 만한 것으로 만들면, 모든 뉘앙스, 모든 모순(사실 모순이 아닌)은 자취를 감추고 만다. 심지어 나는 그것들을 잊기 시작한다. 어떻든 간에, 설명한다는 건 지우는 행위다. 나는 이해될 수 있도록, 그럼으로써 잊힐 수 있도록 내 몸을 묘사하고 있다. **이봐요, 이건 그렇게 무서운 게 아니라고요. 구석에 편히 자리 잡고 잠을 청할 뿐이라고요**. 아니면 나는 나의 나머지를 포괄해 이야기하도록 내 몸을 묘사하고 있다. **이봐요, 그녀는 갈수록 특이해지고 있어요. 휠체어를 타고 걸음거리가 이상하고 손들이 말리네요**.

느리게 흘러가는 화요일, 수재나와 통화를 하며 멀리 떨어져 있는 그녀의 목소리가 정말 이상하리만큼 감사하다는 생각을 멈출 수 없다. 우리는 몸에 관한 이야기를 멈추고는 그녀가 기르는 개, 그리고 나의 수업들로 대화 주제를 바꾼다. 그리고 미시시피주에서 유타주까지 우리 사이를 이어주는 집라인에 대해 수다를 떨다가 다시 우리 몸에 관해 이야기하기 시작한다. 몸과 분리되었다고 느끼는 감각과 그렇지 않다고 느끼는 감각에 대해서 말이다. 그리고 순간 이 대화의 내용 중 어느 것도 번역하여 전달하고 있지 않고, 어느 것도 설명하고 있지 않다는 것을 깨닫는다. **다리가 최악이야**라고 나는 말한다. **내 다리가 정말 싫어**. 수재나는 저 말이 나의 진심이라는 것을 알고 있고, 저 말로 내가 다음과 같은 것도 같이 말하고 있다는 것을 안다. **나는 내 다리를 사랑해**. 그리고 **감사해하고 있어**. **네가 내 옆에 있어서 기뻐**. 그리고 그 말에는 이런 뜻들도 담겨 있다. **나는 피곤해**. 그리고 **하나님께 감사해**.

몰리 매컬리 브라운

번역이 필요 없는 관계

몇 년 전, 나는 새로운 실내 수영장에 다니기 시작했다. 탈의실에서 수영복을 벗자마자, 한 여자가 물었다. "무슨 일이 있었어요? 사고라도 당한 거예요?" 수업 시간에 몰리에게 질문을 던졌던 그 학생처럼, 그 여자는 내 몸이 어쩌다 이 지경이 되었는지 설명해달라고 했다. 나는 그냥 싫다고 말하고 싶었다. 나는 사고를 당한 게 아니었다. 하지만 나는 사람들이 내 몸에 편안함을 느끼게 만들며 좋은 시절을 보내고 있었고, 그래서 번역된 형태로 준비해 놓은 답변을 내놓았다. 지체없이 나는 이렇게 말했다. "수술을 많이 받았어요."

내 몸이 이렇게 된 이유를 설명해달라는 요청을 받으면, 특히 낯선 사람이 이런 부탁을 해오면, 내 몸은 자기소개가 필요하고, 다른 사람들의 시선을 불편하게 만든다는 생각을 또다시 하지 않을 수 없게 된다. 내 몸은 공공장소에서 설명을 요구받는다. 공공장소는 나처럼 보이는 사람들을 위해 만들어진 것이 아니기 때문이다.

내가 기억하는 한, 나는 장애에 관하여 나 자신에게 덧붙어 존재하는 것으로 말하라고 배웠다. 나는 이렇게 말할 것이다. **나는 다리와 발에 광범위한 선천적 결함을 가지고 태어났어요**. 그리고 이렇게도 말할 것이다. **나는 발과 다리에 많은 문제를 가지고 있어요**. 어떤 경우에도 나는 이렇게 말하지는 않을 것이다. **나는 장애인이에요**. 의심의 여지 없이, 이런 의미론적 변위는 내가 장애를 보이지 않게 할 수 있다는 사실과 연관되어 있다. 내가 바지를 입으면 아무도 내 흉터를 보지 못한다. 전문가가 아닌 이상 대개 사람들은 내 걸음걸이가 정상적이지 않다는 것을 잘 눈치채지 못한다. 나는 기능을 실행에 옮기도록 요구받지 않는 한, 겉보기에는 완전히 건강한 신체로 보이는 특권을 가지고 있다. 이런 부분이 소소해 보일지 모르지만, 실상은 그렇지 않다. 커가면서, 나는 신체적으로 장애가 있지 않더라도 신체장애를 가질 수 있다고 생각했다. 나는 신체가 건강한 사람으로 보일 수 있었기 때문에, 일종의 정상성을 연기할 수 있었다. 나는 장애를 옷처럼 치워버릴 수 있었다. 말하자면 나는 장애를 입었다 벗었다 할 수 있었다.

장애를 설명한다는 것은 두 개의 언어를 사용하는 것이나 다름없다. 이 세상은 장애가 없는 사람들을 위해 만들어져 있기에 번역의 책임은 당연히 장애가 있는 사람들에게 있다. 내가 이러한 번역의 과정을 거부할 수 있을까? 그것은 내가 선택할 수 있는 문제로 보이지 않는다. 번역을 거부한다는 것은 방 안의 코끼리를 쥐로 바꾸기를 거부하는 것처럼 당연한 일이다. 하지만 이것이 바로 내가 살아가는 세계가 나에게 요구하는 것이고, 대개 나는 이 의무를 수행한다. 그런데도 이 쥐는 나를 공포에 떨게 하는 힘을 가지고 있다.

아주 어렸을 때부터 나는 나 자신을 변호하는 법을, 즉 내 몸의 소유권을 취하는 법을 배웠다. 나는 다음과 같은 용어들을 줄줄 읊을 수 있다. **양측 내반족. 하지부동. 선천적 결함**. 언어의 정확성은 서사의 힘을 부여한다. 내가 이름을 댈 수 있는 한, 나는 그것을 설명할 수 있고, 어느 정도는 통제할 수 있을 것이다. 나는 내가 사람들에게 보이는 방식을 재구성할 수 있을 것이다.

그럼에도 불구하고 장애라는 이름을 지나치게 자주 붙이는 행위는 다른 사람이 나를 외면하게 하거나, 있는 그대로의 나를 못 보게 할 수 있다. 나는 주목받을 수밖에 없는 호기심의 대상이었다가 순식간에 보이지 않는 별 볼 일 없는 사람이 되기도 한다.

나는 종종 나의 신체와 장애를 내가 명령하는 대상으로 생각하거나 혹은 실제로 그것에 대고 명령하려고 노력한다. 언어는 내가 나를 어떻게 이해하는지를 형성한다. 서로 분리되어 존재하는 내 정신과 육체는 모두 나라는 존재다. 나는 언제나 정신과 육체로 된 두 가지 존재다. 이러한 자아분열 혹은 언어로 표현하는 분열이라는 것은 의사들이 **그녀의 기형**이나 **그녀의 선천적 결함** 같은 표현을 쓰며 부모님과 의논하는 것을 들으며 나도 모르게 의학적 상담모델로부터 습득하게 된 것이다. 나는 또한 내 몸을 만들어진 물체로 이해한다.

내가 갖고 태어난 몸은, 일전에 통화 중 몰리가 지적했듯이, **그다지 잘 움직이지 않았을 것이다**. 내가 가지고 살아가는 몸은 여러 사람의 손을 거쳐 만들어진 산물이다. 나는 나에게 주어진 그릇, 그러니까 수술을 통해 빚고 또 빚어낸, 휠체어의 도움 없이 나 자신을 시공간을 통해 밀고 나아가게 하는 그릇에 담겨 세상을 헤치고 나아간다. 그것은 나의 것이기도 하면서 나의 것이 아니기도 하다. 내 몸이 세상으로 들어갈 때 나는 그 몸을 의식적으로 알아본 적이 한 번도 없다. 그것은 내가 지닌 이상한 종류의 슬픔이고, 더 나은 무언가에 대한 것이 아닌 보다 참된 내 모습에 대한 이상한 향수다. 원래의 내 몸을 알게 되면 둘로 분열된 나 자신을 더 잘 이해하게 될 것 같고, 그렇게 된다면 나는 두 개의 존재가 아닌 하나의 사람이 되며, 또한 장애라는 것을 내 옆에 존재하는 별개의 것이 아닌, 나 자신이라고 칭할 수 있는 일부로서 받아들이게 될 것처럼 말이다.

수영장 탈의실에서 겪었던 것과 같은 순간들, 그러니까 누군가 내 몸을 정상에서 벗어난 것으로 간주한다는 것을 내가 인식한 순간들은 그 복잡한 장애와의 관계를 전면에 드러내게 한다. 나에게 탈의실에서 운동복 바지를 벗는 일은 몸에 문제가 없는 사람처럼 보일 수 있는 껍데기를 제거하는 것과 같은 일이다. 그 순간은 나에게 **나는 장애인이에요**와 **나는 장애를 가지고 있어요** 사이에서 선택할 것을 강요한다.

으레 그러하듯이, 내 몸이 말을 듣지 않을 때, 장애인이라는 것과 장애를 가진 것 사이의 구분은 불안정해지고, 반복해서 외과 수술을 받는 것이 정당화될 때 그 구분은 더욱 불안정하게 된다. 그렇게 되면, 장애는 더는 내가 명령하거나 숨기거나 통제하는 대상이 아니게 된다. 그것은 나라는 존재를 덮어버리며, 나의 결정적인 특징이 된다. 낮선 사람의 시선 아래서 나는 목발을 짚은 여자 혹은 휠체어를 탄 여자가 된다. 다른 사람들의 눈에 나는 명백한 장애인이다. 좋든 싫든, 몸과 자아를 완전히 분리하는 것은 불가능하다. 대명사의 관점에서, **우리**는 어떻게 **나**가 될 수 있는지 알아내야 한다. 우리는 하나로 작용해야 한다.

탈의실에서 운동복 바지를 벗을 때와는 다르게, 장애가 있는 것이 나에게 큰 문제가 되진 않는다. 항상 말로 장애에 대해 설명하지만, 나는 항상 내가 장애인이라는 것을 인지하고 있다. 그리고 나는 항상 내가 어떻게 움직이는지 의식적으로 생각하고 있다. 그렇게 하지 않으면, 내 몸은 비틀거리고 만다. 내가 살아오면서 어떤 중요한 행사에 참석했을 당시 내가 어떤 신발을 신고 있었고, 어떤 표면을 걸었는지, 시멘트에 금이 갔었는지, 자갈이 얼마나 컸는지 등에 대해 나는 이야기할 수 있다. 나는 나의 하루를 계획한다. 오늘은 얼마나 걸어야 할지, 그리고 걸어야 할 곳이 평평한 곳인지 아니면 경사가 진 곳인지 말이다. 그런데 왜 **나는 장애인이에요**라는 말을 하기가 그렇게 어려운 걸까?

여러 이유 중 하나는 아마도 거의 일정하게 유지되는 신체적 능력 때문일 것이다. 어쩌면 내가 너무 잘 적응하고 있어서 그런지도 모르겠다. 의학계의 시각에서 바라보면, 나는 어떤 의학적 진전을 이룬 것과 같은 일을 해낸 것이다. 어쩌면 나는 정말로 내 몸을 나로부터 분리할 수 있다고 믿고 있는지도 모른다. 살아오는 내내 늘 언어로 그렇게 해왔기 때문이다.

몰리가 그 작가 회의에 왔다는 것을 알았을 때, 나는 곧장 그녀가 앉아 있는 자리로 가서 내 소개를 했다. 몇 분도 되지 않아, 우리는 웃고 떠들며 병원과 관련된 이야기들을 나누고 있었다. 그 이야기들에는 부가적인 설명도, 뒷배경에 대한 이야기도 필요 없었다. 우리 자신이나 우리 몸에 대하여 정의를 내릴 필요도 없었다. 그저 어떠한 번역도 전혀 필요 없는, 그 드물고도 편안한 공간에 우리가 존재하고 있다는 것을 인식하여 얻게 되는 기쁨만이 있었다.

수재너 네비슨

남자의 시선을 갈망하다

제니퍼 바틀렛

30대 초반이었을 때, 나는 내가 사는 브루클린 인근에 있던 요가 학원에 다녔다. 평상시에는 학원까지 20대 친구 한 명과 내 또래 친구 한 명과 같이 걸어 다녔는데, 가끔은 각자가 따로 수업에 들어가기도 했다. 인근에 한창 주택 고급화 바람이 불고 있을 때라 길 건너편에는 건설 현장이 하나 있었다. 내 친구들은 그 건설 현장에서 일하는 노동자들이 그 앞을 지나다닐 때마다 자신들을 성적으로 희롱한다며 자주 불평을 해대곤 했다. 요가복을 입고 있으면 그 정도가 훨씬 더 심하다고 했다. 나는 날마다 아무 일 없이 그곳을 지나치는데 말이다.

지금보다 젊었던 20대 때 나는 마르고 가냘픈 여자였다. 또한 항상 아름답고 멋진 옷을 입고 다녔다. 그리고 나는 뇌성마비가 있었다. 뇌성마비가 있는 대부분의 사람들이 그러하듯 나도 운동 능력, 균형감각, 언어 기능에 뇌성마비의 영향을 받았다. 뇌성마비는 일반적으로 출생이나 유아기 때 뇌의 손상이나 기형에 의해 발생한다. 내 경우는 엄마의 탯줄이 자궁 안에서 내 목을 감싸는 바람에 생긴 것이었다. 그 당시 어머니는 비상 제왕절개 수술을 받을 수 없는 상태였고 나는 탯줄에 목이 졸려 임상적으로 죽은 상태로 태어났다. 일시적인 산소 부족은 내 뇌의 일부에 손상을 일으켰다.

뇌성마비는 다양한 형태로 나타난다. 모든 수족에 심각한 영향을 미치기도 하고, 몸의 한쪽에만 영향을 미치기도 한다. 장애가 있는 건지 알아차리기가 힘들 만큼 경미한 증상만 있는 경우도 있다. 뇌성마비는 힘과 균형, 움직임에 영향을 미친다. 뇌성마비가 있는 어떤 이들은 다른 사람의 도움이나 치료 없이는 걷지 못할 수도 있다.

솔직히 말해, 뇌성마비가 있는 사람들의 움직임은 이상해 보인다. 자기 몸의 근육을 완전히 통제하지 못하기 때문에, 그들이 드러내는 표정이나 경직된 모습은 보기 싫을 정도까지는 아니더라도 다른 사람들을 놀라게 할 수 있다.

뇌성마비가 있는 사람들은 자주 정신장애가 있는 것으로 오해를 받기도 한다. 그 두 장애가 반드시 연관되어 있는 것이 아닌데도 말이다. 나는 언어장애가 있고 걸음걸이가 어색하다. 내가 가진 장애는 눈에 보이기는 하지만, 반드시 눈에 띄는 것은 아니다. 신체적으로 한계는 있지만, 나는 일반적인 사람이 할 수 있는 대부분의 일을 할 수 있다. 내가 직면해온 가장 큰 어려움은 사람들의 부정적 반응이었다. 그러니까 장애를 연구하는 학자들이 장애의 "사회적 구성물social construction"이라고 일컫는 것 말이다. 이 용어는 장애인들이 직면하게 되는 가장 큰 과제는 사회의 편견과 접근 불가능한 공간에서 비롯된다는 것을 시사한다.

최근 유명한 페미니스트인 제시카 발렌티Jessicar Valenti는 "남자의 시선"이 자신에게 어떤 타격을 가했는지를 다룬 『섹스 오브젝트*Sex Object*』라는 제목의 회고록을 출간했다. 또한 『뉴욕 타임스』에 이 주제에 관한 글, 「음흉한 시선은 우리의 일생에 어떤 영향을 미치는가

What Does a Lifetime of Leers Do to Us」를 기고했다. 이 글에서 발렌티 여사는 성희롱으로 얼룩진 삶을 묘사하며, 그것이 청소년기부터 시작되었다고 말한다. 그녀는 뉴욕 지하철 안에서 자신에게 몸을 드러내 보였던 많은 남성들과 그와 유사한 사례들에 관해 쓴다. 그리고 그녀의 모든 삶의 영역에서 자신이 원치 않는데도 끊임없이 접근해온 남자들을 어떻게 막아냈는지에 관한 이야기를 들려준다. 현재 그녀에게는 다섯 살 된 딸이 있다. 그래서 그녀는 자기 딸이 남자들의 성적 괴롭힘에 대처할 방안을 찾는 일에 골몰하고 있다. 그녀는 그런 일이 당연히 일어날 거라고 여기고 있다.

나는 발렌티 여사나 대부분의 다른 여성들과는 상당히 다른 경험을 하며 살아왔다. 거의 정반대라고 할 수 있다. 내가 다니던 대학의 교수, 혹은 졸업 후에 입사한 직장의 동료나 상사가 나에게 수작을 부리거나 성적으로 나를 괴롭힌 적은 단 한 번도 없었다. 나는 남자 선생님이나 남자 친구들, 동료들이 내 성별 때문에 나를 하찮게 생각하는 것처럼 느껴본 적도 없었다. 몇 년 동안 자주 혼자 술집을 다녔는데도 술집에서 공격적인 "시선"을 받아본 적도 없었다. 사실 나는 술집에서 이성으로부터 관심을 받아본 적이 전혀 없었다.

거리에서 한 남자로부터 성희롱을 당했던 순간은 기억한다. 내 인생에 딱 한 번 일어난 일이다. 그때 나는 열여덟 살이었다. 버스를 기다리는 중이었는데, 한 남자가 내 앞에 차를 바짝 붙여 세우더니 태워주겠다고 했다. 내가 사양하자 그는 적의를 드러내며 내게 팬티를 입고 있냐고 물었다. 나는 화들짝 놀라 길가에서 벗어나 내 친구가 일하고 있던 인근의 극장으로 향했다. 나는 친구에게 무슨 일이 있었는지 말하지 않았지만, 그와 함께 버스를 기다렸다. 대단히 무서운 경험이었다. 하지만 나는 이 사건으로 트라우마가 생겼다고 말할 생각은 없다. 그 일이 내 삶에 깊이 영향을 끼친 것도 아니다. 그리고 그건 그저 딱 한 번 일어난 일이었다.

다시 고쳐서 말하고 싶다. 정확히 말해 여기서 딱 한 번이라는 건 내가 눈에 띄는 나 자신의 몸에 거주해 살아가는 동안에 그렇다는 것이다. 사실상, 또 다른 이야기가 있었다.

2013년, 나는 데이팅 웹사이트인 오케이큐피드를 이용하기 시작했다, 성적 매력이 없다는 게 도대체 뭘 의미하는 건지 알고 싶었기 때문이다. 나는 도발적인 프로필을 만들었다. 사이트에 최근 사진들을 올렸지만, 그 사진들 속에서 나는 "정상"으로 보였다. 나에게 뇌성마비가 있다는 사실은 언급하지 않았다. 나는 건강한 몸을 가진 여성으로 성 세계를 탐험할 기회를 누려보고 싶었고, 비록 온라인일 뿐이지만 어떤 소동이 일어날지 한번 보고 싶었다.

건강한 몸을 가진 여성인 척을 하면서, 나는 온갖 메시지를 받았다. 남자들은 어리석고, 공격적이고, 도발적인 말들을 써 보내왔다. 그리고 다음과 같은 일이 흔하게 일어났다. 나에게 장애가 있다는 사실을 모르고 있던 남자와 대화를 하다가 내가 그 사실을 밝히고 나면, 거의 언제나 그 남자는 종적을 감췄다. 이전에 아무리 강한 유대감을 쌓았더라도 말이다.

얼마 후, 나는 프로필을 바꿔 나에게 장애가 있음을 드러내었다. 메시지를 보내오는 남자는 줄어들었다. 때때로, 내용에 따라서는 메시지를 보내오는 남자가 아무도 없었다. 하지만 전반적으로 메시지가 바뀌었다. 좀 더 공손한 태도를 보이는 메시지들이었다. 나에게 메시지를 보내온 남자들은 주로 나의 장애가 나에게 어떤 영향을 미쳤는지를 알고 싶어 했다.

나는 이 모든 것이 정치적 행위로 느껴지고, 어떤 면에서는 정말 그렇다고 생각한다. 이상하게도, 나의 장애는 내가 성을 만지작거리고 해체할 뿐 건강한 몸을 가진 다른 여성들이 하듯이 성생활을 할 용기는 없을 거라고 사람들이 여기게 하는 것 같다.

나는 거리에서 남자들을 지켜본다. 나는 자기 앞을 지나가는 여자들을 시각적으로 혹은 말로 성희롱을 하는 한 남자를 보게 될 것이다. 나는 이런 짓을 할 만한 상대로 보이지 않을 것이다. 가끔 나를 쳐다보는 남자들도 있다. 하지만 그들이 보이는 반응은 다르다. 그들의 눈빛에는 얼마간의 부끄러움이나 혼란이 욕정과 뒤섞여 있는 것으로 보인다. 이건 내가 운이 좋다는 뜻일까? 성적으로 보이지 않고 수세기 동안 여성들을 괴롭혀온 문제로부터 유예 처분을 받은 나는 축복받은 것일까?

내가 **느끼기**에는 전혀 그렇지 않다. 한편으로, 나는 뉴욕의 거리를 걸으면서 성희롱을 당하지 않는다는 것은 "다행한" 일이라는 것을 모르지 않는다. 하지만 나는 다른 방식으로 그보다 훨씬 더한 성희롱을 겪는다. 사람들은 나를 빤히 쳐다본다. 사람들은 내가 신의 축복을 받았다고 주장한다. 사람들은 **나에게** 직접 말을 거는 것보다 3인칭의 입장에서 **나에 관해** 말하는 것에 훨씬 더 편안함을 느낀다. 나에게 직접 말을 거는 상황을 피하려고, 낯선 사람이 나에 관해 자신과 가장 가까이에 있는 비장애인에게 말을 거는 상황에 놓이게 되는 것은 드문 일이 아니다. 그가 친구이건 완전히 낯선 타인이건 간에 말이다.

나쁜 남자가 자신에게 관심을 보이면 어떤 기분일지 나도 모르지 않는다. 역겹고, 불편하고, 무섭고, 지겨울 것이다. 그리고 어떤 경우에는 트라우마가 생길 수도 있을 것이다. 하지만 나는 여전히 어떤 남자에게서 부적절한 성적 발언을 듣는 편이 3인칭으로 언급되거나 누군가가 내가 일을 한다는 사실에 놀라는 반응을 보이는 편보다 훨씬 낫다고 생각한다. 전자는, 유감스럽게도, "정상적"으로 느낀다. 반면 후자는 나를 보이지 않는 존재로 만들어버리는데, 실제로 그러한 의도를 담고 있다.

나는 남자들이 나를 쳐다보는 것이 **좋다**. 힘이 생기는 느낌이다. 솔직히, 그 시선은 내가 배제되어 있지 않다고 느끼게 해준다.

접촉 없는 친밀감

✤

엘리자베스 제임슨 & 캐서린 모나혼

내 오랜 친구 중 한 명이 나를 만나러 왔다. 서로를 아는 만큼 우리는 서로의 삶에 이리저리 엮이어 왔고 인생의 중요한 순간들도 함께 해왔다. 우리는 비슷한 시기에 결혼을 했고, 로스쿨과 의대를 같은 시기에 다녔으며, 각자 아들을 임신하고, 몇 년 동안 이웃으로 살았다. 하지만 자주 왕래를 했음에도, 시간이 흐름에 따라 우리는 서서히 서로에게서 멀어져갔다. 그녀를 못 본 지가 1년이 넘었다.

그녀는 천천히 조심스럽게 소파에 눕고 나는 근처에 앉아 있다. 그녀는 기운이 없는 것 같다. 전에 봤을 때보다 더 말랐고 약하고 고통스러워 보였다. "어떻게 지내?" 내가 묻는다.

"음, 나 암에 걸렸어." 그녀는 숨김없이 말한다. 하지만 이내 대화의 주제를 바꾼다. 최근 진단받은 내용이나 현재 암이 말기라는 내용에 대해 자세히 더 말해줄 필요를 느끼지 못한다는 듯이. 나는 그녀의 손을 잡고 마음을 나누며 변치 않을 애정이 담긴 손길로 그녀가 나에게 얼마나 소중한지 말해주고 싶다. 내가 하고 싶은 것은 그뿐이다. 하지만 나는 그렇게 하지 못하고 그녀와 거리를 둔다. 그녀의 머리를 쓰다듬거나 베개를 매만져 더 편안히 누울 수 있도록 해주는 모습을 상상하지만, 나는 아무것도 할 수가 없다. 우리의 대화는 썰물과 밀물이 오가듯이 찾아들다가 더는 말을 나누지 못한 채 침묵 속으로 빠져든다.

그녀는 통증이 가장 심한 배 위에 손을 얹는다. 5년 전이라면 이 침묵 속에서 나는 그녀를 부드럽게 포옹하고 따뜻한 손길로 어루만지며 이 침묵을 극복했을 것이다. 하지만 지금 나는 움직일 수도 없고, 내 생각과 감정을 표현할 수도 없다. 우리가 작별 인사를 할 때 나 자신이 우는 것을 용납하고 싶지도 않다.

손을 더는 쓸 수 없게 되자, 나는 내 사랑의 언어를 잃었다. 나는 다발성 경화증에 걸렸고, 그것은 결국 내가 팔다리를 못 쓰게 만들었다. 병의 진행 속도가 너무 느려서 내가 아무 일도 할 수 없다는 사실에 나는 놀라움을 느낀다. 줄어드는 범위가 몇 분의 1센티미터에 불과했기 때문에 나는 내 운동 범위가 줄어들고 있다는 것을 거의 눈치채지 못했다. 신경을 아주 조금씩 잃어 가면서, 나는 차차 다리와 팔, 손목, 집게손가락, 엄지손가락을 쓰지 못하게 되었다.

내가 언제 사지마비가 되었는지는 정확히 말할 수 없지만, 사지마비 환자 집단의 일원이라는 것만은 알고 있다. 마비로 인해 나는 손가락 끝으로만 움직일 수 있고, 휠체어를 조작할 수도, 커피잔을 들 수도, 다른 사람의 손은 말할 것도 없고 나 혼자서는 그 누군가의 손도 만질 수 없다. 마치 요새에 갇힌 것처럼, 나는 휠체어를 타고 이동하거나 어딘가로 들어가는 것조차 힘들다. 다른 사람들이 손을 뻗어 나를 만지고 싶어 할 때, 그러한 행동은 나를 겁에 질리게 할 수 있다. 마치 두꺼운 유리창이 바깥세상과 나를 갈라놓은 것 같다. 나의 신체장애 때문에 나는 그 유리를 깨부수고 나아갈 힘이 없다고 믿기 시작한다.

여러 해 동안, 나는 내 요새인 유리 거품에 은거해 불편한 마음으로 슬픔에 빠져 지냈다. 다른 사람들과 연결되어 있다고 느끼는 순간들이 있지만, 나는 수동적으로 반응한다. 나는 접촉에서 오는 즐거움을 잊으려 애를 쓴다. **나는 긍정적인 사람이야**. 나는 나 자신에게 말한다. **이 상황을 헤쳐나갈 수 있어**. 나는 나의 에베레스트산에 베이스캠프를 차려 놓고 내가 잃어가고 있는 것을 애써 보지 않으려 한다.

하지만 나는 접촉의 상실을 마치 내 몸에서 수족이 잘려 나간 것처럼 느낀다. 그건 눈에 보이지는 않지만, 매일 아무리 애를 써가며 덮어 가리려 해도 갈수록 벌어지기만 하는 상처다. 나는 언어만으로는 부족한 순간들을 너무나 잘 알고 있다. 손을 만지는 것이 내 마음을 진정으로 전달할 수 있는 유일한 방법일 때, 친밀한 사람의 어깨에 손을 얹고 따스하게 인사하고 싶지만 그럴 수 없을 때, 또는 슬퍼하는 누군가에게 위로의 말을 건네는 것이 적절하지 않을 때, 나는 그들의 손을 잡고 다정하게 위로할 수 없다. 그것은 숨을 쉴 수 없는 것과 같다. 이러한 상실은 내가 슬펐을 때 느꼈던 죄책감과 결합되어 저항하는 것조차 버겁게 한다. 나는 일상생활에서 상호 합의되고, 서로에게 자양분이 되며, 친밀한 교류를 경험해보지 못할 것이라는 생각에 스스로 체념하곤 한다.

마비가 불러운 바로 그 체념의 상태는 예기치 않게 나와 "보통" 사람들을 분리해왔던 두꺼운 유리에 균열을 가져온다. 그 균열은 내가 간과해온 친밀감의 세계를 드러내는 한 줄기 빛이 된다.

나는 또 다른 친구와 커피숍에서 대화를 나누고 있다. 내 목소리는 작아서 사람들로 붐비는 곳에서는 잘 들리지 않는다. 그래서 음성증폭기를 사용한다. 이 음성증폭기에는 마이크와 헤드셋이 있어서, 내 모습은 마치 휠체어에 앉아 학생들을 가르치는 에어로빅 강사처럼 보인다. 헤드셋을 쓴 상태이기 때문에 친구가 내 말을 잘 들으려고 내 쪽으로 몸을 기울여 봐야 아무 소용이 없다. 내 목소리는 너무나 희미하다. 나는 내 머리를 음성증폭기에 달린 다이얼 쪽으로 움직인다. 이 다이얼을 돌리면 내 목소리를 더 크게 만들 수 있다. 친구는 사려 깊게 내 움직임이 의미하는 바를 알아채고 다이얼을 찾아 나에게 시선을 고정한 채로 내 음량의 크기를 맞추려 한다. 나는 말을 멈추지 않고, 친구는 다이얼을 돌려 내 말이 들릴 때까지 음량을 조금씩 더 높인다. **그래, 거기.** 우리는 동의한다는 뜻으로 고개를 끄덕이며 미소 짓고, 다시 우리의 대화로 돌아간다.

그가 자기 자리로 돌아가 앉았을 때, 나는 기쁨으로 현기증이 이는 듯한 느낌이 들었다. 내 목소리의 볼륨을 높여줌으로써, 친구는 "나"의 본질을 되찾아주었다. 그가 내 말을 들으려고 그렇게 신경을 기울였기에. 그가 시간을 들여 나와 연결되는 법을 배웠기에.

나는 접촉 없이 친밀감을 회복했다.

잘 가라고 작별 인사를 나눈 후에도 오래도록 나는 어질한 기분을 느꼈다. 나는 생각했다. **아마 나는 친밀감을 경험할 수 있을 거야. 단지 그 모든 것의 언어가 바뀌었을 뿐이야.** 나는 스스로 친밀감을 다시 정의해야 했다. 접촉 없는 친밀감이란 무엇인가? 그건 나 자신을 표현할 자유다. 존재를 인정받고, 시선을 받으며, 받아들여지고, 동등해지는 기쁨이다. 무거운 짐을 지울 뿐인 사회가 생각하는 내가 아니라, 내 방식의 나로 존재하며 나의 경계심을 낮추는 것이다. 또한 장애와 질병이라는 오명을 벗었을 때 느끼는 기분이다. 나는 내 방식의 에베레스트산을 바라보며, 아마 내가 다시 삶에 완전히 동참할 방법이 있을 거라고 여겼다.

커피숍에서의 그날 이후, 날실과 씨실처럼 짜인 내 일상생활로부터 친밀한 순간들이 떠올랐다. 나는 친구와 사랑하는 사람들, 그리고 일면식도 없는 낯선 타인들이 어떻게 완전히 일상적인 방식으로 나를 눈에 보이는 온전한 사람으로 느끼게 하고 있는지 알아채기 시작했다. 생각만 해도 숨이 멎을 것처럼 황홀한 순간들이다. 내 휠체어를 운전하는 누군가는 나에게 사랑을 주고, 내 눈높이에 무릎을 꿇고 있는 누군가는 나를 부드럽게 어루만지고, 누군가는 나에게 식사를 차려주며 기쁨과 애정의 연대감을 느낀다.

평범한 일상 속에도 놀라운 아름다움들이 있다. 어느 바쁜 날, 일하러 나가기 전에 남편은 아침마다 습관처럼 하던 일을 멈추고 나에게 수란(水卵)을 만들어준다. 나를 위해 만들고 싶었을 뿐, 내가 만들어달라고 부탁한 게 아니었다. 한 친구는 나에게 쿠키를 먹여주려고 한다. 처음에는 뜻대로 잘 안 되지만, 먹이기에 가장 좋은 방법을 찾아가는 과정은 복잡한 춤을 추는 것과도 같다. 연휴 동안 가족의 일원이 헨델의 〈메시아Messiah〉를 틀어놓는다. 나는 이 음악을 좋아하지만, 우리 가족은 싫어한다. 그래서 보통 때는 이 음악을 틀어주기를 거부한다. 하지만 오늘 아침에 그들은 오로지 나를 위해 이 음악을 튼다. 내 침실 안에서도 그 음악 소리를 들을 수 있을 만큼 볼륨을 높여서.

나는 이 순간들을 음미했고, 내가 그랬듯이 나는 그들에게서 자극과 격려를 받았다. 나는 내가 능동적인 역할을 할 수 있음을 깨달았다 — 나는 받기만 하는 게 아니라 내 편에서 줄 수도 있었다. 그래서 나는 내가 할 수 없는 것을 비통해하는 동안에도 나의 친밀감을 자력으로 드러내려 했다. 나는 베이스캠프를 떠나 힘들고 느리게 위로 오르기 시작한다. 친밀감이라는 유동하며 열린 개념이 나를 앞으로 나아가도록 자극한다.

나는 항상 음식을 좋아했다. 나는 용기를 내어 누군가에게 두 시간에 걸쳐 케이크를 먹는 호화로운 식사를 같이해달라고 부탁한다. 우리는 케이크 한 조각을 맛보는 데 그만큼의 시간을 쓴다. 같은 속도로 케이크 한 조각을 함께 음미하며, 나는 존중과 사랑을 받고 있음을 느낀다.

나는 다른 사람들 속에서 나 자신을 보기 시작한다. 그럼으로써 내가 한 부족의 일원임을 확인한다. 휠체어 사용자, 다발성 경화증을 가진 사람들, 지팡이와 보행기를 가진 연로한 사람들, 실어증이나 척수 손상과 싸우고 있는 사람들. 내가 속한 부족의 목록은 계속 이어진다. 우리는 어디에나 있다. 붐비는 엘리베이터 안에서 나와 눈이 마주친 노인은 자신의 모자 끝을 아래로 살짝 끌어내리며 따뜻한 미소로 내게 인사한다. 길을 지나는 휠체어를 탄 여자와 눈이 마주치면 우리는 서로 웃는다, 우리는 동지다. 낯선 사람들이면서도 이웃들이다. 눈에 보이면서도 보이지 않는 존재들.

나는 한때 내가 수치심으로 여겼던 것을 유머로 승화하며 스스로 내가 가진 장애를 희화한다. 예를 들면 물을 마실 때 나는 물 마시는 것을 멈출 수 없기 때문에 누군가 농담을 던지면 나는 웃느라 내 앞으로 물을 뿜는다. 굴욕적이지만 동시에 미칠 듯이 우습기도 하다. 종종 내 앞자리는 축축하다.

내가 갈구해왔으며, 다른 사람들에게 받기도 했고, 스스로 만들어낸 순간들을 통해 이제 나는 사랑이 어디에나 있을 수 있음을 알 수 있다. 이 글을 외면하지 않은 당신과 나는 바로 지금 친밀한 시간을 공유하고 있다. 외면하지 않고 여기까지 이렇게 멀리 왔다면, 당신은 나를 진정으로 이해하는 배타적 부족의 일원이기 때문이다.

하지만 결국, 애정을 찾고자 하는 일은 나를 다시 초심으로 돌아오게 한다. 접촉으로.

나는 다시 내 친구를 방문하러 갔다. 우리는 더 자주 만나려고 노력하고 있다. 시간이 얼마 남지 않았기 때문에 우리는 그래야만 한다. 그녀는 소파에 누워 있고, 나는 내가 얼마나 그녀의 머리를 쓰다듬고 싶은지, 그녀의 손을 꽉 잡고 그녀의 옆에 앉고 싶은지 지난번에 내가 마음속에 담아 두었던 모든 것들을 그녀에게 말로 전한다. 그녀는 고맙게 웃으며 이내 함께 대화를 하며 움직인다. 그녀는 대화 주제를 나에게로 돌린다.

우리는 조금 더 이야기를 하고, 스스로의 고백을 통해 용기를 얻은 나는 내 손을 잡아줄 수 있는지, 움직이는 것이 너무 고통스럽지 않은지 그녀에게 묻는다. 그녀는 천천히 일어나 앉고, 내 간병인은 내 휠체어를 가능한 한 그녀 가까이 이동시켜준다. 그녀는 손을 내밀어 내 손을 잡았다. 우리는 서로를 바라보며 숨을 내쉰다.

세 개의 다리로 나를 이끌어준 반려견

로리 클레멘츠 램버스

그 수의사는 우리 집 거실에 무릎을 꿇고 앉아 나의 반려견인 오스트레일리언 셰퍼드 파투를 내려다보았다. 그녀는 막 다리가 세 개뿐인 파투의 삶을 끝내는 절차를 마친 참이었다. 첫 번째 약물은 파투를 진정시키기 위한 것이었다. 파투를 안고 있던 남편과 나는 파투의 팽팽한 등 근육이 부드럽게 풀리는 것을 느꼈다. 파투의 몸이 그렇게 부드러울 수 있다는 것을 수년간 같이 살면서도 우리는 알지 못했다. 두 번째 약병을 주사하자 파투의 숨은 끊어졌다.

"파투는 이제 온전해질 겁니다. 잃어버린 다리를 되찾을 거예요." 수의사는 그렇게 말했다.

나는 수의사가 온전함wholeness이란 말로 뭘 말하려 한 건지 알았다. 그건 환생하는 내세에 대한 믿음이었다. 네 개의 다리를 가지고 태어났지만, 생의 마지막 몇 년간을 세 개의 다리로 살았던 파투. 그런 파투가 어떤 사람들에게는 틀림없이 불완전해 보였을 것이다. 하지만 그 순간에 나는 그러한 생각에 이의를 제기하는 게 좋았을 것이다.

초기 골수암(섬유육종) 진단을 받고 앞다리를 절단하고 나서 4년 반의 세월이 흐르는 사이, 파투는 전보다 더 자기다워졌다. 아주 작은 순간에도 그 순간이 주는 기쁨을 깊이 느꼈고, 내향적이던 성격도 점점 외향적으로 변했다. 갈수록 외부인들에게 신뢰감을 보였고, 나이가 들어서도 건강하게 지낼 만큼 운이 좋은 반려견들이 그러하듯이, 자기를 좋아하는 사람들과 유대감을 더욱 깊이 쌓았다.

더욱이 파투와 나는 장애라는 경험을 공유했다. 세 개의 다리를 가진 파투와 자주 "세 번째 다리"인 지팡이를 사용하는 나. 그렇게 우리는 우리의 상호의존성과 색다른 이동성, 비대칭성을 통해 더욱더 끈끈한 관계를 맺어갔다.

파투가 나의 삶 안으로 들어올 때, 나는 거의 9년째 재발-완화형 다발성 경화증*을 안고 살아가고 있었다. 이 병은 마비와 현기증, 내 몸 왼편의 약화를 가져오며 나의 운동성을 손상시켰다. 그 무렵 내가 쓰는 지팡이는 세 개로 늘어나 있었다. 언제든 아무런 경고 없이 증상이 재발할 수 있다는 것을 알고 있었기에, 나는 아직 다리가 네 개였던 젊은 파투에게 내가 계단을 올라서는 것을 돕도록 가르쳤다.

오스트레일리언 셰퍼드는 목양견이어서 어떤 식으로든 할 일이 필요하다. 그래서인지 파투는 나를 계단 위로 들어 올리는 일을 좋아했다. 파투는 짧은 보폭으로 껑충거리며 전신을 사용해 나를 들어 올렸다. 내가 한 손으로는 난간을 잡고 다른 한 손으로는 파투의 개목걸이를 잡고 있으면, 파투는 솟구치듯이 위로 뛰며 나를 계단 위로 올렸다. 마치 지팡이처럼, 파투는 긴장하지 않으면서 안정적으로 내가 가는 길을 앞장섰다. 이 글을 쓰고 있는 지금에서야 나는 불현듯이 깨닫는다. 네 발로 움직일 때와 몇 년 후 세 발로 움직일 때 파투의 동작이 얼

* 증상이 악화되었다가 완화되기를 반복하는 형태의 다발성 경화증.

마나 닮았었는지. 그것은 절대적인 노력과 등을 구부리며 전신을 이용한 추진력 없이는 불가능한 일이었다.

온전함이란 이런 게 아닐까? 어느 누가 자기 안에 과거와 미래의 움직이는 방식을 내내 간직할 수 있겠는가?

나는 또한 내가 넘어졌을 때 일어설 수 있도록, 그리고 앉은 자세에서 일어서려고 할 때 몸의 안정을 확보하기 위해 내가 파투의 건장한 등을 짚을 수 있도록, 내 옆에 가만히 서 있게 파투를 훈련시켰다.

나의 잠재적인 필요는 파투에게 놀이가 되었다.

그 이후 많은 다발성 경화증 증상들이 나타났다가 사라지기를 반복하며 내 몸에 그 여파를 남겼다. 파투가 골수암 증상을 보이기 몇 달 전, 내 오른쪽 눈은 움직임과 밝은 빛의 섬광에 자극을 받으면 커다란 통증을 불러일으켰고, 그 후 1년의 시간이 흐르는 사이 문자가 겹쳐 보이는 증상을 보이며 나는 텍스트를 읽을 수 있는 능력을 잃고 말았다. 다발성 경화증에 기인한 시신경염이었다. 내가 읽기보다는 듣기가 더 중요해진 다른 삶에 대해 숙고하며 내가 세상을 헤쳐나가는 것을 도우려면 어쩌면 더 큰 개가 필요할지도 모르겠다고 고심하던 바로 그즈음에, 파투는 나를 더욱 필요로 하기 시작했다.

암 진단 전 여름에 있었던 어질리티 수업*에서 파투는 A틀이라고 불리는 높은 나무 꼭대기 구조물 정상에 뛰어 올라갈 수 없었다. 파투는 가파른 경사로를 끝까지 오를 만한 기운을 모으지 못하고 내 어깨보다 조금 더 높은 곳에서 멈춰 섰고, 이내 내게로 몸을 돌렸다. 이 순간, 나는 파투가 나를 필요로 한다는 것을 알게 되었다. 파투가 발 디딜 곳

* 반려견이 반려인과 함께 뛰면서 각종 장애물을 빠르게 뛰어넘고 통과하는 놀이.

이 없어 서성거리는 것을 지켜보며 나는 내 두 팔을 뻗었고, 파투는 내 어깨 양쪽에 각 앞발을 올려놓은 채 내 두 팔 안으로 들어왔다.

잠시지만 어린아이와도 같은 20킬로그램이 넘는 이 개를 안고 있는 나 자신이 온전한 것같이 느껴지면서도 왠지 불안했다. 온전함이란 무엇일까?

모든 신체는 시간이 지남에 따라 변한다. 그 어떤 신체도 영구적이거나 완전히 대칭적이지 않다. 다리 절단 수술을 받은 후, 파투의 몸은 자신의 움직임에 맞게 재구성되었다. 파투는 이제 하나뿐인 앞발, 그러니까 왼발을 안쪽으로 비스듬히 세워 강한 중앙 발을 형성했다. 그 발은 원래 크기의 거의 두 배로 커졌고, 이윽고 전에는 씹을 때 두 발 사이에 두었던 커다란 생가죽 뼈를 그 한 발로 똑바로 잡을 수 있게 되었다. 등은 더 구부러지고, 목은 더 굵어지고 힘은 더 세졌다. 파투는 여전히 장난감을 잡기 위해 허공을 향해 뛰어올랐고, 다른 개들보다 더 빨리 달렸다. 아버지는 파투를 보며 이렇게 말씀하셨다. **마치 다른 다리가 방해라도 되었던 것 같네.**

이러한 변화에는 아름다움이 존재한다. 비대칭적인 것 속에서 발견되는 우아함과 균형이. 세 개의 다리를 사용하는 파투와 완전히 다른 크기와 종의 내가 결합해 새로운 존재가 탄생한다. 파투의 결함과 나의 과잉이 한 쌍을 이룬 제3의 존재가.

선불교와 밀접하게 결부된 일본의 미학인 와비사비는 비대칭성과 불완전성을 주창한다. 비대칭성과 불완전함이 삶의 덧없음과 부패의 징후임을 알고 있기 때문이다. 와비사비의 관점에서는 낙엽이 여전히 나무에 붙어 있는 잎보다 더 많은 의미를 지니고 있을 수 있다. 마찬가지로 도자기는 일률성을 벗어날 때 더 아름다우며, 그림이나 사진의 구성은 중심화의 거부를 통해, 프레임의 가장자리 어딘가에, 혹은 텅 빈 여백의 가운데에 놓인 주제를 더 깊이 느끼게 된다. 어쩌면 장애를 가진 비대칭적인 개조차도, 장애를 가진 비대칭적인 인간과 더불어 그런 아름다움을 갈망할 수 있을 것이다.

와비사비는 삶의 덧없는 본성을 슬프게 인식하며 삶에 대한 깊은 사랑을 표현한다. 개를 사랑하는 사람들이 알고 맞서야 할 것이 있다면, 그것은 개의 삶의 덧없는 본성, 즉 우리의 수명에 비해 상대적으로 빠른 그들이 늙어가고 죽는 속도다.

파투와 나는 둘 다 우리가 속해 있는 종(種)이 일반적으로 알아차리는 것보다 훨씬 더 빠르게 노화의 흐름을 알게 되었다. 나는 20대 초반에 나이 많은 할머니처럼 발을 끌며 걷게 되었고, 열일곱 살부터는 주기적으로 요실금을 경험하며 일시적으로 시력을 잃었고, 30대부터는 색조 증대 렌즈를 착용해야 했고, 40대인 현재는 나보다 훨씬 나이 든 사람이 전형적으로 겪는 인지능력 문제를 겪고 있다. 파투도 한창 때 더는 가구 위로 뛰어오르지 못하게 되었고, 나를 계단 위로 끌어 올려야 하는 과제를 더는 수행하지 못하게 되었으며, 다리를 하나 잃게 되었다.

우리 둘 다 상실을 경험하며, 우리가 가진 몸으로 이 세상을 계속해서 살아가기 위해 할 수 있는 또 다른 일, 즉 생명의 유동하는 흐름에 적응하는 법을 배우게 되었다. 우리의 이동성 변화는 우리에게 규범이 되었다. 나는 어떤 사람들이 계단을 손쉽게 뛰어오르는 모습을 보며 마치 우주에서 온 사람들을 보듯이 경탄하지만, 파투와 비슷하게 세 다리로 움직이는 개를 발견할 때마다 고요한 친근감의 장막이 나를 감싸온다. 파투와 내가 처음 애견용품을 파는 가게의 미단이 유리문에 다가갔을 때, 각각 다리가 세 개뿐인 우리의 모습이 유리에 반사된 모습을 보고 나서 나는 다른 사람들이 어쩌면 내가 구걸하는 데 내 개를 이용한다고 여길지도 모른다는 생각이 들었다. 하지만 이내 나는 그 유리 속에서 내가 본 것을 그저 믿고 사랑하게 되었다. 끈기와 신뢰, 품위 같은 것을 말이다.

파투의 움직임은 실수 없이 재즈 왈츠를 추는 붓과도 같고, 내 움직임은 과감한 지팡이의 발걸음에 뒤이어 부드럽게 발을 끌듯이 들어 올리며 추는 셔플 춤과도 같다. 우리가 춤을 추는 음악은 온전할 수밖에 없다.

다리 절단 수술을 받은 후 파투는 거의 4년 동안 암이 없는 생활을 이어갔다. 같은 암이 남아 있던 앞다리에 전이되었을 때, 파투는 암 진행을 더디게 만들기 위해 방사선 치료를 받았다. 파투는 다발성 경화증 증상인 "발 떨림"과 비슷하게 앞발을 털썩 주저앉으며 쓰러지기 시작했다. 나는 파투가 넘어지는 것을 보았고, 내가 경험한 물리치료가 다리를 튼튼하게 하고 한동안 걸음걸이를 다시 배우는 데 도움이 되고 있었기 때문에, 파투에게도 물리치료가 도움이 될 수 있을지 궁금했다. 수의과 물리치료사는 파투를 물속에서 운동시키고 우리에게 이동 보조 기구를 제공했다. 그 보조 기구는 넘어지는 것을 막을 수 있도록 연속적으로 이어진 네오프렌 재질 다리 지지대에 연결된 바퀴들과 계단을 내려갈 때 몸의 앞쪽 끝을 지탱해주는 긴 손잡이가 달린 하네스로 구성되어 있었다.

이 개는 나를 수없이 많이 계단 위로 올려주었지만, 이제는 손잡이를 잡고 들어 올리는 내 손을 좋아한다. 나는 계단 난간에 기대어 파투가 가볍게 계단을 내려갈 수 있도록 파투의 가슴을 들어 올린다. 여기에는 비대칭성과 시간, 즉 덧없음과 지속성 사이의 긴장을 통한 일종의 온전함이 존재한다.

파투가 새로 얻은 바퀴들은 휠체어라기보다는 굴러가는 보행기에 가까웠다. 그 바퀴들은 파투의 가슴 무게를 지탱하면서 파투의 운동을 도와주었다. 우리는 먼저 조용한 인도에서 연습을 해본 다음 동네 공원의 조깅 트랙에서 바퀴를 달고 운동을 하기 시작했다. 어느 날, 조깅 트랙을 한 바퀴 돌고 있는데, 휠체어를 타고 우리 쪽으로 다가오는 한 남자를 발견했다. 파투도 그를 보았는데, 갑자기 전속력으로 달리기 시작해 내가 손에 잡고 있던 목줄을 끊을 기세로 곧장 그를 향해 달려들었다. 그 남자는 활짝 미소를 지으며 웃음을 터뜨리더니 이렇게 말했다. "게임에서 부끄러워할 건 없지, 아무렴 그렇고말고." 아직 내가 완벽하게는 이해하지 못한 그 순간의 아름다움은 내 안에 여전히 남아 있다. 지속하는 모든 생명체는 온전하다.

7부

가족

나는 아이들에게 장애를 물려준 엄마입니다

실라 블랙

ξ

내가 첫아이를 임신했을 때, 산부인과 담당 의사는 "만약을 위해서" 유전전문가의 상담을 받아보라고 했다.

나는 소인증의 원인을 초래하는 X염색체 유전성 저인산혈증XLH* 을 앓고 있다. 나는 우발적인 경우로, 나 이전에는 우리 가족 중에 XLH 병력을 가진 사람은 아무도 없었다. 따라서 이런 경우에 어떻게 대처해야 할지 아는 게 아무것도 없었다.

유전전문가는 별로 걱정스러워하는 것 같지 않았다. "걱정하지 않아도 돼요." 그가 말했다. "솔직히 이런 경우는 매우 드물어요. 구루병에 걸린 남자와 결혼하신 게 아니라면, 발병하지 않을 거예요." 나는 7개월 후에 첫 아이를 낳았다. 내 딸 애너벨은 XLH를 물려받지 않았다.

6년 후, 나는 신생아 중환자실 유리창 너머로 아들 워커를 바라보며 서 있었다. 남편과 나에게 드문 혈액형 부적합이 있어서 아들 워커는 태어나자마자 여러 번 수혈을 받아야 했다. 하지만 아들이 인큐베이터에 누워 있을 때 나는 아들의 다리를 유심히 바라보았다. 아들의 다

* 다리가 안쪽이나 바깥쪽, 혹은 좌우 한쪽으로 심하게 휘는 유전질환.

리가 내 얼굴만큼이나 익숙한 모습으로 휘어져 있는 것이 보였다.

"제 아이에게 XLH가 있어요." 나는 담당 의사를 찾아가 이렇게 말했다. 의사는 그럴 가능성이 희박하니 걱정하지 말라고 했지만, 다음날 나온 검사 결과는 내 말이 옳았음을 확인시켜주었다. 검사 결과 아들 워커도 인 수치가 매우 낮게 나타났고, 내가 가지고 있는 질환을 물려받았다는 것이 확인되었다.

PHEX 유전자의 돌연변이로 인해 XLH 환자들은 인을 흡수하지 못하기 때문에 키가 작고, 다리가 잘 구부러지며, 뼈와 치아가 약하다. 애너벨이 태어나기 전만 해도 내 희귀질환의 유전자에 대한 정보가 거의 알려지지 않은 상태였기 때문에, 사실 전문가도 나에게 제대로 된 정보를 알려주지 못했다. 내가 XLH를 전달할 확률은 50퍼센트 정도다. 아들 워커의 출생 이후, 나는 XLH를 가진 둘째 딸 일라이자를 낳았다.

몇 년 전, 나와는 다른 방식으로 신앙심이 꽤 깊은 친척분으로부터 뜻하지 않은 전화를 받았다. 그녀는 내가 절대 아이를 가져서는 안 된다고 생각해왔던 것을 사과하고 싶다고 말했다. 그녀는 이런 식의 주장을 폈다. "하나님은 네가 아이를 갖는 것을 원하지 않을 거야." 하지만 지금은 내가 "아름다운 아이들" 세 명을 낳았으니, 그녀는 자신이 틀렸다는 것을 내게 알려주고 싶어 했다. 그녀의 말을 들으면서 나는 기분이 언짢아졌다. 전에는 얼마나 자신을 끔찍하게 여겼는지 빤히 그 속이 들여다보이게 지금은 좋아 보이네라고 누군가가 말하는 걸 들었을 때처럼 말이다.

워커가 XLH를 가지고 있다는 사실을 알았을 때, 나는 잠시나마 깊은 슬픔을 느꼈다. 나 자신이 결코 그래본 적이 없는 키 크고 훤칠한

십 대의 모습을 상상하고 있었기 때문이다. 하지만 그 이후로 나는 한 번도 아들이 XLH를 가지고 태어난 것에 대해 비탄에 잠기지 않았고, 장애가 있는 아이를 낳았다며 다른 사람들이 나를 재단하려 할 거라는 생각도 절대 하지 않았다. 친척분의 말은 나를 화나게 했지만, 결국 나는 이해하게 되었다. 자신을 "정상적"이라고 생각하는 사람들은 심각한 장애를 물려줄 위험을 감수하면서까지 장애인이 아이를 낳으려 하는 것을 받아들이기 힘들다는 것을 말이다.

머크 진단 및 치료 매뉴얼에 따르면, XLH 환자들은 키가 작고 좌우로 걷는 이상한 걸음걸이와 근육통, 뼈 통증을 제외하면 매우 건강하다. 어린 두 아이와 나는 모두 키가 150센티미터 정도 된다. 이것은 나나 내 딸에게는 그리 큰 문제가 아니다. 내 아들도 마찬가지인데, 우리 모두는 오래 걷고자 안간힘을 쓴다.

가끔 "맞춤 아기designer baby"라는 용어를 접하게 된다. 요즘 일부 부모들은 태어나지 않은 자녀의 유전자를 선별하거나 조작하여 유전자를 확인하거나 피할 수 있게 되었다. 이런 이야기들을 들으면 마음이 불편해진다. 내 아들 워커를 낳을 때는 내가 가진 장애가 아이에게 유전될 가능성이 있는지 몰랐지만, 셋째 아이 일라이자를 낳을 때는 이미 그럴 가능성이 있다는 걸 알고 있었기 때문이다.

나는 일라이자가 XLH를 가질 가능성이 있음에도 낳는 쪽을 선택했지만, 만약 계획된 임신이나 임신 과정에서 좀 더 일찍 선택할 수 있었더라도 나는 여전히 똑같은 결정을 내렸을까? 유전자 선별, 유전자 검사, 출산 전 광범위한 선택의 범위 때문에, 한두 세대 안에 XLH를 가진 사람이 세상에서 사라질 것이라는 생각을 하면 마음이 더없이 복잡해진다.

키 작은 사람들의 "행복 지수" 점수가 낮게 나온다는 연구 결과들이 있다는 것을 나는 알고 있다. 하지만 그러한 연구 결과들이 시사하는 바가 무엇이든, 우리는 그처럼 평균적인 연구 대상이 아니다. 우리는 우리 자신이고, 각각의 개인들이다. 우리는 있는 그대로의 우리다. 우리는 키가 작고 그 사실이 전혀 부끄럽지 않다. 우리는 하나의 장애를 가진 사람들이다.

때때로 사람들은 우리를 막아서며 도대체 무엇이 잘못된 거냐고 묻는다. 대개의 경우 사람들은 무엇이 문제인지 알고 있는 게 분명해 보이는데도 대놓고 말하기는 않는다. 워커는 더 눈에 띄게 장애가 있기 때문에 일라이자는 그 점을 속상해한다. 자신도 워커와 같은 장애를 가지고 있긴 하지만 일라이자의 경우 얼핏 보면 정상처럼 보이기 때문이다. 워커는 자전거를 타고 일라이자는 요가를 한다. 두 사람 모두 이러한 신체 활동에 열정을 쏟고 있다. 둘 다 걷기나 달리기보다 무리 없이 할 수 있는 적합한 신체 활동을 하고 있다. 이상하게도 가장 운동량이 적은 아이는 첫째인 애너벨이다. 애너벨은 항상 모든 운동을 싫어한다고 말한다.

신체적으로든 정신적으로든, 고통은 내 두 어린 자녀의 일상적 경험의 일부이며, 나 또한 극복하기가 가장 어려운 부분이다. 아마도 친척분이 말하고 싶었던 것은 이것이었을 것이다. 사랑하는 가족이 그런 정신적 고통에서 벗어났으면 하는 바람에서 단지 키가 작을 뿐 건강에는 아무런 문제가 없는 자녀들에게 인간 성장 호르몬HGH을 투여하는 사람들도 있다. 그러면 키가 몇 센티미터라도 더 클 수도 있을 것이다.

대체로 나는 내 아이들이 자신이 겪을 수 있는 고통스러운 장애를 극복할 것이라고 믿는다. 내 아들은 키가 150센티미터 정도밖에 안 된다. 하지만 워커는 어느 모로 보나 매력적인 성격의 소유자다. 친구도 있고, 미래를 위한 엉뚱한 계획도 있으며, 짓궂으면서도 자연스러운 유머 감각도 있다. 일라이자는 모든 동작이 시원시원하게 크고 성격도 발랄하다. 샤워하면서 노래를 부르고, 잔디밭에서 재주 넘기를 즐긴다. 하지만 한편으로는 섭식장애와 불안장애에 시달리고 있다. 그리고 워커는 평상시에는 성격이 침착한 편이지만 때때로 터져 나오는 분노와 좌절감에 굴복하기도 한다. 열심히 살아가는 일에 지치거나 학교에서 따돌림을 당할 때는 주먹으로 벽을 치거나 자전거를 타고 맹렬히 질주하기도 한다.

이 가운데 얼마나 많은 부분을 XLH 탓으로 돌릴 수 있을까? 큰딸 애너벨도 자신의 삶을 완벽하게 살고 있다고는 할 수 없다. 스물세 살이 된 애너벨은 자신의 인생을 어떻게 살아나갈지 고민하고 있다. 유기견을 입양하고, 문신도 하며, 슈퍼마켓 제과점 코너에서 아르바이트를 하면서 대학을 졸업하기 위해 애쓰고 있다. 애너벨은 또한 불안으로 가득 찬 시를 쓰기도 한다.

확실히 XLH에는 희생이 따르지만, 삶이란 원래 그런 것이다.

나는 "맞춤 아기"가 뭘 의미하는지 안다. 아름다움과 큰 키, 지성과 같은 장점을 겸비하고 태어나면 더 나은 삶을 살 수도 있을 것이다. 하지만 나는 그 말들을 믿을 자신이 없다.

삶은 그 이상이기 때문이다.

물론 워커와 일라이자가 걱정될 때가 있다. 동시에, 나는 이 아이들이 무엇을 간절히 원하는지, 그리고 얼마나 아름다운지 아주 강렬하게 느끼곤 한다. 한번은 우리 아이들과 같이 걸으면서 우리 셋 다 다른 사람들이 보기에 어색한 "장애인" 걸음걸이로 걷고 있다는 사실을 깨달았다. 나는 우리가 같은 정체성을 공유하고 있다는 사실에 감정이 벅차올랐다. **우리가 다른 사람들과 다르게 걷는다고 해서, 움직이는 방식이나 존재하는 방식에 대해 우리가 배운 적이 없다고 그 누가 말할 수 있겠는가?**

내가 어렸을 때인 1960년대에 나는 XLH 때문에 내가 어떤 삶을 살게 될지에 대해 함부로 넘겨짚은 끔찍한 예언을 듣곤 했다. 가톨릭 학교의 한 교사는 나에게 결혼은 하지 않을 테니 수녀가 되는 것에 대해 한번 생각해 보라고 했고, 아버지의 친구 한 분은 "이쁘지 않아도 과학 분야에서는 성공할 수 있다"고 하면서 나에게 생물학을 공부해 보라고 했다. 그러나 이런 끔찍한 예언은 하나도 실현되지 않았다. 나는 그러한 말들을 나쁜 요정들의 공허한 저주로 생각하게 되었고, 저주인지 축복인지 모르겠지만 나는 여러 면에서 평범한 삶을 살 수 있었다.

사람들의 생각과는 달리 나는 젊을 때 활발한 성생활을 가졌다. 괴로운 관계도 있었고 좋은 관계도 있었다.

당연히 나는 내 아이들이 나보다 더 잘 살기를 바란다. 정신적으로 문제가 있는 남자친구를 만나지도 않고, 담배나 술에 세월을 낭비하지도 않고, 남의 시선을 의식하지 않고 살면서, 자기 내면을 살찌우는 데 많은 시간을 할애하길 바란다. 하지만 아이들이 나와 같은 실수를 하더라도 나는 놀라지 않을 것이다. 생각해 보면 이런 인생의 모든 고민거리는 XLH나 다른 어떤 장애와도 무관한 별개의 문제이기 때문이다.

아이들에게 내가 물려준 XLH에 대해 어떻게 생각하느냐고 물었더니, 두 아이 모두 장애는 선물에 가깝다고 말했다. 일라이자는 "그 때문에 사람들과 잘 어울리지 못하지만, 덕분에 공감하는 법을 배웠어요"라고 말했다.

워커는 이렇게 말했다. "키가 작고 통증이 있다는 것 때문에 가끔 속상할 때도 있어요. 하지만 이렇게 살아 있어서 너무 좋아요."

나는 당뇨병자예요.
그게 비난받을 이유인가요?

리버스 솔로몬

§

내 손끝은 멍들고 검붉은 물방울무늬로 덮여 있다. 왜냐하면 내가 정상으로 돌아오고 있기 때문이다. 3개월 동안 끊임없이 탄수화물을 섭취한 것이 내 피부를 망가뜨려 버렸다. 나의 몸은 두통과 매스꺼움, 구토와 피로감에 시달렸다. 하루에 10시간, 12시간을 자고 나서도 나는 여전히 낮잠을 자야 한다. 잠을 자다가도 탄산수와 아이스티, 물을 마시러 주방에 가거나 소변을 보러 화장실을 들락거리느라 밤마다 거의 한 시간 간격으로 깨야 하기 때문이다.

이럴 때마다 나는 맹세한다. 규율과 끈기, 의지를 가지고 버텨야 한다고. 이 세 가지 특질은 늘 달성하기 어려운 것이지만 말이다. 포도당 측정기는 내 시계나 다름없다. 나의 삶은 포도당 수치 산출량 중심으로 돌아간다. 밥이나 간식을 먹고 나서 호출기 크기의 버튼을 눌러 측정기에서 딸각하는 소리가 나면, 나는 의료용 칼인 랜싯으로 굳어진 내 피부를 찌른다. 내 손끝은 몇 년 전부터 굳은살이 생겨서 측정하기에 충분한 피를 뽑아내려면 때때로 랜싯을 여러 번 찔러야 할 때도 있다.

수천 번을 해왔는데도 나는 여전히 찔릴 때마다 움찔하곤 한다. 나는 이럴 때 의료용 거머리가 떠오른다. 피를 뽑는 것을 치료로 여기던 시절도 생각난다. 스스로 피를 흘리게 하는 것이 치유의 첫걸음인 세상에서 산다는 것은 이상한 일이다.

당분 농도가 진한 내 혈액은 정제되지 않은 석유를 떠올리게 한다. 내가 하는 많은 망상 중 하나는 내가 인간이 아니라 고무로 만든 로봇이 아닐까 하는 것이다. 로봇의 몸이 가장 기본적이고 필요한 과정 중 하나인 음식을 연료로 전환하는 것을 이해하지 못해서 멈추어버린 게 아닐까 하고 말이다.

이제 곧 나는 내 몸을 찔러 대는 매일 치르는 의식을 거행할 것이다. 그리고 내가 딱히 좋아하지 않는 음식들로 가득 찬 쇼핑 리스트를 작성할 것이다. 점점 문제가 생기는 왼쪽 무릎이 나아질 수 있도록 운동 계획도 세울 것이다. 나는 위장 경련을 일으키는 알약도 먹을 것이며, 인슐린 주사도 맞을 것이다.

나는 스물두 살 때부터 지금까지 6년 가까이 당뇨병을 앓고 있다. 정확히 말하면 제2형 당뇨병이다. 나는 젊지만 뚱뚱해서, 사람들은 내가 아무런 이유 없이 **그냥 걸린** 당뇨병이라고 생각하는 것 같지는 않다. 나에게 의지력이나 자제력이 부족해서 그런 질병이 찾아온 것은 아닌지 의심하는 것이다.

문화적으로 이 질병은 악성과 양성 사이의 경계선에 걸쳐 있다. 한편으로 이 질병은 혈관에 생기는 끊임없는 염증의 부작용으로 심장병과 실명, 사지 절단이라는 치명적인 고통을 가져다줄 수 있다. 하지만 또 한편으로는 **식이 요법과 운동만으로 조절할 수 있고** 경구약과 인슐린만 있으면 된다. **겉으로는 괜찮아 보인다.** 매우 헌신적인 관리가 필요하다는 사실은 당장 눈에 보이지 않는다.

당뇨병은 고혈당이 특징인 대사 질환의 일종이다. 인슐린 호르몬은 혈액 속의 당분을 몸 속 여러 장기에서 이용할 수 있는 에너지를 생성시켜 혈량을 일정하게 유지하는 역할을 한다. 제1형 당뇨병은 췌장에서 인슐린을 전혀 분비하지 않으며 이는 설탕이 세포에 침투할 수 없다는 걸 의미하며, 제2형 당뇨병은 몸의 인슐린 저항성이 커지면서 인슐린 작용이 원활하지 않게 되어 세포가 이에 반응하지 않는 것을 의미한다.

원인은 완전히 이해되지 않지만, 유전적 요인과 식이 요법, 운동, 스트레스를 포함한 환경적인 몇몇 요인의 일부 조합은 세포가 혈액에서 당분을 섭취할 수 있도록 점점 더 많은 인슐린을 필요로 하게 된다. 체중과 식이 요법은 제2형 당뇨병에도 영향을 미치지만, 유전적 인자도 하나의 요인이라 할 수 있다. 대부분의 질병과 장애와 마찬가지로 당뇨병은 몸에 연쇄적으로 영향을 미친다.

모든 만성적인 질환, 질병, 장애에는 오해가 수반된다. 사회는 장애를 개인적인 불행으로 치부하는 경우가 매우 많다. 가령 마비가 되지는 않았지만 다리에 만성적인 통증이 있는 사람이 휠체어를 이용한다면 사람들은 몸이 허약하거나 자기관리를 안 한 게으른 사람으로 볼 수도 있다.

나는 나의 비만이 이런 시각을 더욱 강화한다는 것을 알게 되었다. 내 몸은 정상 상태에서 벗어나 있다는 시각적 증거로, 무기력, 자기 통제력의 결여, 나쁜 건강 상태, 나태함의 상징으로 기능한다. 모두들 마치 당뇨병 치료는 의지력에 달려 있다는 잘못된 믿음을 가지고 갑자기 나의 당뇨병을 고칠 수 있는 전문가인 것처럼 군다. 당뇨가 다 스스로 자초한 일이라는 생각을 갖지 않는 것은 그들에게는 아마 불가능한 일일 것이다. 내가 흑인이라는 것도 문제가 된다. 많은 사람이 거의 무의식적으로 흑인은 본질적으로 게으르고 일탈적이고 병들고 불결하다는 편견을 가지고 있기 때문이다.

나는 항상 내 몸에 변화가 필요하다는 것을 알고 있었다. 다른 사람들 또한 그렇게 생각했다. 학교에 다닐 때 항상 나는 몸 때문에 놀림을 받거나 거부를 당하곤 했다. 나는 어렸을 때 뚱뚱하지 않았지만 몸집이 컸다. 나이에 비해 무척 키가 크고 어깨가 넓어서 신체 접촉이 많은 스포츠에 뛰어났을지도 모르지만, 내가 하고 싶었던 발레를 하기에는 적합하지 않았다. 나는 몸이 마른 내 사촌에게 쏠리는 할머니의 관심이 나에게 맞는 옷을 쇼핑하며 느끼는 좌절감과 대비되는 것을 보았다. 어머니는 감사하게도 사려 깊은 분이셨고, 개인적인 판단을 피하시는 분이셨다. 여름이면 나는 아버지를 찾아가 같이 지내곤 했는데, 그때마다 아버지는 내게 혹독한 다이어트를 시켰다. 다이어트 방법들 중 하나로 아버지는 정오가 되기 전까지 내가 고형식은 입에도 대지 못하게 했다.

나는 여섯 살 때 다이어트를 시작했다. 어머니는 다이어트와 상관없는 일상의 대화 중에 칼로리에 대해 간단히 설명해준 적이 있었다. 그 다음부터 나는 빵 한 조각을 먹은 다음에는 즉시 러닝 머신으로 가서 내가 먹은 빵 한 조각의 칼로리 수치와 러닝 머신 모니터에 나타나는 칼로리 수치가 일치할 때까지 러닝 머신을 탔다. 나중에 나는 더 극단적으로 먹은 것을 토해낼 수 있도록 향수 샘플을 몰래 마시곤 했다.

당뇨병을 간신히 통제하고 있는 요즈음, 나는 내 삶의 다른 모든 요소를 대가로 치르고 있다. 나는 음식을 먹을 때마다 탄수화물, 설탕, 인슐린 비율이 얼마인지, 그리고 내가 걸은 발걸음 수가 여기에 비례

하는지 계산해야 하는 복잡한 알고리즘을 계획해야만 한다. 내 계산이 완벽해도 내 혈당 수치는 말을 안 듣는다. 나는 때때로 위험한 수준의 최저 혈당치로 떨어지기도 한다. 그러면 당을 높이기 위해 사과를 먹기도 하는데 이로 인해 갑자기 당이 높아질 때도 있다.

저탄수화물 다이어트는 나에게는 거의 효과가 없다. 브로콜리에 포함된 당조차도 내 혈당을 최고치로 올릴 수 있다. 나는 파티나 가족과 함께하는 외식을 할 때면 불안감을 느끼는데 당뇨병 환자들에게 가장 안전한 음식 중 하나인 고기에도 바베큐 소스나 꿀 소스가 발라져 있는 경우가 많기 때문이다.

스스로 이 정도의 제어가 더는 가능하지 않다는 것을 깨닫게 될 때, 나는 내 연인의 품에 안겨 울었다. 내가 첫 진단을 받은 때부터 그녀는 나와 함께했었는데, 내가 어느 정도 슬픔을 가라앉히고 나면 그녀는 나에게 "내가 어떻게 해주면 좋을까?" 하고 물었다. 물론 그녀는 내가 오래 살기를 바라지만, 그런 걱정들 때문에 내가 먹는 음식을 하나하나 따지기보다는 내가 먹고 싶은 것을 우선으로 생각해준다.

그녀의 다정한 지지가 항상 충분한 것은 아니다. 당뇨병은 완벽을 요구하는데, 나는 내가 아는 사람 중에서 가장 완벽하지 못한 사람이다. 먹는 일에 지쳐 버리면 나는 음식 먹는 것을 삼간다. 혈당 조절에 굶는 것보다 더 확실한 방법은 없다. 나는 몇 달 동안 하루에 작은 닭고기 스프 한 그릇씩만 먹었고, 의사들은 나의 인상적인 관리법을 칭찬해주었다.

나의 극단적인 당뇨법 관리는 내가 일반적으로 음식을 먹을 때 행하는 극단적인 방법과 직접적인 관련이 있다. 평생 다이어트를 하는데도 내 몸이 잘못되었다는 말을 평생 듣게 되었고, 그 대가를 치르게 되자 뚱뚱하게 사느니 굶어 죽는 게 낫다는 이야기를 할 수밖에 없다. 만약 내가 수치심을 떨쳐버릴 수 있다면, 더 중요하게는 언론, 의사, 친구, 가족 모두가 나를 수치스럽게 여기는 것을 멈춰준다면, 나 자신에게 있어서 당뇨병을 관리하는 일이 스스로에게 겨누는 러시안룰렛과 같은 고문이 되지는 않을 것이다. 아마도 그때가 된다면 나는 마침내 자유로워지고 치유될 수 있을 것이다.

만성질환이 내 아이들에게 가르쳐준 열 가지 교훈

폴라 M. 피츠기번스

§

우리 아이들에게는 만성질환이 있는 엄마가 있다. 아이들은 나만큼이나 나의 류머티즘 관절염과 더불어 산다. 세 아이가 아직 어릴 때 나는 이 진단을 받았고, 그 이후로 나는 내 상태의 일상적인 불확실성이 그들에게 어떤 의미가 있을지, 그리고 그것이 그들의 발달에 어떠한 영향을 미칠지 걱정하면서 많은 시간을 보냈다.

그들은 이제 모두 십 대이고, 그중 한 아이는 대입을 준비하고 있다. 그리고 나는 내 질환이 그들에게 어떤 영향을 미쳤는지 증언할 수 있다. 그 내용은 다음과 같다.

1. **인내심을 얻었다.**

우리는 진료실과 병원에서 많은 시간을 보냈다. 아이들은 그 지루한 시간을 책을 읽거나 그림을 그리거나 게임을 하면서 보내며 접수창구 직원들과 친해졌다. 때때로 아이들은 사람들을 보거나 공상을 한다. 집에서 나는 항상 신체적으로 아이들의 필요를 충족시키거나 아이들의 목적에 맞게 도움을 주는 데 재빠르지 못했다. 그때마다 아이들은 쓸데없이 나를 재촉하는 대신, 지체되는 시간을 유리하게 이용하는 법을 배웠다. 예를 들어, 내 아들은 내가 아침에 움직이고 준비하는 데 걸리는 시간 동안 스스로 피아노 치는 법을 배웠다. 과학기술이 발달하여 기다림이 필요하지 않는 시대에 그들이 스스로 배운 인내심은 나의 상황이 이러하지 않았더라면 가르치기 어려웠을 미덕이다.

2. 융통성이 생겼다.

내 아이들과 나는 자주 자전거 타기나 도보 여행을 했지만, 갑작스럽게 찾아온 류머티즘 발병은 이 모두를 불가능하게 했다. 때때로 우리는 나의 고통 수준이 수용하는 범위에 맞춰 활동을 바꾸거나 때때로 그 활동을 완전히 중단해야 한다. 그렇게 하다 보면 아이들은 좌절감에 빠질 수도 있다. 하지만 우리 아이들은 이러한 변화에 조바심을 내지 않고 그러한 일들이 자신들의 통제 범위 밖에 있다는 것을 인정하면서 상황의 흐름에 따라가는 편이다. 그렇게 함으로써, 그들은 갑작스러운 계획 변화에 적응하고 문제를 해결하는 법을 배웠다.

3. 자활하는 법을 배웠다.

나는 자질구레한 온갖 집안일을 늘 도맡아 하지는 못한다. 그러나 우리 가족은 무엇보다 나의 건강한 에너지를 질 높은 친목 활동에 사용하길 바란다. 그래서 내가 집안일을 할 수 있는 만큼 처리하는 동안, 우리 아이들은 자신들이 할 수 있는 일을 찾아 집 안을 정돈한다. 그들은 빨래에서부터 집 안 청소 그리고 애완동물을 돌보는 일에 이르기까지 이 모든 일이 자연스럽게 몸에 밸 정도로 오랫동안 스스로 일을 해왔다. 흥미롭게도, 그들은 더 많은 책임을 떠맡게 될 것이라 여기며, 더 많은 일을 하기를 바랐다. 그들은 어른들을 부엌에서 내보낸 다음 가족 식사를 모두 차려 놓거나 자신들이 만든 음식을 훌륭하게 대접하는 경우가 많았다. 그들은 우리 집을 자랑스럽게 여기며 집 주변의 물건들을 고치는 것을 즐긴다. 아마도 미래에 우리 아이들과 룸메이트나 파트너가 될 사람은 아이들이 이러한 과정을 통해 얻은 교훈에 감사할 것이다.

4. **배려하는 법을 배웠다.**

자가면역질환은 예측이 되지 않는다. 내 다리가 휘청이는 날들이 있다. 이것은 내가 발을 헛디디지 않도록 누구든 바닥에 그 무엇도 놓으면 안 된다는 것을 의미한다. 문을 열기조차 힘겨운 날들도 있다. 우리 아이들은 그런 순간들을 알아차리고 도움을 요청하기도 전에 앞장서 나를 도와준다. 반대로 그들은 내가 스스로 일을 할 수 있는 때를 알아차리고 내가 스스로 내 일을 하도록 내버려둔다. 내 질병에 필요한 도움을 줄 수 있는 방법을 익히면서, 우리 아이들은 사람들이 언제 도움을 필요로 하고 언제 독립을 바라는지에 대한 감각을 발달시켜왔다.

5. **헌신적인 실천을 지켜봐왔다.**

류머티즘 관절염에 걸리자 남편과의 관계가 달라졌다. 우리가 새로운 상황에 적응하기 위해 노력하면서, 남편은 기꺼이 어린 세 아이를 양육하는 동시에 나의 실질적인 간병인이 되기로 자청했다. 나 또한 집안일을 모두 내 통제하에 둬야 한다는 생각을 버리고 새로운 분업을 받아들이는 법을 배워야 했다. 우리 둘 다 건강한 유머 감각을 유지해야 했다. 오랫동안 우리는 내 능력에 맞게 관계를 어떻게 조정할 것인지, 더불어 건강이 좋아졌을 때는 조정한 관계를 어떻게 자연스럽게 맞추어 나갈지 그리고 활동을 함에 따라 받을 수 있는 스트레스를 어떻게 조절해야 하는지를 알아왔다. 이러한 노력을 해오면서도 남편은 나의 고통을 줄이기 위해 매일 밤 내 발과 다리를 마사지해주었다.

부모들이 건강상의 어려움에 직면하기 전에 많은 아이들이 성장해서 집을 떠난다. 따라서 부모가 서로를 일상적으로 돌보는 모습을 누구나 볼 수 있는 것은 아니다. 이런 교훈은 젊은이들이 자신들의 미래 가족관계에 대한 감각을 키우면서 자신들의 삶을 진정으로 변화시키게 만들 수 있다. 관계에 있어서 젊음과 완벽이 우선이라는 사고방식에 빠지기보다는, 내 아이들은 헌신과 상호 존중이 변화하는 상황과 관계에 영향을 미칠 수 있다는 것을 직접 보아왔다.

6. 연민을 키웠다.

류머티즘 관절염은 통증, 붓기, 우울증, 불안감, 피로감 그리고 많은 다른 불쾌한 증상들을 유발할 수 있다. 내 아이들은 내가 이 힘겨운 과정을 겪는 내내 내 곁을 지켜주었다. 그러는 동안 타인의 아픔에 연민을 느끼는 아이들의 능력은 놀라울 만큼 커졌다. 우리 아이들은 자기 자신과의 도전에 직면한 사람들을 만났을 때, 필요하다면 그들을 위해 자신들이 어떻게 해줄 수 있는지를 감지하는 데 능숙하다. 심지어 나의 큰딸은 그녀의 동정심이 본인의 직업을 간호사로 바꾸는 데 주요한 역할을 하기도 하였다.

7. 사람을 외모로 판단하거나 성급하게 결론을 내리지 않는 법을 배웠다.

평범한 일상 속에서 아무런 신호 없이 내가 무릎의 쓰임새를 잃는 것을 본 나의 아이들은 외적인 것이 전부가 아니라는 것을 깨닫게 되었다. 그래서 시장에서 계산대 직원이 얼굴을 찌푸리며 불친절한 태도를 보이거나 연세 많은 분이 못마땅하다는 눈빛으로 쳐다볼 때 내 아이들은 그들을 그러한 상황만으로 판단하거나 이를 인신공격으로 받아들일 가능성이 적다. 우리 아이들은 그들이 가지고 있는 적은 양의 정보에 근거하여 무언가를 판단하는 것은 좋은 일이 아님을 알고 있다.

8. **봉사에 감사하는 마음을 키웠다.**

나는 사람들이 봉사활동을 하면서 그 시간을 계량화하거나 혹은 인생의 성적표로 생각하거나, 아니면 미래의 경력을 쌓기 위한 것으로, 또는 그들에게 주어진 무언의 요구 사항인 것처럼 말하는 것을 종종 듣는다. 늘 도움이 필요한 사람과 함께 살아가는 사람들로서, 내 아이들은 보상에 대한 아무런 기대 없이 봉사를 즐긴다. 단지 자신들이 누군가에게 도움이 된다는 사실에 기쁨을 느낄 뿐이다.

9. **능력이 사람을 규정하지 않는다는 것을 배웠다.**

내가 항상 아이들의 아버지처럼 아이들과 함께 공을 차거나 부기보드를 탈 수 있는 것은 아니지만, 대신 나는 좋은 이야기, 영리한 생각, 문제 해결 방법 또는 진심 어린 웃음을 준다. 우리는 모두 우리만의 것을 가지고 있다. 이것은 간단하다. 나는 또한 그들이 그것을 자신의 능력으로 바꾸기 위해 노력하는 것을 안다. 한 형제자매가 무언가를 할 수 있다고 해서 그것이 그들 모두가 똑같은 것을 익혀야 한다는 것을 의미하지는 않는다.

가장 중요한 사실은 이것이다. 내 아이들이 과거 나와 함께 자전거를 탈 수 있었을 때와 마찬가지로 자신들의 어머니가 여자가 아닌 것도 아니며, 재미없어진 것도 아니고, 예전의 나와 다르지 않은 사람이라는 것을 배워왔다. 이것은 우리의 관계가 내가 그들을 위해 할 수 있는 것보다 훨씬 더 많은 것에 뿌리를 두고 있다는 것을 의미한다.

10. **고통을 경험하고 강한 감정을 표현하는 것이 괜찮다는 것을 배웠다.**

내 두 딸도 고통과 싸우고 있다. 큰딸은 어린 시절에 병에 걸렸고, 막내는 최근 소아 류머티즘 관절염 진단을 받았다. 큰딸은 때때로 그녀의 고통을 너무 지나칠 정도로 감내하곤 했다. 감당이 가능하다면 약간의 고통을 이겨내는 것이 건강할 수 있다. 하지만 어느 순간 큰딸은 혼자 지독한 고통을 견디는 법을 배우게 되었고, 고통이 최고조로 달한 어느 날에 나는 큰딸이 고통에 혼자 흐느끼는 것을 발견했다.

큰딸은 가끔 백기를 들고 고통을 감내하는 것 말고는 달리 선택의 여지가 없는 나의 모습을 보았기 때문에, 그녀도 그렇게 하는 법을 배웠다. 우리 셋은 균형을 유지하기 위해 노력한다. 이것은 우리가 언제 고통에 굴복해야 하고 어느 시점에서 그 긴장을 풀어야 하는지 그리고 언제 고통을 우선시해야 하고, 언제 그것을 지나간 순간으로 사라지게 해야 하는지를 아는 것이다.

우리 아이들은 분명 엄마가 만성질환에 시달리지 않는 것을 선호하지만, 이 길을 걸어오며 많은 선물이 있었다. 그들이 경험한 성장과 그들이 배운 교훈은 내재화되고 있으며, 그것에 대해 우리는 모두 감사하고 있다.

가족 찾기의 중요성

알레이나 리어리

§

엄마와 내가 늘 몸에 밴 습관처럼 하는 일이 있었다. 우리는 어디든 걸어서 다녔다. 식료품점에 갈 때도, 병원의 진료 예약 시간에 늦지 않기 위해 버스 정류장으로 갈 때도, 가족을 만나러 갈 때도, 그리고 매일 아침 등교할 때도 말이다. 내가 가장 좋아하는 일은 링컨 커먼스를 가로질러 산책하는 것이었다. 우리 고향인 매사추세츠주 몰든에 있는 링컨 커먼스는 흔히 링컨 공원이라고 불렸는데, 그곳에서 엄마와 나는 우리가 가장 좋아하는 나무 아래 앉아 이야기를 나누곤 했다.

공원이 되기 전에 링컨은 초등학교가 있던 자리였다. 그 학교 안에는 나무 한 그루가 우람하게 자라 있었는데, 시는 학교 건물을 철거하면서 그 나무도 같이 없앨 계획이었다. 하지만 환경 운동가들이 그 나무를 살리기 위해 투쟁을 벌이면서 나무를 자르려던 일은 없던 일이 되었다. 나무를 보존하기 위해 학교는 조심스럽게 철거되었고, 그 주변에는 공원이 조성되었다.

엄마와 나의 산책은 길지 않았다. 자주 중도에 멈추면서 산책은 더욱 짧아지기도 했다. 엄마가 엘러스-단로스 증후군을 앓고 있었기 때문이다. 엘러스-단로스 증후군은 골절과 탈구, 기타 여러 부상을 일으키는 결합 조직 질환으로, 만성적인 통증을 유발하며 걷거나 서 있는 일을 어렵게 한다. 우리의 삶은 엄마의 장애를 중심으로 돌아갔다. 게다가 엄마에게는 시각장애도 있었다. 바로 그것이 엄마가 운전하지 못하고, 우리가 어디든 걸어서 다닌 이유였다.

얼마 지나지 않아 나에게도 장애가 있다는 사실이 드러났다. 내가 가진 질환의 몇 가지는 엄마로부터 유전된 것이었다. 내가 유치원에서 평균대 위를 걷지 못했을 때, 엄마는 관련 전문 의료진을 찾기 시작했다. 엄마는 나의 장애에 대한 가장 큰 후원자이자 대변자가 되어, 학교 지원 서비스, 작업치료와 물리치료를 받게 했고, 장애아동이 되어 겪을 수 있는 어려움에 대해 내가 상담할 수 있도록 치료 전문가도 구했다.

다른 아이들처럼, 나도 궁금한 게 많은 아이였다. "엄마는 왜 운전을 못해?" "나중에 나는 운전을 할 수 있을까?" "나랑 가장 친한 친구들은 안 그런데 왜 나만 이렇게 계단을 올라가기가 힘든 거야?" 엄마는 내가 어린 시절을 별다른 어려움 없이 헤쳐나갈 수 있도록 도와주었고, 답이 보지지 않는 상황에서도 — 청력 담당 전문의는 내가 말을 이해하는 데 어려움을 겪는 것에 혼란스러워했다. 내가 청력 테스트를 쉽게 통과했기 때문이었다. 나중에 가서야 문제는 청력이 아니라 감각 처리 장애에 있었다는 사실이 밝혀졌다. — 엄마는 내 필요를 충족시킬 방법을 알아냈다. 우리는 처음에 내가 계단을 오르는 데 어려움을 겪는 이유를 정확히 알지 못했지만, 엄마는 내가 한 번에 두 발을 모두 사용해 계단을 오를 때 넘어지지 않도록 나를 붙잡아주며 기쁨을 느꼈다.

엄마는 장애를 가진 어른이 어떤 모습인지를 보여준 나의 첫 번째 역할 모델이었다. "접근성"이니 "편의성"이니 하는 말들은 쓰지 않았지만, 나는 직접적인 경험을 통해 그 단어들이 의미하는 바를 알게 되었다. 우리는 어디든지 대중교통을 타고 다녔고, 가끔 대중교통을 이용할 수 없을 때는 조부모님과 이모님이 운전기사로 함께 해주었다.

엄마는 장시간 동안 서서 해야 할 일이 많은 요리는 거의 하지 않았다. 그래서 내가 어린 시절 먹었던 음식은 주로 편하게 앉아서 먹는 음식과 때로는 포장 음식이었던 것으로 기억한다. 그리고 우리는 중국 음식을 먹을지 나나스 피자를 먹을지 메뉴 선택을 두고 실랑이를 벌이기도 했다. 겨울에 집 밖으로 나설 때, 엄마는 레이노 현상*으로 인한 합병증 때문에 옷을 껴입어야 했고, 보통 10분 남짓마다 몸을 녹이기 위해 집안으로 다시 뛰어 들어가야만 했다. 엄마는 장애인 어른이 존재한다는 것, 그리고 장애인 어른도 비장애인 어른들이 살아가는 것과 똑같은 삶을 살아간다는 것을 보여주는 살아 있는 증거였다. 살아가는 방식이 조금 다르기는 하더라도 말이다. 나에게 이보다 더 중요한 사실은 없었다.

열한 살 때 엄마가 돌아가신 후에, 나는 단지 세상에서 가장 친한 친구를 잃은 것만이 아니었다. 나는 또한 최초의 장애인 역할 모델도 잃었다. 내가 나이를 먹어감에 따라 연애와 대학, 직장, 그리고 장애를 가지고 혼자서 살아가는 삶에 관해 조언을 구할 누군가를 말이다.

어떤 대학으로 진학해야 할지, 진로를 어떻게 잡아야 할지, 그리고 첫 집을 구할 때는 무엇을 고려해야 하는지 등에 관해 나는 어른들에게 물어볼 수 있었지만, 나의 비장애인 멘토들은 접근성이나 편의성 따위를 고려하지 않았다. 그들은 지속적인 육체적 피로와 수면 부족

* 춥거나 스트레스를 받으면 손끝이나 발가락 등의 말초혈관이 수축하면서 혈액순환 장애를 일으키는 현상.

이 내 몸에 가져올 파국적인 상황에 관해서도 생각하지 못했다.

엄마가 돌아가신 후, 아빠는 내가 당신으로부터 물려받은 심각한 소화기 문제를 헤쳐나가도록 나를 도와주었다. 다행히도 나는 인생을 헤쳐나가는 과정에서 나를 도와줄 수 있는 다른 역할 모델들을 만났다.

대학 4학년 때 나의 진로 상담 교수였던 레아는 만성피로증후군을 앓고 있었는데, 그녀는 졸업 후에 어떻게 살아가야 할지에 관한 나의 고민과 두려움을 이해했다. 그녀는 학교와 일, 건강 사이에서 균형을 유지하는 것에 관심이 많았기 때문에 나에게 나아갈 길을 안내하는 일을 기쁜 마음으로 했다. 그녀는 나의 대학원 진학을 도와주었고, 수강 과목 선택과 캠퍼스 근처에서 접근성이 좋은 집을 구하는 문제, 그리고 통학을 위한 교통 편의성 등에 관해 상담해주었다.

대학원에서는 다발성 경화증을 앓고 있던 리사 교수님을 만났다. 나는 그녀에게 장애를 가지고 경력을 쌓아가는 것과 관련한 문제들에 대해 다른 교수님들에게 물어볼 수 없었던 많은 것을 물어보았다.

성소수자 공동체 안에서 그러하듯이 — 나 또한 이 공동체의 일원이다 — 다른 장애인과 동지애를 느낀다는 것은 발견된 가족found family, 즉 정체성과 경험을 통해 서로 결속된 사람들의 시스템을 창출한다는 것을 의미한다. 불행히도 이러한 지원 시스템이 없는 사람들을 위해, 멘토십 프로그램들이 존재한다.

자폐적 자아 지지 네트워크Autistic Self Advocacy Network와 같은 비영리 단체들은 장애인들이 서로 만날 수 있는 수단으로 기능한다. 청소년 리더십 포럼Youth Leadership Forum은 매사추세츠주와 기타 여러 주에서 진행하는 멘토십 프로그램이다. 특정 질환 및 일반 장애를 위한 멘토십 프로그램은 전국적인 단체와 지역사회에 기반을 둔 단체를 통해 접할 수 있다. 콘퍼런스와 장애인용품 박람회Abilities Expo와 같은 행사 또한 장애인 공동체를 발견할 수 있는 자리다. 내가 학사 학위를 받은 매사추세츠주의 웨스트필드 주립 대학교에는 장애를 가진 학생들을 위한 사회적 협력 단체가 있었다. 내가 가입하여 참여하지는 않았지만, 어쨌든 내 친구들 대다수는 이 단체 출신으로, 나는 학교 캠퍼스 안에 장애인들로 이루어진 발견된 가족을 창출하게 되었다.

발견된 가족을 가진다는 느낌은 나의 첫 번째 역할 모델이었던 엄마를 잃은 후에 간직하기가 더욱 힘들었던 나의 장애 자부심을 유지하기 위해서 중요했을 뿐만 아니라, 내 인생을 어떻게 살 것인가라는 질문에 답을 구하는 일에도 매우 중요했다.

장애인들이 공동체 의식을 발견하는 것은 대단히 중요한 일이다. 장애는 누구나 언제든 소속될 수 있는 유일한 소외 정체성이다. 미국인 스무 명 중 한 명은 장애인이지만, 우리는 너무나 자주 권리를 박탈당해와서 우리의 권리는 아주 뒤늦게야 되찾은 것이다(미국장애인법은 1990년에야 제정되었다). 우리의 힘은 우리가 창출하는 다른 장애인들과의 관계에서 나온다. 온라인에서든 오프라인에서든, 그리고 이러한 관계들이 발전시킨 평생에 걸친 멘토십을 통해서든 우리는 만남을 통해 힘을 키울 수 있다.

엄마는 내 생애에서 만난 최초의 장애인 어른이었지만, 마지막은 아니었다. 엄마는 나에게 내가 강인하고 유능하다고 가르쳤다. 초등학교 교정 안에서 자라나 세계의 일부가 되고자 했던 그 나무처럼 말이다. 모두가 그렇게 운이 좋다면 얼마나 좋을까. 장애를 가진 많은 사람이 기꺼이 돕고자 하는 다른 사람들의 적절한 인도와 도움을 받을 수 있다면 말이다.

치료법이 가져다준 번민

*

실라 블랙

최근 내가 참여하고 있는 온라인 환자 지원 그룹인 XLH 네트워크는 곧 출시될 치료제에 대한 소식으로 들썩이고 있다. XLH는 X-linked hypophosphatemia(X-염색체 유전성 저인산혈증)의 약어로, 나와 내 자녀 가운데 둘이 공유하고 있는 유전질환이다

KRN23은 XLH 환자가 인을 흡수하는 것을 억제해 작은 키와 구부러진 다리, 부실한 치아, 그리고 기타 소인증의 다른 증상을 유발하는 호르몬의 과도한 생산을 제한하는 재조합 항체로, KRN23을 연구하는 회사인 울트라제닉스Ultragenyx는 성인을 대상으로 한 검사에서 아무런 부작용도 나타나지 않았다고 발표했다. 소아를 대상으로 한 검사는 아직 진행 중이지만, 이번에는 정말 효과적인 치료제가 나올 것 같은 분위기다. 나와 같은 질환을 갖고 있지 않은 사람에게 이 소식이 왜 이렇게 달콤씁쓸한 느낌인지 설명하기는 어렵지만, 좋으면서도 슬픈 건 사실이다.

막내 일라이자가 태어났을 때, 일라이자는 3주 동안 앨버커키 신생아집중치료실에 있었다. XLH 때문은 아니었다. 남편과 나에게 희귀한 혈액형 부적합이 있기 때문이었다. 18개월 전에 태어난 내 아들은

출생 후 3회에 걸쳐 교환 수혈이 필요했다. 아마 당신이 예상할 수 있듯이 기적의 아기에 가까웠던 내 딸도 교환 수혈이 필요할 것으로 예상되었지만, 그렇지 않았다.

신생아집중치료실에서 밤낮이 구분 안 되는 혼미한 상태로 인큐베이터 안에서 광선 치료를 받고 있는 딸 아기에게 내가 매달려 있는 동안, 의사들 중 한 명은 두 가지 희귀질환을 함께 지닌 아이가 있다는 사실에 관심을 보이며 나에게 그날 오후에 열리는 강의를 들어보라고 권했다. 그 강의는 리틀피플(소인증 환자의 대부분이 자신들을 리틀피플이라고 부르는 것을 선호한다)과 연골성 소인증에 대한 태아 유전자 검사를 개발한 연구원들이 대화를 나누는 자리였다. 그리고 그 연구 결과는 분명히 리틀피플 가족이 그 조건을 가진 아이를 낳을 것인지를 결정하는 데 사용될 것이다.

내가 그날 보고 들은 내용을 더 많이 기억할 수 있으면 좋으련만. 나는 병원 강당 뒤쪽에 앉아 의사들과 과학자들, 그리고 전미 리틀피플 모임 대표가 앞에 마이크를 늘어놓고 하는 말을 귀 기울여 들었다. 마이크에서 치직거리는 소리가 계속해서 나는 바람에 뭐라고 하는지 알아듣기가 어려웠다. 파워포인트 발표와 더불어 리틀피플 가족들이 모여 살던 지역과 1930년대와 40년대에 리틀피플 가족들이 등장했던 카니발과 서커스 장면들에 관한 흐릿한 사진들을 슬라이드로 보여주었다. 그들은 비통해하며 이상하고 불온한 이야기를 하는 연골성 소인증을 가진 사람들의 비디오 클립을 재생했다. 그렇다, 하나의 유전질환이 제거되고 있었고, 그건 좋은 일이었다. 하지만 동시에 그들의 세계, 그들의 문화도 지워지고 있었다.

XLH는 아주 희귀해서 나는 성년이 될 때까지 이 질환을 가진 사람을 만나본 적이 없었다. 나는 XLH 네트워크로 이름이 바뀌기 전에 그 전신에서 활동했던 사람들로부터 한번 만나자는 연락을 받았다. 우리는 볼티모어 외곽에 상점과 식당이 늘어선 한 상가 레스토랑에서 만나기로 했다. 그곳은 크고 휑뎅그렁했다. 처음에 우리는 시저 샐러드와 아이스티를 주문했고, 나중에 누군가가 와인을 한 잔 주문하자 나머지 일행도 그렇게 주문했던 것으로 기억한다. 우리는 우리가 살아온 삶과 하고 있는 일에 관해 이야기를 나누었다. 나처럼 아이를 낳기로 선택한 사람들도 있었고, 그렇지 않은 사람들도 있었다. 나는 일레인이라는 한 여성과 꽤 친해졌다. 과학자인 그녀는 자신은 아이를 갖는 것은 상상할 수 없었다고 말했다. 자신과 자기 여동생이 너무나 큰 고통을 겪었기 때문이라고 했다. 그런데도 그녀의 여동생은 아이를 낳았다. 그녀는 나보다 한 세대 위였고, 나와 달리 비타민 D2를 투여받지 못했다. 그래서 150센티미터인 나보다도 키가 10센티미터는 작아 보였다. 그녀는 웃으며 말했다. "이조차도 차이가 있네요. 나는 뭘 입어도 긴 치마가 돼요."

나는 우리가 동일 집단으로서 당연히 많은 부분에 공통된 문화를 가지고 있을 것이라 예상했다. 우리는 비슷한 경험을 많이 했다. 우리 대부분은 교정기를 착용하고, 정형외과를 들락날락하며 어린 시절을 보냈으며, 뼈 수술을 받았다. 우리는 외모가 세상에서 살아가는 데 중요하다고 배웠다. 사람들은 외모가 중요한 게 아니라고 정색하며 말하지만, 그때조차 아니 사실 바로 그렇게 말할 때 외모는 더욱 중요한 것으로 드러나곤 한다. 그래도 우리는 상대적으로 달콤하고 복잡하며 종종 성취한 삶을 살고 있었다. XLH를 가진 다른 사람을 만났을 때, 나는 뭐라고 설명하기는 어렵지만 아주 근원적인 유대감을 경험했다.

나와 내 가족이 동네 타겟 마트에서 우연히 XLH를 가진 다른 가족과 우연히 마주쳤을 때 — 오직 이때 단 한 번뿐이었다 — 우리는 즉각적으로 서로를 XLH라는 질환을 공유한 동료로 자랑스럽게 받아들였고, 서로 하이파이브를 하며 헤어졌다.

요즘 나는 내 아이들이 어렸을 때와 XLH가 우리의 삶에 엮이어 들어가던 순간들을 떠올리곤 한다. 하루에도 몇 번씩 아이들에게 약을 먹이고, 우리가 살던 남부 뉴멕시코주 남부의 작은 마을에서 앨버커키까지 전문가를 만나러 가고, XLH 때문에 우리가 이 세상에서 되고 싶어 하는 존재가 되지 못하는 일은 없을 거라며 서로를 격려하고, 세상 사람들이 우리 모습이 이상해 보인다고 생각하며 우리를 부당하게 대할지라도 결국 잘못된 것은 저들이라는 것을 깨달은 순간들에 대해서 말이다.

이런 말들을 통해 XLH를 치료할 전망이 보인다는 것이 나쁜 일이라고 말하려는 것은 아니다. 단지 내가 말하고 싶은 것은 나 같은 사람들에게 그것이 복잡한 문제라는 것이다. 확실히 개인이나 사회 모두에 그것은 실제로 이익을 가져다줄 잠재력을 가지고 있다. 개인과 가족이 겪는 어려움과 고통은 줄어들 것이다. 특히 재정적으로나 사회적으로 이를 극복할 처지가 못 되는 사람들에게 그것은 더욱 환영할 만한 일이다. 또한 그렇게 된다면 아마도 좀 더 생명에 위협이 되고 심신을 허약하게 만드는 질환에 더 많은 의료적 관심을 기울이고 한정된 자원을 집중하는 일도 가능해질 것이다.

하지만 그렇더라도 이것이 다음과 같은 사실을 바꾸지는 못한다. 인간이 되는 일에는 종종 약점으로 보이는 것을 장점이나 자부심과 관련된 것으로 만드는 방법들을 찾는 행위가 수반된다는 사실 말이다.

XLH는 수명을 단축하지 않는다. XLH가 있으면 걷기가 힘들고 대부분의 정상적인 사람들보다 온몸이 쑤시고 아픈 경우가 많다. 또한 우리는 남들과 달라 보인다. 내가 어렸을 때 치료법을 갈망했던 주된 이유는 바로 이 때문이었다. 나는 다른 사람들과 똑같아 보이기를 바랐다. 이제 다른 사람과 달라 보인다는 것은 내가 다소 고집스럽게 매달리는 나의 XLH의 일부이고, 내가 다음과 같은 질문 속에 망설이고 고민하는 이유이기도 하다. XLH가 없다면 나는 누구일까? 내 아이들은 누가 될까?

이러한 것들은 내가 답할 수 있는 성질의 질문들이 아니다. 하지만 XLH 치료법 연구에서 진전이 있을 때마다 그 소식이 나처럼 XLH를 가진 사람들에게 영향을 미칠 때 내가 느껴온 복잡한 감정은, 앞으로 더욱 많은 사람이 해결하려고 애쓸 문제들에서 기인한다는 것은 분명히 알고 있다. 공대에 재학 중인 XLH 환자인 내 아들 워커는 최근 연구원들이 개발 중인 가장 작은 유전 코드를 잘라내고 움직일 수 있게 해주는 새로운 유전자 접합 기술인 크리스퍼에 관한 기사를 계속 전해주고 있다. 최근 소설가 이시구로 가즈오는 『가디언』에서 크리스프에 대해 다음과 같이 논평했다. "그동안 우리가 사회를 조직해온 많은 방식이 갑작스럽게 어쩐지 쓸모없어 보이는 영역으로 우리는 들어서고 있다. 자유민주주의에서 인간은 기본적으로 매우 본질적인 방식으로 동일하다는 생각이 있다. 우리는 남들보다 더 우월한 사람superior person을 어떤 의미에서 객관적으로 만들어낼 수 있는 지경에 접근하고 있다."

우월한 사람이란 무엇인가? 그런 사람을 창조해 내려는 열망 속에서 우리는 무엇을 잃게 되는가? 우리가 그러한 기술을 멀리할 가능성은 매우 낮지만, 그것이 소설가 H. G. 웰스가 『타임머신』에서 묘사한 것과 같은 그런 무시무시한 세계를 만들어내지 않으리라고 어떻게 장담할 수 있는가?

XLH는 몇 년 안에 과거 속으로 사라질 것으로 보인다. 그것을 아쉬워하는 것은 돈키호테의 망상처럼 도착적인 사고로 보일지 모르지만, 우리는 미래에 유전적 차이를 어떻게 다루게 될까? 유전자 조작술이 우리를 어디로 이끌지 예측할 수는 없지만, 윤리와 인생 경험이 중요한 지침이 되어야 한다는 것은 누구나 알고 있다. 장애인 공동체에 담겨 있는 이러한 지식은 매우 중요하며 최고의 출발점이 될 것이다. 다른 삶을 살아온 우리보다 그 누가 이러한 문제에 대하여 더 신중하게 생각할 수 있겠는가?

어머니의 눈과 나의 눈

✽

캐서린 커드릭

나는 눈가리개를 했다. 내 다리는 콜로라도 스키 슬로프 위로 높이 매달린 체어리프트에서 건들거리고 있었다. 나는 내 입술을 간지럽히는 눈꽃 가루를 초조한 마음으로 핥았다. 나는 마흔세 살이었고, 내 생애 처음으로 내리막 스키를 타는 날이었다. 기계장치가 흔들리며 뭔가에 부딪히는 소리를 낼 때마다, 나는 케이블이 풀려 추락해 우리가 막 죽을 참이라고 확신했다.

하지만 경험 많은 내 가이드의 말이 맞았고 우리가 올라가는 길에서 죽지 않고 살아남았다고 가정하면, 그다음에는 뭐가 있는 거지? 꼭대기에서 나는 폴대로 뭘 해야 하는 걸까? 내 스키가 서로 엉켜버리면? 내가 리프트에서 내린 후에 의자가 나를 쳐서 내가 의식을 잃어버리기라도 하면? 그리고 이런 일들을 내가 엄마에게 어떻게 설명해야 할까?

얼마 전 나는 리틀턴에 있는 콜로라도 시각장애인 센터에서 다가오는 훈련에 대비해 처음으로 내가 발표했던 날을 떠올렸다. 한 여성의 모험적이고 기발한 아이디어가 여러 사람에게 설득력 있게 들리길 바라면서, 나는 이것이 야외에서 도전적 모험을 통해 청소년에게 사회성과 리더십, 강인한 정신력을 가르치는 국제기구의 프로그램과 약간 비슷하다고 설명했다. 내가 그러하듯이 아주 조금이나마 부분적인 시력을 가진 사람들을 위해, 이 프로그램은 스키를 포함하여 오직 정상적인 시력을 가진 사람들만이 할 수 있는 활동이라고 생각되는 것을 수면용 눈가리개를 하고 훈련하는 것이었다.

엄마는 이러한 훈련이 시각장애인의 역사에 관한 나의 연구에 보탬이 될 거라는 데 동의했다. 청소년 사법제도의 불평등을 연구하면서 여성유권자연맹에서 활동해온 사회사업가로서, 엄마는 소외 집단에 관한 나의 연구를 지지해주었다. 하지만 당신의 딸이 그러한 소외 집단의 일원에 속한다는 사실을 인정하는 건 전혀 별개의 문제였다. 아직도 엄마는 이 훈련 프로그램의 혜택을 받을 만큼 내 눈이 멀 수도 있다는 생각은 하지 못하는 것으로 보였다.

나는 출산 예정일보다 두 달 일찍, 그리고 백내장으로 인해 눈이 완전히 먼 채로 태어났다. 그러고 나서 몇 달 후, 아빠가 나비 의자에 둥지를 튼 내 사진을 찍기 위해 새 카메라 플래시를 터뜨렸을 때 나는 움찔했다. 아무도 예상하지 못했던 일이었다. 내 눈이 실제로는 기능하고 있을지도 모른다고 생각한 부모님들은 서둘러 나를 병원으로 데려가 수술대에 눕혔다. 그 첫 번째 수술은 일련의 수술들로 이어지며 내 삶에 여러 구두점을 찍게 될 터였다. 처음에는 나에게 시력을 준 수술을 받고, 그다음에는 시력을 개선하는 수술을 받고, 그러다가 다시 시력이 거의 사라졌을 때 내 시력을 구해내기 위해 수술을 받고, 나중에는 그 시력을 다시 개선하는 수술을 받게 될 터였다. 이러한 일련의 수술을 거쳐 궁극적으로 나는 정상인이 가진 시력의 약 10퍼센트쯤 되는 시력을 가지게 되었다.

완전히 눈이 멀지는 않았다는 사실에 황홀해하며, 나는 의학적 기적을 신봉하는 완전히 눈이 보이는 사람처럼 성장했다. 수술이 거듭될 때마다 새로운 것들이 보였다. 깜박이는 촛불, 반짝이는 포장지, 금빛 의자 위에 잠들어 있는 비단결같이 고운 자태의 검은 고양이. 내가 볼 수 있는 모든 것이 나를 흥분시켰고, 지금도 여전히 그러하다.

사람들이 실명에 두려움을 느끼는 이유는 그것을 어둠 속에서 길을 잃는 것으로 지각하기 때문이다. 하지만 내 경우는 달랐다. 나에게 실명이란 환한 조명을 마주하는 것과 같은 것이었다. 괜찮은 시력을 가진 척하기는 어려운 일이 아니었지만, 초등학교 때 아이들은 나를 놀리기 시작했다. 백내장 때문에 나는 두꺼운 이중 초점 안경을 써야 했고, 안구진탕증이라고 불리는 질환으로 인해 내 눈은 내 의사와 무관하게 제멋대로 움직였다. 안구를 움직이지 않으려고 애쓸수록, 내 안구는 더욱 빠르게 움직였다. 어렸을 때, 어느 의사 선생님은 내 눈이 "항상 보기에 더 나은 것을 찾고" 있느라 그런다고 설명해주었다.

나에게 그것은 그렇게 늘 시적인 것은 아니었다. 내가 청소년기에 받았던 많은 수술 중 하나는 양쪽 동공에 더 큰 구멍을 내는 수술이었는데, 그 고통스러운 수술의 결과로 내 눈의 동공은 영구적으로 확장되었고, 빛에 극도로 민감하게 되었다. 나는 밤에 밖을 걷거나 공항이나 호텔과 같이 붐비고 혼잡한 장소를 걸을 때는 어려움을 겪는다. 피곤하거나 불안감이 찾아올 때, 나의 시각 세계에는 혼돈이 온다. 나는 한 번에 한쪽 눈만 사용할 수 있는데, 이는 내가 거리를 잘 가늠하지 못한다는 것을 의미한다. 그림자, 바닥에 벽돌이 깔린 산책로, 도로 경계석, 계단, 바닥 질감의 변화에 나는 쉽게 혼란스러워진다.

창피하다는 감정이 언제 나의 형편없는 시력에 관한 여러 복잡한 감정을 모호하게 하는지는 확실히 말할 수 없다. 내가 아는 것은 어릴 적 나비 의자에서 일어났던 그 기적에 관련된 것이 아니라면 집에서 그 누구도 나의 나쁜 시력에 관해 입에 담지 않으려 했다는 사실뿐이다. 입에 담아서는 안 되는 더 심한 금기도 있었다. 그것은 바로 내 엄마의 눈, 그리고 내 시력 문제가 어머니에게서 유전된 것이라는 생각이었다.

엄마는 일생의 대부분을 시력이 형편없이 나쁜 한쪽 눈으로 살아왔다. 아무도 그러한 사실을 받아들이고 싶어 하지는 않았지만, 더구나 그 눈은 급속도로 나빠지고 있었다. 어렸을 때 왜 그랬는지는 잘 모르겠지만, 나는 교외에 살면서도 운전을 하지 않는 엄마는 우리 엄마뿐이라는 사실과 네 엄마의 눈 색깔은 왜 다른 사람들과 다르냐는 친구들의 질문을 서로 연결 지어 생각하지 못했다. 엄마는 안경을 쓰지 않았고 아빠는 안경을 썼기 때문에 나는 눈에 문제가 있는 사람은 아빠라고 믿으며 자랐다.

솔직히 말하자면, 많은 조력자들이 우리가 편안하고 정직하지 못한 세계를 건설하는 데 도움을 주었다. 실명은 모든 사람에게 두려움을 일으키기 때문에, 친구와 교사, 가게 점원, 심지어 안과 의사들까지 모두 한 통속이 되어 엄마와 나를 훨씬 더 좋은 시력을 가진 사람으로 보이게 하는 일에 공모자가 되었다. 유년 시절에 나는 내용이 거의 변할 일이 없는 시력표를 외워 시력 검사 결과가 잘 나올 수 있게 했다. 누군가를 속이려고 그랬던 것이 아니다. 나는 단지 사람들을 행복하게 만들어주고 싶었을 따름이다. 내 시력이 향상된 것으로 나오면 사람들은 무척 기뻐했다.

그래서 내가 근래에 엄마에게 콜로라도 시각장애인 훈련 프로그램에 대해 말했을 때, 엄마는 이렇게 말했다. "캐서린, 너는 전에 맹아학교를 다니지도 않았잖아. 심지어 너는 지금 대학에서 학생들을 가르치고 있다고!" 그러더니 걱정스러운 목소리로 물었다. "얘야, 뭔가 변화가 생긴 거니?"

나는 적절한 말을 찾으려 애썼다. 맞다. 뭔가 상황이 변하고 있었다. 하지만 그것은 내 눈이 보이지 않고 있다는 것에 관한 게 아니었다. 그것은 바로 나 자신을 어떻게 바라볼 것인가에 관한 것이었다. 수십 년 동안 시력에 문제가 없는 사람인 척을 하며 살다가, 나는 내 세계의 끝자락에서 늘 맴돌던 실명이라는 사건을 마침내 마주할 준비를 하고 있었다. 눈가리개를 하고 스키를 타는 것은 단지 그 시작에 불과했다.

나는 마침내 우리가 이에 관해 터놓고 말할 수 있게 되었다고 말하고 싶지만, 가족은 가족일 뿐이다. 결국 우리는 한 번도 이에 관해 말하지 않았다. 나는 그렇게 오랜 세월 동안 우리가 가진 눈의 상태에 관해 눈가림해왔다는 불명예스러운 일에 대해 우리가 서로 꾸짖을 수 있으면 좋겠다. 우리는 다른 사람들처럼 세상을 잘 보는 척하느라 매일같이 얼마나 많은 일을 하는지 얘기하며 서로 유대감을 느낄 수도 있었을 것이다, 정상 시력을 가진 사람들이 당연하게 여기는 것들에 우리가 신선한 관점을 제시한다며 우리의 빈약한 시력에 대해 좋게 생각할 수도 있었을 것이다. 대처 방식에 관해, 부조리한 상황들에 관해, 세상을 다르게 이해했던 방식에 관해 우리가 얼마나 다른 이야기를 할 수 있는지 한번 상상해보라!

하지만 솔직히 나는 엄마가 이렇게까지 할 필요는 없다고 생각한다. 장애인의 권리가 말해지지 않던 시절을 살아가며 할머니로부터 결함이 있다고 질책을 받곤 했던 엄마는 자기만의 고유한 전략을 완벽히 수행하며 자신이 나아갈 길을 스스로 개척했다. 확실히, 엄마는 자기 의심에 정면으로 맞서며 자신의 두려움과 타인들의 두려움을 모두 극복해냈다.

엄마는 관행에 순응하지 않는 태도로 세상을 헤쳐나오면서도, 교외에서 자전거로 아이들과 식료품을 실어나르며 좋은 엄마와 아내가 되기 위해 애썼다.

그런 사랑과 용기에도 불구하고 거기에 더해 엄마가 실명을 받아들일 것을 고집하는 나는 누구인가?

마침내 스키 가이드가 나에게 체어리프트가 정상에 도달했다고 말했을 때, 내 마음은 놀라울 만큼 차분했다. 무엇보다 그 산의 정상까지 오르는 정신력과 배짱을 길러준 것에 감사하면서 나는 엄마가 스키를 타는 상상을 하기까지 했다.

아니, 언제나 그래왔듯이 엄마는 바로 그 자리에 있었다.

친밀한 폭력의 초상

✻

앤 핑거

1960년대 초에 찍은 가족사진 속에서, 나는 로드아일랜드주 프로비던스에 있는 호프가에서 부모님과 세 자매 그리고 오빠와 함께 빅토리아풍 건물 현관문 옆에 어설프게 앉아 있다. 우리 가족은 일요일에 제일 유니테리언 교회의 주일학교를 마치고 막 돌아온 참이었다. 여자들은 치마와 빳빳한 하얀 블라우스를 입고 밴드로 고정한 스타킹을 신고 있다(팬티 스타킹은 아직 나오기 전이었는데, 팬티 스타킹을 신고 있다면 훨씬 더 자유로워 보였을 것이다). 아버지와 오빠는 신병처럼 아주 짧게 깎은 머리에 폭이 좁은 넥타이를 매고 다림질이 필요 없는 폴리에스테르 셔츠를 입고 있다. 아마 진짜 데이크론 폴리에스테르로 만든 옷이었겠지만 분명 싸구려 옷이었을 것이다. 다섯 아이를 건사해야 했던 우리 부모님은 한 푼이라도 아끼려 애쓰며 살았다. 우리 가족은 깨끗한 하얀 옷을 입은 채로 웃음을 짓고 있고, 잘 먹고 잘 입고 행복하고 밝은 모습이다.

나는 우리 가족이 "전형적"이라는 형용사로 묘사될 수 있었다고 생각한다. 하지만 중학생 때 나는 우리 가족이 다른 사람들과 다르다는 것을 알아챘다. 어머니는 다른 어머니들이 거의 일을 하지 않을 때 일을 하셨다. 이스트사이드 프로비던스에 있는 대부분의 사람들과는 달리, 우리는 천주교인도 유대교인도 아닌 유니테리언 교인이었다. 게다가 나는 교정기도 하고 목발도 하고 있었다. 나는 소크Salk 백신이 도입되기 직전에 소아마비에 걸렸다.

사진에서 항상 "안 좋은" 쪽으로 불리는 내 오른쪽 다리는 "좋은" 쪽으로 불리는 다리 뒤에 숨겨져 있었다. 누군가 아니 어쩌면 내 부모님 중 한 분이나 사진을 찍는 이웃분이 별다른 생각 없이 내 목발을 프레임 밖으로 옮겼을지도 모른다. 몇 년 후 지팡이 하나만 가지고 걷게 되었을 때 나는 내 장애에 대한 수치심을 떨쳐버렸고, 나는 사진을 찍을 때 지팡이를 움켜쥐고 내 앞에 두곤 했다. 그것은 하나의 선언이었다. 지팡이를 나의 일부분으로 인정한 것이다.

이 사진을 보니 기억이 난다. 그리고 그 기억은 나를 화나게 하며 온몸을 부들부들 떨게 한다. 내 몸뿐만 아니라 내 마음까지 불안하게 만든다. 나는 라크가에 있던 우리 집 거실 소파에 등을 대고 누워 있었고, 내 목을 움켜쥔 아버지의 손이 점점 더 세게 조여 오고 있었다. 그 일은 로드아일랜드주 사우스 카운티 문스톤 비치 근처에 있던 우리 집의 내 침대에서 다시 일어났다. 교살strangulation. 나는 이 단어를 쓰기가 힘들다. 이보다는 덜 극단적으로 들리는 "목 조르기choking" "질식throttling" 같은 단어를 쓰고 싶다.

폭력예방연구소에 따르면, 교살은 희생자의 호흡하는 힘을 학대자가 행동으로 제어시키는 힘과 통제의 궁극적 형태다.

그 일은 텔레비전에서 뭘 볼 것인지를 놓고 내가 언니들 중 한 명과 실랑이를 벌였기 때문에 일어났다. 그 일은 아버지가 생각하기에 내가 점심을 준비하면서 스토브 버너를 너무 세게 틀었기 때문에 일어났다. 그 일은 내가 기억하지 못하는 온갖 이유들 때문에 일어났다.

그 일은 확실히 술 때문에 일어났다. 적어도 부분적으로는 그랬다. 아버지는 매일 밤 술을 마셨다. 퇴근 후 식전에 마티니로 시작한 술은 식후에 위스키로 이어졌다. 마시고 마시고 또 마셨다. 몇 년 후에 내 오랜 친구가 나를 가만히 쳐다보며 말했다 "앤! 저녁에 너희 집에 놀러 갔을 때마다 너희 아버지는 항상 비틀거리며 말끝이 흐렸어." 그러고 나서 그 친구가 한 말은 나를 놀라게 했다. 그 친구가 남자이고 강했기 때문에, 그리고 아버지에 대한 나의 두려움은 늘 매우 사적인 나만의 감정이라고 여겨왔기 때문에 더 그랬을 것이다. "난 너희 아버지가 취했을 때 몹시 겁이 났어."

그리고 물론 그 일은 나의 장애 때문에 일어났다.

맏언니는 아버지의 추도식에서 다음과 같은 말로 추도사를 시작했다. "아버지의 딸로 사는 것은 쉽지 않은 일이었습니다." 하지만 장애가 없는 내 형제자매 중 내가 당해야만 했던 물리적 분노에 직면했던 사람은 아무도 없었다.

세계보건기구에서 발표한 장애아동에 대한 폭력에 관한 통계가 있다. 의학 전문지 『랜싯』에 실린 두 가지 체계적 보고서에 바탕을 둔 이 통계에 따르면, 장애아동은 장애가 없는 아동보다 폭력을 경험할 가능성이 4배 가까이 높다.

어떤 측면에서 나는 세계 유수의 보건기관이나 권위 있는 의학저널에 실린 저 수치들에서 위안을 받는다. 나만 그런 것이 아니었다. 그 일은, 우리 가족이 자주 은연중에 암시했던 것처럼, 내가 다루기 힘든 아이였기 때문에 일어난 것이 아니었다. 나의 장애, 아버지의 알코올중독, 장애를 수치스러운 것으로 보는 우리를 둘러싼 세계는 뭔가 연금술적인 화학 반응을 일으키고 있었다.

나는 아버지의 폭력의 근원이 어디에 있는지 모른다. 나는 아버지가 아이였을 때 무엇을 봤을까 자주 궁금했다. 아버지는 당신 아버지와 사이가 좋지 않았고, 당신 어머니를 맹렬하게 감싸려 했다. 나의 할아버지는 어린 나의 눈에는 너무나 넓어 보이는 큰방 침대에서 잠을 주무셨고, 할머니는 처마 밑 좁은 방의 좁디좁은 침대에서 청하셨다. 아버지의 자기 아버지에 대한 분노와 자기 어머니에 대한 헌신은 자신이 목격한 폭력 때문이었을까? 아버지는 자신이 제2차 세계대전 동안 태평양에서 해군으로 복무했다고 했다. 두서너 차례 아버지는 이상하리만치 무심한 태도로 — 그래서 농담이나 허풍처럼 들리기도 했다 — 항복하려던 일본 군인들이 총에 맞아 죽은 이야기를 우리에게 들려주곤 했다. (몇 년 후, 누군가로부터 나는 자신이 윤간을 당했던 이야기를 이와 유사한 방식으로 듣게 된다). 폭력의 근원은 어디에 있을까? 어린 시절? 전시 외상? 결코 알 수 없는 노릇이다.

아버지는 재미있고 너그러운 분이기도 했다. 여섯 살 때, 나는 무더운 여름날에 다리를 석고 붕대로 감싼 채 수술에서 회복하던 중이었다. 그때 잠을 자려고 하다가 너무 아파 울면 아버지는 문간에 서서 뒷주머니에 빗자루를 넣은 채로 내가 웃다가 잠이 들 때까지 춤을 추셨다. 우리는 모델 A 포드 자동차 — 그의 학생 중 한 명에게서 10달러를 주고 산 것이었다 — 를 타고 바퀴 자국이 깊게 팬 시골길을 따라 달렸고, 차 안에서 우리 일곱 명은 이렇게 소리쳤다. "야전 포병에 고한다. 크고 강하게 네 군번을 외쳐라." 해변의 집에서 바닷가재와 조개찜으로 저녁 식사를 한 후에 뒷마당에서 우리가 서로에게 수박씨를 뱉으며 놀 때 아버지는 우리와 같이 어울렸다. 한두 시간 후에, 우리는 모두 바닐라빈 아이스크림 가게로 우르르 떼를 지어 가서 아이스크림을 먹었다. 1970년 5월 미국이 캄보디아를 침공한 후에, 아버지는 당신의 대학 졸업식에서 날리기 위해 평화의 상징이 들어간 거대한 연을 만들었다(너무 커서 자동차 안에 넣을 수 없게 되었지만 말이다).

친밀한 관계에서 오는 폭력의 문제는 그것이 빌어먹게 친밀하다는 것이다. 내 목을 휘감은 아버지 손의 압박이 주는 친밀함만이 아니다. 거기에는 나의 삶과 아버지의 삶이 서로 복잡하게 뒤얽혀 있었다.

알코올 중독, 트라우마. 그렇지만 결국 나는 아버지가 내게 휘두른 폭력의 근원에는 내 장애가 놓여 있다는 생각을 떨치지 못한다.

한 가족이 겪는 정신적 삶의 온갖 우여곡절 속에서, 내 몸은 우리 가정 안에서 일어난 온갖 잘못된 일들이 겉으로 드러난 증거로 읽혔을까? 나는 내 장애에 책임을 져야 하는 것처럼 보였을까? 결국, 우리 가족은 소아마비는 충분한 투지와 인내심을 발휘하면 극복될 수 있다는 거짓말을 내내 믿고 살았다. 매주 물리치료를 받고 저녁 식사 후 매일 밤 운동을 하고 수술을 반복했음에도 불구하고 나는 여전히 지금도 장애인이다. 전후에 모든 사정은 좋아지고 또 좋아지고 있었다. 자동차는 더욱 멋져지고, 여성의 치마는 점점 더 풍성해질 터였다. 곧 우주를 유영하고 로봇이 집안일을 할 터였다. 그러는 가운데 나의 몸이 있었다. 다루기 힘들고 어찌할 도리가 없는. 세상 사람들이 보기에 나쁜 것, 제거해야 할 것이 말이다.

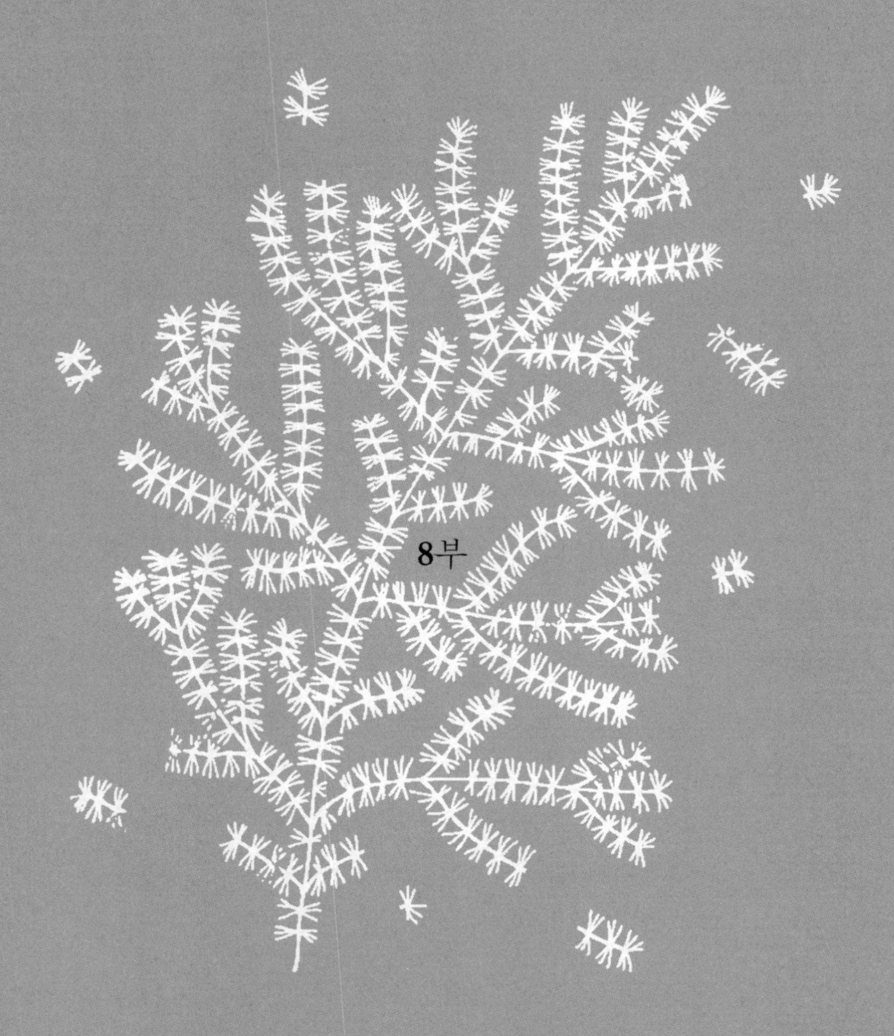

8부

기쁨

오청

올리버 색스

어느 날, 내 조수인 케이트가 "저 choir practice(합창 연습)를 하러 가요"라고 나에게 말하는 소리를 들었을 때 나는 깜짝 놀랐다. 지난 30년간 함께 일을 해왔지만, 나는 그녀에게서 노래 부르는 일에 관심이 있다는 말은 전혀 들어본 적이 없었다. 하지만 나는 생각했다. **누가 알겠어? 어쩌면 말을 하고 싶지 않았는지도 모르지. 어쩌면 새로 관심사가 생긴 것일 수도 있고. 어쩌면 아들이 합창 단원일지도 몰라. 어쩌면…….**

많은 추측을 해봤지만, 나는 내가 그녀의 말을 잘못 들었을 거라고는 추호도 생각하지 않았다. 나는 그녀가 돌아온 후에야 그녀가 chiropractor(척추지압사)에게 갔었다는 것을 알았다.

며칠 뒤, 케이티가 농담으로 말했다. "저 choir practice(합창 연습) 가요." 나는 또 그녀가 하는 말을 알아듣지 못했다. **firecrackers(폭죽)라고? 케이티가 왜 폭죽에 관해 말하고 있지?**

갈수록 귀가 잘 들리지 않게 되면서, 나는 사람들이 하는 말을 잘못 알아듣는 경우가 점점 더 많아졌다. 이러한 일이 얼마나 자주 일어날지는 전혀 예측하기가 어렵다. 하루에 스무 번 일어날 수도 있고, 단 한 번도 일어나지 않을 수도 있다. 나는 이러한 현상에 대해 "착청(錯

聽)"이란 제목을 붙인 작은 빨간 공책에 자세하게 기록하고 있다. 특히 내가 **들은** 것은 한쪽 페이지에 빨간색 펜으로 기록하고, 맞은편 페이지에는 상대방이 실제로 **말한** 내용을 녹색 펜으로 기록한다. 그리고 내가 잘못 들은 것에 대한 사람들의 반응과 종종 내가 본질적으로 아무런 의미가 없는 것을 뜻이 통하게 하려고 시도하며 황당한 가정을 했던 부분은 보라색 펜으로 기록한다.

1901년 프로이트의 『일상생활의 정신 병리학』이 출간된 이후로 오독과 오언, 오행, 실언 등과 더불어 이와 같은 오청은 "프로이트식"으로, 즉 깊게 억압된 감정과 갈등이 표출된 것으로 간주되었다.

그러나 얼굴을 붉히게 할 정도로 저속해서 차마 글로 옮길 수 없는 오청이 간혹 있기도 하지만, 대다수의 오청은 프로이트식으로 간단히 해석되지 않는다. 그렇지만 거의 모든 나의 오청에는 말해진 것과 들린 것을 연결하는 전반적으로 유사한 소리, 유사한 음향적 **형태**gestalt가 있다. 구문은 항상 보존되지만, 이것은 도움이 되지 않는다. 오청은 음운 체계상으로는 유사하지만 아무 의미가 없는 터무니없는 형태로 의미를 뒤덮는 경향이 있다. 한 문장의 전반적인 형태가 그대로 보존되어 있을 때조차 말이다.

부정확한 발음, 특이한 억양, 불명료한 전자 전송은 우리의 지각을 오도하게 할 수 있다. 대부분의 오청은 원래 단어를 전혀 말이 안 되거나 문맥에서 벗어나는 다른 단어로 대체하지만, 뇌는 때때로 신조어를 만들어낸다. 한 친구가 전화로 자기 아이가 아프다고 했을 때 나는 "tonsillitis(편도선염)"를 "pontillitis"로 잘못 알아들었다. 나는 당황했다. 이런 이상한 이름을 가진 증후군도 있었나? 내가 들어본 적도 없는 염증이? 내가 존재하지 않는 단어 — 실제로는 존재하지도 않는 건강 상태 — 를 새로 만들어냈을 거라고는 생각지도 못했다.

모든 오청은 신기한 혼합물이다. 백 번째 오청의 순간에도 처음 겪는 일처럼 새롭고 놀랍다. 나는 종종 이상하게도 내가 잘못 들었다는 사실을 깨닫는 데 한참이 걸려서, 나의 오청을 합리화하는 정말 말도 안 되는 황당한 생각들에 푹 빠져 있다가 문득 내가 잘못하고 있다는 것을 알아차린다. 오청이 그럴듯해 보이면 자신이 잘못 들었다고 생각하지 않을 수도 있다. 오청이 충분히 설득력이 없거나 문맥에서 전적으로 벗어나 있을 때만 우리는 "이런 뜻일 리가 없잖아"라고 생각하며 (아마도 약간 난처해하며) 말한 사람에게 다시 말해달라고 하거나, 내가 종종 그러듯이 잘못 들은 단어나 문자의 철자를 불러달라고 요청한다.

케이트가 합창 연습에 간다고 말했을 때, 나는 그녀의 말을 이렇게 받아들였다. 케이티가 예전에도 합창 연습을 하러 **갔었는지도 몰라**. 하지만 어느 날 내 친구가 "a big-time cuttlefish diagnosed with ALS(루게릭병에 걸렸다고 진단받은 거물 오징어)"에 관해 말했을 때, 나는 내가 잘못 들은 게 틀림없다고 생각했다. 두족류가 정교한 신경계를 가지고 있다는 것은 분명한 사실이기에 아주 잠시나마 오징어에 루게릭병 증세가 있을 수도 있다고 생각했다. 그러나 "거물" 오징어라는 발상은 터무니없었다(내 친구가 한 말은 "a big-time publicist diagnosed with ALS[루게릭병에 걸렸다고 진단받은 거물 홍보 담당자]"로 드러났다).

오청은 특별히 관심을 기울일 만한 일이 아닌 것처럼 보일 수 있지만, 그것은 지각의 본성, 특히 언어 지각의 본성에 대해 예기치 않은 해결의 실마리를 던져 준다. 우선, 놀라운 것은 오청이 뒤죽박죽 뒤섞인 소리가 아니라 명확하게 분절된 단어나 문장으로 모습을 드러낸다는 점이다. 단지 듣는 것에 **실패한** 것이라기보다는 **잘못** 들은 것이다.

오청은 환청이 아니지만, 환청처럼 통상적인 지각의 경로를 이용해 실제로 존재하는 것처럼 나타난다. 오청에 의문을 제기하는 일이 일어나지 않는 것이다. 그러나 우리의 모든 지각은 때로는 약하고 모호한 감각의 데이터로부터 두뇌로 전달되어 만들어지기 때문에, 지각의 오류나 착각의 가능성은 늘 존재한다. 사실 우리의 지각이 거의 순식간에 일어난다는 점을 고려하면 때때로 지각이 보여주는 놀라운 정확성은 경이롭기까지 하다.

우리의 환경, 우리의 바람과 기대는, 그것이 의식적으로 이루어지든 무의식적으로 이루어지든 간에, 분명히 오청의 공통 결정인자가 될 수 있다. 하지만 진짜 짓궂은 측면은 낮은 수준들, 즉 음운 분석과 해독을 담당하는 뇌의 부위들에 있다. 귀에서 전달된 결함이 있거나 왜곡된 신호를 가지고 할 수 있는 일을 하면서, 뇌의 이 부위들은 어떻게 해서든 진짜 단어와 문장을 만들어낸다. 그것이 설사 터무니없는 것일지라도 말이다.

나는 종종 단어를 잘못 알아듣지만, 음악을 잘못 듣는 경우는 거의 없다. 음표와 멜로디, 하모니, 악구는 내 인생 내내 그랬듯이 명확하고 풍요롭게 내 마음에 남아 있다(종종 노랫말을 잘못 알아듣기는 한다). 뇌가 음악을 처리하는 방식에는 소리가 불완전하게 들리는 상황에 직면해서도 그것을 탄탄하게 만드는 특별한 무언가가 있다. 뒤집어 말하자면, 구어의 본성에는 결함과 왜곡에 훨씬 더 취약한 무언가가 있다.

음악(적어도 전통적인 방식으로 작곡된) 연주는 — 심지어 음악 감상조차도 — 단지 음조와 리듬의 분석만을 수반하는 것이 아니다. 그것은 또한 사람의 뇌 속 절차 기억과 감정 중추의 주의를 끈다. 음악은 기억

속에 저장되어 기대를 품게 한다.

그러나 말은 또한 의미 기억 체계와 구문 체계를 포함한 뇌 안의 다른 체계들에 의해 판독되어야 한다. 말은 열려 있고, 독창적이며, 즉흥적이다. 모호성과 의미로 가득 차 있는 것이다. 이 안에는 엄청난 자유가 있어서 구어를 거의 무한대에 가깝게 유연하고 융통성 있게 만들어낸다. 하지만 오청에는 취약하다.

그렇다면 프로이트가 실언이나 오청에 관해 완전히 잘못 생각한 걸까? 물론 그렇지는 않다. 프로이트는 무의식 속에 존재하는 인간의 욕망과 공포, 갈등과 동기를, 또는 의식 밖에 놓인 요체를 근본적으로 깊게 들여다봤고, 그럼으로써 이러한 것들이 실언과 오청, 오독에 영향을 미칠 수 있다는 것을 밝혀냈다. 하지만 나는 프로이트가 지각의 오류는 전적으로 무의식적 동기의 결과라는 생각에 지나치게 집착했다고 생각한다.

지난 몇 년 동안 의도적인 선택과 편견 없이 오청의 사례를 수집하면서, 나는 프로이트가 신경 메커니즘의 힘을 과소평가했다는 생각에 이르게 되었다. 열려 있고 예측을 허락하지 않는 언어의 본성과 결부되어, 의미를 방해하면서 문맥과 무관하고, 무엇보다 잠재의식의 동기와도 무관한 오청을 만들어내는 것은 바로 이 신경 메커니즘이다.

그렇더라도 때때로 이러한 즉각적인 발명품들에는 스타일과 재치가 담겨 있다. 이것은 일종의 "덤"이다. 오청은 어느 정도는 자기 자신의 관심과 경험을 반영한다. 그래서 나는 오청을 즐긴다. 오직 오청 — 적어도 나의 오청 — 의 영역에서만, cancer(암)의 전기는 Cantor(저명한 수학자 중 한 명)의 전기가 될 수 있고, tarot cards(타로 카드)는 pteropods(익족류)로, grocery bag(식료품 봉투)은 poetry bag(시 봉투)으로,

all-or-noneness(전부 아니면 전무)는 oral numbness(구강 마비)로, porch(현관)는 Porsche(포르셰)로, Christmas Eve(크리스마스 이브)에 대한 단순한 언급은 "Kiss me my feet!(내 발에 키스해!)"라는 명령으로 바뀔 수 있다.

우주여행

하나의 비전

대니얼 심슨

어느 날 밤, 나는 처음으로 혼자 힘으로 그네를 타는 꿈을 꾸었다. 그 꿈은 내가 시를 짓기 위해 시상을 떠올리는 데 도움을 구하고 있는 것처럼 인터뷰로 시작되었다. 어떤 사람이 나에게 지금 뭘 입고 있느냐고 물었다. 나는 반바지라고 말했다. 그리고 잠시 생각한 후에, 쌍둥이 동생인 데이브와 내가 예전에 입곤 했던 시어서커 셔츠를 떠올렸다. 이 글을 쓰는 동안 거리에서 들려오는 우는 아이에게서 짐작되는 나이처럼, 아마 그때 나는 네 살쯤이었을 것이다. 꿈속에서 들린 그의 목소리에 담긴 모든 부분적인 말들, 입을 벌려 말했던 그 모든 말들, 그리움으로 가득 찬 그 모든 것을, 당신은 잘 이해할 수 없을 것이다.

엄마가 그네를 밀고 있었다. 학교 운동장에서 흔히 볼 수 있는 나무 그네였다. 엄마는 그네를 몇 차례 밀쳤는데 그네가 덜컹거리며 움직일 때마다 엄마의 손이 내 등을 밀치며 허공을 갈랐다. 태양이 빛났다. 초봄이었고, 새들이 있었다. 아마도 나는 막 낮잠에서 깨어난 참이었을 것이다. 상쾌한 기운과 살아 있음을 느꼈지만, 완전히 깨어나지는 않은 몽롱한 상태였다. 처음으로 나는 그네의 쇠줄을 잡아당기려고 해보았다. 나는 그와 동시에 발을 차거나 몸을 뒤로 기대어 끌어당겨야 한다는 것을 몰랐다, 나는 힘껏 튕겨 나갔지만, 다음 활공 순간에 재빨리 적응했다. 누가 나에게 이걸 해보라고 했는지 기억은 나지 않지만, 자연스레 나는 줄의 당김을 부드럽게 풀었고 그럴 때마다 내가 더 높이 올라가는 것을 느꼈다.

내가 그네를 타고 있어라고 나는 생각했다.

간단하고 분명한 생각이다. 하지만 처음 가져본 생각이었다. **이제 엄마가 그네를 밀어줄 필요가 없어**. 엄마도 그렇게 생각하는 듯이 보였다. 높은 궤도로 올라간 나를 피해, 엄마는 뒤로 물러섰다. 나는 자유로웠고, 혼자서 여행하는 맹인 소년이었다. 나는 가속할 수 있었다. 나는 대담해질 수 있었다. 선루프는 필요하지 않았다. 바람이 내 얼굴로 밀려들었고, 그다음에는 내 등으로 밀려왔다. 놀이공원에서 시끄러운 록 음악을 배경으로 아찔하고 원심적인 각도로 높이 날아가는 카니발 그네를 타려면 아직 시간이 좀 있어야 할 것이다. 아직은 카니발 그네가 내 날개일 필요는 없을 것이다.

부모님의 멀리 떨어져 사는 친구인 필링스 댁을 방문해, 그 집 아들인 데이비드와 모형 로켓을 발사하기 위해 들판으로 나갔던 게 기억난다. 소련이 쏘아 올린 최초의 인공위성 스푸트니크가 미국에 그늘을 드리우던 1960년대 초였다. 데이비드는 자신의 로켓 발사 장치를 가진 내가 아는 첫 번째 아이였다. 우리는 로켓 발사 행사를 기록하기 위해 휴대용 녹음기를 가지고 있었다. 그 발사는 시각장애가 있는 관찰자에게는 보여주는 것이 거의 없었다. 흥미롭기는 했지만, 로켓이 발사되기 직전에 그저 작은 불꽃만을 보여줄 뿐이었다. 그 후 로켓은 소리 없이 하늘로 올라갔고, 떨어지는 소리를 듣기에는 너무 먼 곳에 착륙했다.

남동생과 나는 학교에서 교내 방송을 통해 존 글렌이 프렌드십 7호를 타고 미국 최초의 우주 비행에 나선 생중계를 들었다. 당시에 학교에서는 이 초기 우주 비행들과 월드시리즈 중계방송을 들려주었다. 어쩌면 남자아이들(또는 여자아이들)이 우주에 관심을 갖는 것은 특별한 일이 아닌 것 같다. 하지만 달조차 볼 수 없는 사람에게는 모든 것이 훨씬 더 멀리 보인다. 우리는 다른 태양계로 뭔가를 보낼 수도 있다. 내가 달이 있다고 믿은 것은 아버지가 달이 있다고 말했기 때문이었고, 할아버지가 달을 보고 재배 시기를 판단했기 때문이었으며, 사랑의 시인들이 달에 대해 너무 많은 말을 해서 달의 존재가 단지 한두 사람만의 환상 같지는 않았기 때문이다.

나는 평생 달을 봐왔던 한 남자를 만났다. 그는 자신이 더는 달을 볼 수 없게 될 때를 몹시 걱정하고 있었다. 나는 34번가와 월넛가가 만나는 모퉁이에서 어느 동료 대학원생과 시가 정치적 관점을 취하는 것에 관해 이야기를 나누며 서 있었다. 그때까지 그날은 아주 멋진 하루였다. 친구와 점심 식사를 함께하고, 시를 가르치는 전임 강사와 회의를 하고, 시인 앨런 긴즈버그와 로버트 로웰에 대해 다른 교수와 아주 훌륭한 대화를 나누고, 도서관에서 스탠리 쿠니츠의 에세이를 3시간 동안 읽은 참이었다. 친구에게 잘 가라고 인사한 다음 월넛가 건너편의 카페로 자리를 옮기려 할 때 목소리가 30대로 짐작되는 한 남성이 예의 바르고 약간 애처로운 목소리로 내게 말을 걸어왔다. "선생님, 실례지만 잠깐 얘기 좀 나눌 수 있을까요?"

내가 좋다고 하자, 그의 어머니가 바로 이야기를 건네받아 말했다. "이 아이는 조예요. 조는 시력을 잃고 있어요. 지난주에 선생님을 봤지만 얘기할 기회가 없었어요. 개가 참 이쁘네요. 지난주에 보는데 감탄이 다 나오더라고요. 그리고 조는 신청서를 가지고 있어요…….”

“예, 여기 제 호주머니에 있어요.” 조가 끼어들었다.

그녀가 계속해서 말했다. “아들 호주머니에 있는 신청서는 안내견 훈련소인 시잉아이Seeing Eye에서 받은 거예요. 선생님도 거기서 선생님 개를 데려온 거죠?.” 나는 아니라고, 나는 다른 안내견 훈련 학교에 갔었고, 미국에 그런 학교가 적어도 열댓 개는 있다고 설명했다. 하지만 나는 대화의 방향을 바꿔 조와 말하고 싶었다.

조는 내가 대학에 진학했다는 걸 알고 기뻐하는 것 같았다. “노트 필기를 어떻게 하셨어요? 분명 선생님 대신 노트를 필기해줄 사람은 없었을 것 같은데, 그렇죠?” 나는 그 당시 사용하고 있던 점자 슬레이트와 스타일러스, 그리고 현재 사용하는 점자 프린터와 음성인식 기능을 갖춘 컴퓨터에 대해 조에게 말해주었다. “책은 어떻게 구해요?” 조가 물었다. 그리고 그렇게 우리는 책을 구하는 것과 관련해 이야기를 나눴다. 아마도 그렇게 5분 정도 대화를 하고, 나와 조, 조의 어머니가 가만히 서 있을 때였을 것이다. 그때 갑자기 조의 어머니가 울음을 터트리며 말했다. “우리가 가야 할 곳에 이미 가본 분을 뵙게 되어 정말 기뻐요.”

이렇게 쓰고 나니 약간 감상적이라는 기분이 든다. 하지만 잠시만 생각해 봐도 이것이 감상적인 얘기가 아님을 알 수 있다. 나는 감기로 귀가 막혀 있었다. 번화한 거리를 지나다니며 차들이 오가는 소리를 정확하게 들으려고 일주일 내내 분투해오던 참이었다. 그래서 다른 때보다 훨씬 더 조의 사정에 공감했던 것 같다.

나는 먼 나라에서 온 대사다. 조에게 나는 나 자신이 보지 못하는 달에서 온 사람일지도 모른다. 내가 존 글렌이 될 수도 있다. 조가 달에 갈 필요가 없다는 점만 제외하면 말이다. 그는 단지 다른 여정을 눈앞에 두고 있을 뿐이다. 존 글렌은 이륙한 후, 모든 것이 "좋다"라고 말했다. 뒤따라서 나온 "선하신 주님이 끝까지 함께하시기를"이라고 말한 게 존 글렌이었는지 아니면 관제소였는지는 잘 모르겠다.

나는 조와 헤어지면서, 내 전화번호를 줄 생각을 하지 못했다. "신이 선생님과 함께하길 빌게요" 하고 조는 말했다. "나도 당신이 하는 일이 모두 잘 되길 바랄게요." 나는 다시 34번가로 발길을 옮기며 대답했다. 조의 어머니는 담담한 목소리로 작별을 고했다. 그녀는 울고 있지 않았다.

나는 이제 내 어머니를 떠올리며, 데이브와 내가 눈먼 상태로 태어났다고 의사가 확인해주었을 때, 엄마가 어떻게 울었을지를 생각한다. 마치 나쁜 소식이 부인과 뒤섞인 희망의 얇은 베일을 뚫고 지나갈 때 때때로 사람들이 그러하듯이, 엄마가 가장 가까이 놓인 의자에 허물어지듯 털썩 주저앉는 모습을 그려본다. 우리 부모님의 대사는 누구였을까? 누가 그들에게 시각장애인 아이들과 함께 타는 이 놀이기구가 끝까지 좋은 놀이기구가 될 수 있다고 말해주었을까? 조가 저 바깥 어딘가에 있고, 풍경 위로 높이 그네를 타며 그의 귓가에 바람이 휘파람을 불 듯 스치고, 그의 어머니가 이를 바라보며 빛나고 있기를 바란다.

다시 노래하는 법을 배우다

×

앤 카이어

C

얼마 전 어느 여름날 오후, 프랑스 중부에 있는 한 중세 예배당에서 나는 혼자서 노래를 부르기 시작했다. 처음에는 망설였지만, 71년 동안 사용한 내 목소리뿐만 아니라 음향도 시험해보기 시작했다. 과연 내 목소리가 아주 오래된 돌로 된 벽을 타고 고즈넉이 울려 퍼질까?

울려 퍼졌다. 내가 목을 풀고 더 크게 노래를 부르자 비발디 푸가의 소프라노 음이 공기 기둥을 타고 올라가 비늘이 있는 내 입술 사이를 통해 울려 퍼졌다. 나는 그 순수한 육체적 기쁨, 즉 노래가 발산하여 방출되는 엔도르핀 너머의 쾌감을 충분히 의식하여 노래를 불렀다. 나는 더 깊은 호흡을 유지하기 위해 복근을 조이고 성대에서 진동한 후 마침내 두개골의 공간에서 울려 퍼지는 소리에 경탄했다. 나에게 노래는 늦게 피어난 기쁨이었다. 나는 지난 수십 년간 내 몸으로부터 도망쳐왔다. 나는 내 몸이 아름다움을 창조하고 기쁨을 줄 수 있으리라고 믿지 않았다.

나는 피부가 마른 비늘처럼 보이는 유전적 피부질환인 층판비늘증을 가지고 있다. 내 피부는 끊임없이 벗겨지고 얼굴은 비정상적으로 빨갛다. 오랜 세월 동안 나는 아예 몸에 관한 생각을 마음속에 떠올리지 않는 것으로 내 몸에 대처했다. 부정은 유용한 전략이 될 수 있다. 그것은 내가 아침에 일어나 끊임없이 지속되는 가려움을 무시하고 매일 세상 속으로 걸어 나가도록 도왔다. 하지만 분명히 단점도 있다. 자신의 팔과 가슴, 입술과 소원해지면 그로부터 기쁨을 느끼기가 어려워진다.

현명한 치료사라면 장애를 가진 사람들이 자기 몸을 사랑하는 법을 찾도록 격려할 것이다. 나의 치료사는 그렇게 했다. 하지만 너무나 오랫동안 내 몸을 소홀히 대해왔기에, 치료사와 나는 내 몸과 애정 어린 말로 협상하기 위해 내 안에서 아름다운 것을 찾을 필요가 있음을 이내 깨달았다. 결국 노래가 그 아름다움을 드러냈다.

어렸을 때 나는 교회에서 노래를 불렀다. 실제로 나의 작은 가톨릭 교구의 가족들은 중세 프랑스의 가족들이 로마네스크 성당에서 부른 것과 같은 멜로디를 노래했다. 특히 〈지존하신 성체Tantum Ergo〉를 부른 순간을 잊을 수 없다. 음악가의 자세를 취하고 노래하는 아버지의 옆에 서서 나는 일상적으로 끼어들었다. 집에는 아빠가 매일 밤 쇼곡을 연주하는 치커링 베이비 그랜드 피아노가 있었다. 나는 종종 아빠 옆에 앉아, 터져 나오는 내 음이 아빠의 부드러운 테너와 결코 같지 않을 거라고 여기면서 활기차면서도 불완전하게 노래를 따라 불렀다.

나의 음악적 본능은 피아노 연습을 할 때 위축되었다. 초등학교 시절 매일 오후, 조화를 이루지 못한 나의 손가락들은 자꾸 건반 사이의 틈새들을 눌렀다. 악보를 몰라서가 아니라 손가락 끝의 피부가 두꺼워져서 건반을 느낄 수 없었기 때문이었다.

어렸을 때, 나는 무엇이 잘못되었는지 전혀 몰랐다. 나는 그저 내가 이해하지 못한 불완전함을 가진 몸으로부터 뒷걸음질을 쳐 마음속으로 달아났다. 내 피부의 문제가 단지 의학적 문제일 뿐이라는 사실을 깊이 부정한 나머지 부모님은 나의 팽팽한 손이 피아노 치는 데 얼마나 부적합한지를 인식하지 못했다. 마침내 내가 열세 살이 되었을 때, 거듭되는 실수에 괴로워하던 나는 이제 그만둘 때가 되었다고 어머니를 설득했다. 나는 안도하며 약간의 후회와 함께 피아노로부터 멀어졌다.

고등학교 때, 나의 음악적 성향은 또 다른 타격을 받았다. 합창단을 지휘한 경험이 없는 수녀는 나의 타고난 음역대보다 낮은 알토를 불러달라고 부탁했다. 나는 낮은 소리를 찾기 위해 목소리를 낮출 수가 없었다. 더 안 좋았던 것은, 나는 더 높은 소프라노 라인을 계속 듣고 있었기 때문에 이를 맞추기 위해 어중간한 메조소프라노처럼 불렀지만, 쓰인 악보는 그렇지 않았다. 합창단 감독은 나와 함께 일하려고 노력했고, 만약 내가 나아지지 않는다면, 합창단에서 나가야 할 것이라고 경고했다. 비참하게도 나는 마침내 쫓겨날 때까지 뒷줄에서 웅얼거렸다. 나는 이제 내 서투른 모습을 부끄러워할 이유가 더 생겼다.

그래서 열다섯 살이 되었을 때, 나는 내 몸이 힘 있는 음악을 만들어낼 수 없다고 확신했다. 서른다섯 살이 되어 친구들이 나에게 현명한 조언을 해줄 때까지 나는 다시는 노래하려고 하지 않았다.

어느 쌀쌀한 봄날 오후, 메리 하이버거와 나는 우리가 직업 상담원으로 일하던 펜실베이니아 대학 근처의 스프루스 거리를 걸었다. 음악가이기도 한 메리는 내 목소리가 예쁘다며, 어떤 단체에서 노래를 부르냐고 물었다. 전에도 이런 대화를 나눈 적이 있었다. 이런 얘기를 들으면 나는 고등학교 합창단에서 쫓겨났던 이야기를 과장된 몸짓을 섞어 들려주며 늘 상대의 얘기를 반박했다. 하지만 이번에 메리는 내

쪽으로 몸을 기울여 걸으면서 내가 하는 말에 아랑곳하지 않고 집요하게 물고 늘어졌다. 메리가 내 안에 넘쳐흐르는 오래된 욕망을 느낀 게 틀림없었다. 음악을 친밀하게 접하고 싶은 욕망 말이다. 나의 아버지는 최근에 돌아가셨다. 가슴 아픈 일이었지만, 한편으로 나는 이제 자유롭게 내 목소리를 낼 수 있게 될지도 모른다고 느꼈다. 아버지의 자신감 넘치는 테너와 경쟁할 필요가 없게 되었으니 말이다.

바람이 부는 거리에서 메리는 현실적인 조언을 했다. "이봐요, 아마도 당신은 알토가 아닐 거예요. 목소리 테스트를 한번 받아봐요. 레슨을 좀 받아보라고요." 그 후 몇 주 동안, 나는 메리의 조언에 대해 생각했다.

비슷한 시기에, 나는 처음으로 치료사를 만나기 시작했다. 아주 서서히 나는 내 피부질환과 그것이 내 삶에 미친 영향에 관해 이야기하기 시작했다. 그러자 내 몸에 관한 나의 혼란스럽고 상처된 모든 감정이 겉으로 모습을 드러내기 시작했다.

나는 내 몸의 결함과 가능성에 대해 좀 더 명확하게 생각하기 시작했다. 나는 확실히 이겨낸 것처럼 내 피부를 사랑하게 된 것은 아니었지만, 내 몸이 내게 무엇을 줄지 생각하면서 메리의 조언을 되새기기 시작했다. 대학원생 시절에 나는 옥스퍼드의 중세 예배당에서 좋아했던 합창곡을 나도 부를 수 있을지 궁금해했다. 어쩌면 가능할지도 모른다는 생각에 나는 메리에게 다시 조언을 구했고 그녀는 선생님을 추천해주었다.

그래서 4월의 어느 날, 나는 야자수가 있고 푹신한 의자가 놓여 있는 이디스 워튼의 소설 속에 나오는 어느 방 안에서 스타인웨이 그랜드 앞에 섰다. 나는 〈아름다운 미국America the Beautiful〉을 두 번 불렀다. 한 번은 저음역에서, 그리고 또 한 번은 고음역에서 불렀다. “소프라노예요”라고 그 선생님은 단호하게 말했다. “그리고 성량이 커요.”

그 말이 모든 것을 바꾸어 놓았다. 나는 레슨을 받고 음색을 개선했으며 매년 겨울과 봄에 대중을 대상으로 공연하는 커뮤니티 합창단에 합류했다. 첫 리허설 때 다른 소프라노의 뒤를 따라갔다. 나는 지난 20년 동안 악보를 처음 본 상태에서 즉석에서 노래해본 적이 없었다. 그런데도 나는 감정이 고양되는 것을 느꼈다. 마치 등이 불타오르는 듯 근질거리는 느낌이 드는 그 순간에 나는 **내가 베토벤을 노래하고 있어** 하고 나 자신에게 말했다. 리허설이 중간쯤 진행되었을 때, 나는 내 폐가 팽창하고 내 머릿속의 공간 속으로 음이 울려 퍼지는 것을 느꼈다. 한동안 나는 이 육체적 쾌락을 음미했고, 몇 주간의 리허설을 통해 목소리에 힘이 붙기 시작하면서 나는 내 몸이 내가 해달라고 요청하는 것을 해낼 수 있다고 신뢰하기 시작했다. 나는 내 큰 목소리의 출력을 최대로 끌어올려 포르티시모 음계를 노래할 만큼 자신감을 느끼기 시작했고, 그러한 행위를 깊이 즐기기 시작했다.

사실, 나는 여전히 때때로 비늘로 뒤덮인 내 손과 선홍색 얼굴을 보며 움츠러든다. 하지만 나는 노래하는 것을 사랑한다. 나이가 들어감에 따라 높은 옥타브에서 목소리가 떨리기도 하고 음표를 잘못 읽기도 하지만, 나의 이런 모든 결점에도 불구하고 가수로서 최선을 다해서 노래할 때 내가 아름다움을 만들어내고 강력한 육체적 즐거움을 느낀다는 것을 나는 안다. 나는 가수다. 그리고 내 몸은 나의 악기다.

소리의 감각

청각장애와 음악에 대하여

레이첼 콜브

평생을 완전히 청각장애인으로 살다가 스무 살에 인공와우 이식 수술을 받았을 때, 청각장애가 없는 친구들과 지인들은 나에게 매번 같은 질문을 하기 시작했다. 음악이 들려? 마음에 들어? 소리가 어떻게 들려?

마치 웅얼거리는 것처럼 소리가 왜곡되어 들리는 보청기를 통해 들은 증폭된 소음 말고는 나는 음악을 들어본 적이 한 번도 없었다. 하지만 그렇다고 해서 내가 음악에 전혀 관심이 없었다는 뜻은 아니다. 어릴 적에 나는 피아노와 기타를 연주했고, 리듬에 맞춰 피아노 건반을 고르던 손의 느낌은 물론 기타 소리통의 풍부한 진동을 가슴에 기대어 느끼며 즐겼던 기억이 난다. 나는 다른 많은 일상의 일들을 하는 와중에도 손으로 박자를 맞춰 두드리곤 했다.

몇 년 동안 나는 동네를 돌아다닐 때 개인적으로는 리듬에 맞춰 걷는 것에 강박적으로 집착했다. 메트로놈처럼 **하나, 둘, 하나, 둘** 하며 내 발걸음을 세며 걸을 정도였다. 물의 흐름에서부터 박수를 치는 손놀림, 수화의 풍부한 표현에 이르기까지 시각적인 리듬의 세계는 나를 매료시켰다. 그러나 들리는 세계에서 그러한 경험들은 때때로 음악으로 치지 않았다. 그리고 내가 음악을 들을 능력이 없다는 것은 적어도 나와 알고 지내던 사람들의 견지에서는 상상조차 할 수 없는 것임을 나는 곧 알게 되었다.

"그러니까 지금 저 아름다운 음악이 들리지 않는다는 거예요?" 대학생 때 내게 이렇게 물었던 사람이 기억난다. 우리는 레스토랑에 앉아 있었고, 아마도 은은한 선율이 그 공간에 깔려 있었을 것이다. 내가 들을 수 없다고 하자 그녀는 이렇게 대답했다. "아, 그 말을 들으니 정말 슬프네요."

슬프다. 청각장애가 없는 몇몇 사람들은 음악 없이 살아온 내 인생을 이런 식으로 제멋대로 상상한다. 그 말은 나라는 존재의 어떤 부분도 어쩔 수 없이 슬프다는 뜻이었을까? 나는 이러한 반응에 저항했다. 음악 없이도 내 삶은 이미 아름답고 풍요로웠다. 그저 남들과 다를 뿐이었다. 그리고 음악을 듣는다는 것이 여전히 내 정체성의 핵심은 아니더라도 음악에 대해서 궁금해할 수는 있었다.

인공와우를 이식받고 나자, 나는 음악이 내가 설명할 수 없는 방식으로 내 핵심을 흔들어 놓았다는 것을 깨달았다. 강렬한 타악기 리듬이 내 뇌 속으로 스며들어 바깥쪽으로 고동쳤다. 바이올린의 선율이 내 가슴을 찌르며 진동했고, 노래가 끝난 후에도 오랫동안 그 여운이 남아 있었다. 다른 선율들은 너무 부담스럽고 귀에 거슬리는 불협화음으로 들려서 나는 그 선율들을 차단하고 다시 침묵으로 돌아가고 싶었다. 지금도 여전히 그렇다.

소리가 가져다주는 전율과 고요 속에서 느껴지는 안도감 사이에서 나는 서로 극명하게 대조되는 것을 발견했고, 그것은 어쩌면 내가 평생 알고 있었지만 분명한 언어로 표현할 수 없었던 무언가를 내게 드러내 보였다. 음악은 단지 소리에 관한 것만은 아니었다. 음악은 나에게 또한 몸에 관한 것이었고, 우리가 소리라고 부르는 것이 진공에서 벗어나 세상에 잔물결을 일으키며 퍼져나갈 때 일어나는 일에 관한 것이었다. 지금도 이러한 생각에는 변함이 없다.

인공와우를 이식받은 후 그해 여름, 나는 음악이 내게 무엇을 의미할 수 있는지에 대해 더 깊이 탐구하기 시작했다. 나는 다시 피아노에서 몇 개의 음을 쳐 보았다. 난생처음 교향곡 연주회에도 갔다. 그 압도적인 시간과 내가 들은 모든 새로운 음악은 나에게 나만의 음악을 만들 수 있는 새로운 자유를 주었다. 교향곡을 들을 때 인공와우는 나를 소리의 흥분으로 몰아넣었지만, 나는 시각적인 것에, 그러니까 연주자들이 자신들의 악기로 선보이는 육체적인 예술성에 여전히 매료되었다. 얼마 지나지 않아, 나는 수어로 공연되는 뮤직 비디오 아트를 발견했다. 이전에는 특별한 관심 없이 들었던 제이슨 리스트먼Jason Listman과 로사 리 팀Rosa Lee Timm과 같은 재능 있는 청각장애 아티스트들이 몇몇 노래로 만든 작품이 내 삶에 쩌렁쩌렁 울려 퍼졌다. 나는 미국 수화ASL로 된 이 노래들을 보았고, 그때 나는 청각이나 글로는 결코 주어질 수 없는 방식으로 진정으로 그 노래들을 **느꼈다**.

이후 나는 춤을 춰 보았다. 전에 춤을 추어 본 적이 없는 것은 아니었다. 하지만 나는 당혹감만을 느꼈다. 그때 나는 이해할 수 없는 노래 가사를 큰 소리로 부르는 청각장애가 없는 친구들에게 둘러싸인 채 댄스플로어 위에 서 있었다. 자신들이 부른 노래를 실제로 얼마나 들을 수 있었냐고 그들이 던지는 질문을 받아넘기며 나는 내가 왜 거기에 있었는지 자문하게 되었다. 결국 청각장애인의 춤이란 모순어법이 아니었을까? 청각장애인 모델 나일 디마르코Nyle DiMarco가 〈댄싱 위드 더 스타〉에서 분명히 보여주었듯이 대답은 "아니오"지만*, 그의 공연 전 며칠 동안, 나는 이것을 스스로 발견해야만 했다는 것을 기꺼이 고백한다.

다시 말하지만 내 인공와우는 나에게 시도해볼 자유를 주었다. 한 친구가 나에게 몇 년 만에 처음으로 춤을 추자고 설득했을 때, 내가 음악 듣는 것을 좋아한다는 사실을 부인할 수 없기는 해도, 내가 가장 좋아하는 노래는 깊은 리듬으로 울려 퍼지며 저음이 내 몸을 관통해 울리는 것임을 발견했다. 나는 내가 들은 것만이 아니라 내가 느끼는 것에 맞춰 춤을 추었다. 춤에 빠져들어 해방감을 느끼자 춤의 육체적인 동작이 내 마음속을 휘감고 사로잡았다. 그러고 나서 친구와 내가 노랫말에 맞추어 수어를 시작했을 때, 나는 우리가 하고 있는 것에 깊은 감동을 느꼈다. 느낌, 움직임, 감각, 그리고 언어에 대한 이러한 기념 행위는 내가 음악을 경험할 때 가장 중요한 것이었기 때문이다.

음악은 단순히 듣는 것을 넘어서는 방식으로 우리 몸에 깊이 배어들 뿐만 아니라, 일단 그러고 나면 더욱 놀라운 것이 된다.

"음악을 들을 수 있어요?" 이제 나는 음악을 들을 수 있지만, 이 질문은 핵심을 놓치고 있다고 생각한다. 음악은 또한 놀라울 정도로 그리고 불가피할 만큼 시각적이고 육체적이며 촉각적이다. 그리고 **이러한** 방식들 속에서 음악은 우리의 삶을 통해 그 리듬을 엮어낸다. 나는 이제 훨씬 더 풍부한 질문이 있을 수 있다고 생각한다. "음악이 당신에게 어떤 **느낌으로** 다가와요?"

* 나일 디마르코는 청각장애가 있는 모델로 〈댄싱 위드 더 스타〉 시즌22에 참가해 우승을 차지했다.

할 수 있기에 나는 춤을 춘다

앨리스 셰퍼드

내 양손이 차갑고 땀으로 축축하다. 마음이 초조해지면 늘 이렇다. 맞다, 나는 긴장하고 있다. 내 심장도 두근대고 있다.

나의 오른쪽 다리를 경사로 무대 장치 위쪽으로 옮기며 경사로 가장자리에 붙어 있는 금속 손잡이를 힘껏 끌어당겨 춤이 시작되는 지점으로 내 배를 밀어 올리기 전에 나는 약 30초간 마음을 진정시켜야 한다. 나는 심호흡하며 눈을 감는다. 미끄러져 올라갈 때 차가운 표면에서 끼익 소리가 난다. 음악이 시작되기 전에 나는 45초 정도 숫자를 센다.

이 춤은 〈내리막DESCENT〉이라고 불리며, 창작 집단 키네틱 라이트Kinetic Light의 창작물이다. 나는 지금부터 한 시간 동안 둥근 합판으로 만들어진 세트 주위를 중심으로 내 몸을 위아래로 움직일 것이다. 조명과 영상 디자이너인 마이클 매그Michael Magg의 아름다운 투사영상과 짝을 이뤄가며 격정적인 춤의 세계를 경험할 것이다. 나의 댄스 파트너이자 공동 작업자인 로렐 로슨Laurel Lawson과 함께 휠체어에서 바닥으로, 플랫폼에서 계곡으로 이동하면서 밀고 당기고 서로 뒤엉켜 얽히며 끝을 향한 마지막 순간까지 함께 뛰어오를 것이다.

나는 원래 무용수가 아니었다. 나는 악기를 연주하며 자랐고, 오케스트라 단원이 되는 것이 꿈이었다. 하지만 마지막 순간에 마음을 바꿔 언어를 공부하고, 대학원에 진학하여 교수가 되었다. 2004년에 열린 한 장애 연구 콘퍼런스에서 무용수인 호머 아빌라Homer Avila가 공연하는 모습을 보기 전까지 나는 예술 분야를 다시 쳐다볼 생각조차 하지 않고 있었다. 공연이 끝나고 우리는 이야기를 나눴다. 그때만 해도 그의 말이 내게 미칠 영향에 대해서는 짐작조차 할 수 없었다. 나는 그의 권유를 받아들여 무용 수업에 가벼운 마음으로 참여하기로 했다. 나는 호머가 죽음을 앞두고 있다는 것도, 그의 말이 내 호기심에 불을 붙여 춤에 대한 열정으로 활활 타오르게 할 줄은 미처 몰랐다. 2년 후에, 나는 교수직을 그만두고 무용수로서 훈련을 받기 시작했다.

그로부터 거의 15년이 지난 지금까지도 사람들은 종종 나에게 왜 춤을 추냐고 묻곤 한다. 그러면 나는 그들에게 춤만이 줄 수 있는 느낌 때문이라고, 춤이 주는 즐거움 때문이라고, 그것이 내가 할 수 있는 일이기 때문이라고 말한다. 대체로 나의 이러한 답변이 제대로 그 의미를 전달하는 것 같지는 않지만 말이다. 나는 대화 상대자를 부드러운 눈빛으로 바라본다. 때때로 그들의 내적/외적 필터는 소통에 실패하고 만다. **물론 신체 능력에 제약이 있는 사람은 움직이는 데서 즐거움을 느낄 수 있을 거예요. 여러 가지로 생각해 보면 기분이 분명 좋아지겠죠. 운동이 아마 도움이 될 수도 있겠죠, 맞죠? 치료 효과도 있지 않을까요?**

이중 그 어느 것도 내가 말하려는 바가 아니다. 춤은 치료 효과가 있다기보다는 오히려 내 몸에 해로울 때가 더 많다. 나는 내 몸의 신체적 결함에 대한 이해에 기초해서 작업하지도 않는다. 하지만 내가 춤을 즐긴다는 건 사실이다. 그것도 엄청나게. 나는 내 몸을 쭉 뻗고 밀고 땀 흘리는 것과 사랑에 빠졌다. 움직이고자 하는 바로 그 노력과 말이다. 나는 춤과 사랑에 빠졌다. 춤이 주는 힘과 자유는 내가 아는 그 무엇과도 같지 않다.

작업실에서, 나는 주의 깊게 귀를 기울이며 내 몸이 가르치는 것을 배우려고 애쓴다. 무대에 서면 때때로 초현실적으로 느껴진다. 어느 날 저녁의 아주 짧은 시간 동안, 나는 동시에 수백 명의 사람과 연결된다. 우리는 자주 아무 말 없이 대화를 나눈다. 나는 그들을 볼 수 없지만 느낄 수 있다. 나는 우리가 함께 호흡하고 있음을 안다.

* * *

춤이 한창이다. 춤을 추기 시작한 지 20분이 지나 나는 배로 휠체어의 좌석으로 미끄러져 들어간다. 로렐에게 주의를 집중하며, 한 손을 엉덩이 아래쪽으로 집어넣고 휠체어 의자의 고정핀을 당겨 뺀다. 벨크로가 펼쳐지면서 아주 만족스러운 소리를 낸다. 로렐은 나를 유혹하고 나는 바람둥이가 되어 바로 그 뒤를 좇아간다. 우리는 장애 여성으로서 인종과 동성애 관계를 형성하는 것이 무엇인지에 대해 연구하고 있다. 휠체어 의자에 몸을 고정시키는 행위는 휠체어 사용자나 휠체어 사용자를 아는 사람에게는 매우 익숙하다. 휠체어 사용을 좋아하는 소수의 사람에게는 벨크로 소리는 친밀함의 순간들을 떠올리게 할 것이다. 그것은 정말 문화적 영감을 받는 순간이다. 장애에 대한 편견을 깨고 장애에 대한 시각을 바꿔, 나는 이 순간이 아름다움으로 비추어지기를 바란다. 나는 이 순간, 어떻게 조명을 비춰야 하는지 조명 디자이너인 마이클에게 말할 필요가 없다. 마이클은 휠체어 사용자이기도 하기에 그가 비추는 조명과 영상 속에서 우리가 어떻게 비추어지는지 그가 알 거라고 느낀다. 그 조명으로부터 섹시하고 친밀한 그의 감정을 느낄 수 있을 것이다. 그가 만든 빛은 내 팔과 끈을 들어 올린다. 마이클이 그곳에서 우리와 함께 춤을 추고 있다.

물론, 장애가 없는 사람들은 이 순간을 평가한다. 그러나 무대 위에서 휠체어에 몸을 끈으로 고정시키고 벨크로가 펼쳐지는 소리를 들으며 느끼는 과정은 실제로 장애 사회에 속해 있는 우리에게는 좀 더 복잡하게 다가온다. 공개적으로 휠체어에 끈을 묶어 고정시키는 행위가 너무 사적이어서 몇몇 사람들에게는 논란의 여지가 되었다. 하지만 어떤 이들에게는 장애가 아름다울 수 있구나 하고 느낄 수 있는 기쁨의 순간이기도 하다. 무대에서 휠체어와 춤을 추는 모습을 보고 영감을 받은 후 관객과의 대화는 편견 없는 대화의 장이 된다. "휠체어 의자에서 일어나는 섹스 장면을 굳이 보여주는 이유는 뭔가요?" "휠체어 의자에 앉아서 섹스 장면을 보여주는 것이 예술적 미학과 정체성에 있어서 어떤 관계가 있나요?"

미국은 문화적으로 더는 "예술을 위한 예술"을 추구하지 않는다. 우리가 변화해가는 양상을 늘 알고 있는 것은 아니지만, 우리는 예술과 사회 정의 사이에 유의미한 관계가 있다고 주장한다. 특히, 예술가가 사회적 소수 집단이거나 사회적으로 낙인찍힌 집단 출신일 때 더욱 그러하다. 예를 들어 장애인 예술가의 예술은 종종 그 예술가의 장애 상태와 관련이 있는 것으로, 즉 장애로 인한 삶의 고난에 맞서 그러한 상태를 극복하는 것으로 보인다. 때로는 예술가가 실제로 의도한 바와 달리 달리, 그런 작품의 의도는 비장애인들에게 장애인의 권리와 장애인을 대하는 에티켓을 교육하고 장애와 사회적 공정성에 대해 깨닫도록 유도하는 것이라고 가정되기도 한다. 하지만 여기에는 한계가 있다.

예술을 사회적 변화에 그렇게 직접적으로 연결하는 것은 문화적 생산을 광범위한 사회적 담론과 해로운 방식으로 연결할 수 있으며, 이로 인해 모든 사람이 그러한 이야기의 경계 밖에서 예술을 이해하는 것을 어렵게 만들 수 있다. 장애 예술과 같은 문화적으로 특수한 예술 작품은 여러 분야에서 남다른 의미를 가질 수 있다. 사람들은 뉘앙스와 복잡성에 가치를 두기 때문에, 공동체의 전통과 유산을 깊이 공부하는 것은 우리와 같은 예술 창작자의 의무다. 그래야 작품이 좁은 틀을 벗어나 감상의 대상이 될 수 있다.

〈내리막〉은 우리가 경사로ramp라고 부르는 건축적이고 조각적인 무대 위에서 진행되는 예술이다. 그것은 여느 경사로와 다른 경사로다. 휠체어 사용자들이 계단을 피해 접근할 수 있도록 도와주는 일반적인 경사로와는 달리, 이 경사로는 아름답다. 시각적으로 매력적이다. 그래서 그 표면을 밀고 올라가는 것은 도전으로 가득한 즐거운 일이다. 휠체어 바퀴에서 손을 떼고 굴러 내려가면, 우리의 휠체어는 자동으로 방향을 바꾸며 멈춰 설 때까지 통제 불능 상태가 된다. 하지만 우리가 완벽하게 균형을 잡으면 휠체어는 끝없이 방향을 틀 것처럼 보인다. 이 경사로는 새라 헨드렌Sara Hendren과 예브게니아 자스타브커Yevgeniya Zastavker가 올린 대학에서 공동으로 수업한 강좌에 수강 중인 열두 명의 학생들과 함께 설계했다. 미국장애인법은 이상적인 휠체어 접근 경사로에 대해 최대 경사도, 최소 폭, 적정 재료를 매우 정확하게 규정하고 있다. 다만 이 규정은 이 경사로를 사용하는 느낌이 어떤가에 대해서는 언급하고 있지 않다. 즉, 건물에 휠체어가 안전하게 들어가는 데 필요한 적정 사양에 주된 목적을 두고 있다. 이러한 경사로는 물론 완벽하게 유용하고 필요한 것이지만, 나는 이러한 경사로 디자인을 경사로 설계 실패의 사례들로 본다. 장애인은 단순히 접근할 수 있는 그 이상의 것을 원한다.

학자이자 활동가인 시미 린튼은 수동 휠체어를 타고 언덕을 굴러 내려가는 원초적인 기쁨을 묘사한다. 그녀의 말은 수많은 경사로 사용자들의 경험을 요약하여 설명한다. 대학의 지원을 받아 올린 대학의 학생들은 아름다움을 위한 〈내리막〉 경사로를 설계하고, 바퀴 달린 휠체어의 유쾌한 움직임을 최대한 활용하여 디자인했다. 그 결과로 만들어진 무대는 경사로가 어떤 모습을 보일 수 있는지에 대한 우리의 이해를 확장한다. 로즈마리 갈런드-톰슨이 말했듯이, 이 경사로는 미국장애인법을 미적으로 준수하지 않는다.

* * *

경사로의 삐걱거리는 합판과 표면에 닿는 휠체어 타이어의 미끄러지는 소리는 내가 로렐에게 손을 뻗을 때 나를 지탱해주는 소리다. 우리는 서로 손을 감고, 경사로의 가장자리 쪽으로 향할 수 있도록 그녀의 몸은 있는 힘을 다해 내 몸을 민다. 경사로 위로 서로가 얽혀서 서로가 서로를 다른 곳으로 데려가고, 우리는 경사로를 따라 좌우로 표류한다. 우리는 마이클이 만들어내는 조명 빛에 갇혀 있고, 관객은 우리와 함께 호흡한다. 음악은 희미해지며, 경사로 위의 소리는 우리가 더는 움직일 수 없을 때까지 극장을 가득 채운다. 경사로 위는 정적이 감돌고, 공연장이 어두워지면서 전반부의 막이 내린다.

장애 문화와 미학은 접근성과 밀접한 관련이 있지만, 법에 명시된 의미에서는 그렇지 않다. 우리는 접근성을 장애인과 비장애인의 세계 사이의 격차를 해소하는 매개체라고 생각하는 데 익숙하다. 하지만, 미아 밍거스Mia Mingus와 같은 운동가와 신스 인발리드Sins Invalid 집단과 같은 장애 정의 공동체는 장애인들 간의 연결고리를 만드는 과정과 방법, 즉 세상을 알고 존재하는 방식으로서 접근성을 강조한다.

장애인 공동체 구성원들은 공연 전 커뮤니케이션과 교육, 현장의 직원 채용 및 다가오는 세미나 준비에 이르기까지 공연의 모든 부분에 관여해왔고, 이들은 이 행사에 참여하기 위해 전국 각지에서 날아왔다. 공연에 참여한 청중으로 하여금 우리를 가족같이 느끼도록 격려하고, 우리 또한 장애인법에서 설명되는 접근성으로 청중들을 수용하기보다는 진심으로 최선을 다해 그들을 환영했다. 그럼에도 불구하고, 우리가 전하고자 했던 모든 것이 청중에게 제대로 이해되지 못했음을 나는 안다. 그러나 접근성은 서로 다른 방식으로 배우고 함께 있기 위한 노력에 관한 것이기도 하다. 다음번에 우리는 더 많은 것을 배울 것이다.

음악이 클라이맥스로 치닫는다. 나는 경사로 꼭대기에서 로렐이 경사면을 따라 빠른 속도로 밀고 내려가는 모습을 본다. 그녀는 경사로 꼭대기에서 몸을 힘껏 내린다. 그녀의 움직임보다 더 빠른 움직임으로 나의 휠체어 의자가 움직이고 있다. 나는 그녀를 향해 가고 있다. 나는 팔을 내밀고, 휠체어와 한 몸이 된 그녀 위로 올라가 자세를 잡는다. 내 심장은 두근거리며 마이클의 조명은 우리를 향해 번쩍거린다. 로렐과 자세를 바꾸고, 우리는 함께 매달려 있다.

장애에 관한 이야기가
슬퍼야 할 이유는 없다

×

멀리사 샹

여느 중학생들처럼, 나는 보통 시리얼로 하루를 시작한다. 매일 아침 나는 양치질을 한 후 우유와 함께 시나몬 토스트 크런치 한 그릇을 플레이크가 눅눅해지기 전에 재빨리 모두 떠먹으려고 한다. 나는 그날 입을 옷으로 갈아입고, 엄마가 욕실을 독차지한다며 고함을 지르기 전에 화장을 마치려 한다. 그러고 나서 버스를 타러 간다.

다른 모든 면에서 보면 나는 그냥 전형적인 8학년 학생일 뿐이지만, 나는 또한 근위축증의 일종인 샤르코 마리 투스병Charcot-Marie-Tooth을 가지고 태어났다. 샤르코 마리 투스병은 시간이 지날수록 팔과 다리의 근육이 위축되는 퇴행성 신경질환이다. 나는 다리 버팀대를 착용하고 휠체어를 타고 다니며, 학교에는 내 사물함 번호의 열쇠를 돌려주는 도우미 보조원이 있다. 매일 아침이면, 장애인 전용 버스가 나를 태우기 위해 우리 집으로 온다. 사실 이 차는 위에 "통학버스" 표지판을 붙인 밴에 가깝다.

휠체어와 의학 전문용어에 꽤 익숙하다는 점만 제외하면(누구나 자신의 팔다리가 그렇게 되면 그런 종류의 어휘를 익히게 된다), 보통 나의 일상적인 모습은 우리 반 친구들과 별반 다르지 않다. 나는 친구들처럼 수

학과 과학 숙제에 대해 앓는 소리를 내며 힘들어하고, 친구들과 낄낄대며 잡담을 나누고, 다른 청소년들처럼 스마트폰을 만지작거리는 데 지나치게 많은 시간을 쓴다. 장애가 있는 소녀로서, 나는 내 이야기가 슬픈 이야기가 아니라는 것을 안다.

지난 4년 동안, 나는 내 이야기가 슬픈 이야기일 필요가 없다는 사실을 나 아닌 다른 사람들에게도 납득시키려 애써왔다. 2013년, 나는 체인지닷오아르지Change.org*에서 내가 가장 좋아하는 인형 회사인 아메리칸걸American Girl에 장애가 있는 인형을 만들어달라고 요청하는 청원을 냈다. 나는 이 회사의 오랜 팬이다. 이 회사의 인형들은 역경을 극복한 긍정적인 마인드를 지닌 소녀가 주인공으로 나오는 책과 영화에 등장한다. 나는 나처럼 휠체어를 탄 여주인공의 이야기를 보고 싶었다. 이 청원서는 14만 명의 서명을 받았고, 뉴스에도 널리 보도되었다. 사람들은 분명히 장애가 있는 아이들이 낙관적인 내용으로 등장하는 것을 보고 싶어 했다.

아메리칸걸이 장애를 완전히 무시한다고 말하는 것은 공정하지 못한 처사일 것이다. 그들은 휠체어, 목발, 보청기, 당뇨병 치료 키트와 같은 인형 액세서리를 만든다. 그 이야기들 중 하나에는 휠체어를 탄 조연급 등장인물이 있고, 또 다른 이야기에는 소아마비를 앓아 병원에 입원해 있는 소년이 등장하고, 2017년 올해의 소녀는 말을 더듬는다. 하지만 이들이 내가 보고 싶었던 캐릭터는 아니었다.

나는 내가 직접 문제를 해결해야겠다고 마음을 먹고, 나 자신의 이야기를 쓰기로 했다. 장애가 있는 소녀를 주연으로 내세운 이야기를

* 다양한 사회 변혁 활동을 지원하는 인터넷 사이트.

말이다. 나는 내가 쓰고 싶은 책이 어떤 장르에 속하는지를 정확히 알고 있었다. 나는 우울하거나 비극적인 "위대한 아동문학"의 팬이었던 적이 없다. 나와 내 친구들은 『컵케이크 다이어리』 시리즈를 좋아한다. 네 명의 단짝 친구들이 함께 모험에 나서는 이야기를 다룬 핑크색 표지의 책인데, 내용이 심각하지 않아서 즐겁게 읽을 수 있다. 나는 『컵케이크 다이어리』와 같은 글을 쓰고 싶었지만, 결국 내가 쓴 것은 장애가 있는 주인공 중학생 소녀가 가장 친한 친구들과 함께 영화 제작을 하는 이야기였다. 컵케이크를 만드는 대신에, 나와 내 친구들은 특수 효과를 준 유튜브 동영상을 볼 것이다.

내 언니 에바는 내가 편집자를 고용하기 위해 킥스타터Kickstarter* 캠페인을 준비하는 것을 도와주었다. 우리는 『미아 리, 휠체어를 타고 중학교를 누비다*Mia Lee Is Wheeling Through Middle School*』라는 책의 초고를 썼고, 이에 도움을 줄 출판 에이전트를 찾았다. 킥스타터 캠페인을 통해 얻은 자금을 이용해, 우리는 초고를 세련되게 편집해줄 사람을 고용했고, 그 편집본을 출판사들에 보냈다.

출판사들이 보인 반응은 거의 한결같았다. 퇴행성 신경질환을 앓고 있는 휠체어를 탄 소녀라고 하기에는 미아 리가 너무 행복해 보인다는 것이었다.

한 출판사는 이렇게 답장을 보내왔다. "이야기 구조가 보내준 원고보다 좀 더 풍부했으면 좋겠어요. 한 명은 샤르코 마리 투스병을 앓고 있고, 또 한 명은 그렇지 않은 쌍둥이 자매에 관한 이야기는 어떨까요? 그러면 갈등이 좀 더 선명하게 드러날 것 같아요." 또 다른 출판사

* 미국의 크라우드 펀딩 서비스.

는 미아 리의 캐릭터가 가벼운 이야기에 어울리지 않는 것 같다고 말했다. 마침내, 나의 에이전트는 나에게 이렇게 말했다. "내 생각에는 사람들이 이런 유형의 캐릭터와 이야기를 받아들일 준비가 되어 있지 않은 것 같아요."

그녀의 말뜻은 유튜브를 좋아하는 대담한 여주인공 미아 리는 장애아동이 어떤 모습일 거라는 일반인들의 관습적인 생각과는 달라도 너무 다르다는 것이었다. 휠체어를 탄 아이들에 관한 이야기는 아주 드물고, 게다가 쾌활하고 행복한 장애인에 관한 이야기는 그보다 더 적다. 장애는 언제나 불행으로 보이고, 장애가 있는 캐릭터는 그저 건강한 몸을 가진 주인공들이 친절을 베풀 기회로 이용될 뿐이다.

나는 단 한 번만이라도 장애가 있는 아이들이 병원이 아니라 학생식당에서 친구들과 점심을 먹는 모습을 보고 싶다. 나는 청소년 독자들이 장애아들이 동정이 필요한 비참한 사람들이 아니라, 역경에도 불구하고 평범한 삶을 사는 사람으로 생각하기를 원했다. 나는 청소년 독자들이 장애가 있는 아이들을 **친구**로 바라보길 원한다. 같이 대화를 나누고, 같이 셀카를 찍고, 같이 주말에 영화를 보러 가는 사람으로 말이다. 마음이 편해지는 가벼운 방식으로 장애를 보여주는 책이 없다면 장애가 없는 사람들이 장애를 정상적인 삶의 일부로 이해하기는 더욱 힘들어질 것이다.

나는 결국 그런 유의 이야기가 좋다고 생각하는 출판사를 찾을 수 없었지만, 킥스타터 펀딩을 통해 받은 돈을 아마존에서 자비 출판을 하는 데 썼다. 『미아 리, 휠체어를 타고 중학교를 누비다』는 국립청소년전환센터에서 소개되어 전국의 부모와 어린이들에게 수백 부를 판매하였다.

책을 출간하고 나서, 나는 여느 평범한 중학생으로 돌아갔다. 학교 연극에 참여했고, 지금은 졸업을 준비하고 있다. 주말에는 도서관에 가서, 가끔 "방금 반납된" 책장 선반에서 내 책이 꽂혀 있는 모습을 본다. 나는 종종 누가 그 책을 대출해갔는지 궁금해한다. 어쩌면 자기 반의 장애가 있는 아이를 자기 집에서 놀자고 초대하려는 아이일지도 모른다. 아니 어쩌면 나처럼 장애가 있는 아이일지도 모른다. 그 아이는 이 책을 보며 이렇게 말할지도 모른다. "그냥 나랑 똑같네! 얘도 행복하잖아!"

만성질환에서 나는 더 깊은 의미를 찾았다

엘리엇 쿠클라

하룻밤 사이에 나는 교통사고로 장애인이 되었다. 교통사고는 꿈이었지만 장애는 현실이었다.

나는 종말에 이른 세계에서 캘리포니아주 오클랜드의 잿더미로 변해버린 거리를 운전하는 꿈을 꾸었다. 나는 모퉁이를 돌았고 하얗게 불타오르는 화염 속으로 돌진하는 차를 멈춰 세울 수 없었다. 나는 깜짝 놀라며 잠에서 깨어났지만, 여전히 머릿속으로 하얀 섬광이 타오르며 내 인생 최악의 두통이 왼쪽 측두엽을 꿰뚫었다. 나는 몇 년 전에 어머니가 뇌동맥류를 앓았다는 사실을 알고 있었고, 따라서 "내 인생 최악의 두통"을 무시해서는 안 된다는 것을 알고 있었다. 아내와 나는 서둘러 병원으로 갔다. 이후로 내 인생이 영원히 변할 거라는 예감이 머릿속을 스쳤다. 응급실에 도착하자마자 일은 일사천리로 진행되었다. CT 촬영을 했고, 수정처럼 맑은 척수액을 내 등에서 뽑았다. 여덟 시간 후, 나는 건강에 아무런 이상이 없다는 말을 들었다.

의사들이 내게 한 말은 사실상 내 몸에서 뭐가 잘못되었는지 모르겠다는 것이었다. 의사들은 그렇게 말하기를 꺼렸지만 말이다. 그 후 몇 주가 지나고, 또 몇 달이 지나면서 내가 전혀 건강하지 않다는 게 분명해졌다. 끔찍한 두통이 계속되었고, 타는 듯한 신경통이 온몸으로 퍼졌다. 마치 짙은 안개가 낀 것처럼 머릿속이 흐릿해졌고, 구강염이 생겼다. 나는 녹초가 되어 나가떨어졌다. 나는 입을 벌려 말할 수가 없었다. 또한 내 집의 침실과 욕실 사이에서 길을 잃거나, 아내의 이름을 기억해내지 못하기도 했다. 그리고 발작이 시작되었다.

그 무렵, 나는 의사들이 내 몸에서 일어나는 일들과 내가 겪은 경험들을 전혀 믿지 않는다는 걸 알게 되었다. 나는 의사들에게 내 몸에서 갑작스럽게 일어나는 기이하고 끔찍한 일들에 대해 얘기했다. 그런데도 의사들은 인지 행동 치료를 받아보라거나 체중 감량 전문가를 만나 보라고 권유할 뿐이었다. 나는 의심의 두꺼운 벽에 둘러싸여 고립된 채로 안녕함의 세계로부터 추방당한 듯한 기분이 들었다. 나는 세상이 나를 국외자로 받아들이는 데 익숙했다. 나는 개혁 유대교가 정식으로 임명한 최초의 공개적 트랜스젠더 랍비였다. 나는 거절당하는 데 익숙했다. 당신 같은 사람이 있어서는 안 된다는 말을 듣는 데도 익숙했다. 하지만 만성질환을 앓고 있는 존재라는 국외자 신분에 대해서는 아무런 준비가 되어 있지 않았다.

잠깐 생각해 보자. 미국 성인의 약 0.6퍼센트가 트랜스젠더이고, 전 세계 인구에서 유대인이 차지하는 비중은 0.2퍼센트도 되지 않는다. 하지만 우리 가운데 병에 걸리지 않을 사람은 아무도 없다. 다시 말해 100퍼센트의 사람들이 병에 걸린다. 하지만 나를 국외자로 느끼게 하는 것은 바로 만성적으로 아프다는 사실이다. 이러한 사실은 우리 사회가 아프다는 것, 다시 말해 병들고 나이 들고 통제가 잘 안 되는 몸을 갖는, 인간이라면 누구나 겪게 되는 그런 경험을 얼마나 두려워하고 거부하는지를 잘 드러낸다.

내 증상의 원인을 규명하기 위해 여러 의사를 전전했지만, 하룻밤 사이에 나는 신뢰받는 랍비이자 중병에 걸려 죽어가는 사람들과 함께 일하는 병원 의료팀 소속 사제에서 "신경질적인" 만성질환자로 바뀌어버렸다. 내 의뢰인에게서 이런 일이 일어나는 것을 본 적이 있었지만, 이제 나는 만성질환을 가진 사람들이 하는 말을 의사들이 믿지 않는 게 보편적으로 일어나는 현상임을 알게 되었다. 특히 증상이 겉으로 드러나지 않거나 진단하기 어려운 사람들에 대한 불신은 더욱 심하다. 사실 나는 그들과 다른 대우를 받을 거라고 믿었다. 나는 병원 시스템에 대해 잘 알고 있었을 뿐만 아니라 자격을 갖춘 건강관리 전문가였기 때문이다. 하지만 나는 그런 생각이 얼마나 오만한 것이었는지 금방 깨닫게 되었다.

결국 아내의 꾸준한 옹호 덕분에, 나는 중추신경계 루푸스(뇌와 중추신경계를 공격하는 자가면역질환), 섬유근육통, 만성피로증후군, 복합편두통 등의 진단을 받았다. 나에 대한 루푸스 진단은 나중에 취소될 것이고, 내가 들고 있는 건강보험 회사와 산재 보험 회사는 나를 어떠한 기준으로 분류하고 관리하며 내가 가진 장애에 대해 얼마만큼의 치료를 지원할지 결정할 것이다. 보험에 얽혀 수익화된 문제가 되면서, 진단이 어려운 장애의 한계를 뚫고 "증명"해야 하는 이 과정에서 내 몸이 무엇을 필요로 하는지는 사실상 아무런 상관이 없었다.

대부분의 다른 사람들과 마찬가지로, 나는 살면서 질병을 늘 일시적인 것쯤으로 여겼다. 질병을 살아가는 곳이 아니라 회복 중이거나 죽음에 이르는 도정에서 잠시 머물다 가는 중간 기착지쯤으로 말이다. 하지만 몇 주, 몇 달, 그리고 몇 년이 지나도, 나의 몸 상태는 나아지지 않았다. 의사들만이 아니라 심지어 몇몇 친구와 가족들조차도 내가 더 애쓰고, 더 깊이 휴식을 취하고 더 긍정적으로 사고하기만 하면 건강이 나아질 거라고 얘기했다. 나는 장애와 의존성, 취약성에 대한 사람들의 두려움을 위한 피뢰침이 되었다. 정치적인 결정의 순간에, 건강관리는 사치로 취급당하고, 허리케인 희생자들은 자신들이 겪은 재난에 대하여 도리어 잘못은 당신들에게 있다는 비난을 받는다. 모든 것은 개인이 책임져야 한다는 윤리가 지배적이기 때문이다. 하지만 때때로 아픈 사람들은 그냥 아플 뿐이다. 그리고 그것을 고칠 수 있는 명상, 약물요법, 긍정적인 전망, 운동이나 스무디 따위는 없다.

결국 나는 건강이 회복되었으면 하는 바람을 멈추었고, 더는 희망이라는 미래로 가득 찬 땅에서 사는 척하는 것도 그만두었다. 나는 내 몸을 "이겨내려는" 노력을 그만두고, 만성질환 속에서 현재 시제의 삶을 살기 시작했다. 삶의 속도가 느려지면서, 나는 새롭고 고양된 방식으로 감각의 쾌락을 느낄 수 있었다. 내 침실 창밖의 햇빛, 강아지의 벨벳 같은 털, 정원의 시원한 바람, 풍성한 색깔의 꽃. 마치 안개가 자욱하게 낀 것처럼 내 머릿속이 너무 흐릿해서 아무것도 할 수 없는 날들에는 풍요롭고 끝없이 펼쳐진 꿈의 세계를 떠돌아다녔다.

큰 어려움을 겪으면서 나는 보살핌을 받는 법을 배우게 되었다. 내 부모님은 아이에게 무관심하고 소홀한 사람들이었기에 나는 살아오는 동안 매우 독립적인 편이었다. 하지만 이제 피로가 내 몸을 사로잡으면, 나는 음식을 준비하고, 샤워하고, 세탁하고, 약을 관리하는 일에 다른 사람의 도움이 필요했다. 이것은 어렵고 심오한 영적 취약성을 전제로 했다. 내가 중병을 앓고 있는 다른 고객과 같은 처지에 놓인 사람이고 업무를 볼 때 일종의 동정을 받으려고 하지 않는다는 것을 진심으로 이해한다면, 스스로 선택하거나 일어서야 한다는 것을 깨달았다.

우리는 보살핌을 받으며 태어났고, 보살핌을 받으며 죽는다. 나 또한 예외가 아니다. 우리는 살아가면서 때때로 우리 자신이 독립해 있는 존재라는 환상을 품지만, 우리는 우리 자신이 건설하지 않은 도로 위에서 차를 몰고, 우리가 고르거나 기르지 않은 음식을 먹는다. 나 자신의 독립성이라는 환상을 떨쳐내는 순간, 비로소 인간이라는 존재의 근본적 진실이 제모습을 드러낸다.

많은 사람이 그러하듯이 나도 한때 일과 경험을 생산할 수 있는 능력으로 내 가치를 측정해왔다. 직장에서 생산성을 높이고, 가정에서 책임을 공유하고, 우정 속에서 대등하게 관계하고, 성과를 쌓는 것이 내 존재 의미를 말해준다고 생각했다. 아프다는 건 자본주의 문화와 쉬지 말고 일하라는 그 문화의 명령에서 벗어나기 위한 느리고 긴 해독의 과정이었다. 천천히, 나는 상호주의를 넘어서는 관계에서 더 깊은 가치를 발견했다. 정의에 기반한 무조건적인 사랑과 배려, 그리고 측정 가능한 배경을 제시할 수 있는가에 상관없이 모든 인간은 관계를 맺을 자격을 가지고 있다는 믿음을 말이다. 이러한 발견 속에서 나를 이끈 사람들은 다른 질병과 장애를 가진 사람들이었다. 그들의 가치는 언제나 내게 명백했다. 전동휠체어와 보조견, 지팡이, 아이스팩 등 멋진 다양성 속에서 있는 그대로의 우리가 중요하다는 사실을 쉽게 알아볼 수 있다.

결국 내 몸은 변했다. 나는 이제 더 긴 시간 동안 깨어 있을 수 있고, 나의 통증은 둔한 두근거림으로 무뎌졌다. 외출도 할 수 있게 되었다. 그래서 나는 고객을 방문하거나 호스피스 자원봉사자들에게 조언해줄 수 있다. 나는 이 사실에 감사함을 느끼고 있다. 하지만 나는 내가 치유되었다고도, 곧 내 병의 치료법이 생길 거라고 여기지도 않는다. 이것은 내 몸이 겪어야 할 삶의 또 다른 장일 뿐이다. 나이를 먹을 만큼 운이 좋다면, 내 몸은 또다시 변할 것이다. 내 질병과 가족력 때문에, 나는 다른 사람들보다 치매에 걸릴 가능성이 더 높을 것이다. 나이가 들수록 내 몸과 마음에는 확실히 더 많은 장애가 생겨날 것이다. 나는 인지능력과 감각능력을 잃게 될 것이다. 또한 내 피부와 근육은 늘어지고 와해될 것이다. 나는 점점 더 다른 사람들에게 의존하게 될 것이다. 내 장은 쉽게 탈이 날 것이고 내 주변은 어수선해질 것이다. 내 치아와 머리카락이 빠질 것이고, 소중한 추억들이 기억나지 않게 될 것이다. 이것은 비극이 아니다. 이것은 인간이라는 것이 의미하는 바다.

장애인의 삶은 살 만한 가치가 있는 삶이다

벤 매틀린

2016년 한여름에 나는 캘리포니아에 거주하는 저명한 장애인 권리 옹호자인 로리 호이럽Laurie Hoirup이 향년 60세로 별세했음을 알게 되었다. 로리는 7월 4일 미국 독립기념일 축하 행사를 마친 후 새크라멘토강에서 익사했다. 생전에 그녀는 큰 사랑을 받았고 많은 일을 성취하였다. 그녀는 5년간 캘리포니아주 발달장애 협의회 수석 부국장을 지냈고, 장애를 가지고 살아가는 삶에 관한 여러 권의 책을 썼다.

로리의 갑작스럽고 비극적인 죽음은 그녀가 가진 척수성 근위축증이 직접적인 원인은 아니었지만, 로리의 사례는 장애를 가지고 산다는 것이 얼마나 취약한 것인지를 극명하게 떠올리게 한다. 그녀가 유람선에서 내릴 때 부두와 연결된 경사로가 움직였다. 타고 있던 전동휠체어의 무게 때문에 로리는 강물 속으로 빠르게 빨려 들어갔고, 게다가 휠체어에 몸을 묶어 둔 상태였기 때문에 그녀를 구해낼 도리가 없었다.

로리의 죽음은 나에게 더 각별하게 다가왔다. 쉰세 살 먹은 두 아이의 아빠이자 집 안의 가장인 나는 그녀처럼 척수성 근위축증이라는 진단을 받고 있었기 때문이다.

척수성 근위축증은 근육성 이영양증과 유사한 질환으로, 선천적으로 신경 근육이 약하게 태어나는 진행성 질환이다. 최근까지, 척수성 근위축증을 갖고 태어난 아기들 중 절반은 두 돌을 맞이하기도 전에 사망한다고 알려져 있었다. 이 질환을 갖고 태어나는 아기들의 심장과 폐는 계속해서 움직이지 못할 만큼 약해지기 때문이다. 지금은 이 질환에 대한 의학적 관심과 이해가 높아짐에 따라 생존 가능성이 다소 개선된 상태다.

나는 생후 6개월 무렵부터 이러한 증상을 보이기 시작했다. 나는 똑바로 앉아 있지 못했고, 그 즉시 의사들은 나를 "늘어진 아기"라고 불렀다. 혼자서는 걷지도 서지도 못했다. 그 당시에 척수성 근위축증은 거의 알려지지 않은 병이어서 진단 자체가 거의 불가능했다. 오늘날 이 질환은 전 세계적으로 신생아 6천 명에서 1만 명당 한 명꼴로 발병하는 것으로 추산되고 있다.

우리 같은 사람에게는 죽지 않고 살아남아 버티는 것만도 대단한 승리로 여겨질 수 있다. 그렇더라도 독감에 걸리기라도 하는 날에는 말 그대로 끝장이 나고 말 것이다. 폐에 가래가 가득 차도 근력이 약해서 기침을 해서 그것을 뱉어낼 수 없기 때문이다. 폐렴은 흔히 있는 일이다. 치료가 도움이 되지만, 호흡기 합병증— 그리고 그것이 심장에 미치는 영향— 이 언제든 발병해 우리의 목숨을 위협할 수 있다.

내가 속해 있는 장애 공동체에서는 우리가 얼마나 무력한지를 되풀이해 하소연하는 것을 긍정적인 시선으로 보지 않는다. 정확히 말하자면, 우리는 제리 루이스 같은 명망 있는 인물이 방송에 나와 사람들에게 근위축증 아이들의 후원을 호소하는 일이나 사람들로부터 일시적인 동정을 받는 일과는 거리를 두면서 핵심적인 권한을 주장하고자 한다. 우리는 공정한 대우를 추구한다. 일과 사랑 등 사회의 모든 요소에 접근할 정당한 권리를 요구한다. 장애의 긍정적이지 못한 측면을 강조하는 것은 비생산적인 자기연민에 불과해 보인다.

하지만 진실을 말하자면 장애를 가지고 산다는 건 자신이 변함없이 취약하다는 감각을 받아들이는 일이다. 이런 일이 늘 쉽지는 않지만, 자신이 취약하다는 걸 인정하는 게 반드시 나쁘기만 한 것은 아니다.

오래전에 나는 결심했다. 나 자신을 좋아하기 위해서는 내가 누구인지를 말해주는 나의 장애를 좋아해야 한다고. 요즈음 나는 노화를 겪으며 오히려 빈번하게 감정적으로 내가 더 강해졌다고 느낀다. 노화는 내게 계속 싸우고, 가능한 모든 방법을 동원하여 나 자신의 능력을 최대한 발휘하게 하는 동기가 되어주고 있다. 현실을 있는 그대로 솔직히 말하자면, 장애를 가진 사람들은 최고 수준의 문제 해결사가 되지 않으면 안 된다. 포크를 들어 올리고, 자동차를 운전하고, 해변에 가기 위해 온갖 장치를 동원해야 한다. 이제 나는 입술로 전동휠체어를 조종한다. 내 손이 말을 듣지 않기 때문이다. 지금 이 단어들도 음성인식 컴퓨터로 쓰고 있다.

사실, 정상적으로 살기 위해 대안적인 방법을 궁리해야 한다는 건 번거로운 일이다. 하지만 생각한 대로 일이 이루어지면, 정말 이루 말할 수 없을 정도로 기분이 좋다. 성취했다는 승리감과 해방감에 들뜬다. 나는 내 끈기와 창의적인 대처 능력이 자랑스럽다.

물론 때때로 크게 낙담할 때가 있다. 종종 나는 스스로 "쓸모없는 절름발이 증후군"이라고 부르는 상태에 빠진다. 건강한 몸을 지닌 나의 동년배들 대부분이 그들 경력의 정점에 서 있는 지금 나는 간신히 살아가고 있다. 불평하지 말라고, 나는 나 자신을 다독인다. 장애인 실업률은 매우 높다.

이 때문에 나는 매일매일을 잘 활용하자고 긍정적으로 생각하려 애쓴다. 나는 호흡기 감염이나 다른 질병으로 침대에 자리보전하고 있지 않다고 말이다. 맞다, 이러한 생각이 나를 기대 이상의 성취를 이룬 사람으로 만들었는지도 모른다. 나는 스물한 살에 하버드를 우등으로 졸업했다. 이후 금융 저널리스트가 되었고, 이 글을 포함해 많은 글을 발표했다. 나의 두 번째 책은 내년에 출판될 예정이다. 자랑하려는 게 아니다. 요점은, 나는 가능한 한 모든 걸 하고 성취하고 싶어 하면서 동시에 여전히 장애를 가지고 있다는 것이다. 오늘은 기분이 좋을지 모르지만, 내일 아니 지금부터 한 시간 이후에 내 기분이 어떨지는 장담하지 못하겠다. 나는 장애 공동체에 속한 너무나 많은 친구가 너무나 어린 나이에 끔찍한 죽음에 이르는 것을 봐왔다.

불의의 사고로 유명을 달리한 로리의 사건으로 받은 충격이 채 가시기도 전에, 위스콘신주에 사는 척수성 근위축증을 앓는 열네 살 소녀 제리카 볼렌Jerika Bolen의 소식이 전해졌다. 연명 치료를 거부하고 스스로 자신의 삶을 끝내기로 했다는 것이었다. 몇 주 전, 제리카는 자신의 계획을 실행으로 옮겨 죽음에 이르렀다. 보도에 따르면, 제리카는 내세에 대한 약속에 위안을 받았다고 한다. 그곳에서는 자유롭게 움직일 수 있고 끊임없는 육체적 고통에서 벗어날 수 있다고.

이 소식을 듣고 내가 받은 충격을 뭐라 말로 표현할 수가 없다. 장애를 가지고 커 나가면서, 나는 종종 고립되었다. 동료들이 내가 무언가를 할 수 있을 거라는 기대를 전혀 하지 않는다고 느끼면서, 그리고 나의 미래가 어떠할지에 대해 아무런 확신이 없었기에 간헐적으로 심각한 우울증이 찾아와 나를 괴롭혔다. 누군가는 너무나 많은 수술을 받지만, 몸이 너무나 자주 자신을 배신하고, 너무나 많은 거절을 당할 수 있다. 스스로 삶을 포기하고 싶다고 느끼기 전에 말이다. 오늘도 나는 간지러워도 긁을 수 없는 가려움과 삼킬 수 없는 음식 한입에 대한 공포를 믿기 힘든 기쁨으로 바꿀 수 있다. 누군가의 도움 없이 목구멍으로 음식을 넘기고, 전동휠체어를 타고 북적이는 거리를 씽 하고 내달리면서 말이다. 장애인으로서 우리는 우리 스스로 통제할 수 없는 상황에 끝없이 흔들린다.

물론 나에게는 제리카 볼렌을 심판할 자격이 없다. 제리카가 처해 있던 상황에 대해서도 자세히 알지 못한다. 하지만 나는 그녀가 살려고 하는 의지를 잃어버린 것이 안타깝다. 다른 많은 척수성 근위축증을 가진 사람들과 일부 장애인 인권 단체가 느꼈듯이, 나는 그녀와 같은 처지의 다른 사람들이 너무나 지치고 불안한 나머지 제리카의 사례를 따를지도 모른다고 생각하면 서글퍼진다. 사회가 자살 충동을 느낀 다른 열네 살짜리 소녀들에게 하듯이 제리카의 결심에 개입했어야 했다고 나는 생각한다. 좌절감을 내면의 연료로 전환할 수 있는 심리학적인 연금술에 대해 제리카에게 말해줄 수 있었다면 얼마나 좋았을까. 말할 기회가 주어졌다면 나는 또한 사회가 장애인을 필요로 한다고 제리카에게 말해주었을 것이다.

심각한 장애를 가지고 온전히 살기 위한 인내심은 부분적으로는 자신의 무력함과 연약함을 정직하게 직면하는 데서 온다고, 그리고 더 안 좋은 일들이 이 세상에 얼마나 많이 존재해왔고 앞으로도 여전히 그런 일이 얼마나 자주 일어날 수 있는지를 인식하는 데서 온다고 나는 생각한다. 이러한 인식은 현재에 기쁨이 스며들게 할 수 있다. 장애를 가지고 살아가면서, 우리는 다른 사람들이 가장 두려워하는 것을 이미 많이 다루어왔다. 그리고 우리가 이러한 상황을 극복한다면, 우리는 생존자라고 정의될 수 있다. 해결이 요구되고 바꿀 수 없는 것을 못마땅해하면서도 수용해 나가다 보면 지혜라고 부를 수 있는 것이 생겨날 수 있다.

나는 외재적 조건이 모든 차이를 만들어낼 수 있음을 안다. 우리 가족은 나를 변함없이 지지해주었다. 나의 부모는 나를 일반 학교에 보내려고 투쟁했다. 법이 그것을 명령하기 훨씬 전에 말이다. 또한 내가 자라서 원하다면 어떤 존재든 될 수 있다고 주장했다. 지금까지도 우리 가족은 내가 생산적인 삶을 살아가는 데 필요한 상근 도우미를 고용하도록 재정 지원을 해주고 있다. 유급 직원을 쓸 수 없을 때마다 내 아내는 나를 재정적으로 도와준다. 이 모든 도움이 없다면, 지금의 나는 있을 수 없을 것이다. 하지만 그렇더라도 나는 어떻게든 살아갈 방법을 찾았을 거라고 생각하고 싶다.

로리 호이럽은 충만하고 활동적인 삶을 살았다. 내가 제리카 볼렌과 그녀와 같은 처지에 있는 다른 이들에게 로리 호이럽과 같은 삶을 살기 위해 계속 운명과 맞서 싸우라고 설득할 수 있었다면 얼마나 좋을까. 할 수만 있다면 나는 자신의 꿈과 희망을 아무런 제약 없이 자유롭게 움직이는 것이 가능한 천국이라는 생각에 두지 말라고 그들에게 말할 것이다. 장애인으로 사느니 죽는 것이 더 낫다는 생각이 틀렸다는 것을 내가 제리카에게 납득시킬 수 있었다면 얼마나 좋을까.

필진

갈런드-톰슨, 로즈마리 Rosemarie Garland-Thomson
장애인이 된다는 것 / "고아질병"이 맺어준 나의 새로운 가족
에모리 대학 영문학 및 생명윤리 담당 교수. 그녀의 작업은 장애 문화, 윤리, 정의를 광범위한 제도와 공동체의 차원에서 다룬다.

거피, 엘리자베스 Elizabeth Guffey
모두를 위한 "아무도 아닌 자"를 위한 기호
"Designing Disability: Symbols, Space, and Society"를 포함한 다수의 책을 썼으며, 디자인 저널 "Design and Culture"의 창간 편집인이다. 현재 뉴욕 주립대 퍼처스 칼리지에서 "근현대 예술, 비평과 이론" 석사 과정을 이끌고 있다.

그리츠, 오나 Ona Gritz
행간에서 나를 찾다 / 마침내, 사랑
작가. 저서로 회고록 "On the Whole: A Story of Mothering and Disability"와 "Geode", "Border Songs: A Conversation in Poems" 등의 시집이 있다.

기어링, 제니 Jenny Giering
힐데가르트의 환상과 나의 환상
뮤지컬 작곡가. 작가인 남편 숀 배리와 함께 만성질환에 관한 자신의 체험을 다룬 뮤지컬 "What We Leave Behind"를 제작했다.

네비슨, 수재나 Susannah Nevison
우리 몸을 설명하기, 우리 자신을 찾기
시인. 시집으로 "Lethal Theater", "Teratology" 등이 있고, 시인 몰리 매컬리 브라운과 함께 시집 "In the Field Between Us"를 썼다. 스위트 브라이어 칼리지에서 학생들을 가르치고 있다.

노박, 조애너 JoAnna Novak
나의 1,000달러짜리 불안 발작
작가. 소설 "I Must Have You", 시집 "Noirmania" 등을 썼다.

데이븐포트, 랜디 Randi Davenport
매는 날아오를 수 있다
작가. 지은 책으로 회고록 "The Boy Who Loved Tornadoes"와 소설 "The End of Always" 등이 있다. 『뉴욕 타임스』, 『워싱턴 포스트』, 『온타리오 리뷰』, 『알래스카 쿼털리 리뷰』, 『허프 포스트』 등에 에세이와 단편 소설을 기고하고 있다.

두셋, 루티샤 Luticha Doucett
당신이 휠체어를 타는 한, 차별은 존재한다
사업가, 작가, 자선가, 캣 맘. 독서광, 펜싱 선수. 뉴욕주 로체스터에서 지역 비영리단체 대표로 활동하고 있다.

라다우, 에밀리 Emily Ladau
휠체어를 타는 사람의 데이팅 웹 활용기
열정적인 장애인 인권운동가, 작가, 연사, 편집자, 팟캐스트 진행자, 디지털 커뮤니케이션 컨설턴트. WordsIWheelBy.com에서 그녀의 활동을 확인할 수 있다.

라이언스, 길라 Gila Lyons
삶이 레몬을 주었을 때, 나에게 공황 발작이 왔다
작가. 『뉴욕 타임스』, 『코스모폴리탄』, 『살롱』 등의 매체에 정신 건강에 관한 글을 기고하고 있다.

램버스, 로리 클레멘츠 Laurie Clement Lambeth
세 개의 다리로 나를 이끌어준 반려견
휴스턴 대학 의료 인문학 과정 교수. 작품으로 시집 "Veil and Burn"이 있고 저자의 서정적인 에세이 "Going Downhill From Here"는 2017년 "Best American Essays"에서 주목할 만한 에세이로 선정되었다.

레러, 리바 Riva Lehrer
모든 몸이 아름다운 곳

예술가, 큐레이터, 작가. 그녀의 초상 작품은 최근 스미스소니언 박물관의 국립 초상화 미술관에 소장되었다. 저서로 회고록 "Golem Girl"이 있다.

리어리, 알레이나 Alaina Leary
가족 찾기의 중요성
아동 문학과 출판의 다양성 증진을 목적으로 설립된 비영리 단체 "We Need Diverse Books"의 편집자이자 소셜미디어 전략가.

매틀린, 벤 Ben Mattlin
장애인의 삶은 살 만한 가치가 있는 삶이다
자유기고가. 저서로 "Miracle Boy Growns Up", "In Sickness and in Health"가 있고, 『뉴욕 타임스』, 『워싱턴 포스트』, 『로스앤젤레스 타임스』, 『시카고 트리뷴』, 『USA 투데이』 등의 매체에 글을 기고하고 있다.

맥더못, 잭 Zack Mcdermott
"미치광이", 업무에 복귀하다
법률구조협회에서 국선변호인으로 일했다. 저서로 회고록 "Gorilla and the Bird: A Memoir of Madness and a Mother's Love"가 있고, 『뉴욕 타임스』, 『디스 아메리카 라이프』, 『모닝 에디션』 등의 매체에 글을 기고하고 있다.

모나혼, 캐서린 Catherine Monahon
접촉 없는 친밀감
작가, 편집자, 카피라이터.

무니, 조너선 Jonathan Mooney
넌 특별한 아이야, 그런데 좀 유별나게 굴지 않을 순 없니?
작가. 저서로 "Learning Outside the Lines", "The Short Bus: A Journey Beyond Normal" 등이 있다. 학습장애를 가진 사람들을 위한 권익 단체 "Eye to Eye"의 공동 창립자이다.

바틀렛, 제니퍼 Jennifer Bartlett
장애와 선택할 권리 / 남자의 시선을 갈망하다
작가. 2012년 미국도서관협회 추천 도서인 "Beauty is a Verb: The New Poetry of Disability" 의 공동 편집자이다.

발프, 토드 Todd Balf
내 안의 운동선수는 멈추지 않을 것이다
『아웃사이드』지의 전 수석 편집자. 『뉴욕 타임스』, 『GQ』, 『러너스 월드』 등의 매체에 글을 기고하고 있다.

브라운, 몰리 매컬리 Molly McCully Brown
우리 몸을 설명하기, 우리 자신을 찾기
시인. 시집으로 "The Virginia State Colony For Epileptics and Feebleminded"가 있고, 시인 수재나 네비슨과 함께 시집 "In the Field Between Us"를 썼다. 2016년 Lexi Rudnitsky First Book Prize 수상자이다. 케니언 칼리지에서 학생들을 가르치고 있다.

블랙, 실라 Sheila Black
나는 아이들에게 장애를 물려준 엄마입니다 / 치료법이 가져다준 번민
2012년 미국도서관협회 추천 도서인 "Beauty is a Verb: The New Poetry of Disability"와 "The Right Way to Be Crippled and Naked: The Fiction of Disability"의 공동 편집자이다. 4권의 시집을 낸 시인이기도 하다.

블랙, 에밀리 랩 Emily Rapp Black
나의 패럴림픽 블루스
캘리포니아 대학교 리버사이드 캠퍼스 문예창작과 조교수. 저서로 "Poster Child: A Memoir", "The Still Point of the Turning World" 등이 있다.

블레어-골든슨, 사샤 Sasha Blair-Goldensohn
뉴욕 지하철은 훌륭하다. 당신이 휠체어를 타고 있지 않다면
구글맵 소프트웨어 엔지니어. 2016년 도널드 트럼프가 미국 대선에서 승리하자 이에 대응하기 위해 만들어진 미국의 정치 운동 단체 "라이즈 앤드 리지스트Rise and Resist" 소속 "엘리베이터 액션 그룹Elevator Action Group"(www.riseandresist.org.eag)의 공동 창립자다.

블로웻, 셰리 A. Cheri A. Blauwet
네, 저 휠체어 탑니다. 맞아요, 당신의 담당 의사예요
하버드 의대 조교수. 세 번의 패럴림픽에 참가해 일곱 개의 메달을 따낸 메달리스트로, 현재 미국올림픽위원회 위원으로 활동 중이다.

색스, 올리버 Oliber Sacks(1933-2015)
오청
신경과 전문의. 저서로 『아내를 모자로 착각한 남자』, 『편두통』, 『뮤지코필리아』, 『모든 것은 그 자리에』, 『의식의 강』, 『온 더 무브』 등이 있다. 이 책에 실린 "오청Mishearing"은 『더 타임스』지에 처음 발표되었다가, 그의 책 『의식의 강』에 수록되었다.

샹, 멜리사 Melissa Shang

장애에 관한 이야기가 슬퍼야 할 이유는 없다

뉴턴 사우스 고등학교에 재학 중인 장애 운동가. "아메리칸 걸"에 장애를 가진 인형을 만들어 달라는 그녀의 청원은 『코스모폴리탄』, 『USA 투데이』, CBS 등 주요 언론 매체를 통해 회자되며 아이들 장난감에 장애를 표현하는 문제를 둘러싸고 전국적인 관심을 불러일으켰다. 저서로 "Mia Lee is Wheeling Through Middle School"이 있다.

세빈, 케이티 Katie Savin

나의 초강력 블루투스 휠체어 생명력

캘리포니아 대학교 버클리 캠퍼스 사회복지학 박사 과정 학생. 장애, 빈곤, 복지 국가를 주제로 연구하고 있다.

셰퍼드, 앨리스 Alice Sheppard

할 수 있기에 나는 춤을 춘다

장애인 무용수, 안무가. "키네틱 라이트Kinetic Light"의 예술감독으로, 로렐 로슨과 마이클 매그와 공동 작업을 하고 있다.

솔로몬, 리버스 Rivers Solomon

나는 당뇨병자예요, 그게 비난받을 이유인가요?

소설가. 저서로 "Sorrowland", "An Unkindness of Ghosts" 등이 있다.

솔로몬, 앤드루 Andrew Solomon

정신질환은 호러 쇼가 아니다

작가, 심리학자. 현재 컬럼비아 대학교 임상심리학과 교수로 있다. 저서로 전미도서상을 수상한 『한낮의 우울』과 전미비평가협회상을 수상한 『부모와 다른 아이들』 등이 있다.

스나이더, 브래드 Brad Snyder

시각장애인을 진정으로 보는 법

미 해군사관학교에 리더십 담당 외래 교수로 출강하며 미국 올림픽감독위원회에서 일하고 있다. 패럴림픽에서 다섯 차례 금메달을 따낸 메달리스트다.

스타인버그, 캐럴 R. Carol R. Steinberg

내가 필요한 것을 위해 일어서기

변호사, 작가. 『보스턴 글러브』, 『허핑턴 포스트』, 『뉴욕 타임스』 등의 매체에 글을 발표해왔다.

심슨, 대니얼 Daniel Simpson
나의 여자친구 / 우주여행: 하나의 비전
시인. 작품으로 "School for the Blind"와 오나 그리츠와 같이 쓴 "Border Songs: A Conversation in Poems"가 있다. 블로그 "Inside the Invisible"을 운영하고 있다.

올트먼, 존 John Altman
나는 "영감을 주는" 사람이 되고 싶지 않다
독립 철학자. "Popular Culture and Pilosophy" 북 시리즈에 정기적으로 글을 기고하고 있다.

웡, 앨리스 Alice Wong
나의 메디케이드, 나의 삶
미디어 제작자, 조사 컨설턴트, 장애 활동가. 장애 미디어와 문화의 창조와 공유, 확산을 목적으로 한 온라인 공동체 "Disability Visibility Project"의 창립자이자 감독이다.

웨이스, 질리안 Jillian Weise
"트라이보그"의 여명
작가. 저서로 "The Amputee's Guide to Sex", "The Colony", "The Book of Goodbyes", "Cyborg Detective" 등이 있다.

윌커슨, 애비 L. Abby L. Wilkerson
학생들에게 내가 우울증이 있다고 말해야 할까?
조지 워싱턴 대학 작문 지도 조교수. 저서로 "Diagnosis: Difference — The Moral Authority of Medicine"이 있다.

잭슨, 리즈 Liz Jackson
우리는 생활을 더 편리하게 해주는 원조 라이프 해커다
장애 디자인 홍보 사이트인 "디스에이블드 리스트The Disabled List"와 창의적인 장애인들을 디자인 스튜디오와 연결해주는 단체인 "위드WITH"의 설립자이다.

제임슨, 엘리자베스 Elizabeth Jameson
접촉 없는 친밀감
작가. 예술가. 제임슨은 예술과 과학의 교차 지점에서 의료 기술을 이용해 불완전한 몸의 아름다움과 복잡성을 묘사한다. 예술, 장애 정체성, 그리고 사회가 질병과 장애를 바라보는 방식을 변화시키는 서사의 힘에 관해 국제적으로 강의하고 있다.

존스, 신디 Cyndi Jones
치유된다는 것의 의미
미국 복음주의 루터교 목사.

카이어, 앤 Anne Kaier
내 피부의 안식처를 찾아서
작가. 회고록 "Home with Henry"를 썼고, 『뉴욕 타임스』, 『게티스버그 리뷰』, 『알래스카 쿼터리 리뷰』 등의 매체에 글을 기고해왔다.

카터, 조지프 P. Joseph P. Carter
말더듬이의 불안한 일상
조지아 대학에서 철학 박사 학위를 받았다.

커드릭, 캐서린 Catherine Kudlick
어머니의 눈과 나의 눈
샌프란시스코 주립 대학 역사학과 교수이자 폴 K. 롱모어 장애연구소 소장. 콜로라도 맹인센터에서 자신이 경험한 것에 관한 회고록을 집필하고 있다.

콜브, 레이철 Rachel Kolb
공공장소의 청각장애인 / 소리의 감각: 청각장애와 음악에 대하여
작가. 옥스퍼드 대학 로즈 장학생 출신으로, 에모리 대학 영문학부 박사 과정에서 청각장애를 활용해 감각, 언어, 의사소통에 관한 미국인의 문화적 사고를 규명하는 작업을 하고 있다.

쿠클라, 엘리엇 Eliot Kukla
만성질환에서 나는 더 깊은 의미를 찾았다
베이 에어리어 주이시 힐링 센터Bay Area Jewish Healing Center 소속 랍비. 이곳에서 환자와 죽어가는 사람들, 유족을 영적으로 돌보는 일을 하고 있다.

클리지, 조지나 Georgina Kleege
시각장애와 함께하는 비행
캘리포니아 대학 버클리 캠퍼스에서 장애학과 문예 창작을 가르치고 있다. 최근작으로 "More Than Meets the Eye: What Blindness Brings to Art"가 있다.

프리스, 케니 Kenny Fries
나치의 첫 희생자는 장애인들이었다

작가. 작품으로 "In the Province of the Gods", "The History of My Shoes and the Evolution of Darwin's Theory", "Body, Remember: A Memoir" 등이 있다.

피로, 발레리 Valerie Piro
마비와 함께하는 삶, 그것은 운동이다
프린스턴 대학 박사 과정 학생. 중세 초기 사회사를 연구하고 있다. 장애에 관한 그녀의 작품은 『인사이드 하이어 에드』와 『하버드 로 레코드』에 실렸다. themightyval.com에 마비와 함께하는 자신의 삶에 관해 블로깅하고 있다.

피스텔, 셰인 Shane Fistell
뚜렛 증후군과 함께한 나의 인생
조각가, 화가. 뚜렛 증후군을 다룬 다섯 편의 다큐멘터리에 출연했다.

피츠기번스, 폴라 M. Paula M. Fitzgibbons
만성질환이 내 아이들에게 가르쳐준 열 가지 교훈
작가. 육아, 만성질환, 사회 정의 등을 주제로 『뉴욕 타임스』, 『뉴욕 매거진』, 『투데이스 패런츠』 등의 매체에 글을 기고하고 있다.

핀스, 조지프 J. Joseph J. Fins
뇌 손상과 우리가 생각하지 못한 시민권
바일 코넬 의대 의료윤리학 교수이자 예일대 로스쿨의 의료, 생명윤리, 법률 담당 솔로몬 센터 초빙교수. 저서로 "Rights Comes to Mind: Brain Injury, Ethics, and the Struggle for Consciousness"가 있다.

핑거, 앤 Ann Finger
친밀한 폭력의 초상
베를린 아메리칸 아카데미의 선임 연구원. 베를린 아메리칸 아카데미는 독일과 미국의 지적, 문화적, 정치적 교류를 증진하기 위해 설립된 민간 독립 연구 기관이다.

해밀턴, 제인 이튼 Jane Eaton Hamilton
그런 말을 하느니 차라리 죽는 게 낫다고 생각하고 있는 걸까?
아홉 권의 책을 쓴 캐나다 작가. 캐나다 CBC 문학상을 두 차례 수상했다.

허바드, 알렉스 Alex Hubbard
나는 목소리를 잃었지만, 그래도 당신과 대화하고 싶다
『뉴욕 타임스』에 이 책에 실린 에세이를 발표한 바로 직후에 『테네시언』지 정규 칼럼니스트가 되었다. 또한 현재『테네시언』지 오피니언란 부편집자로 일하고 있다.

헨리, 에리얼 Ariel Henley

얼굴 평등의 중요성

주로 현저한 안면 차이Facial Difference를 가지고 살아간다는 것이 의미하는 바에 초점을 둔 글을 쓰고 있다. 작가의 글은 www.arielhenley.com에서 찾아볼 수 있다.

호그랜드, 에드워드 Edward Hoagland

실명 속에서 나의 길을 찾다

주로 자연과 여행에 관한 글을 쓰는 작가. 최근작으로 소설 "In the Country of the Blind"가 있다.

역자 후기

2016년 『뉴욕 타임스』의 오피니언 담당 기자 피터 카타파노는 기명 논평 시리즈 "장애"를 기획한다. 여성 인권 운동, 성소수자 인권 운동, 흑인 인권 운동 등은 성차별과 인종차별에 맞서 자신들의 권리를 대변해주는 목소리를 통해 풍요로운 성과를 일구어온 반면, 장애인 인권 운동에서는 이에 비견될 만한 목소리가 전혀 존재하지 않는다고 생각했기 때문이다. 그는 재능 있는 장애인 작가들이 장애인으로 살아온 자신의 경험과 성찰을 통해 한편으로는 장애인들의 권리를 대변하고, 또 한편으로는 비장애인들에게는 장애에 관한 관심을 환기해주길 바랐다. 앤드루 솔로몬과 올리버 색스를 포함한 장애인 작가들은 이러한 기획자의 의도에 십분 부응한다. "장애"를 주제로 한 이 시리즈에서 장애인 작가들은 장애를 가지고 산다는 것이 무엇을 의미하는지, 그것이 어떤 느낌인지에 관해 당사자의 입장에서 가장 진실에 가까운 이야기를 들려준다. 그럼으로써 장애를 전혀 새로운 시각에서 조명하며 장애를 둘러싼 기존의 화석화된 이미지를 타파한다.

장애를 가진 사람들은 살아가면서 하나의 사실을 고통스럽게 마주한다. 그것은 이 세상이 자신들을 위해 만들어져 있지 않다는 사실이다. 장애는 그 자체로 고통과 불편함을 초래하지만, 그보다 더한 고통은 정서적인 차원에서 온다. 장애인들을 바라보는 사회의 부정적인 시선과 차별과 무시로 인해서 말이다. 비장애인 중심으로 돌아가는 세상은 비장애인들이 누리는 권리를 장애인들도 누릴 권리가 있다는 것을 오랫동안 부인해왔다. 많은 명언을 남긴 미국의 전설적인 대법관 올리버 웬델 홈스조차도 장애인에 대한 불임 시술을 지지하는 판결을 내리며 이렇게 말했을 정도다. "백치는 삼대로 충분하다." 이렇게 말함으로써 그는 사실상 장애인의 삶은 살 만한 가치가 없다고 선언한 것이나 다름없다. 히틀러와 나치만이 장애인을 사회에 짐만 지우는 존재로 여긴 것은 아니었다. 우생학적 관점에서 장애인은 늘 차별을 넘어 근절의 대상이었다.

그렇다면 오늘날에는 우생학적 사고가 역사의 뒤안길로 사라졌을까? 그렇지 않다. 장애에 대한 인식이 상당히 개선된 오늘날까지도 장애인의 삶은 살 만한 가치가 없다는 생각이 우리의 일상적 삶 속에 깊이 뿌리 내리고 있다. 대중문화 속에서 신체적 기형을 가진 인물은 일그러진 욕망을 가진 사악한 괴물로 등장하고, 출산 전에 산전 태아 검사를 통해 아이에게 장애가 있는지 확인하고 아이를 낳을지 말지 결정하는 일이 빈번히 일어난다. 대중문화와 현대 의학에서 장애는 여전히 없애야 할 근절의 대상이다. 그래서 척추이분증을 가진 이 책의 한 저자는 자신과 같은 장애를 가진 임신 말기의 태아들이 병 속에 담겨 교육용 표본으로 전시되고 있는 모습을 참담한 심정으로 바라보며 자신이 이 세상에 존재하지 못할 수도 있었다는 사실을 고통스럽게 확인한다. 세상은 여전히 정신질환자들을 공포의 대상으로 삼는 놀이시설을 만들려고 할 정도로 장애인의 입장에 무심하다. 앤드루 솔로몬은 이렇게 말한다. "자신을 위협으로 보는 세상 속에서 자신을 좋게 생각하기는 어렵다." 장애인에 대한 사회의 부정적인 시선은 자기충족적인 예언이 될 수 있다.

장애를 둘러싼 이야기는 간단치 않다. 장애인은 장애를 가지고 있다는 점에서 비장애인들과 현저히 다른 조건을 가지고 살아가지만, 또한 이 세상을 살아가는 한 인간이라는 점에서 비장애인과 전혀 다르지 않다. 장애인들도 비장애인들과 마찬가지로 출산과 육아를 하고 직업을 가지고 삶을 꾸려간다. 또한 누군가를 사랑하고 살아가는 일에서 기쁨과 즐거움을 찾는다. 무엇보다 그들 또한 고유한 개성을 가진 개인이다. 이 책의 많은 저자가 자신에게서 개성을 가진 한 인간을 보지 않고 장애를 가졌다는 사실에만 주목하는 것에 분노하고 슬퍼하는 이유다. 이들은 자신들을 향한 따가운 시선에 고통스러워하지만, 또한 마치 투명 인간을 대하듯 존재하지 않는 것으로 여기는 태도에 분노한다. 뇌성마비를 가진 한 여성 저자는 자기 앞에서 자신에 관한 얘기를 자신이 아니라 자기 옆의 누군가에게 묻는 것에 성희롱보다 더한 모욕을 느낀다.

장애인들에게도 몸과 마음은 하나뿐이다. 애증의 대상이기도 하지만, 그들은 자신의 몸과 마음을 사랑하고 돌보려 애쓴다. 그것은 자신과 떼어놓고 생각할 수 없는 존재의 근거이자 자신의 일부, 아니 어쩌면 바로 자기 자신이기도 하기 때문이다. 하지만 또한 장애는 분명 의학적 치료의 대상이기도 하다. 그래서 장애를 가지고 살아간다는 것에 관한 이들의 성찰은 장애인이 아니라면 상상조차 하기 힘든 존재론적 질문을 낳기도 한다. 자신의 자식에게 소인증을 물려준 한 소인증 엄마는 소인증의 치료 가능성이 높아진 현실에 직면하여 이렇게 묻는다. 소인증이 근절된다면, 과연 우리는 누구인가? 그래서 장애를 가지고 산다는 것은 자신을 받아들일 생각이 없는 세상에서 자신의 존재에 대해, 그리고 자신과 자신을 둘러싼 세계 사이의 관계에 관해 끊임없이 묻고 성찰한다는 것을 의미하기도 한다.

머리말에서 밝히고 있듯이, 이 책의 제목 『우리에 관하여』는 "우리 없이 우리에 관하여 말하지 말라Nothing about us without us"는 장애인 인권 운동의 모토에서 따온 것이다. 물론 이 책에서 "우리"는 장애인을 말한다. 그들은 "우리"의 이야기를 통해 비장애인들의 통념에 저항한다. 그들은 자신이 비장애인들에게 영감을 주는 존재로 취급받고 싶지 않다고 말한다. 우리가 "슈퍼 장애인"이 되어야 할 이유는 어디에도 없다고 말한다. "우리"의 이야기가 항상 슬픈 이야기여야 할 이유는 없다고 말한다. 비장애인들이 그러하듯이, 우리는 우리에게 주어진 삶을 충실하게 살아갈 뿐이라고, 우리는 다른 누군가가 아니라 바로 우리 자신이 되고자 한다고 말한다. 우리에게도 고난과 역경만이 아니라 기쁨과 즐거움이 있다고 말한다. 장애인으로 사는 삶도 가치 있는 삶이라고 말한다. 이 책의 공동 편집자인 로즈마리 갈런드-톰슨은 이렇게 주장한다. "우리는 우리 삶의 전문 사용자이자 우리 이야기의 제작자이고, 우리의 모든 특수성과 복잡성 속에서 자신을 정의하는 자기 옹호자다."

하지만 이 책은 장애인으로 사는 삶의 특수성만이 아니라 그 보편성에 대해서도 말한다. 이때 "우리"는 장애인만이 아니라 이 세상을 살아가는 우리 모두를 의미한다. 미국 질병예방통제센터의 자료에 따르면, 미국인 다섯 명 중 한 명이 장애인이다. 생각보다 훨씬 많은 사람들이 장애를 가지고 살아간다. 하지만 여기서 보편성은 장애인이 가장 큰 소수 집단이기 때문에 획득되는 것이 아니다. 누구든 비장애인으로 살다가 한순간에 장애인의 대열에 합류할 수 있고, 또한 "노화"라는 불가피한 인간 발달 과정에서 봤을 때, 우리 대부분은 어떤 식으로든 장애를 가지게 될 터이기 때문이다. 이러한 상황 인식을 이 시리즈의 한 독자는 다음과 같이 간명하게 설명한다. "이 세상에는 두 부류의 사람들이 있다. 하나는 장애인들이고 또 하나는 아직 장애가 없는 사람들이다." 그러므로 우리가 지금 이 두 부류 중 어디에 속해 있든, 이 책은 우리에게 해줄 말이 아주 많다. 이 책은 장애인들에게 당신이 고립된 개인이 아니라 공동체의 일원임을 확인시켜 주고, 수치심이 아니라 자신의 삶을 헤쳐나가는 인간으로서 자부심을 느끼며 살아가라고 권한다. 당신이 장애인이라면 이 책은 공감과 위안, 용기를 줄 것이다. 당신이 "아직 장애가 없는 사람"이라면 이 책은 많은 것을 느끼고 배우게 할 것이다. 이 책의 저자들이 들려주는 이야기들은 인간 조건의 최전선에서 일어나는 가장 인간적인 경험에 근거하고 있기 때문이다.

지금 우리 사회는 장애인들을 어떻게 바라보는가. 과연 우리는 장애인에게 사회적 낙인을 찍지 않는 훌륭한 사회에 살고 있다고 자신할 수 있는가. 그렇지는 못한 것 같다. 우리는 최근에 자신들의 거주지에 장애인 특수학교가 설립되는 것을 한사코 반대하는 주민들 앞에 장애아를 둔 부모들이 무릎을 꿇는 모습을 지켜보았다. 무엇이 그들을 죄인처럼 무릎 꿇게 했을까. 그들을 무릎 꿇린 것이 단지 지역 주민들의 이기심만은 아닐 것이다. 장애아를 둔 엄마들을 무릎 꿇게 한 것은 무엇보다 장애에 대한 낮은 인식이다. 이런 일들이 반복될 때마다 장애인과 그들의 가족은 세상이 우리를 위해 만들어져 있지 않다는 것을 다시 한번 확인하게 될 것이다. 우리가 가야 할 길은 여전히 멀고 험난하기만 하다.

이 책을 번역하면서 역자들도 새삼 많은 것을 배웠다. 마지막으로, 이 책을 번역할 수 있도록 기회를 준 한국장애인재단과 이성규 이사장님, 번역본이 책으로 나올 수 있도록 검토하고 편집해준 해리북스와 안성열 대표님께 감사의 말씀을 드린다.

2021년 6월

공마리아·김준수·이미란

우리에 관하여 장애를 가지고 산다는 것

초판 1쇄 발행 2021년 8월 10일

지은이 피터 카타파노, 로즈마리 갈런드-톰슨
옮긴이 공마리아, 김준수, 이미란

펴낸곳 해리북스
발행인 안성열
주소 경기도 고양시 일산동구 정발산로 24 웨스턴타워 3차 815호
전자우편 aisms69@gmail.com
전화 031-901-9619
팩스 031-901-9620

ISBN 979-11-91689-01-3 03300

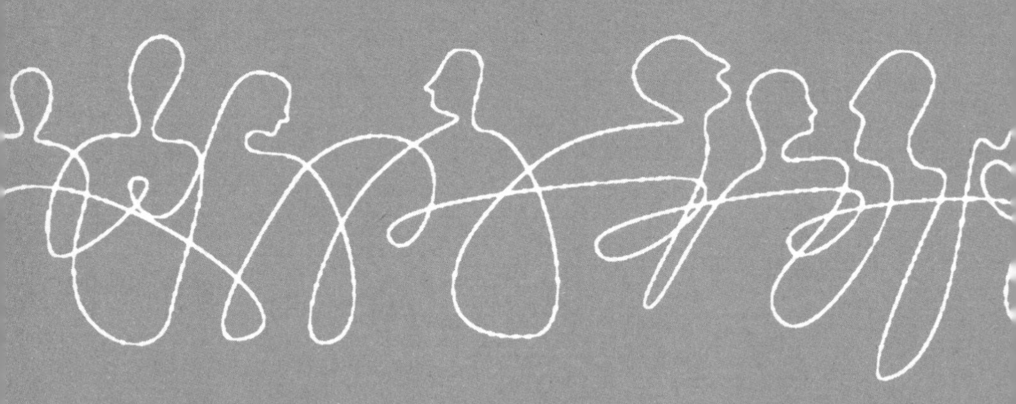